젠더 관점에서 본

가족복지론

Social Welfare for Family

김영화
남영옥
유태한
공저

Social Welfare for Family

양 성 원

| 머리말 |

한국사회는 지금 저출산 고령사회를 겪으며 서서히 인구절벽을 실감하고 있다. 인구균형이 깨어지면 여러 영역에서 사회문제들이 속출한다. 우선 고령인구가 증가함에 따라 연금의 고갈현상이 나타나고, 저출산으로 생산인구가 감소됨으로써 사회의 기반이 흔들린다. 또한 제4차 산업혁명시대를 맞이하여, 그리고 인공지능(AI)의 등장으로 급격하게 변화하는 산업구조에 대처할 젊은 인력이 부족하다. 인력이 감소한다는 것은 그만큼 한 사회의 에너지와 동력을 잃어간다는 것을 뜻하며, 나아가서 한 국가의 미래가 없다는 것을 의미한다.

왜 우리사회가 이러한 상황에 처하게 되었을까? 단순, 직접적으로 말하면 가족복지 정책의 부재라 할 수 있다. 결혼과 출산을 기피하는 젊은이들이 늘고 있는 지금 상황은 그들이 가족을 형성할 능력이 되지 않는다는 것을 뜻하는데, 계속 출산과 육아를 사적인 일로 국가가 방치한다면, 계속 상황은 악화일로를 치달을 뿐이다. 지금 한국은 출생률 1.0 이하로 내려가고 있다.

또한 한국의 이혼율이 급격하게 증가하고 있고, 고령화 · 저출산 문제가 심각한 사회문제로 대두되고 있으니, 이는 분명히 한국의 가족제도에 커다란 구멍이 뚫려 있음을 뜻한다. 저자들은 이러한 가족문제의 진단을 성 불평등적이고, 여성억압적이며, 가부장적인 한국의 가족제도에서 찾고 있다. 가족 내에서 엄연히 갈등과 문제가 존재하고 있었음에도 불구하고 마치 아무런 문제가 없었던 것처럼 덮어 놓고 살아왔던 부분들은 없었는가? 아직도 사회에 남아있는 "현모양처"의 이데올로기가 여성의 역할과 활동을 억압하고 제한하고 있지는 않는가? 가정에서 일어나는 모든 일들은 "주부"에게 의무로 부과하여, 가족구성원 모두가 "주부"가 더 이상 견딜 수 없는 상황까지 가고 있지는 않는가? 우리 공저자들은 이 모든 가족 관련 문제들을 "젠더관점에서 본 가족복지론"에서 풀어보고자 노력하였다.

가족복지를 위하여 왜 젠더관점이 필요한가?

'젠더관점'이란 "모든 정치 · 경제 · 사회문화적 요인들과 가치관을 성별로 인식하는 시각"이라는 뜻이다. 예를 들어 여성문제를 논하고 가족복지를 논할 때, 여성과 가족에 대한 사회적 지위, 불평등 정도, 성 역할 고정관념 등 이미 기존의 사고방식과 가치관에 대해 근본적으로 비판적 인식을 가지고 접근한다. 그렇게 함으로써 당위적이고 규범적인 차원의 논의에서 벗어나, 현실적인 환경과 현장 속에서 근원적인 문제를 인식할 수 있는 논의가 가능하다. 일반적으로 '교육기회의 평등'을 이야기할 때, 모든 사람에게 교육기회는 평등하게 주어져 있는데, 그 기회에 접근하지 못하는 것은 각 개인의 능력의 차이라고 생각하기 쉽다. 그러나 젠더관점에서는 왜 여성이 남성과 평등하게 교육기회에 접근할 수 없는가 하는, 그 사회문화적 환경과 정치경제적 요인, 가족구조의 특성 등을 함께 고려하는 것을 말한다. 따라서 여성의 교육기회 불평등은 남아선호사상이나 남녀차별적 사회화 과정, 남성이 중심이 되는 가부장제도나 호주제도, 동일 노동에 동일 임금을 받지 못하는 여성의 노동차별 등이 상호 간에 서로 인과관계로 작용하여, 이를 더욱 점진적으로 강화시키게 됨을 인식하게 만든다.

또한 젠더관점에서 본 가족복지라 함은 여성의 주된 역할을 주부로 놓고 보는, 그래서 가사노동은 여성의 몫이고, 무임금 전업주부가 항상 집안에 상주하고 있어 노약자를 보호하고 출산과 육아를 담당한다고 생각하는 기존의 전제를 비판적으로 보고 있다. 따라서 기존의 가족복지는 대부분 주부인 여성에게 맡겨져 있는 성역할 고정관념에 문제의식과 비판의식을 가지고 있다. 이미 고령사회로 진입하였음에도, 전통가족이나 확대가족에서와는 달리 노인을 돌볼 수 있는 인력이 가족 내에는 없다. 여성의 취업률이 높아짐에 따라 육아나 탁아시설이 더욱 필요해졌고, 사회구조의 변화와 함께 가족의 문제는 가족에게만 맡겨 놓을 수 없는 상황이 되었다. 그리하여 가족복지는 가족의 정서적 · 심리적 문제뿐만 아니라 사회적 욕구를 충족시키고, 나아가서 가족의 삶의 질을 향상시켜야 하는 과제를 안고 있다.

'정상적 가족'은 남성적 시각으로 규정된 가부장적 가족구조를 말한다. 가족구성원들은 동등한 권력과 지위를 가지고 있지 않으므로, 가족문제는 역설적으로 바로 이 '정상적 가족' 속에서 발생한다. 한 사회의 성 역할을 규정하는 정치 · 경제 · 사회적 요인을 고려하지 않고는, 그리고 가족 내 불평등한 관계가 변화되지 않고는 가족문제에 근원적으로 접근할 수 없게 된다. 남성의 외도, 아내학대와 폭력, 황혼이혼의 증가, 부친에 의한 자녀강간, 청소년 성매매, 음란 사이트 등, 왜곡된 성 문화 역시 남성 중심 사회의 잘못된 결과들이다. 따라서 '정상적 가족' 내부에서 새로운 '반란'이 일어나고 '정상적 가족'의 범위를 벗어난 많은 다양한 가족들을 수용하며, 그들의 법적 권리를 인정해 줄 때 젠더관점에서의 가족복지는 더욱 발전할 수 있다.

이 책의 내용은 다음과 같이 구성되어 있다.

제1부 가족과 가족복지의 이해에서는 변화하는 사회에서의 가족과 가족복지를 어떻게 이해할 것인가에 초점이 있다.

제1장은 사회변화와 더불어 나타나는 가족의 다양성을 살펴보기 위하여, 일반적 사회통념, 구조기능주의적 관점, 성 평등적 관점 등으로 가족에 대한 관점을 정리해 보았으며, 이와 더불어 변화하는 사회에서의 가족의 특성을 파악하려 하였다.

제2장은 현대사회의 가족문제가 어디에서 근본적으로 파생되는지, 그리고 그 문제들을 어떻게 가족복지 속에서 다루어야 할지 그 내용을 살펴보고자 하였다. 여기서 우리는 가족복지정책을 6개 영역으로 나누었는데, 기존의 미시적 접근(가족복지서비스)과 거시적 접근(가족정책), 그리고 삶의 질적 향상을 위한 미래지향적 시각 모두를 통합하여 가족복지정책으로 자리매김하였다.

제2부는 가족의 다양성과 가족문제이다. 산업화로 인한 사회환경과 생활양식의 변화, 그리고 여성의 의식과 역할의 변화는 가족의 구조와 형태에 영향을 미쳐서 가족의 형태가 다양화되는 현상을 야기하였다. 가족의 다양화는 가족문제의 증가로 이어져서 오늘날 다양한 문제가 나타나고 있다.

제3장에서는 가족의 구조적 변화와 유형의 다양성에 대해 구체적으로 살펴본다. 현대 자본주의적 시장경제구조하에서 가족의 빈곤문제는 사회구조적 환경변화로 인해 나타나는 경우가 많다. 그리고 일차 집단을 통한 사회적 지지체계가 약하기 때문에

가족이 사고나 질병, 그리고 고령 등의 이유로 수입원을 상실하면 빈곤의 위험에 처할 가능성이 높아지므로 모자가족, 장애인가족과 노인가족 등은 빈곤층으로 전락할 위험 가능성이 다른 집단에 비해 현저히 높다. 이러한 배경으로 제4장에서는 가족과 빈곤문제의 관련성에 대해 살펴보고, 그에 대한 대책을 논의해 보도록 한다.

제5장에서는 다른 어떤 사회적 폭력보다 가장 치명적으로 개인의 삶 전체를 파괴시킬 수도 있는 가족폭력과 학대에 대해 설명한다. 가족학대의 범주를 아내학대, 아동학대, 노인학대로 정의하여, 원인과 범위, 학대로 인한 영향과 가해자의 특성을 분석해 본다. 보호받아야 할 가족원에 의해 도리어 개인들이 심리정서적으로 어떻게 파괴되며, 또한 가족 전체의 구조와 기능의 회복을 위해 어떤 사회복지적 개입이 가능한지를 설명한다.

제6장에서는 가족과 건강의 문제를 다루고 있다. 가족은 개인의 일상생활과 생애 전체에 매우 중요한 영향을 미치는 집단이므로 가족원 개인의 질병과 장애는 가족 전체 구성원의 삶을 변화시키기도 한다. 환자에 대한 보호와 수발, 경제적 부담, 정서적 지지 등은 이제 더 이상 가족만의 책임이 아니라 사회가 공동으로 노력하는 이유의 당위성을 가족복지의 관점에서 설명한다.

제3부에서는 가족복지의 실천영역으로 가족복지 관련법, 가족복지정책, 가족복지서비스, 가족상담과 가족치료로 나누어 설명한다.

제7장에서는 가족복지 관련법을 살펴본다. 가족복지와 관련된 법제의 현황과 문제점을 분석해 보고, 제 8장에서는 가족복지정책의 개념과 관점, 가족복지정책의 각 분야에 해당되는 정책방안들에 대해 살펴본다.

제9장에서는 가족을 위한 복지로서 제공되는 가족복지서비스의 현실적 수준과 서비스의 내용을 살펴본다. 현대 가족의 기능과 구조적 변화에 따라 아동양육, 노인부양, 대인복지서비스의 문제들을 나라마다 각기 다른 수준에서 제공하고 있으며, 가족을 지원하는 사회적 지지망의 일부로서 가족복지서비스 체계를 중요한 국가정책의 대상으로 제공하고 있음을 우리나라의 현황과 비교하여 설명한다.

제10장에서는 가족을 위한 대인복지서비스로서 가족상담과 가족치료에 대한 내용

이다. 이것은 가족의 위계적 질서를 배경으로 발생하는 가족의 역기능과 부정적 영향들을 상담하여 사회서비스들과 연계하여 지속적인 지원이 이루어지도록 개입하는 것이다. 가족문제의 예방과 치료를 통한 가족 전체의 능력을 향상시키고 발전 가능한 잠재력을 자극하는 유효한 개입기법들을 찾아보려고 시도하였다.

제11장에서는 가족이 처한 보다 구체적인 문제들을 해결하는 과정으로서 가족치료 기법들을 설명한다. 갈등과 폭력, 일탈과 왜곡된 가족교류, 성 역할, 알코올문제, 학대 등 가족들이 경험하는 문제들은 한 세대에서 끝나는 것이 아니라 가족에 의한 사회화를 통해 다음 세대에까지 영향을 미치게 된다. 그러므로 가족 스스로 해결하지 못하는 많은 문제들에 대한 가족치료적 개입의 유용성과 이론적 배경, 개입기법 등을 설명한다.

제4부에서는 가족복지의 전망을 전체적으로 조망하고 있다. 제12장에서는 지금까지 이 책에서 다루어 온 가족복지의 현실과 정책적 문제를 전체적으로 조망해 보면서 가족의 다양성을 반영하고 사회변화에 탄력적으로 대응할 수 있는 미래지향적 가족복지정책의 방향을 모색하고, 성인지적 관점에서 앞으로 개선되어야 할 가족복지정책적 과제에 대해 살펴보기로 한다.

제13장에서는 지금까지 사회적으로 논의대상에서 제외되어 온 가족유형의 복지를 탐색해 본다. 이에 해당되는 가족으로는 동거가족과 동성가족이 언급될 수 있는데 이들의 수는 점차 증가하고 있음에도 불구하고 이들의 복지에 대해서는 아직 공론화되지 않고 있어 문제가 심화되고 있다. 또한 2014년에 발의가 되었으나 아직 통과되고 있지 못하는 "생활동반자법"에 대해서도 알아보고자 한다. 제도화되고 있지 않아 고통을 받고 있는 새로운 가족유형에 대해 논의를 시작해 봄으로써 우리나라 가족복지정책의 스펙트럼을 넓혀 보고자 한다.

앞으로 우리가 수립해야 할 젠더관점의 가족복지는 가족을 기존사회에 있는 그대로 적응시키는 방법을 지양한다. 사회변화는 가족에게 막대한 영향을 미치지만, 가족 또한 사회변화를 주도하는 주체적인 역할을 담당하고 있다. 가족은 나약한 존재가 아니라, 무한한 자생력을 가진 강인한 존재이다. 가족의 유대감을 굳건하게 강화시킬 수 있고, 가족구성원 모두의 '안식처'가 되기 위해서 가족은 '가족 이데올로기'가 아니라 가족복지정책을 통해서 가족의 중요한 기능을 후원하고 지지할 때에 비로소 가능하다. 이 『젠더관점에서 본 가족복지론』은 바로 가족구성원 모두가 평등하며, 행복과 평안을 누릴 수 있고 삶의 질을 높일 수 있는 방법과 내용을 담으려고 노력하였다.

이 책을 출판할 기회를 주시고, 원고가 완성될 때까지 인내를 가지고 기다려 준 출판사에 깊은 감사를 드린다. 좋은 책을 만들어 지식을 전수하고 독자들을 사회의 유능한 인재로 발굴하는 데 일익을 담당하고 싶어하는 양성원의 무궁한 발전을 기원한다.

2018년 10월

저자 대표 김 영 화

| 차 례 |

| 제 3 부 | 가족복지의 실천영역

| 제 4 부 | 가족복지의 과제와 전망

제 1 부

가족과 가족복지의 이해

사회변화와 다양한 가족

제 1 장

우리는 어떤 형태의 가족이든지 가족과 더불어 생활하며, 의식주를 해결하고 정서적으로 안정된 생활을 영위해 왔다. 태어나면서부터 가족은 우리에게 너무도 익숙하며, 가족 내에서 일어나는 여러 가지 문제들은 거의 대부분 문제로 인식되기보다는 가족의 결속력과 유대감의 약화로 인해 생기는 일로 간주되었다. 따라서 가족의 문제는 개별적이고 사적인 것으로서, 다른 사람에게 알리지 않는 것이 오히려 바람직한 것으로 생각되어 왔다.

상대적으로 변화가 적었던 가족과 달리, 사회는 그동안 얼마나 많은 변화를 겪어 왔는가? 산업화 이후만을 보더라도 봉건제가 무너지고 신분적 계급사회가 철폐되었으며, 자본주의가 도입되었고, 또한 프랑스혁명으로 시민사회가 형성되었다. 국가의 절대권력은 점점 약화되었고, 국가권력은 시민에게 이양되었으며, 개인은 점점 더 많은 권리와 자유를 획득해 나갔다. 그러나 과연 외형으로 보기에 변화가 적어 보이는 가족은 핵가족형태를 유지하면서 기능적으로 잘 지속되고 있는 것인가? 그리고 가족의 문제는 가족끼리 독립적, 자조적으로 잘 해결해 나가고 있는가? 그리고 얼마나 많은 문제들이 가족 내부에서 해결되고 있는가? 우리의 가정이 과연 가족구성원 모두가 편히 쉴 수 있는 안식처의 역할을 하고 있는가? 가족 모두는 서로가 서로에게 정의롭고 공평하다고 생각하고 있는가? 가정은 개인에게 불만과 긴장의 근원이 되고 있으며, 사회문제는 가족문제와 밀접히 연결되어 있지는 않은가? 가족은 권위주의적이고, 보수적이며, 가부장적이고, 남성 중심적이며 연장자 우선이 아닌가? 왜 우리는 가정이 편히 쉴 수 있는 곳이어야 한다고만 여기며, 가족의 문제를 철저히 파헤쳐 볼 생각을 하지 않고 있는가?

이 장은 이러한 문제의식을 가지고 사회변화에 따른 가족의 다양성과 그 본질을 살펴본다.

현대판 초핵가족 : 아름다운 길을 산보하면서 부부의 자세는 경직되어 있는 듯하고, 함께이지만, 각각의 느낌을 준다.

1. 가족에 대한 관점

1) 일반적 사회통념

사회가 아무리 급격한 변화를 겪어도 가족에 대한 일반적 통념은 그렇게 빨리 바뀌지 않고 있는 것으로 보인다. '정상적' 가족은 그 형태로 본다면, 부모가 있고 그 부모가 낳은 자녀들이 있으며, 그래서 그 자녀들이 성장하고 결혼하여 아이를 가지고 다음 세대의 독립된 가구를 형성하게 되는 경우이다.

기능 면에서 본다면 남편은 돈을 벌어 생계를 담당하고, 부인은 가사노동을 하는 가정주부로서 역할분담을 한다. 부인이 직장을 가지고 있더라도 가정주부로서의 정체성은 바뀌지 않으며, 가사를 하는 남편은 가사를 돕는 것이지만, 취업부인이 가사를 하면 그것은 자신의 일을 하고 있는 것뿐이다. 부인은 한 남자의 아내이며, 아이들의 엄마이고, 시댁에서의 며느리라는 정체성을 가지고 있다. 이러한 성 역할 분담을 통하여 가정에서 자연스럽게 자녀의 사회화 과정이 이루어지고 있다.

결혼은 모든 사람들이 일반적으로 하는 당위적인 것으로 생각하고, 결혼을 해야 완전한 성인이 된다고 보며, 자식을 낳아 길러 보아야 완전한 인간의 몫을 하고 인간의 도리를 다한다고 생각한다. 이러한 생각은 개인보다는 가문을 중요시하는 가족집단주의에 기반을 둔 것이며 부계혈연을 중심으로 보는 부계가족주의가 중심이 되고 있다는 것을 뜻한다. 일반적으로 사회통념은 이러한 부계 중심 가족이 보편적인 제도이며, 사회 전체를 위해서나 개인에게도 당연한 제도라고 생각한다(이영자 외, 1983 : 121-122).

따라서 결혼적령기 이후가 되어서도 결혼상태가 아닌 사람들은 대부분 문제가 있는 '비정상적' 사람들로 간주된다. 이제는 조금씩 달라져 가고 있다고는 하나 예를 들면 독신, 동거, 이혼 등도 모두 비정상적 상태로 생각되고, 가족제도권에 있지 않은 혼자 사는 독거노인이나 시설 어린이와 청소년도 모두 문제집단이 된다. 이혼은 결혼과 가족을 모두 부정하는 것이어서 오랫동안 금기시되어 왔으며, 독신은 가족붕괴의 위협이 되므로 이들은 어딘가 완전하지 못한 사람이거나 자기중심적이고 이기적인 사람들로 간주된다. 이러한 문제들은 모두 가족의 역할과 의무가 제대로 이행되지 못할 때 나타난다고 생각하며, 집안을 잘못 다스린 가부장의 책임으로 돌리기도 한다. 일반적으로, 사람들은 가족구성원의 역할개념이 분명한 전통적 가족제도를 잘 지킬 수 있다면 심각한 가족문제는 줄어들 수 있다고 생각한다. 예를 들면, 여성이 취업을 하면 가사업무에 차질이 생기고 가족을 보호하고 부양하는 기능이 약화되어 자녀의 교육문제가 심각해지며, 노부모의 부양에 문제가 생긴다고 여긴다.

사회적 통념으로 본다면 가족의 본질은 가족 개개인의 성향이나 발전보다는 가족 전체의 안정과 통합을 중요시하고, 남녀의 성 역할 분담을 통해 자녀의 사회화를 수행하는 것이라고 생각한다. 결혼은 인생에서 가장 중요한 일이며, 결혼을 통해서 비로소 한 인간은 성인이 되며, 완전한 삶을 살게 된다고 본다.

또 다른 사회적 통념을 예로 들면, 그것은 '가정이 안식처'라는 생각이다. 경쟁적이고 치열한 삶의 현장 속에서 가정은 가족 모두가 쉴 수 있는 안식처이며, 노동력을 재충전시키는 휴식처라는 것이다. 그리고 가족은 개인과 사회 간의 매개체로 작용함으로써 사회가 원활히 기능할 수 있도록 만든다는 것이다.

그러나 사실 가정은 남자들의 안식처일 뿐이며 가족 모두의 안식처는 아니다. 만약 다른 가족의 안식을 위해 주부가 계속 일하고 있다면, 그곳은 가족 모두의 안식처는 아니며, 주부는 가정이 또 다른 일의 현장이 된다. 가정은 가족 모두 가사노동을 분담하는 곳이며 함께 쉬는 곳이어야 한다. 전업주부이든 취업주부이든 한 사람의 희생과 봉사를 대가로 안식을 누린다면, 그것은 이미 공평한 노동배분이 되지 못한다. 전업주부는 가족이 다른 곳에서 일할 동안 역시 가사노동을 계속하고 있다. 가족이 집으로 돌아오는 시간 이후의 가사노동은 가족 각자가 자신의 몫을 스스로 수행하고 가족 전체 공동 부분의 가사노동도 함께 나누어야 공평하다.

많은 연구에서 지적되듯이 가족은 구성원에게 안정을 주지 못하고 오히려 긴장감을 주고, 가정은 가족끼리의 갈등과 폭력의 장소로 부각되고 있다. 게다가 가정폭력은 권력관계에 의해 나타나 남편은 아내에게, 부모는 자식에게 폭력의 대상이 되고 있음을 볼 수 있다. 따라서 안식처로서의 가족 이데올로기는 가족끼리의 긴장과 갈등을 간과하며, 억압을 정당화시키는 역할을 하게 된다.

2) 구조기능주의적 관점

그동안의 가족연구는 대체로 구조기능론과 근대화론에 기반을 둔 것이었다. 즉, 산업화에 의해 가족은 농경시대의 생산단위로부터 소비단위로 전환되었으며, 남자는 생계부양자, 여자는 가사담당자라는 역할분담이 생겼고, 가족은 대가족으로부터 핵가족으로 그 형태가 변화되었다는 내용이 구조기능론과 근대화론의 기본을 이루고 있다.

구조기능론에서는 사회를 상호 관련적이며 상호 의존적인 부분들(parts)로 이루어진 하나의 체계(system)로 보며, 각 부분들은 체계의 존속을 위해 수행되어야 할 기능들이 서로 연결되어 있다고 생각한다. 따라서 각 부분체계(subsystem)들은 전체 사회의 유지, 통합, 지속 등을 위해 그 기능을 수행하고 있으며, 나아가 전체 사회의 균형상태를 유지하려고 한다(조정문 · 장상희, 2001 : 23-30). 갈등과 변동은 이러한 균형상태가 깨어진 것으로서 체계의 한 부분에서 일어난 변화가 다른 부분에도 영향을 미쳐 새로운 균형을 이루어 나간다고 본다. 이러한 관점에서 보면 사회변동은 급격한 것이 아니라 점진적이며 완만한 것으로 간주된다. 구조기능론자들은 사회를 하나의 유기체(organism)로 보아, 사회를 인간의 몸에 비유한다. 여러 기관들로 형성된 몸은 생존유지를 위해 각각의 기능을 수행하며, 각각의 기능은 전체를 위해 균형과 안정을 유지하도록 작동된다. 사회에는 이런 유기체와 유사하게 가족, 종교, 교육, 정치, 경제제도 등이 사회의 한 부분으로서 전체 사회의 균형 유지를 위해 각각의 역할을 수행하고 있다고 본다.

구조기능적 관점에서 가족은 사회의 존속 유지에 가장 중요한 기능을 담당하는 보편적 · 기본적 제도라고 생각한다. 가족의 기능은 사회구성원을 재생산하고 자녀를 양육, 교육하고 사회화시켜 사회의 통합을 위한 기능을 담당하고 있다. 따라서 각 개인은 사회화를 통해 사회규범과 가치를 전수받아 내면화하며, 그 사회에 영향을 받는다.

가족에 대한 구조기능주의적 관점은 산업화 사회이론을 가족에 적용한 것으로 1950, 1960년대 서구 산업사회, 특히 미국에 커다란 영향을 미친 이론이다. 여기서는 파슨스(Parsons)의 가족이론을 중심으로 기능주의적 관점을 살펴본다.[1)]

---

1) 파슨스의 가족구조와 기능에 관한 것은 Parsons(1955) ; 이효재 편(1988 : 11-37) ; 박숙자 외 편역(1995 : 151-180) 참고하기 바란다.

파슨스(Talcott Parsons)는 현대 핵가족의 사회적 기능과 구조를 분석함으로써 가족의 연구방법에 중요한 역할을 하였다. 그는 가족을 설명하는 데 있어 부부관계, 부모-자녀관계, 사회화 과정 등의 가족구조와 기능을 분석하였고, 핵가족은 가족 내의 기능적 역할뿐만 아니라 현대산업사회의 규범적 요구에 적합한 기능을 한다고 보았다. 현대산업사회에서 요구하는 개인적 성취의 강조는 직업의 지역적 이동이나 계층적 이동을 위해 핵가족이 확대가족보다 훨씬 용이하므로, 핵가족은 산업사회에 적합하며 보편적 형태가 됨을 강조하였다.

가족에 대한 기능적 관점을 몇 가지로 정리하면 다음과 같다(이영자 외, 1983 : 124-126).

첫째, 핵가족은 경쟁사회로부터 가족구성원을 보호해 주는 안식처의 역할을 한다. 전통사회 가족이 가지고 있던 많은 기능을 사회의 각 부분에 이양하고 노동력의 재생산과 정서적 안정과 만족의 소재지로만 남게 된다.

둘째, 산업화는 직장과 가족의 이원화라는 분리현상을 가져왔고, 가족은 생계부양과 가사노동의 역할분담을 담당한다. 남편은 외부로부터 가정을 보호하고 생계를 책임지며, 부인은 자녀양육과 가사를 책임지고 가정을 돌보는 일을 한다. 그리고 가족은 서로 사랑과 헌신으로 통합하고, 가족 모두의 보금자리와 안식처를 제공한다. 따라서 남편의 가사노동은 최소화되고 부인의 사회활동도 최소화된다. 가사와 자녀양육이 부인의 역할 중에서 가장 중요한 역할이 되기 때문이다.

셋째, 가족구성원은 서로가 사랑에 의해 결합되어 있고 가족 내에 일어나는 일들은 이해와 수용에 근거를 두고 있다. 결혼은 두 사람 사이의 애정을 바탕으로 개인의 자유의사와 선택으로 이루어지는 것이며, 자녀를 통하여 부부의 사랑이 결실을 맺는다.

기능론적 관점은 대부분 성 평등적 관점에 의해 비판되고 있으나, 특히 기능론에서 보고 있는 소비적 기능의 가족은 경제 생산단위로서의 가족에 대한 성격은 은폐시키고 있다. 또한, 여성이 가지는 가사노동의 경제적·생산적 가치와 지역사회 내에서의 사회적 가치를 간과함으로써, 가족이 실제로 사회 속에서 어떤 역할을 담당하는지에 대한 개념이해를 불가능하게 한다.

3) 성 평등적 관점

가족에 대한 전통적 관점이나 기능주의적 관점과는 다르게 성 평등적(gender equality) 관점은 지금까지의 가족은 여성의 가사노동에 주목하지 않았다는 점과 남녀 성 역할 구분의 문제점, 그리고 가정생활에서 나타나는 여성의 억압과 아내구타 및 가정폭력 등을 문제 삼고 있다. 이 관점이 중요시하는 것은 가정생활에서의 여성억압이다. 성 평등적 관점은 남성 중심의 가부장적 가족제도로부터 부부, 자녀관계가 모두 동등하고 민주주의적인 가족제도를 추구하며, 결혼과 가족을 인간의 본성에 기초한 자연스러운 현상이 아니라 시간과 공간의 구속을 받는 사회적 산물로 간주한다. 성 평등적 관점은 특히 다음과 같은 점에 관심을 가진다.

첫째, 가사노동에 관해서이다. 여성의 가사노동은 예로부터 한 가족의 경제적 부양을 위해 중요한 역할을 해 왔으나, 가사를 무임금의 사적인 노동으로 특징지으려는 것은 여성의 가사노동에 대한 경제적 공헌을 간과하는 측면을 가지고 있다. 성 평등적 관점에서 가족은 직접적 이윤을 남기지는 않으나 경제활동단위로 보아야 하고 여성의 가사노동도 경제활동으로 보아야 한다고 생각한다. 그리고 성 평등주의자들은 가사노동의 해방 없이는 여성은 취업에 많은 어려움을 가지게 되므로 가사노동의 사회화를 주장한다. 일상적 가사노동과 자녀양육, 노부모부양 등 일정 부분의 몫을 사회적으로 해결하지 못하면 여성의 억압은 완화되지 못하고 동등권은 성취될 수 없다고 본다.

둘째, 남녀 간의 성 역할 분리가 사회적 불평등을 초래하고 심화시킨다는 것이다. 여성이 가사노동을 담당하고 정서적이고 감정적인 면을 가진 데 반하여, 남성은 경제활동에 참여하고 이성적이고 합리적인 성향을 더욱 많이 가지고 있다는 일반적 생각에 반대한다. 이러한 사고가 여성억압의 원인이 되고 남성우월을 조장한다고 보아 여성과 남성의 특징에 관한 많은 젠더(gender) 연구를 내놓고 있으며, 특히 인간의 다양성과 사회화 과정에 관심을 가지고 있다.

셋째, 가족 속에서 나타나는 여성억압과 가정폭력이다. 여성에게 억압적인 여러 형태의 제도, 예를 들면 종교, 교육, 정치, 경제, 문화 등이 있지만, 가족은 여성에게 가장 직접적인 억압의 형태를 띠고 있다. 위에서 지적한 대로 여성의 가사노동은 제대로 평가받지 못하고 있으며, 여성은 단순한 가사노동을 하는 사람으로 인식되어 여성의 사회적 노동마저 평가절하당하고 있다. 가족은 사적인 영역으로서 합리적으로 운영되는 것보다는 감정적, 정서적으로 운영되고 있어 기존의 선입관과 가치관이 그대로 존속, 유지되고 있는 곳이기도 하다. 특히 가정은 남녀 성 역할의 사회화가 이루어지는 곳이며, 가부장제도가 전수되는 곳이라는 의미에서도 여성의 정체성은 1차적으로 가정에서 왜곡되고 있다. 성 평등적 관점에서 본 가족의 기본과제는 가족에 대한 올바른 관점을 제시하는 것이다. 가정을 탈신비화하고, 여성의 경험과 문제의식을 제대로 파악하고 발굴하여 재조명하며, 여성을 가족의 봉사자나 희생자가 아닌 개인으로서의 주체적 위치도 함께 부각되어야 한다. 가족이 여성에게 어떤 의미가 있는지보다는 여성에게 가족은 어떤 의미가 있는지에 대한 접근방법이 여성을 억압에서 해방되도록 만드는 방법이 될 수 있다.

이러한 여성억압적 가족제도는 가부장제도와도 밀접히 관련되어 있다. 남성 중심의 가문계승과 호주제도[2] 등은 남아선호사상과 끊을 수 없는 연결고리를 가지고 있었고 여아 낙태, 성비 불균형 등의 심각한 사회문제와도 연관되어 있다. 따라서 이러한 가부장제도는 여성뿐만 아니라 남성의 삶까지도 왜곡하고 억압하는 요소가 되고 있다. 또한 가부장제도는 아내와 자녀를 소유물로 보게 하고 권위주의적 가족의 분위기를 형성하며, 비민주적 인간관계와 보수적 성향을 지속하게 만든다. 제사, 차례, 장례, 결혼 등의 가족의례는 여성의 헌신적 봉사없이는 불가능하고, 남성의 부모와 조상에 대한 일방적 효사상으로 교육되며, 가부장제도는 이데올로기적으로 전수되고 있다. 따라서 여성의 철저한 인내가 없다면 가족의 평화는 깨어지고, 남편과 가족의 행복은 부인의 희생과 봉사를 전제로 하며, 부인의 행복은 가족의 행복과 동일시됨으로써 여성에게 가족은 갈등근원이 되고 있다. 따라서 여성이 더 이상 인내하지 않고 자신의 의견을 제시하고 주장하면 쉽게 아내구타, 가족폭력으로 이어져서 우리가 늘 접하고 있는 매 맞는 아내 실상의 연유가 된다. 물론 여성이 모든 경우에 희생자가 되는 것은

2) 다행스럽게도 2005년 3월 2일 국회 본회에서 민법 개정안이 통과됨으로써 여성계의 숙원이었던 호주제가 폐지되었다. 1973년 61개 단체가 범여성가족법개정촉진회를 결성하여 호주제의 폐지를 주장한 지 32년 만의 일이다.

아니라 하더라도 현재 우리의 가부장적 가족구조 속에서 대부분 여성이 억압을 당하므로 이를 진지하게 문제 삼을 수밖에 없다.

성 평등적 관점은 가족을 공적 영역과 사적 영역으로 보는 이분법적 사고를 거부한다. 가족과 사회 간의 상호작용을 중시하며, 가족을 자연발생적이고 생물학적이며, 초역사적이고 보편적 제도가 아닌, 사회적이며 역사적인 현상으로 파악한다. 〈상자글 1-1〉은 가족이 안식처라는 허구성과 가족의 폭력성을 극명하게 보여준다.

상자글 1-1 **가정폭력 5년새 5배 증가 … '아내 학대'가 70% 차지**

'홍철호 바른정당 의원, 경찰청 자료 공개
2012년 8,762건에서 2016년 4만 5,614건'

최근 5년간 가정폭력이 5배 늘어나는 등 해마다 꾸준히 증가한 것으로 나타났다. 가정폭력의 70%가 아내를 대상으로 한 남편의 폭력이었다.

19일 홍철호 바른정당 의원실이 경찰청으로부터 받아 공개한 자료를 보면, 지난 2012년 8,762건이었던 전국 가정폭력 사건 검거건수는 지난해 4만 5,614건으로 5.2배 늘었다.

유형별로 보면, 경찰청이 통계 집계방식을 바꾸기 이전인 2014년 발생한 가정폭력 전체 검거건수 1만 7,557건 중 '아내 학대'가 가장 많은 1만 2,307건으로 70.1%를 차지했다. 다음으로 '기타'가 13.5%, '남편 학대'가 6.7%, '노인학대' 5.2%, '아동학대' 4.4% 순이었다. 2015년부턴 피해자 기준으로 통계를 집계하기 시작했는데, 지난해엔 전체 가정폭력 피해자 4만 5,453명 중 74.4%인 3만 3,818명이 여성이었다. 가정폭력 예방대책 마련이 시급한 것으로 나타났다. 광역시도별로는 경기도가 4만 1,918건으로 가장 많았고, 서울이 2만 5,546건, 인천 8,598건, 대구 5,559건, 경남 5,475건, 경북 5,142건, 부산 4,984건 순이었다.

홍 의원은 "현재 가정폭력 예방 정책은 여성가족부에 의한 '예방교육'이 중심이나, 가정폭력이 없어지지 않고 있다"며 "각 지방자치단체가 지역 경찰과 공조·협조해 사례관리를 확대하고, 사례별 지속적인 모니터링을 적극 실시해야 한다"고 강조했다.

한편 오는 21일은 2004년부터 국가 기념일이 된 '부부의 날'이다. '가정의 달'인 5월에 둘(2)이 하나(1)가 된다는 의미라고 한다.

출처 : 한겨레(2017. 5. 19.)

2. 변화하는 사회에서의 가족

1) 정보사회와 가족

정보사회는 이제까지 나타났던 사회변화보다 더욱 모든 것을 급변하게 만들고 있다. 지금까지 가족연구는 주로 산업화와 관련하여 핵가족을 연구하였고, 구조기능주의적 시각이 우세한 위치에서 가족이 연구되었다.

앞에서 살펴본 대로 구조기능주의는 많은 한계를 가지고 있으나, 산업사회의 일정 부분을 설명하는 데는 타당성을 가지고 있었다. 그러나 정보사회를 분석하는 데는 이제 다양한 시각이 필요하다.

정보사회는 전자통신의 발달로 한꺼번에 많은 양의 정보처리가 가능해짐으로써 시간과 공간의 제약을 뛰어넘게 만들었고, 사회의 각 분야에 일대의 혁신을 가져오게 만들었다. 사회 각 분야에 도입된 컴퓨터 시스템으로 정보통신산업에 종사하는 인구가 급증하였으며, 이에 따라 산업구조도 급격하게 변화되었다. 또한 사람들의 생활방식과 근로방식뿐만 아니라 인식과 사고구조에도 커다란 변화를 가지고 왔다.

정보사회에서 나타나는 가족의 특성으로는 자율적이며 비정형화된 사회관계의 형성과 남녀 간의 상호 독립성 증가, 세대 간 독립성 증가, 그리고 개인 중심적 사고 증대와 권위주의적 의식 감소 등을 들 수 있다(조정문 · 장상희, 2001 : 93-101).

첫째, 정보사회에서의 인간관계는 사이버 공간을 매개로 형성되므로 쉽게 연결되고 쉽게 끝나며, 관계유지의 의무보다는 효용과 기능성이 강조된다. 사회적 의무나 전통적 의무, 윤리나 도덕, 상하의 권위 등이 지배하는 관계보다는 인간 중심의, 기능 중심의 직선적 · 조합적 인간관계가 지배적이라고 할 수 있다. 따라서 가족, 친지 등의 정서적 집단을 1차 집단, 이해관계를 가진 집단을 2차 집단이라 한다면, 컴퓨터 네트워크로 형성된 집단을 3차 집단으로 명명하기도 한다(이근무, 1995 : 1-30). 이 집단의 특성은 전원에 따라 생성되고 소멸되는 관계이지만, 사이버 공간상에 항상 존재하고 있고, 자신의 의사와 기호에 따라 얼마든지 지속과 단절이 가능한 새로운 형태의 관계

성립을 가능하게 만든다.[3)] 따라서 대면적 인간관계가 의사소통적 인간관계로 변한다. 이러한 관계의 변화로 인하여, 개인적 관계뿐만 아니라 직장이나 학교, 교육, 가족끼리도 이러한 전자통신의 관계로 변화되고 있다. 혈연적·지연적 관계로 인하여 받던 스트레스와 갈등은 자유롭고, 자율적이며, 비정형화된 관계로 인하여 점차 사라질 것이며, 지속적 인간관계보다는 단기적 인간관계가 우세하게 된다.

둘째, 남성과 여성의 관계가 변화되는데, 종속적이며 위계적인 관계에서 상호 독립적 관계로 전환된다. 강인한 체력과 노동력을 요구하던 산업사회와 달리 정보사회에서 요구하는 능력은 정보와 지식, 그리고 새로운 아이디어를 위한 독창력이다. 직장과 가정으로 분리되어 있던 경제활동은 이제 직장에 출근하지 않고도 가능한 재택근무 형태로 바뀌어 가고 있다. 이러한 환경의 변화가 여성의 경제활동참가를 증대시키고, 경제적으로도 남성으로부터 독립하게 만들었다. 따라서 기존의 가족형태와 가족생활에도 큰 변화를 초래하여, 새로운 방식의 가족생활이 요구되고 있다. 남녀 역할의 고정관념이 깨지고 남성 위주의 가부장적 사고방식이 타파되며, 새로운 사회변화에 적응하기 위해 가족이 재구조화되어 가고 있다. 권위주의적 남녀관계가 민주적으로 바뀌며, 상호 독립적이고 평등한 관계로 변화된다. 또한 직장에서의 탄력적 근무시간의 도입으로, 개별적 상황에 맞는 시간을 선택하여 근무할 수 있게 됨에 따라 남성의 가사노동분담이 시간적으로 더욱 가능하게 되었다.

셋째, 세대 간의 권위적 관계가 감소하고 서로의 독자성과 독립성을 인정하는 방향으로 나아가게 된다. 예전의 전통사회에서는 나이와 경험이 중요하며, 나이가 더 많다는 사실만으로도 존경을 받았으나 농경사회의 경험이나 산업사회의 기술로는 새로운 사회에 적응하는 데 한계가 있으니, 이제는 다음 세대의 독창성과 자율성 및 전문성을 인정하지 않을 수 없게 되었다. 따라서 신세대가 가진 가치관과 생활습관은 기성세대와 갈등을 유발하여 가족문제가 되기 쉬운 면도 가지고 있다. 노후의 부모를 모시려는 자녀도 감소하고, 자녀에게 부양받기를 원하는 부모도 감소하고 있으므로, 이

3) 사이버 결혼을 한 예로 들 수 있다. 기존의 결혼 여부와는 관계없이 결혼할 수 있으며, 외형적이고 제도적인 측면은 모두 무시되고, 영원한 관계를 약속하지 않으나, 실제로 결혼한 사람처럼 배려하고 친밀감을 표현하며, 서로의 감정을 함께 나눈다. 그러나 의무와 속박, 그리고 당위는 없다.

와 관련된 문제들을 해결하기 위해서는 별도의 사회적 대책이 필요하다.

가족의 특성으로 미루어 볼 때, 정보사회에서는 성 역할 구분의 약화, 부부와 자녀 간의 독립성 증대, 부모세대 권위의 약화, 자율성 등이 강조된다. 이러한 변화를 가족구성원이 스스로 수용하거나 내면화시키지 못할 때 가족갈등은 더욱 커지며, 가족구성원의 개성과 자유, 자율과 독립성을 억압하는 가족생활은 더 이상 지속되지 못한다. 그러므로 이러한 사회적 변화와 특성에 따라 가족구성원과 개인의 자율성과 독립성을 최대한 보장해 주는 새로운 가족형태가 출현하게 되는데, 독신과 이혼을 비롯하여 재혼가족, 한부모가족, 동거가족, 동성가족, 집단가족, 사이버가족 등 핵가족을 대치하는 여러 다양한 형태의 가족이 새롭게 등장하고 있다.

따라서 여성을 억압하고 여성에게 희생과 봉사를 요구했던 산업사회의 핵가족형태와는 달리 정보사회에서는 개인이 가진 서로의 개성과 개체성을 인정하고 후원하며, 원활한 의사소통을 위한 평등하고 독립적인 상호관계를 유지하는 것이 가족의 과제라고 볼 수 있다.

2) 인공지능시대와 가족

과학기술의 발전으로 인공지능시대가 눈앞에 다가옴에 따라 사람들의 삶은 어떻게 바뀔 것이며, 가족형태와 가족의 역할은 어떻게 바뀔 것인가? 인공지능시대에 가장 변화가 심할 것으로 예상되는 분야는 노동시장이다. 단순노동으로부터의 해방, 수명연장, 인간관계의 변화 등으로 가장 기본적인 공동체로서의 가족생활의 변화도 급격하게 변화될 것으로 예측된다. 가족의 삶의 질과 개인의 행복지수가 높아지는 방향으로 가기 위해서 어떻게 해야 하는가 하는 우리 전체에게 주어진 과제가 되었다. 수명연장으로 인한 노후설계, 미래지향적인 자녀들의 교육, 가족을 위한 새로운 가치관의 형성 등이 특별히 중요한 과제로 등장하였다.

3) 새로운 가족형태

우리사회에는 이미 존재하고 있으나 인정되지 않고 있는 여러 가지 형태의 가족이 있다. 예를 들면, 이혼가족, 조손가족, 미혼모가족 등이 있다. 여기서는 독신가족, 자발적 무자녀가족, 동거가족, 집단가족, 동성가족 등을 다루기로 한다.

(1) 독신가족

독신가족은 보면, 일정한 나이가 되면 모두 결혼을 해야 한다는 사회적 통념을 거부하고 자신의 가치관과 인생의 목적에 부합되는 자유로운 생활을 원하는 1인 가족이라 할 수 있다. 자발적이기도 하고 비자발적이기도 하며, 일시적이기도 하고 항구적이기도 하지만 현재는 가족이라는 굴레에 얽매이지 않으면서 자기 발전에 대한 욕구를 충족시킬 수 있는 사람들이다. 적절한 대상을 만나지 못해 비자발적 또는 일시적으로 독신상태에 있는 경우에는 독신가족에 자신을 동일시하지 않을 수도 있으므로, 여기서는 한시적·장기적 독신생활을 가족의 적극적 대안으로 보아, 자발적으로 결혼을 하지 않고 있는 사람의 경우를 독신가족으로 보는 것이 타당하다.

결혼생활은 남성에게는 물론, 특히 여성에게 더 많은 부담을 지우고 있으므로 자아성장의 욕구가 강한 사람의 경우에는 결혼을 거부하거나 포기한다. 일반적으로 여성 독신자의 교육수준, 직업, 사회적 지위, 정신건강 등은 남성 독신자보다 높다고 하는데, 이런 현상은 여성의 경우 자발적 독신자가 많은 반면 남성의 경우는 비자발적 독신자가 많은 데서 연유한다고 할 수 있다(Macklin, 1987 : 317-355 ; 조정문·장상희, 2001 : 381 재인용).

현재 독신생활자는 '핵가족 신화' 속에서 양면성을 가지고 있다. 한편으로는 개인적 자유와 성취감이 기혼자보다 강하고, 가족에 대한 구속 없이 다양한 인간관계가 가능하다. 그러나 다른 한편으로는 독신자를 예외로서 또는 사회적 이탈자로서 바라보는 사회인식에서 오는 합법성의 결여, 사회적 동의와 지지의 부족, 제도권 중심의 생활에서 오는 심리적 불안정감 등이 부정적 요소로 작용하고 있다. 요즈음은 독신자가 증가하면서 독신자끼리 사이버 모임, 동우회, 정기적 회합 등이 늘어 가고 있어 소수집단이 가진 박탈감을 극복하려는 사회적 움직임이 점점 더 강하게 나타나고 있다.

(2) 자발적 무자녀가족

자발적 무자녀가족은 부부 두 사람의 동의하에 자녀를 가지지 않겠다고 자발적으로 결정한 가족이다. 성인이 되어 결혼하면 자녀출산은 필수이고, 자녀가 없는 경우를 비정상으로 인식하였으나, 이제 자녀출산도 부부의 선택으로 바뀔 수 있다는 것을 의미한다. 지금까지의 전통사회에서 자식은 생산을 위한 노동력을 뜻했고 노후보장을 의미하였으며, 가문을 잇는다는 강한 혈연의식이 자리 잡고 있었다. 그러나 이제는 생산활동의 경제구조도 변화되었고 사회보장제도도 강화되었으므로, 실용적 이유로 인한 자녀의 필요성은 감소되었다.

무자녀를 결정하는 부부를 이기적이고 반사회적이고 비도덕적이라고 생각하는 사회적 편견이 있다. 그러나 이들에 대한 미국에서의 한 조사를 보면, "자녀양육부담에서 벗어나고 자기발전과 자유로운 생활을 확보하기 위해서"가 무자녀 이유의 가장 많은 비율을 차지하고 있다(Ouseknecht, 1987 : 77-378 ; 조정문 · 장상희, 2001 : 385-386 재인용). 한국에서도 점점 자발적 무자녀가족이 늘고 있으므로, 이들을 비정상적으로 보거나 사회적 책임감이 결여된 사람들로 보는 편견보다는 각자의 선택 영역으로 존중해 주는 인식이 필요하다. 더구나 요즘은 저출산시대로서 일과 가정을 양립하기 어렵고 자녀양육비, 교육비 마련이 힘들어 자녀를 낳지 못하는 비자발적 경우도 허다하기 때문이다.

(3) 동거가족

동거가족은 공식적 결혼을 하지 않고 가족을 형성하는 것이므로, 기존의 전통적 가치관으로 본다면 비도덕적이라 할 수 있으며, 여성에 대한 혼전순결 개념이 아직도 지배적인 한국에서 보면 더욱 그러하다. 그러나 동거자는 전통적 결혼과는 다른 태도나 가치관을 가지고 있다. 서구에서 조사된 동거의 이유는 ① 일시적이고 우연적인 동거, ② 애정적이고 지속적인 동기, ③ 결혼에 대한 시험으로서, ④ 결혼에 대한 일시적 동거 또는 항구적 대안으로서 등을 들고 있다(Macklin, 1987 : 388). 요즈음 한국에서도 나타나고 있는 일시적 동거나 성적 욕구의 해결과 경제적 이유 등으로 인한 동거형태와는 달리 결혼생활의 대안으로 생각하는 동거가족에 대해서는 대안가족으로서의 진지한 접근이 필요하다.

(4) 집단가족

집단가족은 공동체 정신의 구현을 목적으로 인위적으로 만든 코뮨(commune)을 말하고 개별가족이 독립적으로 존재하면서 생활의 많은 부분을 구성원 간에 공동으로 이루어 나가는 것을 뜻한다. 남녀의 역할 구분이 없으며, 자녀를 공동으로 양육한다. 핵가족형태를 지양하고 지역공동체에 그 가치를 둠으로써, 가사노동이 사회화되어 있고, 여성의 자율권과 지위는 높은 편이다. 이스라엘의 키부츠(Kibbutz)와 같은 형태를 예로 들 수 있으나, 이에 대한 사회적 평가는 다양하다. 현재는 사회 전체의 분위기가 경쟁적이고 개인주의적이기 때문에 이러한 집단가족이 가진 원래의 목적에 부합되는 방향으로 관철되기가 어려운 점도 있으나, 육아·탁아를 공동으로 해결하자는 움직임이 한국에서도 점점 많아져 가고 있는 것을 보면, 이러한 집단가족형태가 한국 상황에서 아주 동떨어진 별개의 형태는 아니라고 할 수 있다(Macklin, 1987 : 40).[4)]

(5) 동성가족

동성애는 최근까지도 비정상적이고 병리적인 현상으로 인식되어 왔으나 개성과 자유의 존중, 진보적이고 자유주의적인 사회적 분위기, 그리고 여성운동 등으로 인하여 점진적으로 사회에서 수용되고 있다. 최근에는 네덜란드를 중심으로 벨기에, 독일 등 유럽 여러 나라에서 동성결혼을 합법적으로 인정하고 있으며 자녀 입양에 대해서도 점차 허용적인 방향으로 나아가고 있다. 1973년 이후 미국 정신병학회는 동성애를 더 이상 정신질환으로 간주하지 않을 것을 결정하였고, 동성애자의 자연스러운 성적 경

4) 미국에서의 코뮨운동은 1965년에서 1975년 사이에 활발하였는데 이 기간 동안에 미국 전역에 50만 개의 코뮨이 있었고 75만 5,000명이 이 코뮨에 거주하였다.

향으로 동성애를 받아들이려고 하였다(Macklin, 1987 : 336 ; 1987 : 403 재인용). 한국에서도 이제 점점 동성애자가 자신의 정체성을 표명하며 밝히고 있고, 그들의 권리를 조금씩 주장하고 있다. 외국의 경우로 보아 한국에도 적지 않은 동성애자가 있고 결혼도 합법적으로 요구하고 있는 사례가 점차 늘어가고 있다.

지금까지 살펴본 가족의 형태는 보편화된 것은 아니라 할지라도 새로운 가족으로서 앞으로 고려되어야 할 유형이다. 이들 새로운 가족이 추구하는 가치는 전통적 성 역할에 대한 거부, 개인의 자율성 보장, 개성의 존중, 다양한 가족생활에 대한 가치관의 추구 등이다. 그러나 이들을 보는 사회적 인식은 비도덕적이며, 이기적이며, 비사회적이라는 시각이 아직도 지배적이다. 따라서 이들 가족은 육아시설, 학교교육, 직장과 여가시설 등의 사회제도가 이들을 뒷받침해 주지 않고 있어, 현실적 어려움을 겪고 있다.

사회과학은 윤리와 도덕적 당위가 아니다. 사회과학은 사회적 현상을 분석하고 연구하는 것이며, 사회복지는 삶의 질적 향상을 위해 이러한 현상과 관련된 문제를 실천적으로 풀어 나가는 사회적 과정이다. 기존의 인식체계만으로는 새로운 변화와 현상을 파악할 수 없으며, 기존의 인식체계에만 기반을 둔 실천적 과제는 현실과 괴리된 채 더욱 당사자들에게 어려움을 가중시킬 수밖에 없다.

4) 가족의 다양성과 복지

산업화에 의해 나타났던 근대화와 더불어 가족이 핵가족화된다는 것을 기본전제로 만들어진 기능주의적 관점은, 정보화가 중심이 되는 탈근대사회에서는 그 설득력을 점차 상실하고 있다. 우선 핵가족형태도 산업사회에서의 지배적 형태가 아니라 주로 중산층 이상에 속하는 가족형태임이 드러났고,[5] 이제는 이러한 중산층의 핵가족마저

5) 기능론은 산업화 이전의 전형적 가족은 확대가족이고 산업화를 거치면서 부부 중심의 핵가족이 전형적 가족이 되었다고 본다. 그러나 실제로 전통가족은 소규모 가족이 지배적이었고, 부부 중심의 핵가족이었다는 사실이 역사연구에 의해 밝혀졌다. 전 자본주의 시대 유럽에서의 대규모 가족은 결코 보편화된 형태가 아니었으며(박영신 · 한상진 옮김, 1980 : 139) 한국의 경우도 조선 중기까지 직계가족도 10%가 안 되는 수준이었고, 소규모 핵가족이 65% 정도를 차지하고 있었다(김혜경, 1991 : 830). 핵가족의 전형이라고 하는 2세대 가구는 1966년에서 1985년까지 한국의 산업화 과정이 가장 활발하던 시기 20년 동안 65.6%에서 67%로 거의 변하지 않고 있음이 1991년 한국여성개발

도 그 형태가 다양해졌다. 예를 들면, 가정에서의 성 역할을 더 이상 확연히 구분하기 어려운 맞벌이가족과 이혼가족의 증가, 그리고 이들 이혼가족으로부터 나오는 다양한 형태의 가족, 한부모가족, 무자녀가족, 독신가족의 증가 등을 들 수 있다.

각자의 생계유지에 여념이 없었던 중산층 이하에서 가족은 처음부터 다양한 형태를 만들고 있었다. 자녀가 많은 집에서는 부모가 다 양육하지 못하여 다른 친척에게 보내거나 다른 형제에게 양자로 입양시키거나 했고, 경우에 따라서 직계가족 이외의 친척이나 친지 또는 그 자녀 등과 함께 한시적으로 거주하는 변형된 확대가족형태를 띠기도 하였다.

또한 자녀가 그 부모를 모셔야 한다는 가치관도 점점 바뀌어 이제는 자녀도 부모 자신들도 함께 거주하는 것을 원하지 않는 경우가 점점 늘고 있다. 노인가족이 늘고 이에 따라 빈곤한 노인가족, 빈곤한 독거노인이 점점 증가하고 있는 실정이다. 반면 치매노인가족의 경우에는 이미 가족구성원이 치매노인을 돌볼 수 있는 여력과 능력이 부족함에도 불구하고 다른 방법을 찾지 못하여 제대로 돌보지 못하고 방임한 채 함께 거주만 하고 있는 경우도 허다하다. 성교육의 부재와 성 개방의 사회적 분위기로 자녀양육을 책임질 수 없는 나이에 아이를 출산하여 미혼모가 된 경우도 많아지고 있고, 소년소녀가장가족도 적지 않게 증가하고 있어 가족과 가구의 형태는 실로 다양하게 바뀌어 가고 있다. 가족기능주의에서 보는 핵가족 이외의 형태를 모두 '비정상' 가족이라고 생각한다 하더라도, 현재 비정상 가족이 상당히 높은 비율을 차지하고 있으므로 이미 정상과 비정상의 범주로 구분하는 것은 한 사회 속에서 그 상대적 의미를 잃은 지 오래라고 보인다.

또한 서구에서는 동성애자의 결혼과 입양까지 법적으로 가능하게 되어 가족형태는 그야말로 더욱더 다양해지고 있어, 전통적 고정관념과 선입관으로 가족을 본다면, 가족의 새로운 변화와 역동성을 포착하지 못한다. 가족은 일방적으로 주어진 외부에 적

원의 연구에서 드러나고 있다. 이것은 산업화로 인해 가족이 점차 핵가족화되리라는 것을 보여주지 못하고 있다. 이 외에도 여러 역사적 연구가 전통사회에서도 핵가족이 우세하였음을 보여주고 있는데, 이는 열악한 사회경제적 환경과 짧은 수명, 그리고 가족이 가진 재원의 한계로 확대가족의 유지는 사실상 상류층이 아니고는 가능하지 않았다는 것이다. 따라서 기능론이 주장하는 전형적 가족이란 단지 중산층에서만 나타나고 있다고 할 수 있으므로 확대가족에서 핵가족으로의 변천 역시 중산층을 중심으로 본 관점이다(이영자 외, 1983 : 127).

응하고 사회적인 주도적 가치를 수용하고 그 가치관에 종속되는 것이 아니라 주체적이고 자생적인 힘을 가지고 있다. 한쪽 부모의 사망이 전체 가족을 와해시키는 것이 아니라 위기상황에서 더욱 결속력을 강화시키고, 잠재된 에너지와 능력이 개발되고 발굴되는 전화위복의 긍정적 계기가 되기도 한다. 고정된 틀 속에서 분석되는 가족의 개념을 탈피하면, 가족은 주체적이고 독창적이며, 창조적이고 자생적이다. 또한 가족은 새로운 환경 속에서 더욱 발전하고 성장하는 면도 가지고 있다.

이제 가족의 정형화된 형태는 점차 사라져 가고 있으며, 가족의 성별 역할분담으로 이루어지던 가족의 기능도 모두 변화되고 있다. 중상층에서 규정하던 정상, 비정상 가족의 개념도 이제 점차 상대화되어 가고 있으며, 각 가정은 자신이 처한 환경과 위치와 처지에 따라 가족의 형태와 기능이 달라지고 있을 뿐이다.

가족의 본질에 있어 중요한 점은 가족이 가지는 주체적 성격이다. 가족은 자연적이고 생물학적인 존재만이 아니라 사회적·역사적 산물이기도 하지만 한 단계 더 나아가 사회변화와 변혁의 주체가 되기도 한다. 국가와 사회는 여러 가지의 사회적 억압과 권위주의, 관료주의에서 벗어나 가족의 안정과 정서적 욕구, 그리고 물질적 욕구를 채울 수 있는 가능성을 가족 스스로 모색할 수 있도록 후원하여야 한다. 이런 의미에서 가족복지는 다양한 가족에 대한 개방적이고 진취적인 시각으로 접근해야 하는 당면과제를 안고 있다.

이 장의 요약

1. 가족에 대한 일반적 사회통념은 '정상적' 가족이다. 형태로 본다면, 부모가 있고, 그 부모가 낳은 자녀가 있으며, 그 자녀들이 성장하고 결혼하여 아이를 가지고 다음 세대의 독립된 가구를 형성하는 가족의 형태를 말한다. 기능 면에서 본다면, 남편은 돈을 벌어 생계를 담당하고 부인은 가사노동을 하는 가정주부로서의 역할분담을 한다. 이러한 성 역할 분담을 통하여 자연스럽게 자녀의 사회화 과정이 가정에서 이루어지고 있다고 본다.
2. 구조기능주의적 관점에서 가족은 사회의 존속에 가장 중요한 기능을 담당하는 보편적·기본적 제도이다. 가족의 기능은 사회구성원을 재생산하고 자녀를 양육, 교육, 사회화시켜 사회체계의 통합을 위한 기능을 담당하고 있다. 따라서 각 개인은 사회화를 통해 사회적 규범과 가치를 전수받아 내면화하며, 그 사회구조에 의해 상호 영향을 받는다.
3. 가족에 대한 성 평등적 관점은 지금까지의 가족은 여성의 가사노동에 주목하지 않았다는 점과 남녀 성 역할 구분의 문제점, 그리고 가정생활에서 나타나는 여성의 억압과 아내구타 및 가정폭력 등을 문제 삼고 있다. 이 관점이 중요시하는 것은 가정생활에서의 여성억압이다. 성 평등적 관점은 남성 중심의 가부장적 가족제도로부터, 부부-자녀관계가 모두 동등하고 민주주의적인 가족제도를 추구하며, 결혼과 가족은 인간의 본성에 기초한 자연스러운 현상이 아니라 시간과 공간의 제약을 받는 사회적 산물로 간주한다는 것이다.
4. 정보사회에서 나타나는 가족의 특성으로는 자율적이며, 비정형화된 사회관계의 형성과, 남녀 간의 상호 독립성 증가, 세대 간의 독립성 증가, 그리고 개인 중심적 사고 증대와 권위주의적 의식의 감소 등을 들 수 있겠다. 여성을 억압하고 여성에게 희생과 봉사를 요구했던 산업사회의 핵가족형태와는 달리, 정보사회에서는 개인이 가진 서로의 개성과 개체성을 인정하고 후원하며, 원활한 의사소통을 위한 평등하고 독립적인 상호관계를 유지하는 것이 가족의 과제라고 볼 수 있다.
5. 이미 존재하고 있으나 가족으로 인식되지 않고 있는 여러 가지 대안적 형태로서는 독신가족, 자발적 무자녀가족, 동거가족, 집단가족, 동성가족 등이 있다.
6. 산업화에 의해 야기되었던 근대화와 더불어, 가족이 핵가족화된다는 것을 기본전제로 만들어진 기능주의적 관점은 정보화가 중심이 되는 탈근대사회에서는 그 타당성을 점차 상실하고 있다. 가족의 본질에 있어 중요한 점은 가족이 가지는 주체적 성격이며 그 가족에 적합한 다양성이다.

주요 용어

- **성 평등적 관점** : 가족을 가부장적 제도로 보는 것이 아니라 부부와 자녀관계가 모두 동등한 관계로 파악하는 것이며, 가족을 공적 영역과는 별개의 사적 영역으로 보는 이분법적 사고를 거부한다. 가족과 사회 간의 상호작용을 중시하며, 가족은 자연발생적이고 생물학적이며, 초역사적인 보편적 제도가 아니라 사회적이며 역사적인 현상으로 파악한다.
- **독신가족** : 결혼적령기가 되면 모두 결혼해야 한다는 사회적 통념을 거부하고 자신의 가치관과 인생의 목적에 부합되는 자유로운 생활을 하고자 하는 사람이다.
- **자발적 무자녀가족** : 부부 두 사람의 동의하에 자녀를 가지지 않겠다고 자발적으로 결정한 경우이다. 결혼 후의 자녀출산도 선택적으로 바뀔 수 있음을 의미한다.
- **동거가족** : 공식적 결혼을 하지 않고 가족을 형성하는 형태이다. 여러 가지 이유가 있겠으나 대안적 가족으로서의 가장 진지한 접근은 가족제도의 억압적 기능과 역할을 거부하는 것이다.
- **집단가족** : 공동체 정신의 구현을 목적으로 인위적으로 만든 코뮨을 말하는데, 개별가족이 독립적으로 존재하면서 생활의 많은 부분을 구성원 간에 공동으로 이루어 나가는 것을 뜻한다.
- **동성가족** : 동성끼리 가족을 형성하는 것을 말한다. 동성애는 최근까지도 비정상적이고 병리적인 현상으로 인식되어 왔으나 점진적으로 사회에서 수용되고 있으며, 동성결혼을 합법적으로 인정하고 있는 나라가 증가하고 있다.
- **사례관리(case management)** : 지역사회 내의 서비스 자원을 개발하고, 이 서비스들은 클라이언트의 욕구 충족을 위해 서비스를 조정(coordinating)하고 소비자의 욕구에 부합하는 비용-효과적 서비스 관리를 말한다.

추천하는 자료

1. 이동원, 『변화하는 사회, 다양한 가족』, 경기 : 양서원, 2005.
2. 베라 티멘칙, 『내 가족과 다른 가족들』, 서울 : 꼬마이실, 2009.
3. Ellan L. Walker, 『아이 없는 완전한 삶』, 파주 : 푸른 숲, 2016.
4. 김영화 외, 『현대사회와 여성복지』, 파주 : 양성원, 2016.
5. 김희경, 『이상한 정상가족 : 자율적개인과 열린 공동체를 그리며』, 서울 : 동아시아, 2017.
6. 세계와 나, 『또 하나의 가족, 1인 가구』, 서울 : 세계와 나, 2017.
7. Barrie Thorn, 『페미니즘의 시각에서 본 가족』, 파주 : 한울아카데미 : 한울, 2017.

가족과 복지

제 2 장

이 장에서는 급격하게 변화하는 사회에서의 가족문제는 무엇이며 어떤 형태로 나타나는지, 그리고 가족이 혼자서 다 해결할 수 없는 많은 문제들을 어떻게 가족복지에서 다루어야 하는지를 살펴보고자 한다.

제 1 장에서 살펴본 사회변화와 가족과의 관련성을 가족에 대한 여러 관점을 비판적으로 인식하여 제 2 장에서는 가족과 가족복지와의 관련성을 보기 위해 자본주의제도와 가부장제도, 그리고 가족 이데올로기가 가족에 미친 영향을 통해 그것이 어떻게 가족의 기능을 규정해 왔는지를 살펴본다. 근대 산업사회에서부터 탈근대사회, 정보사회로의 이전이 가족의 형태와 기능에 어떤 변화를 요구하는지, 변화된 사회에 적절히 대응하지 못해 나타나는 가족문제를 해결하기 위해 국가가 어떤 가족복지정책을 실시하여야 하는지 알아본다.

1. 자본주의와 가족제도

1) 가족과 자본주의

가족과 자본주의에 관한 연구는 자본주의하에서 가족의 발달을 관찰하는 일, 특히 현대 자본주의에서 사적인 것과 공적인 것 사이의 관계를 파악하는 것이 그 초점이다. 가족을 생산관계의 결과로 축소시켜 생각하는 마르크스주의는 자본주의의 모순으로 인하여 가족은 소멸할 것이라고 예측하였으나, 지금까지도 자본주의는 소멸되지 않듯이 가족도 쉽게 소멸되지 않을 것이다. 더구나 가족에게는 심리적 · 정서적 요인도 중요하므로 경제적 요인만으로 분석한 마르크스주의자들의 생각도 적절하지 않다.

그러나 자레스키(Zaretsky)의 경우, 자본주의가 이윤창출의 중요한 원리 때문에 가정(household)을 경제와는 별개의 영역으로 만들어 버렸고, 가족(family) 내에서 일어나는 가족끼리의 정서적이며 감성적인 모든 상호작용을 '사적' 영역으로 규정짓게 하였다고 본다. 즉, 생활영역은 생산적 노동을 하는 공적 영역과 가정과 관련되는 사적 영역으로 구분되었고, 그 결과 여성의 가사노동은 평가절하되었다는 것이다. '사적'이라는 용어의 의미 자체가 자본주의에서 규정되었으며, 가족의 형태도 자본주의 생산양식의 일부임을 밝히고자 하였다(Zaretsky, 1986 ; 박숙자 외 편역, 1995 : 331).

또한 포어맨(Foreman)의 경우, 사회화 과정을 거쳐 생산된 여성의 사회적 성(gender), 즉 여성성을 자본주의 발달에 의한 산물로 파악한다(Foreman, 1977). 자본주의의 임금과 노동체계가 도입되면서 가내 생산조직이 와해되고 노동자 개인의 존재가 무너지면서, 집이란 쉬는 곳으로 탈바꿈하였다. 가정 내에서 행하는 가사노동은 노동 내에서의 소외현상을 가져왔고, 가족 내에서의 개인 존재로서만 그 중요성이 인정되었다는 것이다. 또 그는 공적 · 사적 영역이란 생활영역이 자본주의에 의해 분리됨으로써 만들어지고 재가공된 산물이며, 그 또한 사적 영역의 특징은 여성성이라고 생각한다. 생존경쟁이 치열한 공적 영역에서의 노동은 사적 영역에서 재충전되고, 여성다움은 이에 대한 반작용으로 나타나 감성의 영역을 담당하게 되었다는 것이다.

자레스키의 경우, 가족이 생산 영역에서 사적인 소비 영역으로 전락하는 과정을 보여줌으로써 가족이 사회적으로 구성된다는 것을 밝힌 것은 중요한 업적이나, 가족의 형태를 자본주의 생산양식의 일부라고 본 것은 가족의 경제적인 면을 지나치게 부각한 것이 아닌가 생각된다. 또한 포어맨의 경우, 여성다움과 남성다움이 사회화 과정 속에서 자본주의의 생산관계에 의한 것임을 밝혀내었으나, 가족 자체가 자발성이나 독창성, 역동성을 지닌 존재임을 파악하지는 못하였다(박숙자 외 편역, 1995 : 330-334).

공·사 영역에 대한 자본주의적 분리 개념은 실제로 가족의 많은 기능을 파악하지 못하게 만들며, 가족과 사회의 상호작용을 간과하고 가족을 비생산적 단위인 사적 영역으로 머무르게 만든다. 따라서 가족문제의 사회적 요인을 은폐시키고 개인에게 문제의 책임을 돌림으로써 가족문제의 해결을 가족 자체에 맡기는 이중적 억압구조를 만들고 있다.

가족과 자본주의와의 관계 속에서 밝히고자 하는 것은 첫째, 가족은 자본주의 발달과 밀접한 관련을 가지고 있다는 것이고, 둘째, 자본주의와 관련시킨 가족의 연구가 나름대로의 강점에도 불구하고 편향적인 면만을 부각시켰기 때문에 가족의 정체성을 밝히는 데 한계를 가지고 있다는 점이다. 이 두 사람의 연구에서 규명된 가족이 자본주의 생산양식의 일부라는 점과 가족 내에서의 여성성이 자본주의 발달에 의한 산물이라는 중요한 점을 지적하고 있으나, 결국 이것은 자본주의가 파괴되지 않으면 가족과 그 구성원이 자유롭지 못한 존재라는 것을 의미한다. 따라서 이들의 논리에 의하면, 가족의 정체성을 부정하는 쪽으로 가든가 아니면 자본주의에 종속된 가족을 수용하든가 해야 한다. 그러나 가족은 경제적·정서적·심리적 요인 모두를 포괄하는 구성체이며, 사회 내의 규범체계가 기존의 사회화 과정을 통해 재생산만이 아니라 자율성과 독창성, 자립능력 등의 역동성을 가진 존재라는 점도 함께 강조되어야 한다.

2) 가족 이데올로기

20세기 자본주의 발달과정에서 가족과 관련되어 나타난 것 중의 하나는 가족 이데올로기이다. 가족 이데올로기란 가족은 "따뜻하고 편안하고 안정된 곳"이라는 상징적 표상이다. 그리고 가족은 우리가 항상 돌아갈 수 있는 포근한 곳이며, 늘 어머니와 같이 편안하고 안정된 안식처이고, 누구도 파괴할 수 없는 신성불가침의 장소라는 사회적 상징이다. 우리 문화 속에서 더욱 강화시키고 있는 가족주의적 이데올로기는 성 정체성을 분리시키고, 남녀 역할분담을 더욱 자명 타당한 것으로 여기며 여성의 모성애와 자기희생적 봉사, 남성적 보호 등을 부각시켜 나타낸다. 가족은 제일 중요하고도 기본적인 사회적 기초가 된다고 강조함으로써 가족이 그 핵심적 기능을 담당하게 만들고 나아가서 결국 여성에게 모든 부담을 지우는 것이 가족 이데올로기가 가진 문제점이다. 여성과 남성의 불평등적 관계는 이데올로기적으로 재생산됨과 동시에 물질적 관계로 재생산되어 상호 간의 영향력을 더욱 증대시킨다. 여성을 사회에서는 잉여노동력으로, 가정에서는 무보수의 노동력 재생산자로 각인시키는 것은, 자본주의 구조와 가족 이데올로기가 합하여 초래된 결과만은 아니라고 하더라도, 가족이데올로기는 가족의 본질을 왜곡시키는 중요한 요인으로서 작용하고 있다. 〈상자글 2-2〉는 현실적으로 한국의 남성부양자 가족 이데올로기가 얼마나 변화하고 있는지를 보여주고 있다.

상자글 2-1 **2017 통계로 보는 여성의 삶 주요 결과**

1. 인구와 가구

- (인구) 2017년 여성 인구는 2,565만6천명으로 총 인구의 49.9%를 차지함
- (가구주) 2017년 우리나라 가구의 30.3%는 여성이 가구주임

2. 가족과 건강

- (혼인 · 이혼) 2016년 초혼부부의 혼인건수는 22만1천1백건으로 전년보다 7.2% 감소하고, 20년 이상을 함께 한 부부의 이혼 비중이 30%를 넘어섬
- (견해) 결혼「해야 한다」, 이혼「해서는 안된다」고 생각하는 13세 이상 여성의 비율은 점점 감소함
- (출생) 2016년 총 출생아 수는 40만6천3백명으로 전년보다 3만2천1백명 감소함
- (사망률) 2015년 여성의 사망원인은「악성 신생물(암)」,「심장질환」,「뇌혈관질환」순으로 높음
- (기대수명) 2015년 여성의 기대수명은 85.2년으로 10년 전보다 3.6년 증가함

3. 안전

- (사회 안전 인식) 2016년 여성의 50.9%는 사회 안전에 대해 「불안」을 느끼고, 가장 주된 불안 요인으로 「범죄발생(37.3%)」을 꼽음
- (강력범죄 피해자) 2015년 강력범죄(흉악) 피해자의 88.9%는 여성임
- (1366) 2016년 1366(여성긴급전화)을 이용한 상담 건수는 총 26만7천건, 상담 내용은 「가정폭력(61.8%)」이 가장 많음

(여성 100명 당 남성 수)

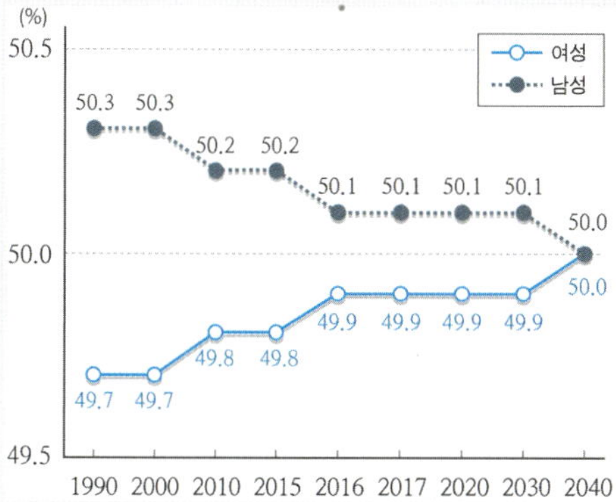

그림 2-1 인구 비중

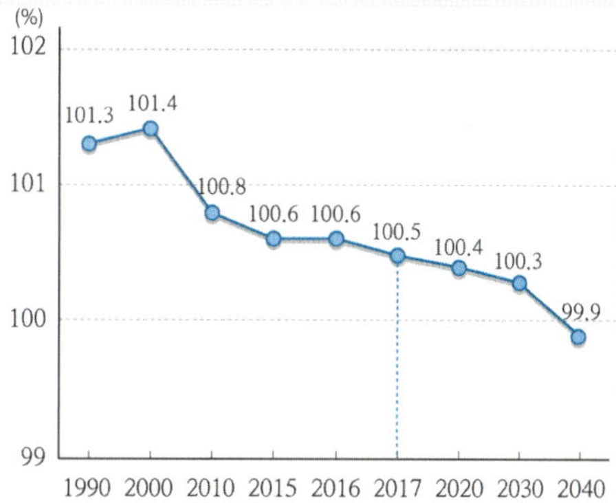

그림 2-2 성비 추이

상자글 2-2 여성 경제활동과 사회적 지위

1. 경제활동

- (고용 · 실업) 2016년 여성 고용률은 50.2%로 지속적으로 증가, 실업률은 3.6%로 전년과 동일함
- (근로자) 2016년 여성 취업자 중 임금근로자 비중은 77.2%로 계속 증가 추세임
- (임금수준) 2016년 1인 이상 사업체 여성의 월평균 임금과 시간당 임금은 남성 대비 각각 64.1%, 68.4% 수준으로 전년보다 모두 증가함
- (사회보험 가입률) 2016년 4월 기준 여성 임금근로자는 국민연금 64.3%, 건강보험 67.0%, 고용보험 64.8%가 가입함

그림 2-3 여성 임금수준

출처 : 고용노동부, 「고용형태별 근로실태조사보고서」

2. 사회적 지위

- (대학진학률) 2016년 여학생의 대학진학률은 73.5%로 전년보다 1.1%p 감소하고 남학생보다는 7.2%p 높음
- (교원) 2016년 학교급별 여성 교장 비율은 초등학교(34.5%) 〉 중학교(24.3%) 〉 고등학교(9.9%) 순으로 많음
- (근로자 및 관리자) 2016년 근로자 중 여성의 비율은 37.8%이고, 관리자 중 여성의 비율은 20.1%임
- (공무원 및 법조인) 2015년 공무원 중 여성의 비율은 44.6%이고, 법조인 중에는 여성이 24.1%를 차지함
- (의료 분야) 2016년 의료 분야의 여성 비율은 의사 25.1%, 치과의사 26.8%, 한의사 20.4%, 약사 64.0%임
- (의원) 2016년 국회의원 선거에 당선된 의원 중 여성이 차지한 비율은 17.0%, 2014년 지방의회 선거에서는 여성이 22.9%를 차지함

출처 : 통계청(2017. 6. 28.)

3) 가부장제와 가족

자본주의와 가부장제도는 가족과 관련하며 긴밀하게 서로 얽혀 가족의 기능과 역할에 막대한 영향을 미치고 있다. 위에서 자본주의와 관련된 논의를 간단히 요약하면 다음과 같다. 자본주의가 발전하기 이전의 가족은 농업이나 가내공업 등으로 가족 자체가 생산단위였으며, 가족구성원 모두가 생산활동에 참여하였다. 자본주의의 발달과 더불어 공장이 생겨남으로써 가정은 생산단위로부터 점점 축소되어 소비단위로 전환되었으며, 일터와 가정으로 분리되면서 공적 영역과 사적 영역으로 구분되었다. 이에 따라 자연히 가정에서는 양성의 역할분담과 분리가 일어났고 종래의 가족이 가지고 있던 많은 기능이 사회의 다른 곳으로 이양됨으로써 가족의 기능과 역할은 점점 축소되었다. 가족은 공적 영역에서 고립되고 소외되었고, 국가에 더욱 많이 의존하게 되었다. 그 결과 가족에 대한 자본의 지배력은 점점 증대하였고 이에 따라 자본의 논리가 가족구성의 원리로서 그 자리를 굳히게 되었다.

가부장제를 기반으로 형성된 근대국가는 자본의 이해관계로 인하여 가부장제도를 더욱 공고히 하는 역할을 하고 있다. 자본주의 국가는 이윤창출을 위해 노력하게 되고, 이윤창출 과정에서 나타나는 자본주의의 모순과 한계를 가족으로 하여금 해결하도록 만들고 있다. 예를 들면, 저임금과 산업재해, 노동자복지 문제 등을 들 수 있는데 저임금으로도 가부장적 가족은 생계유지를 가능하게 만들며, 열악한 근로환경이지만 복지제도 대신 가정에서 휴식과 노동력을 재충전하도록 하고, 산업재해를 당해도 가족에게 그 임무를 담당하게 한다. 또한 이것을 위해 가족 이데올로기가 동원된다. 결국 단순화시켜 말하자면 자본주의 국가를 유지하게 하는 것은 주부의 무임금 가사노동이라고 할 수 있다. 그러나 여성을 중심으로 본다면 결과적으로 여성은 공적 영역에서 배제되고 가사노동은 노동으로 인식되지 않으면서, 여성의 사회적 노동마저 가치가 평가절하되는 2중, 3중의 여성억압적 현상이 악순환되면서 보편화되어 왔다(이영자 외, 1983 : 139).

가부장제는 가족 내의 핵심적 성 억압기제로 작동되며 가족 간의 관계를 비민주적이며 불평등적이고 권위적으로 만들어, 탈근대사회에는 더 이상 적합하지 않는 것으로 보인다. 자녀의 청소년문제, 취업주부의 가사노동에 대한 이중 부담, 가정폭력, 남편의 외도, 고부갈등, 부모-자녀갈등, 위계적 부부관계 등 내부의 모든 가족관계에 걸쳐 가부장제도는 갈등과 불화의 씨앗을 내재하고 있다. 현대 가족은 기존의 가치관과 전통적 사회화 과정으로 급변하는 사회변동에 적응할 수 없음에도 불구하고, 여전히 가족은 변화하지 않으려는 내부 기제와 갈등을 일으켜 왔다. 따라서 가부장제의 대표 형태인 호주제에 대해서 많은 사람들이 폐지되는 것이 마땅하다고 생각하여 2005년 3월 2일 부계 혈통 중심의 남녀차별적 제도로 비판받아 온 호주제가 드디어 폐지되었다.

자본주의가 발달함에 따라 국가와 자본이 서로 밀접하게 관련되었고 가족 내의 성억압적 구조도 국가와 매우 밀접한 관련을 맺어 왔으며, 국가가 자본을 축적해 나가는 데도 여성의 무임금 가사노동이 필수불가결한 요인이 되어 왔다. 결국 기존의 가족복지정책도 남성과 여성의 경제적 불평등관계를 전제하였고, 노동시장의 남성 참여와 가사노동의 여성 참여를 강화시키는 역할을 국가가 담당하였다. 가구주로서의 여성이 취업하여도 여성은 가정의 부수입원으로 간주되어 동일 노동에 동일 임금을 받지 못하는 왜곡된 임금구조를 재생산해 내고 있다. 이와 같은 고용정책은 남성에게 직업의 우선권이 있는 것으로 인식하게 만드는 불평등구조를 지속시켜 나간다.

상자글 2-3 여성 취업 : 여성의 가장 큰 취업 장애요인은 '육아부담'

여성의 취업을 어렵게 하는 가장 큰 요인은 무엇일까요? 바로 미취학 자녀가 있는 여성의 72.8%가 꼽은 '육아부담'이다. 워킹맘 4명 중 3명(74.5%)과 전업맘 71.7%도 '육아부담'을 꼽았다. 반면 미취학 자녀가 없는 여성은 '육아부담(51.0%)', '사회적 편견 · 관행(17.6%)', '불평등한 근로 여건(11.3%)' 순으로 응답했다.

미취학 자녀가 있는 여성 2명 중 1명(49.0%)은 향후 필요하거나 늘려야 한다고 생각하는 공공시설로 '국공립 어린이집'이라고 답했습니다. 반면 미취학 자녀가 없는 여성은 '보건의료시설(27.9%)', '사회복지시설(21.8%)', '국공립 어린이집(11.1%)' 순으로 응답했다. 또한 미취학자녀가 있는 여성이 향후 가장 필요하거나 늘려야 한다고 생각하는 복지서비스는 '어린이 양육지원 및 돌봄서비스(57.4%)'로 나타났다.

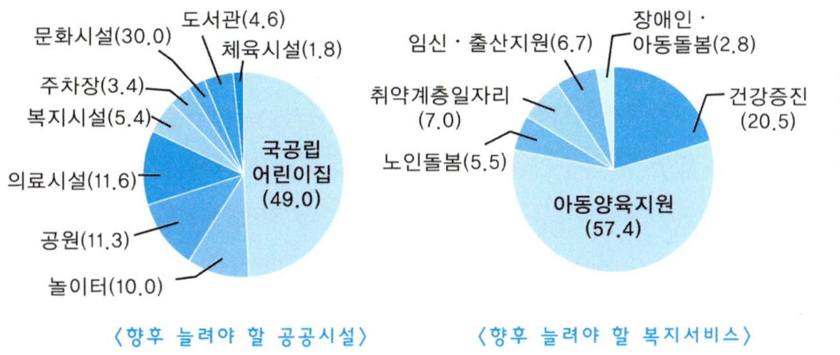

그림 2-4 여성 취업을 위한 공공시설과 복지서비스(미취학자녀가 있는 경우)

출처 : 여성가족부, 통계청(2014. 7. 2.)

2. 국가와 가족복지

가부장적 국가에서 자본주의 발전과 더불어 산업화 과정 속에서 나타나는 다양한 가족문제를 해결하기 위해 국가는 개별가족에 개입하지 않으면 안 되는 상황에 봉착하게 되었다. 가족해체, 아동과 노인의 유기 · 방임문제, 주택환경문제, 빈곤문제, 실업문제 등 산업화와 더불어 많은 가족문제가 발생되었고, 이러한 문제들을 해결하지 않고 방치하면 노동력의 공급에 차질이 생길 정도로 국가의 개입이 심각하게 요구되었다. 이렇게 등장한 가족정책도 결국은 자본주의 경제체제의 발전과 밀접하게 관련되어 있다고 할 수 있다.

국가의 정책은 가족에게 지대한 영향을 끼쳐 국가가 어떤 정책을 실시하는지에 따라 가족은 타격을 입기도 하고 도움을 받기도 한다. 예를 들어 1970년대까지의 가족계획은 가족의 수를 줄이고 인구수를 감소시키는 데는 긍정적 역할을 하였을지 모르나, 그 다음에 오는 저출산의 문제를 고려하지 못하는 실책이 되었다. 또한 가족 자율의 영역을 국가가 침범함으로써 여성의 출산력과 성을 통제하며, 무엇보다 남아선호에 의한 여아 낙태를 부추기는 결과를 낳기도 하였다. 이는 여성의 건강을 고려하지 않고, 남성 중심의 가부장제도와 호주제도를 강화시키는 요인이 되었다. 또한 경제성장 위주의 정책은 많은 가족문제를 유발하는데 예를 들면, 저임금과 물가고, 실업, 도시지역의 주택난, 산업재해, 교통사고 등이며, 가족의 경제적 · 정신적 부담 등 가족을 괴롭히는 무수히 많은 문제들도 지속적으로 양산하였다. 반면에 이에 미치지 못하는 사회보장제도, 주택, 보건정책, 탁아, 교육정책 등은 사회불평등을 완화시키지 못하였고, 부의 편중과 빈곤문제를 더욱 가중시켜 왔다.

가족이 안고 있는 문제는 이제 가족 단독으로 해결할 수 없는 사회구조적 문제이다. 즉, 기혼여성의 경제활동참여 증가로 인한 가족부양기능의 약화, 이로 인한 노약자 보호 문제, 입시 위주의 교육정책으로 인한 자녀 진학의 스트레스, 인터넷의 발달로 인한 인터넷 중독과 왜곡된 향락문화, 폭력문화의 만연, 이로 인한 성폭력, 가정폭력, 남편과 아내의 외도, 청소년 유해환경, 이혼율의 증가, 한부모가족과 노인단독가구의 증가, 여성 노인의 빈곤화, 독신의 증가와 동거와 동성애의 증가 등이 바로 사회구조적으로 파생되는 문제들이다. 적절한 시기에 적절한 대책을 세우지 못함으로써 이러한 사회구조적 문제들은 표류하고 있으며, 이로부터 야기되는 또 다른 문제들을 연쇄적으로 파생시키고 있다.

한국은 전통적으로 유교의 영향이 강한 보수적 가치관을 기반으로 사회가 형성되어 왔으므로, 가족을 혈연의 개념과 사적 영역으로 간주하여 가족에 대해 제3의 기관이 개입하는 것을 적절하지 않다고 생각하였다. 따라서 국가정책에서도 가족은 정책대상에서 항상 배제되어 왔으며, 가족문제는 개별가족에 대부분 맡겨져 있었다. 한국의 가족정책은 주로 요보호대상을 중심으로 하는 프로그램으로서 사후치료의 성격을 띠고 실시되었으며, 선 가정 후 사회보장제도를 통해 가족 스스로의 복지기능을 강화한다는 것이었다. 그러나 이것은 결국 문제의 해결을 가족에게 떠넘기는 것과 다르지 않는 결과를 가져왔다.

따라서 한국의 가족복지는 가족을 위한 국가의 과제가 아니라 가족 스스로를 통한 자조적 복지로 이해되어 가족 이데올로기를 강화시켜 왔다. 그러나 가족복지는 변화와 더불어 나타나는 가족의 문제들을 잘 파악하고, 가족끼리 개별성과 자율성을 존중하고, 평등하고 독립적인 상호관계를 유지할 수 있도록 도와주어야 한다. 변화되고 있는 가족의 역할과 성격을 고려하지 않으면, 가족의 욕구를 충족시킬 수 없을 뿐만 아니라 오히려 가족문제를 더욱 증폭시킬 수 있는 여지가 많기 때문이다.

3. 가족복지 분야

가족복지는 가족의 역할과 기능을 활성화시키며, 생활의 질적 향상을 위해 여러 가지 형태로 사회가 가족에 개입하는 것을 뜻한다. 따라서 가족복지는 가족과 관련된 복지정책과 복지서비스를 말한다고 할 수 있다. 이는 사회변화와 관련되어 나타나는 가족문제들을 해결하기 위한 모든 대책을 말하며, 가족빈곤과 폭력, 학대, 이혼, 한부모가족, 소년소녀가장가족, 미혼모(독신모)·맞벌이가족이 가지는 탁아와 육아문제, 치매, 알코올중독자 가족 등을 위한 대책 등이 이에 속한다. 또한 고용평등 및 고용개선 정책과 여가정책 등 가족생활의 질적 향상을 위한 프로그램도 가족복지정책의 중요한 부분을 차지하고 있다.

가족 스스로 가족 내에서 수행하던 복지의 기능은 사회가 변화하고 분화됨으로써 더 이상 그 기능을 담당할 수 없게 되었고, 가족의 복지기능을 강화하고, 현재의 가족기능을 보완·대체하기 위한 제도적 장치가 요구되었다. 가족복지의 목적은 신체적, 정신적으로 건강한 가족을 유지하는 것을 가장 중요한 목표로 삼으며, 가족문제를 해결하고 가족구성원의 욕구를 충족시키며, 가족의 구조적·기능적·형태적 변화를 수용하여 이에 따른 보완기능을 수행하는 데 있다. 현대사회에서 나타나는 가족문제들로는 주로 경제적 부양을 위한 소득문제, 가족복지기능의 약화로 인한 가족갈등문제, 이혼이나 별거 등 소가족화에 의해 나타나는 심리적·경제적·사회적 소외문제가 중심을 이루고 있다. 이와 같은 문제들을 중심으로 가족복지정책의 영역(Kahn &

Kamerman, 1980 ; 1978 : 15에서 참고하여 저자가 재조정)을 구분해 보면 여섯 가지로 크게 나눌 수 있으며, 이에 대한 자세한 내용은 제8장과 제9장 가족복지정책과 가족복지서비스에서 상세히 언급된다.

① **소득유지정책**(income maintenance policy) : 사회보장, 현금 및 현물부조, 각종 세금공제혜택 등
② **고용촉진정책**(employment policy) : 직업훈련, 알선, 후속교육 등
③ **아동양육 프로그램 및 서비스**(child care programs and services) : 탁아, 육아, 보육 등
④ **노인부양 프로그램 및 서비스**(programs and services for the elderly) : 건강진료, 여가활용 및 각종 노인 프로그램
⑤ **대인복지서비스**(personal social services) : 가족상담, 가족치료 등
⑥ **삶의 질적 향상**(quality of life) : 여가, 문화, 관광, 취미, 교육 등

지금까지의 가족정책은 자본주의 체제 내에서의 구조기능주의적 관점에 근본적인 문제제기가 없었다고 보인다. 가족정책은 구조기능주의가 가진 시각이 그 전제가 되었고, '정상 가족'의 정형으로서의 가족의 형태가 만들어졌으며 이 궤도에서 이탈되면 문제가족으로 간주되었다. 예를 들면, 이혼가족, 한부모가족, 소년소녀가장가족, 독신모가족(미혼모가족), 입양아가족, 계부모가족 모두 가족의 결속력이 해체되어 나타난 '비정상' 가족으로 간주되었다. 지금의 가족 관련 정책이 가족에게 위기를 극복하는 힘을 길러 주고 자립하는 힘을 키워 주기보다는 일회성, 소비성의 정책으로 사회적 약자로서의 의존적 가족을 만들지는 않았는지 성찰해 보아야 한다.

국가의 가부장적 성격과 관련된 부분을 비판적으로 보자면, 지금까지의 가족정책은 남성 가장과 그에게 생계를 의존하는 가정주부로 형성된 남성부양자 가족형태를 지원함으로써, 여성의 가사노동, 모성과 관련된 부분을 지지해 왔다. 여성의 입장에서 국가의 혜택을 받으려면 가족의 일원으로서, 가정주부로서의 정체성을 가져야 비로소 가족정책의 대상이 된다. 따라서 국가가 여성의 종속적 지위를 강화시킨다는 점에서 일정 정도 여성에게 억압적 기제로 작용하고 있다는 점을 무시할 수 없다. 국가가 성평등적 가족복지를 실시하려면 국가의 이익과 자본의 이익, 남성의 이익에 대한 여성

의 종속성을 타파하지 않으면 불가능하다. 국가가 여성의 평등적 지위를 보장하고 여성의 노동력과 가족보호의 기능을 인정하며, 여성의 시민권을 신장해 주어야 비로소 성 평등적 가족복지를 추구할 수 있을 것이다.

이러한 논의를 토대로 볼 때 한국 가족이 당면한 문제와 과제를 언급하지 않을 수 없다. 제도, 구조, 인식의 차원에서 3가지만 지적하면 간단히 다음과 같이 정리된다.

첫째, 제도적 차원에서는 가부장적 제도의 핵심역할을 해 왔던 호적제도와 남성 혈통을 중시하는 동성동본 불혼제도가 이제는 형식적인 법적 효력을 상실하였다고 하나, 아직도 실생활에서는 영향을 미치고 있으며, 부계 혈통 위주의 비민주적 가족제도는 쉽게 사라지지 않고 있다.

둘째, 구조적 차원에서는 전통적 성 역할분담을 완화하여 여성의 사회적 노동기회가 확대되고, 가사노동이든 사회적 노동이든 여성의 노동이 정당하게 평가받을 수 있도록 변화되어야 한다. 또 남성이 충분한 시간을 가족과 함께 보내고 가사노동을 함께 공유할 수 있도록 직업구조와 가족구조도 바뀌어야 한다. 가정은 사적 영역이므로 공적 영역인 직장보다 덜 중요하다는 인식도 변화되어야 한다. 또 한 가지 지적할 것은 현대사회에서 노인과 아이에게는 이제 국가와 사회가 돌봄 역할을 적극적으로 담당하지 않으면 안 되며, 양육문제에 대한 공동화, 사회화도 함께 추진되어야 한다.

셋째, 의식 차원에서는 가족을 이제 혈연이 아닌 공동체의 차원에서 보는 것이 필요하다. 혈연 중심의 집단주의는 가족이기주의를 형성하여 경쟁사회에서 승리하는 것이 가족의 목적으로 그 본질로 변질되며, 가족이기주의로 인해 사회적 문제가 더욱 가중된다. 또한 독신모(미혼모)와 독신여성, 이혼여성, 독거노인여성 등도 모두 다양한 가족적 삶의 방식으로 수용되어야 할 것이며, 더욱 중요한 것은 성 평등적 가족 개념이 그 기초가 되어야 한다는 점이다(이영자 외, 1983 : 197-199).

가족은 생물학적 현상뿐만 아니라 역사적·사회적 현상이다. 가족의 개념은 보다 더 확장되어야 하고, 핏줄의 개념보다는 공동체의 개념이 더 강조되어야 하는 시대에 우리가 살고 있으며, 따라서 자연스럽게 우리의 인식은 남녀 성 역할 고정관념에서 벗어나야 한다. 이는 각 가족이 처한 상황에 따라 각 가족의 역할분담과 가족구성원의 성격이 유동적으로 변화되어야 함을 의미한다. 산업화 시대의 가족형태와 기능은 탈산업화 시대, 정보화 시대에는 당연히 그 형태와 기능도 달라지며, 각 가족이 처한 상황에 따라 가족구성원의 역할도 다르게 규정된다. 그러므로 기존의 고정된 개념적 틀과 통상적 시각으로 새로운 현상과 특수한 상황을 바라본다면 몸에 맞지 않는 옷을 입히려고 애쓰는 문화적 지체현상(cultural lag)만을 보여줄 뿐이다.

상자글 2-4 한국 사회동향 2017

통계청은 12.17.(일) '한국의 사회동향 2017'을 분석·발표하였다.

- (소득과 소비) 부모가 생활비를 스스로 해결하는 비율과 보유 주택을 자녀에게 상속하지 않겠다는 비율 증가와 함께 주택연금 가입건수가 증가함. 그리고, 60세 이후의 소득과 소비가 급감하며 소비지출 중 식료품비 및 보건의료비 비중이 크게 증가함.
- (노동) 최저임금은 지속적으로 인상되고 있으나, 최저임금미만율이 2016년 13.6%이며 여성과 비정규직의 최저임금미만율이 높음.
- (주거와 교통) 전체 주택에서 아파트가 차지하는 비중은 계속 증가하여 2016년 60%를 넘어섰으며 자전거 노선 및 자전거도로도 크게 확충되고 있음. 공공임대주택수의 지역별 분포는 서울과 경기에 편중되어 있으며, 규모별로는 중소형 공공임대주택의 수가 지속적으로 증가하고 있음.
- (안전) 우리나라는 전국 156개의 지진 관측소로 구성된 관측망을 운영하고 있으며, 법률상의 내진설계대상 공공시설물 중 43.7%만이 내진성능을 확보함.
- (환경) 한국의 전력소비는 지속적인 증가 추세를 보이고 있고 전력 발전량 중 원자력과 석탄발전의 비율이 2015년 70.5%임. 생활화학제품의 피해 실태는, 생활화학제품 증가에 따라 함유된 유해물질에 대한 피해가 증가하고 있고, 부처별 분산관리에 따라 각각 정보 제공함.
- (사회통합) 한국인이 가장 심각하다고 생각하는 갈등은 여전히 이념갈등이며, 공직부패 경험자 비율과 인식하는 사람들의 비율은 큰 차이를 보임.

출처 : 한국의 사회동향 2017(2017.12.17.)

가족복지는 사회변화와 개별가족, 개개인의 특징을 수용하고 가족이 다양한 욕구를 충족시킬 수 있는 방향으로 그 기능이 수행되어야 할 것이다. 사회의 변화에 역동적으로 대처하는 가족복지가 되기 위해서는 미래지향적이고 개방적인 시각이 필요하다. 가족복지는 지금까지 수행해 왔던 핵가족의 정형화된 역할에 대한 보완적·보충적·대체적 기능만이 아니라 직장에서의 가족생활 배려, 여성에 대한 정당한 평가와 보상, 자녀양육과 교육에 필요한 사회보장의 혜택, 노인부양에 대한 사회적 지원, 이혼여성과 독신여성, 그리고 새로운 형태의 가족에 대한 사회통념의 불식과 더불어 이런 가족들에 대한 사회적 불공평을 시정하는 정책 등이 중요한 과제가 되어야 한다. 나아가 대안적 가족형태에 대한 지지와 사회적 배려가 앞으로 가족복지의 중요한 역할이 될 것이다.

이 장의 요약

1. 가족과 자본주의와의 관계에서 밝히려고 하는 것은 첫째, 가족은 자본주의 발달과 밀접한 관련을 가지고 있다는 것이고, 둘째, 자본주의와 관련시킨 가족의 연구가 나름대로의 강점에도 불구하고 편향적인 면만을 부각시켜서 보았기 때문에 가족의 정체성을 밝혀내는 데 한계를 가지고 있다는 것이다. 가족은 경제적·정서적·심리적 요인 모두를 포괄하는 구성체이며, 사회 내의 규범체계가 기존의 사회화 과정을 통해 재생산될 뿐만 아니라 자율성과 독창성, 자립능력 등의 역동성을 가진 존재라는 점도 강조되어야 한다.
2. 가족 이데올로기란 가족은 따뜻하고 편안하며 안정된 곳이라는 상징적 표상이다. 여성을 사회 내에서 잉여노동력으로, 가정에서는 무보수의 노동력 재생산자로 각인시키는 것은 가족의 본질을 왜곡시키는 중요한 요인으로서 가족 이데올로기가 결정적 역할을 하고 있다.
3. 가부장제를 기반으로 형성된 근대국가는 자본의 이해관계로 인하여 가부장제를 더욱 공고히 하는 역할을 하여 왔다. 가부장제는 그동안 가족 내의 핵심적 성 억압기제로 작동되고 가족 간의 관계를 비민주적이며, 불평등적이고 권위적으로 만들어 왔는데 이러한 전통적 가치들을 탈근대화 사회에서는 더 이상 적합하지 않는 것으로 보인다.
4. 가족이 안고 있는 각종 문제는 이제 가족 단독으로는 해결할 수 없는 사회구조적 문제들이다. 이에 국가가 담당해야 할 가족복지정책의 영역은 소득유지정책, 고용촉진정책, 아동양육 프로그램 및 서비스, 노인부양 프로그램 및 서비스, 대인복지서비스, 삶의 질적 향상 등의 여섯 가지로 나눌 수 있다.

주요 용어

- **가족 이데올로기** : 가족은 내가 항상 돌아갈 수 있는 포근한 곳이며, 늘 어머니와 같이 편안하고 안정된 안식처이고, 누구도 파괴할 수 없는 신성불가침의 장소라는 사회적 상징이다.
- **소득유지정책** : 가족복지의 분야 중 사회보장, 현금 및 현물부조, 각종 세금공제혜택 등을 말한다.
- **고용촉진정책** : 고용과 관련되는 정책, 즉 직업훈련, 알선, 부속교육 등을 일컫는다.
- **아동양육 프로그램 및 서비스** : 탁아, 육아, 보육 등 여성의 직업수행에 어려움이 없도록 실시하는 가족복지정책 중의 하나이다.
- **노인부양 프로그램 및 서비스** : 건강진료, 여가활동 및 각종 노인 프로그램을 말한다.

- **대인복지서비스** : 가족상담, 가족치료 등 가족구성원의 개개인의 복지와 관련되는 프로그램을 일컫는다.
- **삶의 질적 향상** : 가족복지 중 가장 최상의 목표로서 가족생활의 여가, 문화생활, 관광이나 취미, 그 외 교육의 영역에 이르기까지 다양하게 걸쳐 있다.

추천하는 자료

1. 한인영 외, 『가족복지론』, 서울 : 학지사, 2018.
2. 이소희 외, 『현대가족복지론』, 파주 : 양서원, 2017.
3. 조정문 · 장상희, 『가족사회학, 현대사회에서 가족은 무엇인가』, 대우학술총서 523, 서울 : 아카넷, 2001.
4. 돈암어문학회, 『한국문학과 가족 이데올로기』, 서울 : 푸른사상, 2007.
5. 오세은, 『여성가족사 소설연구』, 서울 : 새미, 2002.

제 2 부

다양한 가족과 가족문제

다양한 가족

제 3 장

오늘날 가족의 모습은 사회의 변화를 반영하듯 매우 다채로운 양상을 보이고 있다. 현실을 가장 민감하게 투영하는 매체인 텔레비전 드라마를 보면 가족의 모습이 예전에 비해 얼마나 달라지고 있는지 쉽게 알 수 있다. 이제 조부모와 부모, 그리고 자녀세대가 긴밀한 유대관계 속에 같은 공간에 거주하는 전통적 대가족유형은 더 이상 찾아보기가 어려우며, 가족생활의 주된 테마는 이혼이나 재혼, 또는 연하남과 연상녀의 연애와 결혼 등 전통적 시각에서 보면 지탄의 대상이 될 소지가 많은 가족의 모습이 다양하게 재현되고 있다. 이는 가족의 다양성에 대한 우리사회의 인식이 바뀌면서 기존에 '비정상적'이라 일컬어졌던 가족유형에 대해서도 수용의 폭이 넓어졌음을 시사하는 것이라고 볼 수 있다.

가족의 변화현상은 무엇보다도 산업화로 인한 사회 환경과 생활양식의 변화, 그리고 여성의 의식과 역할의 변화에서 그 원인을 찾아볼 수 있다. 즉, 가족은 사회와 경제구조가 변화함에 따라 그 변화를 자연스럽게 수용하게 되고, 그에 따라 유형이 획일성을 벗어나 다양성을 띠게 되는 것이다. 이로 인해 가족은 흔히 사회의 근간이자 거울이라고 불린다. 따라서 다양한 가족의 출현에 대해 '정상' 또는 '비정상'의 잣대를 가지고 평가할 수는 없다. 그러므로 가족유형에 대해 이론적으로 접근할 때 전제되어야 할 것은 모든 가족은 평등하게 인정되어야 하고, 유형에 따라 차이는 있다 하더라도 차별은 없이 사회적으로 수용되어야 한다는 점이다.

다양한 가족이 병존하게 되면서 오늘날 이러한 현상을 사회변화와 개인주의의 신장에서 기인하는 필연적 결과로 보아야 할 것인지, 또는 이를 가족제도가 무너지는 위기와 해체의 문제로 보아야 할 것인지에 대해서 학문적 관점에 따라 논의가 다양하게 나타나고 있다. 이에 대한 대처방안은 가족을 보는 시각에 따라 각기 다르게 제시될 수 있다. 하지만 종합적으로 볼 때 한 가족이 위기나 불안정성을 내포하고 있다면 그 원인은 사회구조와 유기적으로 연결되어 있으므로 해당 가족을 위해서 사회적 차원에서 안정을 찾을 수 있도록 지원해야 한다는 점에 대해서는 사회적 합의가 도출되고 있다.

이상의 내용을 배경으로 하여 이 장에서는 가족의 구조적 변화와 유형의 다양성에 대해 구체적으로 살펴본다.

1인가족과 이혼가족 등 취약한 가족구조가 증가됨에 따라 다양한 가족유형에 맞춰 가족의 다양한 욕구와 가치관을 인정하고 뒷받침하는 방향으로 가족정책을 마련해야 한다.

오늘날 가족은 규모와 형태면에서 매우 신속하게 변화하고 있는 것으로 나타난다. 외형상으로 보았을 때 가족제도의 가장 큰 변화는 규모의 축소이다. 2016년 11월 1일 기준 우리나라의 총 가구는 1,984만 가구로, 2015년 1,959만 가구에 비해 28만 가구(1.4%)가 증가하였다. 일반가구는 1,937만 가구로 2015년 1,911만 가구보다 26만 가구(1.3) 증가하였다. 외국인 가구 또한 46만 가구로 2015년 43만 가구에 비해 26만 가구(1.3%)가 증가하였다.

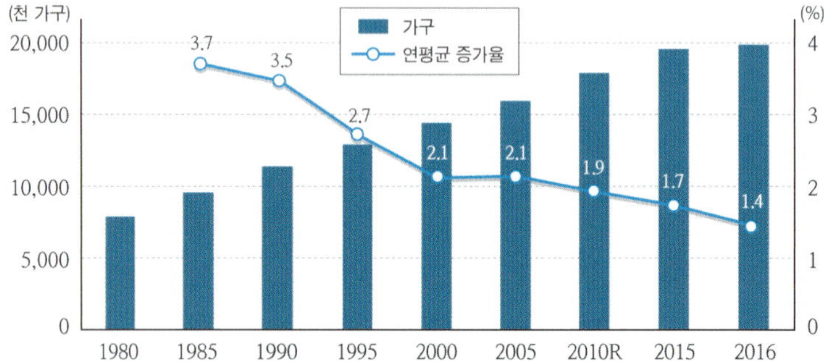

그림 3-1 총 가구 및 연평균증가율

출처 : 통계청. 인구주택총조사(2016).

가구원수 규모별로는 1인 가구(27.9%)가 가장 많고, 2인 가구(26.2%), 3인 가구(21.4%), 4인 가구(18.3%), 5인 이상 가구(6.2%) 순으로 나타났다. 2015년에 비해 1인가구는 0.7%p, 2인가구는 0.1%p 증가한 반면, 3인가구는 0.1%p, 4인 이상 가구는 0.7%p 감소하였다.

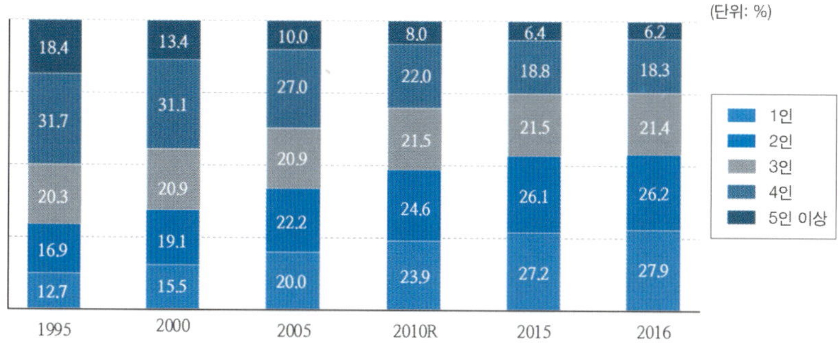

그림 3-2 **가구원수 규모.**

출처 : 통계청. 인구주택총조사(2016)

또한 18세 이하 자녀와 함께 살고 있는 가주는 557만 가구로 일반가구의 28.8%로 나타났으며, 2015년 570만 가구(29.8%)에서 13만 가구(1.0%p)가 감소하였다.

2015년도 1자녀 가구는 217만 가구(11.3%)에서 2016년은 216만 가구(11.2%)로 나타났으며, 2자녀 가구는 293만 가구(15.3%)에서 2016년 282만 가구(14.6%)이며, 3자녀 이상 가구는 61만 가구(3.2%)에서 59만 가구(3.0%)로 나타났다.

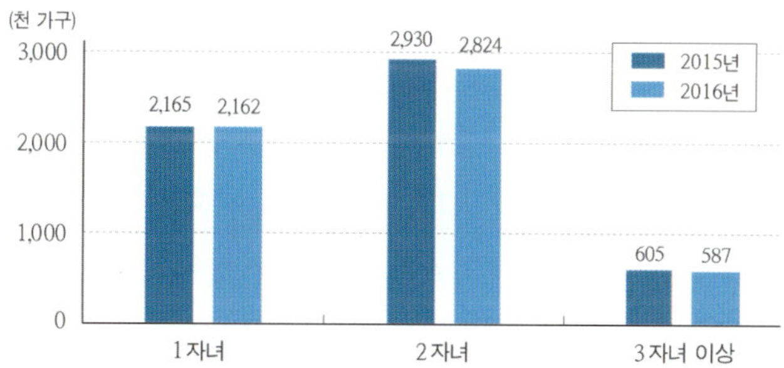

그림 3-3 **미성년 자녀수별 가구**

출처 : 통계청. 인구주택총조사(2016).

가족유형을 세대별로 구분해 보면 2세대 가구에는 부부+자녀, 한 부모+자녀, 부부+양친, 부부+한 부모, 부부+자녀+부부의 형제자매 등의 형태가 있다. 2세대 가구는

2015년 47.2%(883만 4천 가구)로 비중이 작아졌지만 여전히 전체 가구 중 가장 흔한 형태다. 하지만 2035년에는 다시 35.9%(799만 4천 가구)까지 줄어 1인 가구와 비슷한 수준이 될 것으로 본다. 1인 가구(23.8%)와 마찬가지로 1세대 가구(17.5%)의 수도 최근 20년과 마찬가지로 한동안 증가 추세가 이어질 것으로 보인다. 이러한 가족의 소규모화 현상은 서구의 경험에 비추어 볼 때 한국에서도 앞으로 지속될 전망이다.

표 3-1 세대 유형별 가구 변동 추이와 전망 (단위 : 천 가구, %)

구분 년도	세대 유형						
	총계	1세대 가구	2세대 가구	3세대 가구	4세대이상 가구	1인 가구	비 친족 가구
2005	100.0	16.2	55.4	6.9	0.1	20.0	1.4
2010	100.0	17.5	51.3	6.1	0.1	23.9	1.2
2015	100.0	19.2	47.2	5.3	0.1	27.1	1.2
2020	100.0	20.9	43.6	4.7	0.0	29.6	1.2
2025	100.0	22.7	40.5	4.3	0.0	31.3	1.1
2030	100.0	24.2	38.0	4.0	0.0	32.7	1.1
2035	100.0	25.0	35.9	3.8	0.0	34.3	1.0

출처 : 통계청. KOSIS. 장래가구전망(2015).

가족규모의 축소현상과 더불어 중요한 문제가 가족형태의 '다양화(diversity)' 현상이다. 다양화 현상은 사회환경의 변화, 그리고 개인의 결혼과 가족규범에 대한 의식의 변화에서 기인한다고 볼 수 있다. 사회변화 속에서 여성의 취업률이 증가하여 맞벌이 가족이 갈수록 증가하고 가족 내 권력구조가 민주적으로 재편되면서 이는 한편으로는 여권신장과 가족구성원 간의 관계가 수평적으로 재구성되는 긍정적 결과를 낳았지만 다른 한편으로는 이혼율[1)]의 상승으로 이어져서 이혼부부가 늘어나고, 이로 인해 더불어 한부모가족과 재혼가족의 수도 나날이 증가하는 현상이 나타나게 되었다. 또한 소년소녀가장 중 생계부양자의 역할을 담당하는 소년소녀가장 가족과 노인만으로 구성

1) 결혼한 부부에 대하여 이혼한 부부가 차지하는 비율

된 노인가족도 증가하는 것은 오늘날의 특징적 양상이라 할 수 있다.

지금까지 위에서 기술한 가족의 변화는 현대의 가족을 어떻게 정의해야 할 것인지에 대한 의문을 가져왔고, 이와 관련해서 학계에서는 '포스트모던 가족(the postmodern family ; 이진숙, 1997 ; Shorter, 1977)에 대한 논쟁이 활발하게 시작되었다. 한국사회를 후기 산업국가로 보아야 할 것인지에 대해서도 분명한 답이 제시되지 못하고 있는 현 상황을 감안할 때 변화의 소용돌이 속에 있는 현대의 가족을 근대적 핵가족의 연장된 모습으로 보아야 할 것인지, 아니면 새로운 포스트모던 가족의 등장으로 보아야 할 것인지에 대해서는 아직 논의가 더 지속되어 나가야 할 것이다.

하지만 분명한 것은 우리사회가 이제는 가족에 대해 새롭게 이해해야 할 시점에 도달하였다는 점이다. 왜냐하면 첫째, 실생활에서 발견되는 '현상으로서의 가족'과 '이념으로 존재하는 제도로서의 가족(institution family)' 간에 괴리가 발생하기 때문이다. 둘째, 가족의 변화는 그 결과가 가족제도의 틀 안에만 한정되지 않고 전체 사회의 발전에 직접적 여파를 가져오기 때문이다. 즉, 가족의 다양성 문제는 사회의 근간인 가족제도의 해체위기를 수반함과 동시에, 빈곤과 가정 내 폭력, 그리고 건강문제 등 가족이 사적 책임 하에 감당하기는 힘겨운 여러 사회문제를 수반하고 있어 사회적 차원의 복지 정책적 대응이 요구되는 것이다.

이 장에서는 우선 오늘날 가족의 변화하는 양상을 구체적으로 살펴보고, 그와 더불어 가족의 변화로부터 파생되는 다양한 사회문제에 대해 분석하고자 한다.

1. 이혼가족

1) 이혼에 대한 이해

오늘날 가족문제 중 사회적으로 가장 큰 영향을 불러일으키고 있는 것은 이혼율의 상승 문제이다. 이혼은 "법률상으로 유효하게 성립된 혼인을 결혼 당사자들이 모두 생존한 동안에 그 결합관계를 협의 또는 재판상의 절차를 거쳐 소멸"(이영숙·박경란, 2010) 시키는 행위로서, 보통 가족해체를 입증하는 대표적 지표로 인식된다. 한국의 경우 1990년대 말부터 확산된 경제위기와 맞물려 이혼율이 급상승하면서 이에 대한 위기의식이 사회 내에 심화되기 시작하였다. 그러나 이혼율이 높다는 인식이 확산되면서 이혼을 자제하자는 사회적 분위기(숙려기간 도입 등)가 점차 고조된 결과로서 이혼 과열 양상이 제자리를 찾는 현상 때문에 2016년 조이혼율은 천 명당 5.5건으로 2015년의 5.9건에 비해 0.4건 감소하였다. 이를 구체적 수치를 통해 설명하면 2016년 한 해 동안 281,600쌍이 이혼하였으며, 2015년 한 해 동안 이혼한 302,800쌍(건)보다 약간 하락하였다.

표 3-2 혼인율과 이혼율의 변화 (단위 : 명, 건)

구분	2011	2012	2013	2014	2015	2016
조혼인율(천 명당)* 혼인 수(건수)	7.1 71,519	7.1 71,695	6.9 68,819	6.5 64,823	6.5 64,193	5.9 57,643
조이혼율(천 명당)** 이혼 수(건수)	6.6 329.1	6.5 327.1	6.4 322.8	6.0 305.5	5.9 302.8	5.5 281.6

* 조혼인율 = (혼인 수/해당 연도 인구) × 1,000
** 조이혼율 = (이혼 수/해당 연도 인구) × 1,000
출처 : 통계청. 인구동태조사(2016).

표 3-3 지난 10년간의 이혼 건수 및 조이혼율 (단위 : 인구 1천 명당 건)

구 분	2007	2008	2009	2010	2011	2012	2013	2014	2015	2016	2017
이혼 건수 (천 건)	124.1	116.5	124.0	116.9	114.3	114.3	115.3	115.5	109.2	107.3	106.0
증감(천 건)	-0.5	-7.5	7.5	-7.1	-2.6	0.0	1.0	0.2	-6.4	-1.8	-1.3
증감률(%)	-0.4	-6.1	6.4	-5.8	-2.2	0.0	0.9	0.2	-5.5	-1.7	-1.2
조이혼율*	2.5	2.4	2.5	2.3	2.3	2.3	2.3	2.3	2.1	2.1	2.1

* 이혼이 감소한 연도 : 2007, 2008, 2010, 2011, 2015, 2016, 2017.
출처 : 통계청. 혼인·이혼통계 결과(2017).

이혼 연령을 살펴보면 남자 평균 이혼 연령은 47.6세이며, 여자는 44.0세로 지속적인 상승을 보이고 있다. 남녀 간의 평균 이혼 연령 차이는 3.6세로 2012년 3.9세를 정점으로 감소 추세임을 알 수 있다.

표 3-4 이혼 연령 (단위 : 인구 1천 명당 건)

	2007	2008	2009	2010	2011	2012	2013	2014	2015	2016	2017	증감	
												전년 대비	10년전 대비
남자	43.2	44.3	44.5	45.0	45.4	45.9	46.2	46.5	46.9	47.2	47.6	0.4	4.4
여자	39.5	40.5	40.7	41.1	41.5	42.0	42.4	42.8	43.3	43.6	44.0	0.4	4.5
평균이혼 연령 차이	3.7	3.8	3.8	3.9	3.9	3.9	3.8	3.7	3.6	3.6	3.6	-	-

출처 : 통계청. 혼인·이혼통계 결과(2017).

2) 이혼의 증가원인과 이혼사유

이혼은 한부모가족과 재혼을 통한 계부모가족의 구성으로 이어질 수 있어 일반적으로 가족제도의 변화를 유도하는 가장 직접적인 요인으로 언급된다. 그러나 보다 심층적으로 들여다보면 이혼을 비롯한 가족의 변화는 여성의 학력신장과 취업증가로 인한 성 역할의 변화, 자녀에 대한 인식변화와 출산율 감소, 그리고 가족에 대한 가치의 다양화에 기인한다. 특히 고학력 여성의 경제활동참가율 상승경향은 여성에게 자아실현의 기회를 확대하고 경제적 자립을 가능케 하는 계기가 되어 여성의 가족 내 역할에 대해 새로운 상이 정립되어야 한다는 필요성을 제기하였다. 그에 따라 여성의 역할과 기존의 가부장적 질서, 그리고 핵가족을 전형으로 삼는 전통적 가족가치에 대한 인식의 전환을 유도함으로써 가족구성원 간의 갈등이 심화되는 계기가 되었다.

이혼의 유형을 보면 과거에는 결혼 후 5년 이내의 신혼기 이혼이 주된 형태를 이루었지만 오늘날에는 결혼 후 20년 이상의 동거기간을 거치고, 자녀가 모두 독립한 후의 '빈 둥지 시기(empty nest)'에 이혼을 하는 황혼이혼이 늘어나는 추세이다. 황혼이혼은 주로 여성[2)]에 의해 신청되는 경우가 대부분인 점이 특징인데, 이는 예전에는 남편이 폭력을 행사하거나 외도를 한다 할지라도 여성의 입장에서는 이혼할 엄두도 내지 못했던 상황과는 매우 비교되는 일이다. 이러한 현상은 이제 여성이 가족에 대한 희생과 남편 또는 시가에 대한 복종으로부터 서서히 벗어나 스스로의 자율성과 자아실현에 가치를 두기 시작했음을 나타내는 것이라 볼 수 있다(이영숙 · 박경란 · 전귀연, 2000 : 32-33).

이혼에 대한 직접적 사유를 통계청의 인구동향조사(2017)에 의하면 이혼과 별거로 인해 발생된 해체사유는 "성격차이"가 45,676건으로 가장 많았으며, 그 다음으로는 "경제적 문제"가 10,742건이며, "배우자 부정"이 7,528천 건, "가족 간 불화"가 7,523건, "정신적 · 육체적 학대"가 3,837건이며, "건강문제"가 594건으로 나타났다.

표 3-5 이혼사유별 이혼 건수

(단위 : 건)

구분	계	배우자 부정	정신적·육체적 학대	가족 간 불화	경제 문제	성격 차이	건강 문제
전국	106,032	7,528	3,837	7,523	10,742	45,676	594
읍부	11,199	809	407	813	1,128	5,216	55
면부	10,545	754	463	825	1,044	4,700	84
동부	82,470	5,858	2,917	5,795	8,481	35,179	437

출처 : 통계청. 인구동향조사(2017).

그리고 종류(협의 · 재판)별 이혼을 살펴보면 협의 이혼은 8만 3천 건으로 전년대비 1.2%, 재판이혼은 2만 3천 건으로 전년대비 1.4%가 감소하였다. 이혼 종류별 구성비는 협의이혼 78.3%, 재판이혼 21.7%로 전년과 유사함을 보였다. 2008년부터 재판이혼의 비중이 급증했으나, 2011년 이후 감소추세이다.

2) 전체 이혼 건수 가운데 여성에 의해 이혼이 제기되는 건수는 점차 증가하는 추세다. 연합뉴스(2018. 04. 11)에 따르면 여성이 신청한 경우가 74.2%를 차지해 남성(25.8%)보다 훨씬 많았다. 여성 중에서 50대가 27.8%로 가장 많았고, 남성은 60대 이상의 비율이 30.4%로 가장 높았다.

표 3-6 이혼종류별 이혼 건수 및 구성비 (단위 : 천 건, %)

	이혼종류별 이혼 건수										
	2007	2008	2009	2010	2011	2012	2013	2014	2015	2016	2017
계*	124.1	116.5	124.0	116.9	114.3	114.3	115.3	115.5	109.2	107.3	106.0
협의 이혼	105.1	90.8	94.4	87.8	86.4	86.9	88.6	89.7	84.6	84.0	83.0
재판 이혼	18.9	25.8	29.6	29.0	27.8	27.4	26.6	25.8	24.5	23.3	23.0

	구성비										
	2007	2008	2009	2010	2011	2012	2013	2014	2015	2016	2017
계*	100.0	100.0	100.0	100.0	100.0	100.0	100.0	100.0	100.0	100.0	100.0
협의 이혼	84.7	77.9	76.2	75.2	75.6	76.0	76.9	77.7	77.5	78.3	78.3
재판 이혼	15.2	22.1	23.8	24.8	24.4	23.9	23.1	22.3	22.4	21.7	21.7

출처 : 통계청. 인구동향조사(2017).

상자글 3-1 **결혼이 '難'...고민 더 깊어졌다.**

'2017년 혼인 · 이혼 통계'에서 취업이 안 되고, 전세 값은 오르고 인구는 줄고 저출산으로 인구 절벽이 심각하게 가중되고 있으며, 황혼이혼은 10년 전보다 1.3배 늘었다. 결혼 적령기라고 할 수 있는 20대 초반의 남녀 혼인건수가 전년대비 각각 10.3%, 9.0% 줄며 전체 혼인의 감소세를 이끌었다. 결혼은 부모로부터 독립을 전제로 하는데 청년들이 직장을 구하지 못하고 거처를 마련하기 어려운 상황에서 결혼을 기대할 수 없다는 것이다. 보건사회연구원의 한 관계자는 "출산을 가로막는 요소가 산재해 있다"며 저출산 고령화에 대비하려면 전반적인 사회정책을 설계해야 한다고 강조했다. 그리고 지난해 조이혼율(인구 1,000명당 이혼건수)은 2.1건으로 1997년 2.0건 이후 20년 만에 최저로 떨어졌다. 전체 이혼건수는 10만 6,000건으로 전년보다 1.2% 줄었다. 특히 황혼 부부의 이혼이 두드러진 증가세를 보였다.

출처 : 서울경제(2018. 03. 21.)

3) 이혼가족의 당면문제와 정책적 과제

이혼은 당사자와 그들의 자녀에게는 극도의 정신적 혼란과 상처를 야기하는 심각한 위기상황이 될 수 있다. 이혼을 통해 당사자들은 우선 가족 내의 역할과 가족구성원 간의 관계를 새로이 정립해야 하는데 이 과정에서 한 사람이 부모의 역할을 동시에 수행해야 함으로 인해 부모과업수행의 부담에 시달리게 되고 대인관계에도 문제를 경험하게 되는 경우가 종종 발생한다. 한편 자녀의 입장에서는 이혼한 부모에 대한 원망과 배신감, 그리고 자신이 부모로부터 버려질지도 모른다는 공포와 두려움으로 인해 인성발달에 어려움을 겪고 극단적인 경우에는 반사회적 태도를 보이는 경우가 나타날 수 있어 부모의 이혼 직후시기에 자녀의 정서적 안정을 위한 사회적 배려가 요구된다.

위와 같은 내적 문제 외에 외적으로 표출되는 문제 중 이혼가족이 가장 직접적으로 당면하는 문제는 경제적 자립이라 볼 수 있다. 남성에 비해 특히 전업주부는 취업경력이 부족하고, 취업을 통한 재산축적이 어렵기 때문에 이혼할 경우에 경제적 문제에 부딪힐 위험이 심각하다. 실제로도 주부는 이 이유로 인해 이혼을 희망하면서도 실행에 옮기는 것을 주저하는 경우가 많은 것으로 나타난다.

한국의 경우 1989년부터 민법 제839조에 재산분할권이 신설되고 1991년부터 시행되고 있어 전업주부가 이혼할 경우에 결혼생활 동안의 재산기여도에 따라 재산을 분할받을 수 있도록 규정되어 있다. 그러나 이는 가사노동과 자녀양육의 가치가 아직 사회적으로 올바르게 인정되지 못하는 상황임을 감안한다면 앞으로 좀 더 개선되어야 할 필요가 있다. 또한 여성의 경우 이혼을 하면 연금분할청구권을 상실하게 되는 위험에 처할 수 있다. 연금분할청구권[3]의 상실은 '가사'와 가정 내 '보호노동'을 통한 여

3) 연금분할제도는 혼인기간 중 주 소득자인 남편이 획득한 연금청구권을 이혼 시 부부가 공동으로 분할하도록 하는 제도이다. 분할연금은 혼인기간이 5년 이상인 자로서 a. 노령연금 수급권자인 배우자와 이혼한 후 60세가 된 때, b. 60세가 된 이후에 노령연금 수급권자인 배우자와 이혼한 때, c. 60세가 된 이후에 배우자이었던 자가 노령연금 수급권을 취득한 때 이혼여성은 배우자이었던 자의 노령연금액(부양가족연금액은 제외) 중 혼인기간에 해당하는 연금액의 균분한 액을 청구할 수 있는 권리를 가진다. 이러한 제도가 만들어짐으로써 남편의 경제활동과 부인의 가사활동에 대하여 법적, 경제적으로 동등하게 가치를 평가한다는 점에서 성 평등적 제도라 볼 수 있다. 그러나 이는 아직 다음과 같은 문제를 내포하고 있다. 첫째, 연금분할시기가 이혼 당시의 시점이 아니라 이혼 이후 당사자와 배

성의 재산축적기여도를 올바르게 평가하지 않는 가부장적 사회질서의 부산물이라 볼 수 있다. 그리고 이는 여성 개인에게는 노후의 생계보장수단을 위협하는 요인이라 볼 수 있어 개선이 요망된다.

표 3-7 성별·급여종류별 국민연금 수급자 현황*

(단위 : 명, %)

구분	노령연금	장애연금	장애일시보상금	유족연금	반환일시금	사망일시금
계	3,682,452	69,383	269	688,987	14,562	1,053
남	2,468,813	57,352	269	55,929	14,562	1,053
여	1,213,639	12,031		633,058		

* 노령연금은 1993년도부터, 사망일시금은 1995년부터 지급되기 시작.
출처 : 국민연금관리공단. 국민연금 공표통계(2018년 1월말 기준)

상자글 3-2 졸혼 담론의 등장배경 그 구체적인 요인

사회 전반의 동의를 얻는 보편적인 결혼관이 사라졌다. 결혼해서 지속적인 가정생활을 꾸려나가야 한다는 이야기는 더 이상 모든 사람의 동의로부터 멀어져 가고 있다. 폴스터 다니엘 얀켈로비치(Pollster Daniel Yankelovich)는 『새로운 규칙(New Rules)』이라는 책을 통해 "결혼은 영구적인 것이 아니라는 생각이 이미 보편화되어 과거와는 분명한 대조를 이루고 있다"고 말한다. 이렇듯 오늘날 결혼이라는 제도가 위기에 처한 것에는 여러 이유가 있다.

한 사람과 해로하기엔 인간의 수명이 극적으로 길어졌고 가부장제적 억압을 더 이상 디폴트값으로 받아들이지 않을 만큼 여성 인권도 향상됐다. 그래서 본질적으로는 사랑하는 두 사람이 일평생 모든 것을 함께 한다는 결혼제도의 가정 자체에 이제 의문을 제기하면서, 영원히 모든 것을 함께 해야 하는 것이 결혼이라고 생각하다 보면 오히려 결혼의 위기가 찾아올 수도 있다고 경고하고 있다. 이런 상황에서 '졸혼'은 기존의 결혼관에서 변화하는 가치관이나 기대수명을 반영함으로써 미래의 결혼관에 새로운 이정표를 제시할 대안으로 기대된다.

졸혼 담론의 등장배경을 살펴보면 결혼은 다른 어떤 인간관계와도 전혀 다른 독특한 기회이다. 자기 삶의 모든 부분을 다른 사람과 나눌 수 있는 기회이다. 좋은 일이나 나쁜 일이나 함께하기로 약속하며 서로의 약속을 믿고, 자신에 대한 모든 것을 감히 드러내 보이는 것이다.

우자가 모두 60세를 초과할 경우 사후적으로 연금이 분할된다. 둘째, 이혼 후에 여성이 스스로를 위해 연금제도의 수급권을 확보하게 될 경우 분할연금청구권과 자신의 새로 취득한 연금 수급권 가운데 하나를 선택해야 한다. 셋째, 재혼 시에는 연금분할청구권이 상실된다.

서로의 고통을 느끼고 서로의 약한 면을 감싸 주면서 공통적인 인간성 속에서 우리는 서로와 관계를 맺는다. 결혼은 상대방의 강함에서 환희를 느끼고, 상대방의 성공으로 인해 기뻐한다. 우리는 조언자이자, 동료이며 제일 좋은 친구를 얻게 된다. 한마디로 평생 동반자를 갖는 것이다. 그런데 이 평생 동반자가 '졸혼'이라는 이름으로 생활상의 동반자에서 따로 떨어져 생활하겠다는 것이다. 최근에 황혼 이혼을 하고 헤어져 버리는 것이 아니라, 떠나지 않고 서로가 각자의 방향을 선택하려는 움직임을 가리키는 말이다. 오늘날 결혼이 이렇게 흔들리는 원인을 '가벼운' 시대 분위기에서만 찾을 수는 없다는데 있다. 결혼생활을 오래 지속하기 힘들게 하는 몇몇 상황과 조건이 더 큰 문제로 등장하고 있다.

먼저, 지금처럼 평균적으로 부부가 오랜 시간동안 공동의 삶을 유지한 적이 역사상 단 한 번도 없었다는 사실이다.

신혼 이혼보다 높은 황혼 이혼율, 그리고 졸혼과 같이 '결혼을 시작과 끝'이 있는 생애 어느 한 지점으로 생각하는 이유는 바로 '평균수명'에 있다. 지난 2백년간 인류의 평균 수명은 3배나 늘었다. 18세기에는 평균수명이 겨우 30세에 불과 했다. 이를테면 1500년대 활동했던 율곡 선생의 전 생애 활동기간은 49세였다. 우리나라 재혼 평균나이가 남자가 42~43세 전후라면 40대는 이제 막 첫 번째 결혼을 마감하고 다시 제2의 인생을 꿈꾸기 위해 또다시 결혼을 준비하는 나이에 해당된다.

낭만적 사랑 이데올로기를 기반으로 하는 신화가 깨진 뒤 그토록 굳건하던 일부일처제 결혼 동맹은 쇠락의 길로 들어섰다. 그 전보다 더 많은 여성들이 결혼하려고 하지 않는다. 결혼에 드는 기회비용에 비해서 효율성이 의심스럽기 때문이다. 미혼(未婚)이나 비혼(非婚)으로 남아 있으면서도 결혼의 과실을 나눠가질 수 있게 된 현실의 변화가 그 배경이다. 과거에는 결혼이 섹스의 합법적 허가증으로 여겨졌지만 지금은 성해방으로 결혼 관계 바깥에서도 얼마든지 성적인 자유를 누릴 수 있다. 사람들은 이제 더 이상 혼인증명서에 매달리지는 않는다. 직업, 여가 활동, 일상생활, 심지어 공적인 서류와 초대장에서조차도 '커플, 파트너 관계, 동거관계, 교제 관계'라는 말이 점점 많아진다. 전반적인 추세는 '생활의 동반자', 심지어는 반어적으로 표현해서 '생애의 한 시기의 동반자' 쪽으로 나아가고 있다. 결혼이 가족과 관련해서 더 이상 적합하지 않은 개념들로 여겨지고 있다. 이제 더 이상 여성이 남편을 기다리고, 임신하고, 남편의 관대하지 못한 자아를 참아내는 것을 인생의 유일한 목표로 삼았던 무력하고 의존적인 존재가 아님을 얘기하는 것이다.

출처 : 매일경제(2017.8.28.)

2. 한부모가족

1) 한부모가족의 발생원인과 유형

이혼율의 상승은 대체로 한부모가족의 증가로 이어진다. 한국의 경우에는 1990년대 이전에는 한부모가족의 수가 완만한 상승곡선을 보이는 데 그쳤으나, 1990년대 후반기에 이르러 심화된 경제위기로 말미암아 한부모가족의 수도 빠른 속도로 상승하는 추세로 변화하고 있다.

표 3-8 한부모가구 비율 (단위 : 천 가구, %)

구분		2000	2005	2010	2015
여성가구주 가구 수		2,653	3,485	4,497	5,666
여성가구주의 혼인상태	사별	50.5	44.4	37.7	35.8
	이혼	11.6	14.4	16.0	18.0
	미혼	21.4	23.2	22.3	21.5
여성가구주 가구 비율		18.5	21.9	25.9	29.6

출처 : 통계청. 인구동태조사. e나라지표. 한부모 가구 현황(2015).

한부모가족의 발생원인을 살펴보면 주로 사별(약 50%), 이혼(11.6%), 그리고 미혼 등에 의한 것으로 밝혀졌다(통계청, 2015). 여기에서 특기할 만한 점은 사별에 의한 한부모가족의 발생은 2005년의 경우에는 444,000건에서 2015년 358,000건으로 나타나 갈수록 줄어드는 반면에, 이혼에 의한 한부모가족의 발생은 같은 기간 동안에 144,000건에서 180,000건으로 급상승하는 경향을 보여 한부모가족의 발생원인이 이혼과 더욱 긴밀한 관계를 형성해 감을 알 수 있다는 점이다. 즉, 한부모가족은 자연적 발생보다는 가치관과 인식의 변화에 기인하는 인위적 형성방식에 의해 확산되고 있음을 나타내는 것이다. 그리고 미혼 한부모의 증가속도도 매우 빠르게 진행되고 있다.

표 3-9 성별 한부모가족 현황 (단위 : %, 천 명)

연도	계		모자가족		부자가족		조손가족	
	세대	세대원	세대	세대원	세대	세대원	세대	세대원
2013	222,593	591,818	168,275	450,860	48,902	129,745	5,416	11,213
2014	225,472	595,624	171,260	455,318	49,152	129,845	5,060	10,461
2015	229,985	574,285	174,401	437,903	50,666	126,516	4,918	9,866

출처 : 통계청(각 연도). 인구주택총조사보고서(2015).
한부모가족지원법 및 국민기초생활보장법에 따라 지원받고 있는 가구
비지원대상은 제외한 수치임
2015년도 기준 : 1세대당 약 2.5명의 세대원으로 구성됨

〈표 3-9〉에서 볼 수 있듯이 한부모가족을 모자가족과 부자가족, 조손가족으로 구분해 보면 부자가족보다는 모자가족이 압도적으로 많은 수를 차지한다. 이는 자녀양육은 여성의 몫이라는 전통적 고정관념에 기인하는 바가 크다고 볼 수 있다. 그러나 부자가족보다 모자가족의 경우에는 경제적 곤란과 자녀양육이라는 이중 부담에 노출되는 것이 일반적이며, 이로 인해 '빈곤의 여성화' 현상과 자녀교육의 어려움에 봉착하게 될 가능성이 높다(변화순, 2014). 따라서 모자가족의 자립지원책 마련과 보육정책의 여성친화적 개선은 우리 사회에서 매우 시급한 과제라 할 수 있다.

상자글 3-3 취업해도 불안한 '싱글맘' … 비정규직이 정규직의 12배

43세 여성 J씨는 10여 년 전 이혼하고 딸(18)과 살고 있다. 전남편이 월 30만원의 양육비를 주기로 해놓고 연락이 두절됐다. J씨는 희귀병을 앓는 딸의 치료비는 물론이고 생활비를 마련하기 힘들었다. 어렵게 요양병원 비정규직 직원으로 취업해 월 90만원을 벌게 됐다. 하지만 딸의 치료비를 대기도 버거웠다. 남편을 사칭한 사기단에 보이스피싱을 당하기도 했다. 정부의 도움을 받아 올 들어 남편한테서 월 100만원의 양육비를 받고 있지만, 병원비 · 생활비에 짓눌려 있다. 양육비도 2021년에 중단된다. 배우자와 이혼 · 별거 · 사별한 여성의 절반이 노동시장에 뛰어들지만 10명 중 약 7명이 J씨처럼 비정규직 일자리를 얻는다. 이 때문에 안정적인 생계를 유지하기 힘들다. 정규직 취업에 성공하는 경우는 1명도 안 된다. 주재선 한국여성정책연구원 연구위원은 22일 서울대 호암교수 회관에서 열린 학술심포지엄에서 이런 내용의 '비 취업 여성의 근로형태 이행과 결정요인 분석' 보고서를 발표했다. 2007~2016년 여성가족패널조사에 참여한 20~54세 여성 1만654

명을 분석한 결과다. 이에 따르면 여성은 결혼 생활에 변화를 겪으면서 취업 형태가 크게 바뀌는 것으로 나타났다. 이혼 · 별거 · 사별한 뒤 노동시장으로 뛰어드는 비율이 절반 이상(53.8%)에 달했다. 이런 일을 겪지 않은 기혼 여성(15.7%)의 3배가 넘는다. 혼자가 되면서 생계유지를 책임져야 하기 때문이다. 하지만 이혼 · 별거 · 사별 여성은 어렵게 취업하더라도 일자리의 안정성이 크게 떨어졌다. 취업자의 68.6%가 비정규직이다. 5.8%만 정규직 일자리를 얻었다. 정규직 일자리를 얻으면 상황이 달라진다. 두 살 터울의 두 딸이 있는 최모(40 · 여)씨가 그런 경우다. 최씨는 약 10년 전 이혼했다. 이혼 후 기초생활수급자가 돼 국가 지원을 받아 생계를 유지했다. 이혼의 충격, 생활고 등으로 인해 알코올중독에 빠졌고 우울증이 찾아왔다. 5년 전 정부의 자활사업에 참여하면서 일상에 변화가 생겼다. 지역 주민 센터에서 5시간 청소를 했다. 이후 조리학원 수업 등에 적극적으로 참여하면서 기술을 익혀 구청 일자리 지원센터를 통해 취업 알선을 받았다. 2015년 한 회사 정규직 취업에 성공했고 180만원의 월급을 받게 되면서 기초수급자에서 탈출했다. 주재선 연구위원은 "남성은 원래부터 직장을 다니는 경우가 많아 큰 영향을 받지 않는다. 하지만 경력단절여성(경단녀)이 들어갈 데라곤 사실상 비정규직밖에 없다"면서 "이혼 · 별거 · 사별 후엔 많은 돈이 필요하지만 여성이 새로 취업해도 임금이 낮고 처우가 좋지 않기 때문에 빈곤층 전락의 가능성이 크다"고 지적했다.

주 연구위원은 "여성 근로자는 남성보다 전반적인 임금 수준이 떨어지는 데다 비정규직도 많은 편"이라면서 "장기적으로는 육아휴직 보장 등 근로 조건 개선, 동일노동 동일임금 원칙 등도 뿌리 내려야 한다"고 말했다.

출처 : 중앙일보(2017. 09.24.)

2) 한부모가족에 대한 지원대책

현재 한부모가족에 대한 경제적 지원책은 「한부모가족지원법」에 근거하여 저소득 모 · 부자가족을 대상으로 경제적 지원을 제공하는 방안이 유일하다.

한부모가족지원법[시행 2014.7.22] [법률 제12330호, 2014.1.21 일부개정]

제1조(목적) 이 법은 한부모가족이 건강하고 문화적인 생활을 영위할 수 있도록 함으로써 한부모가족의 생활 안정과 복지 증진에 이바지함을 목적으로 한다.

제2조(국가 등의 책임) ① 국가와 지방자치단체는 한부모가족의 복지를 증진할 책임을 진다.

② 국가와 지방자치 단체는 한부모가족의 권익을 지원하기 위하여 노력하여야 한다.
〈신설 2011.4.12., 2014.1.21.〉
③ 국가와 지방자치단체는 한부모가족에 대한 사회적 편견과 차별을 예방하고, 사회구성원이 한부모가족을 이해하고 존중할 수 있도록 교육 및 홍보 등 필요한 조치를 할 수 있다.
〈신설 2013, 3.22.〉
④ 국가와 지방자치 단체는 청소년 한부모가족의 자립을 위하여 노력하여야 한다,
〈신설 2014, 1.21.〉
⑤ 모든 국민은 한부모가족의 복지 증지에 협력하여야 한다.
〈개정 2011.4.12., 2013.3.22., 2014.1.21..〉

제3조(한부모가족의 권리와 책임) ① 한부모가족의 모(母) 또는 부(父)는 임신과 출산 및 양육을 사유로 합리적인 이유 없이 교육·고용 등에서 차별을 받지 아니한다.
〈신설 2011.4.12.〉
② 한부모가족의 모 또는 부와 아동은 그가 가지고 있는 자산과 노동능력 등을 최대한으로 활용하여 자립과 생활 향상을 위하여 노력하여야 한다. 〈개정 2011.4.12.〉
(중략)

제17조(가족지원서비스) 국가나 지방자치단체는 한부모가족에게 다음 각 호의 가족지원서비스를 제공하도록 노력하여야 한다. 〈개정 2011.4.12.〉

1. 아동의 양육 및 교육 서비스
2. 장애인, 노인, 만성질환자 등의 부양 서비스
3. 취사, 청소, 세탁 등 가사 서비스
4. 교육·상담 등 가족 관계 증진 서비스
5. 인지청구 및 자녀양육비 청구 등을 위한 법률상담, 소송대리 등 법률구조서비스
6. 그 밖에 대통령령으로 정하는 한부모가족에 대한 가족지원서비스

과거의 「모·부자복지법」이 「한부모가족지원법」으로 변경되면서 한부모에 대한 제도적 지원이 강화된 것은 바람직하다. 그러나 이 법의 지원내용은 아직도 저소득층 중심으로 제한되어 있고, 지원수준도 높지 않아서 한부모가족의 빈곤을 해결하고 자녀양육욕구를 해소하기에는 무리가 있다. 따라서 법령을 현실적으로 개선하고, 한부모의 취업을 적극적으로 지원할 수 있는 사회 인프라의 구축이 요청되며, 또한 보육시설의 확대와 직장 근로시간을 고려한 탄력적 운영방안을 도입하는 것이 필요하다.

그 밖에도 한부모가족의 자녀양육비를 보장하기 위해서 현재 이혼법상으로는 부모의 이혼 시에 자녀를 양육하지 않는 부모가 자녀양육비를 지급하도록 규정되어 있고, 양육비이행관리원을 운영하여 양육비의 이행을 지원하고 있으나 법적 제재가 허술하여 현실적으로 이를 이행하지 않을 경우 양육비를 받기에 많은 어려움이 나타나고 있다. 이와 관련하여 외국의 사례를 살펴보면 독일의 경우에는 1998년에 민법을 개정하여 부양의무자에 대한 양육비 청구를 국가가 체계적으로 지원하고 대리하는 보좌제도를 도입하여 한부모가족의 양육비 확보기제를 마련해 놓았다. 뿐만 아니라 독일, 덴마크나 스위스의 경우에는 국가에 의한 양육비 선급제도를 시행함으로써 이혼한 부모의 일방이 부양의무를 이행하지 않는 경우 다른 일방의 청구가 있으면 국가공동체에 대하여 부양을 청구할 수 있는 권리를 보장하고 있다. 이에 따라 국가가 직접 양육비를 선급하여 아동의 양육에 장애가 없도록 조치하고, 그런 후에 부양의무자에게 양육비를 청구하고 있다.

우리 사회에서도 한부모가족은 계속 증가하는 추세에 있으며 앞으로 이는 더욱 심화될 것으로 전망된다. 이를 볼 때 한부모가족의 문제는 더 이상 개인의 문제로 떠넘겨져서는 안 되며, 특히 한부모가족의 자녀가 사회의 편견과 지원책 미비로 인해 방치되지 않도록 국가 차원에서 지원책을 마련해야 한다.

3. 소년소녀가장가족

1) 소년소녀가장가족에 대한 이해

소년소녀가장가족이란 “부모의 사망, 질병, 심신장애, 가출, 이혼 등으로 인하여 만 18세 미만(부득이한 경우에 한하여 20세까지 인정 가능)의 소년, 소녀가 가정생활을 이끌어 가야 함으로써 정부의 보호가 필요한 생활보호대상자 선정기준에 적합한 자”를 의미한다. 소년소녀가정, 주거형태, 발생유형 현황을 살펴보면 다음과 같다.

표 3-10 소년소녀가정 현황 (단위 : 세대, 명)

	구분	계	성		연령				
			남	여	5세 이하	6~11세	12~14세	15~17세	18세~20세
계	계	92	43	49	0	1	4	41	43
	세대주	62	29	33	0	0	2	26	34
	세대원	30	14	16	0	1	2	15	9

출처 : 보건복지부. 소년소녀 가정 현황(2016).

소년소녀가장가족은 주거형태를 살펴보면 자가, 전세, 월세, 조부모나 일가친척 또는 정부지원주택에서 거주를 하는 형태로 구분할 수 있다.

표 3-11 주거형태 현황 (단위 : 세대, 명)

	계	자가	전세	월세	친지	정부지원주택	기타
계	62	3	3	9	9	25	13

출처 : 보건복지부. 소년소녀 가정 현황(2016).

소년소녀가장가족이 발생하는 원인은 ① 부모 사망(18) ② 부모 가출·행불(16) ③ 부모 폐질심신 장애(12), 부모이혼(12) ④ 기타로 나타났다. 그런데 이상의 사유 가운데 부모의 사망보다는 가정해체나 미혼모문제로 인한 소년소녀가장가족의 수가 갈수록 증가하고 있어 성인의 무책임한 행위로 인해 아동이 생존의 위험에 방치되고 있다.

표 3-12 발생유형 현황 (단위 : 세대, 명)

	계	부모사망	부모 폐질심신장애	부모 가출·행불	부모이혼	부모 복역	기타
계	62	18	12	16	12	0	4

출처 : 보건복지부. 소년소녀 가정 현황(2016).

2) 당면문제와 지원대책

소년소녀가장가족의 가장 큰 당면문제는 경제적 문제와 교육문제라 할 수 있다. 소년소녀가장가족의 월 평균수입을 보면 과반수 이상(55.8%)이 월 50만 원 미만의 소득이 있는 것으로 조사되었다. 50만 원 이상부터 100만 원 미만은 39.0%이었으며, 100만 원 이상은 5.2%에 불과했다. 이로 미루어 보면 소년소녀가장가족은 아동만 거주하든, 성인과 함께 거주하든 간에 모두 대체로 경제적으로 궁핍한 삶을 영위하고 있음을 알 수 있다.

소년소녀가장들의 수입원을 분석해 보면 전체의 절반 정도는 정부의 도움으로 살아가는 것으로 조사되었고, 그 외에는 사회단체의 도움과 따로 사는 가족이나 친척의 도움에 의지하는 경우가 많다. 따라서 대부분의 소년소녀가장가족은 가족이나 친척보다는 사회의 도움에 의존하고 있는 것으로 보인다.

이처럼 소년소녀가장가족에게는 수입원이 불충분한 문제가 매우 심각한데 그나마 수입의 관리도 효과적으로 이루어지지 않고 있는 것으로 나타났다. 그리고 이들 가정에는 가사의 해결이나 정서적 지지기능을 담당할 어른이 없다 보니 생활의 불균형과 영양결핍, 그리고 탈선문제도 심각한 것으로 드러난다.

이 밖에 학교교육 또한 소년소녀가장가족에게는 큰 문제로 나타나고 있다. 소년소녀가장의 약 15%는 학교교육을 제대로 받고 있지 못하고, 특히 소년소녀만 거주하는 세대의 아동 중에서는 더 많은 수가 학교를 다니고 있지 못하다. 그리고 소년소녀가장의 학교 중퇴율과 자퇴율이 일반학생에 비해 매우 높은 것으로 보고되고 있다. 이렇듯 학교교육이 소홀해지는 문제는 청소년기에 인성이 대체로 완성된다는 점을 감안해 볼 때, 자라나는 아동의 인성발달에 부정적 결과를 가져올 수 있으리라는 예측을 가능케 하며, 나아가 성인기에 접어들었을 때 취업에 있어서도 부정적 요소로 작용하여 결국 빈곤의 악순환을 가져올 수 있는 위험이 내재해 있음을 암시한다.

결론적으로 소년소녀가장가족에 대한 사회의 지원은 어느 사회문제에 대한 대응보다도 더 시급한 국가의 과제라 아니할 수 없다. 현재 정부에서는 국민기초생활보장수급자로 선정된 18세 미만의 소년소녀가장가족에게 식비와 연료비, 학비 등 경제적 지원을 하고 있으며, 그 밖에 일반가정과의 결연사업을 비롯한 정서적 지원사업을 펼치고 있다. 그러나 경제적 지원수준은 일상적 생활을 꾸리기에 매우 부족한 실정이고, 결연사업의 경우는 아직 사회적 인식의 부족으로 인하여 널리 확산되지 못하고 있다. 따라서 앞으로 이러한 사업을 확대해 나가고, 지원수준을 높여야 할 것이다.

4. 독신가족

1) 독신의 정의

오늘날 일반적으로 쓰이는 사전적 의미에서의 독신이란 ① 결혼 전에 부모로부터 거주지를 독립한 사람, ② 결혼적령기에 이르렀지만 자발적 의사에 의해 결혼하지 않는 독신주의자, ③ 이혼이나 배우자의 사망으로 인해 홀로 사는 사람 등을 일컫는 말이다. 좀 더 자세히 살펴보면 독신이란 일단 결혼제도에 편입되지 않고 생활하는 삶의 형태이기도 하지만, 언제라도 결혼을 통하여 독신을 벗어날 수 있으므로, 독신과 결혼은 밀접한 관계를 맺고 있는 셈이다. 독신을 뜻하는 말로 영어권에서는 never-married, unmarried, single, celibacy, spinster로 표현되지만, 각 표현들은 엄격하게는 다른 의미를 포함하고 있다. 가령 미혼 독신자의 경우에는 결혼적령기를 지나고 나서도 결혼하지 않은 남성과 여성을 지칭한다. 여기서 독신자 자신의 결혼에 대한 의도여부는 중요시 되지 않는다. 또한 이혼이나 사별에 의하여 독신이 된 경우에는 배우자의 유무에 따라 분류되므로, 독신이면서도 자녀가 있을 수 있다.

독신자는 가구구성상 1인 가구에 속한다. 통계상으로 보면 2015년 전체 가구 중 1인 가구 비중은 27.2%(518만 가구)에서 2045년 36.3%(809만 8천 가구)로 9.1%p(291만 9천 가구) 증가할 전망이다. 2015년 1인 가구 중 39세 이하 비중이 36.9%로 가장 높고, 40~59세 33.2%, 60세 이상 30.0% 순으로 높았으나, 2045년에는 1인 가구 중 60세 이상이 54%로 가장 많을 전망이다.

표 3-13 1인 가구 및 구성비, 2015~2045년 (단위 : 천 가구, %)

년도	전체(천 가구)						
	2015	2017	2025	2035	2045	2015년 대비 2045년	
						증감	증감률
계	5,180	5,562	6,701	7,635	8,098	2,919	56.4

출처 : 통계청. 장래가구추계(2016).

표 3-14 1인 가구 구성비, 2015~2045년 (단위 : 천 가구, %)

년도	39세 이하(천 가구)						
	2015	2017	2025	2035	2045	2015년 대비 2045년	
						증감	증감률
계	1,909	1,996	2,085	1,915	1,772	-138	-7.2

출처 : 통계청. 장래가구추계(2016).

1인 가구비율은 2016년 27.9%(5,398천 가구)로 2015년 27.2%(5,203천 가구)에서 0.7% 증가함을 알 수 있다.

표 3-15 연도별 1인 가구 규모(1995^{T}~2016^{R}) (단위 : 천 가구, %)

구분		1995년T	2000년T	2005년T	2010년T	2010년R	2015년R	2016년R
일반가구	계	12,958	14,312	15,887	17,339	17,656	19,111	19,368
1인 가구	계	1,642	2,224	3,171	4,142	4,218	5,203	5,398
1인 가구 비율	계	12.7	15.5	20.0	23.9	23.9	27.2	27.9

출처 : 통계청. 장래가구추계(2016).

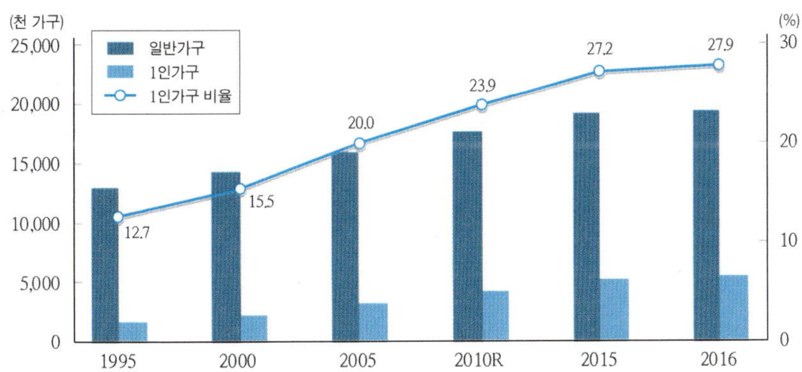

그림 3-4 연도별 1인가구 규모(1995^{T}~2016^{R})

2016년 주된 가구유형은 1인 가구(27.9%)로 전년에 비해 194천 가구(0.7%p) 증가하였다. 1990년 이후 가장 주된 유형의 가구는 4인 가구였으나, 2010년에는 2인 가구,

2015년 이후로는 1인 가구로 변화하고 있다.

표 3-16 연도별 가구원수별 가구규모(1995T~2016R) (단위 : 세대, 명)

가구원수	1995년T	2000년T	2005년T	2010년T	2010년R	2015년R	2016년R
일반가구	12,958	14,312	15,887	17,339	17,656	19,111	19,368
	(100.0)	(100.0)	(100.0)	(100.0)	(100.0)	(100.0)	(100.0)
1인	1,642	2,224	3,171	4,142	4,218	5,203	5,398
	(12.7)	(15.5)	(20.0)	(23.9)	(23.9)	(27.2)	(27.9)
2인	2,185	2,731	3,521	4,205	4,336	4,994	5,067
	(16.9)	(19.1)	(22.2)	(24.3)	(24.6)	(26.1)	(26.2)
3인	2,636	2,987	3,325	3,696	3,798	4,101	4,152
	(20.3)	(20.9)	(20.9)	(21.3)	(21.5)	(21.5)	(21.4)
4인	4,110	4,447	4,289	3,898	3,887	3,589	3,551
	(31.7)	(31.1)	(27.0)	(22.5)	(22.0)	(18.8)	(18.3)
5인이상	2,385	1,922	1,582	1,398	1,417	1,224	1,200
	(18.4)	(13.4)	(10.0)	(8.1)	(8.0)	(6.4)	(6.2)

출처 : 통계청. 장래가구추계(2016).

1인 가구 추계를 살펴보면 여성 1인 가구는 2045년에 388만 2천 가구가 될 전망이다. 여성 1인 가구는 2017년 276만 6천 가구에서 지속적으로 증가하여 2045년에는 지금보다 111만 6천 가구가 증가한 388만 2천 가구가 될 전망이다.

2017년 전체 1인 가구 비중은 49.7%로 남성 1인 가구(50.3%)보다 낮으며 이 비중은 지속적으로 감소하여 2045년에는 47.9%가 될 전망이다.

여성 1인 가구의 여성 1인 가구의 연령대별 비중은 60대까지는 지속적으로 감소하고 70세 이상은 증가하여 2045년에는 70세 이상 비중이 27.9%로 가장 많고, 20대와 60대는 5% 수준, 30대와 50대는 3% 수준이 될 것으로 전망된다.

표 3-17 1인 가구 추계

(단위 : 천 가구, %)

		계	구성비	20세 미만	20~29세	30~39세	40~49세	50~59세	60~69세	70세 이상
여성	2017	2,766	49.7	0.7	7.9	6.2	5.5	7.4	7.9	14.1
	2025	3,234	48.3	0.4	7.1	5.3	4.2	6.2	8.5	16.6
	2035	3,650	47.8	0.4	5.6	4.4	3.0	4.5	7.0	22.9
	2045	3,882	47.9	0.4	5.3	3.5	2.2	3.4	5.2	27.9
남성	2017	2,797	50.3	0.6	9.4	11.1	10.3	9.4	5.6	3.9
	2025	3,466	51.7	0.4	8.5	9.4	9.7	10.3	8.2	5.2
	2035	3,985	52.2	0.4	6.5	7.9	9.1	10.1	9.7	8.5
	2045	4,216	52.1	0.4	6.0	6.2	8.5	10.0	9.7	11.3

출처 : 통계청. 통계로 보는 여성의 삶(2017).

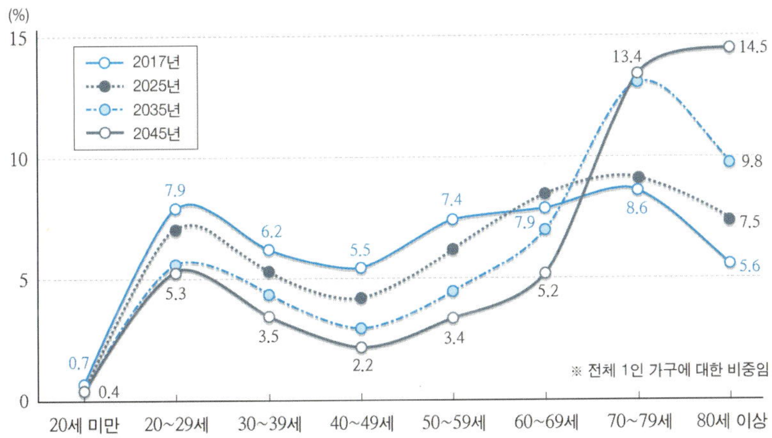

그림 3-5 연령대별 여성 1인 가구 비중

자료 : 통계청. 「장래가구추계」.

2) 독신가족의 증가원인 및 문제

1인 가구 또는 독신가족이 증가하는 원인은 ① 교육기간의 연장과 직장생활의 확산, ② 개인주의와 자유화의 영향으로 인한 자아실현에 대한 기대상승, ③ 가족가치관의 변화, ④ 생활양식의 변화 등을 들 수 있다.

한국의 1인 가구 증가현상은 개인 생활을 영위하고 싶은 개성이 강해진 사회 분위기 때문이기도 하지만, 경제적 빈곤으로 인한 회피에서 비롯되고 있다는데 문제가 있다. 1인 가구는 자유롭게 자신의 생활을 영위할 수 있지만, 자신의 생활에 대한 책임을 스스로 짊어져야 한다는 부담감에서 자유롭지 못하다. 더욱이 경제적인 부분에서 고용불안, 소득감소, 물가상승, 저금리 기조, 불안정한 연금제도 등 미래의 불확실성이 커지며 가정경제의 위기감을 고조시키는 경제적 불안상황이 증가하고 있는 상황에서 1인 가구 자신들의 노후나 질병에 대해 더 큰 불안감을 갖게 된다(이윤정, 2017).

이에 비해 서구에서는 1960년대 후반의 범 유럽적 학생운동과 사회운동을 기점으로 하여 결혼에 대한 대안적 선택으로서의 독신을 선호하는 개인이 증가하기 시작하여 전통적 가족제도의 붕괴와 개인주의적 생활방식에 대해 열띤 논의가 진행된 바 있다(Beck, 1987).

종합적으로 보면 결혼의 대안으로 인식되는 서구의 독신생활에 비해 한국에서는 개인의 가치실현을 위한 자발적 독신은 아직 보편화되지 않은 듯하다. 그러나 결혼에 대한 전통적 가치는 약화되고 있어 가족해체의 위기를 부추기고 있다.

독신이 반드시 바람직한 삶의 형태라고 할 수는 없지만, 결혼 또한 단지 우리사회의 오래된 하나의 제도일 뿐, 유일한 삶의 방식이라고 할 수도 없다. 다양성이 강조되는 정보화 사회에서 삶의 방식을 선택할 수 있다는 사회적 인식이 점차적으로 형성되고 있음을 알 수 있다. 독신이 새로운 삶의 선택 대안으로 주목받게 되고 사회적으로 확산되면서 우리들의 인식의 변화가 요구된다. 독신에 대한 인식의 변화는 실질적 정책의 변화로 이어져야 할 것이며, 자발적이든 비자발적이든 간에 독신이라는 현실적 상황에서 독신자들의 복지 욕구에 부응할 수 있는 정부 및 지역사회로부터의 지원정책이 필요하다. 또한 독신의 성·연령·교육 및 경제적 수준에 따라서 다양한 복지 욕구가 존재할 것이며, 이에 대한 차별화된 복지프로그램 및 서비스지원이 요구된다(이윤정, 2017).

5. 재혼가족

1) 재혼가족의 현황

재혼가족은 자녀가 있는 이혼부부가 재혼함으로써 새로운 형태의 가족을 이루는 것을 의미한다. 〈표 3-18〉을 살펴보면 2008년 이후 남녀 모두에게서 이혼 후의 재혼이 감소하고 있는 추세임을 알 수 있다. 2017년의 경우에 이혼 후에 재혼한 남자는 41,700건으로, 전년도의 43,300건보다 1,600건 감소하였고, 여자는 47,400건으로, 전년도의 48,900건에 비해 1,500건 감소하였다.

표 3-18 재혼 건수 2007~2017 (단위 : 천 건, %)

구분	2007	2008	2009	2010	2011	2012	2013	2014	2015	2016	2017
남자	57.1	57.2	53.8	53.0	51.6	51.1	48.9	47.5	46.4	43.3	41.7
여자	61.9	62.8	58.8	57.5	56.4	56.5	54.3	53.9	52.7	48.9	47.4

출처 : 통계청. 혼인·이혼통계결과(2017).

표 3-19 재혼 건수 구성비(2017) (단위 : %)

구분	전년대비		
	구성비	증감	증감률
남자	15.8	-1.6	-3.6
여자	17.9	-1.5	-3.1

출처 : 통계청. 혼인·이혼통계결과(2017).

2017년 평균 재혼 연령은 남자는 48.7세, 여자는 44.4세로 전년에 비해 각각 0.5세, 0.4세 상승하였고, 10년 전 2007년에 비해 남자는 44.8세, 여자는 40.1세로 나타났다. 시간이 흐를수록 연령이 높아짐을 알 수 있다.

표 3-20 재혼 연령 2007~2017

(단위 : 세)

구분		2007	2008	2009	2010	2011	2012	2013	2014	2015	2016	2017
재혼 연령	남자	44.8	45.0	45.7	46.1	46.3	46.6	46.8	47.1	47.6	48.2	48.7
	여자	40.1	40.3	41.1	41.6	41.9	42.3	42.5	43.0	43.5	44.0	44.4

* 소수점 2자리 반올림 연령으로 계산
출처 : 통계청. 혼인·이혼통계결과(2017).

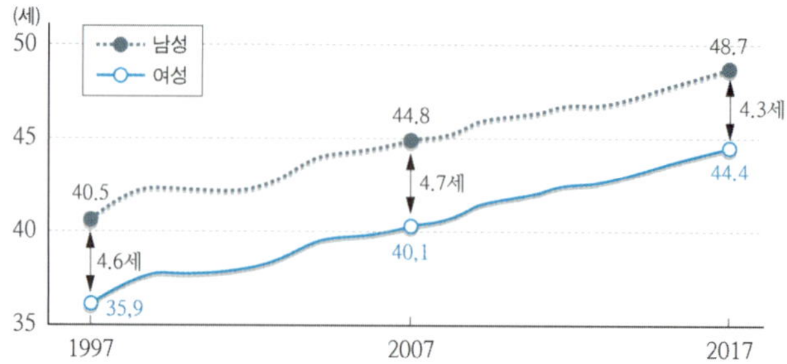

그림 3-6 평균재혼연령, 1997-2017

출처 : 통계청. 혼인·이혼통계결과(2017).

한국가정법률상담소는 2017년 한 해 동안 이뤄진 이혼상담 525,215건을 분석한 결과, 2016년 6,969건(31.6), 2017년 5,215건(26.3%)으로 전년도에 비해 감소하였다. 과거에는 이혼 후 겪게 되는 사회의 부정적 인식 때문에 되도록 참으면서 이혼 자체에 대해 고민하는 경향이 강했으나, 근래에는 자신의 삶의 질을 고려해 회복이 불가능하다는 판단이 강해져 이혼에 대한 결단을 빠르게 하고 이혼 후 겪게 될 경제적 문제에 더 집중하는 경향이 강해졌다. 또한 위자료나 재산 분할, 양육비 등에 대한 문의가 많아졌다고 하였다.

이혼 후 재혼이 확산되면서 재혼에 대한 사회 관념도 과거에 비해 점차 긍정적으로 변화하고 있다. 하지만 동화 「콩쥐 팥쥐」나 「신데렐라」에 나타난 계부모가족에 대한 편견은 아직 사회 곳곳에 잔재해 있으며, 교과서나 텔레비전 드라마에서 볼 수 있는 재혼가족은 모범적이고 바람직한 가족모델이라기보다는 갈등이 내재해 있는 집단으로 묘사되는 것이 보통이다. 이는 재혼 후 새로운 가족구도를 형성하고 새로운 가족 내 역할에 적응해야 하는 계부모가족의 생활을 더욱 어렵게 만드는 요인이다. 특히 재혼가족의 자녀들은 사회적 편견으로 말미암아 정체성에 혼란을 겪을 수 있어 사회적으로 이를 개선할 수 있는 긍정적 재혼가족의 상을 정립하는 것이 필요하다.

2) 재혼가족의 당면문제

최근까지 재혼가족과 연관되어 가장 뜨겁게 사회이슈로 논의되는 것은 양부모가족의 자녀 입적 문제였다. 개정 전의 민법(제781조)에 의하면 여성이 자녀를 데리고 재혼할 경우 이 여성의 자녀는 재혼을 통해 새로운 아버지가 된 남성의 호적에 입적될 수가 없었다.

재혼남편의 호적에 재혼아내의 자녀가 입적되지 못하도록 법으로 규제되어 있는 것은 성 평등 의식의 확산과 민주적 가족문화의 정립이라는 시대의 흐름에 반하는 시대착오적 발상이라 할 수 있었지만 이 조항은 최근에서야 친양자제도의 형태로 개정되었다. 이는 우리 사회에 가족형성의 토대로서 사랑과 친밀성이 중시되기보다는 혈연을 더욱 중요시하는 유교적 부계문화가 얼마나 깊숙이 뿌리박혀 있는지를 드러내는 현상이다. 이에 대한 부조리성과 부당함이 이슈화되면서 법조항이 개선되기는 하였지만 아직도 법제도 전반에는 부계혈통주의가 잔존하고 있다. 따라서 가족의 변화에 유연하게 대처하여 다양한 가족의 개별 가족구성원 복리가 증진되고, 편견 없는 가족문화가 사회 내에 정착될 수 있도록 가족법을 비롯한 법과 제도가 개선되어야 할 것이다.

상자글 3-4 **친양자 입양의 개념**

친양자 제도는 기존의 일반양자 제도가 가지고 있던 문제점, 즉 입양 후 친생부모와의 관계가 존속된다는 점, 양부의 성을 따를 수 없다는 점, 양부의 성을 입양촉진및절차에관한특례법에 의해 따를 수 있는 경우라도 가족관계등록부상 양자라는 사실이 기재된다는 점 등에 따른 부작용을 없애기 위해 2008년에 도입된 제도이다. 친양자는 재판 확정 시부터 양친의 혼인 중 출생자가 되어 양친의 성과 본을 따르며, 가족관계등록부에도 양친의 친생자로 기재된다.. 또한 친양자제도에서는 양자와 친생부모 및 그 혈족의 친족관계는 친양자 입양이 법원에 의하여 허가된 때(재판의 확정 시)로부터 종료한다(민법 제908조의3 제2항). 다만 부부의 일방이 배우자의 친생자를 단독으로 입양한 경우에는, 배우자 및 그 친족과 친생자 사이의 친족관계는 소멸하지 않게 된다. 그러나 친양자 입양에 의하여 법률상의 친족관계가 종료된다 하더라도 입양 전의 8촌이내의 혈족 사이의 혼인은 금지된다(민법 제809조 제1항). 이처럼 친양자 제도는 양자에게도 친생자와 같은 지위를 인정하는 것으로서, 입양가정의 안정을 요구하므로 3년 이상 혼인 중인 부부로서 공동으로 입양할 것을 요구하고 있다(민법 제908조의2 제1항 1호 본문). 다만 부부의 한쪽이 그 배우자의 친생자를 친양자로 하는 경우에는 1년 이상의 혼인 기간이 있으면 가능하다. 민법 제908조의2 제1항 1호 단서)

일반양자 입양과 친양자 입양의 구별

구분	일반양자	친양자
근거	「민법」 제866조~제908조까지	「민법」 제908조의2~제908조의8까지
성립요건	협의로 성립	가정법원의 허가
양자의 성 · 본	친생부모의 성과 본을 유지	양친의 성과 본으로 변경
친생부모와의 관계	유지	종료
입양의 효력	입양한 때부터 혼인 중의 자로서의 신분을 취득하나, 친생부모와의 관계는 친권 이외는 유지됨	재판이 확정된 때부터 혼인 중의 자로서의 신분을 취득하며, 친생부모와의 관계는 종료됨

출처 : 대한법률구조공단

6. 미혼모가족

1) 미혼모의 발생 현황

한국사회의 다양하게 변화되고 있는 가족의 형태 중 하나는 미혼모가 증가하는 현상과 관련되어진다. 미혼모란 "합법적 결혼절차를 거치지 않은 채 아기를 임신 중이거나 출산한 여성"을 가리키는 말이다. 즉, 혼인하지 않은 여성이나 이혼했거나 사별한 여성이 임신이나 출산을 했을 경우 미혼모에 해당한다고 볼 수 있다. 미혼모와 이들 자녀에 대한 공식적인 통계가 없는 상황이지만, 일부 연구들에서 미혼모들의 증가와 양육선택이 증가하고 있음을 밝히고 있다. 미혼모의 증가현상 속에도 이들에 대한 사회적 인식과 편견으로 인해 사회·경제적으로 열악한 상황에 처할 가능성이 높으며, 빈곤과 낮은 소득으로 인한 경제적 어려움을 경험할 가능성이 일반가구에 비해 상대적으로 높은 것으로 나타났다.

또한 대부분의 미혼모들은 자녀 출산 이후 자녀와의 새로운 관계에 대한 적응과 양육자로서의 역할에 적응해야 함과 동시에 경제적 부양자로서 거주지를 비롯하여 생활비 마련을 위한 취업, 자녀 보육의 문제를 포함한 다양한 과제들을 해결하기 위한 고민과 준비를 해야 하기 때문에 매우 복잡하고 힘든 상황에 놓여 있다.

이와 같은 상황임에도 불구하고 상당수의 미혼모들은 원 가족과의 단절로 인한 낮은 수준의 사회적 지지와 일·가정 양립의 어려움, 자녀양육 지원체계의 부족, 경력 및 학업 중단, 사회적 제도 체계의 부족으로 인해 문제해결에 어려움을 겪고 이는 자립 기반 형성에 방해가 되고 있다. 어렵게 자녀출산과 양육을 결정한 미혼모들은 엄마가 됨과 동시에 혼자 자녀를 돌보고 생계를 책임져야 하는 자립의 과제에 직면하고 있는 것이다. 이에 양육 미혼모의 증가 추세에 맞춰 정부에서도 한부모가족지원법에 의한 양육과 자립을 지원하고 있다. 그러나 양육 미혼모가 처해 있는 특수한 상황에 따른 욕구를 고려한 서비스제공이 이루어지지 못하고 있고 실제적인 자립 지원 서비스가 이루어지지 못하고 있다는 한계를 갖고 있다(김지혜 외, 2016).

통계청, 2016년 인구총조사 조사 전수 집계결과 보도 자료에 의하면 미혼모는 23,936명(자녀 28천명)이며, 미혼부는 9,172명으로 총 33,108명으로 나타났다.

연령별로 보면 35~39세 연령대의 미혼모가 4,852명으로 가장 많고, 미혼부는 40~44세 연령대가 2,041명으로 가장 많았다. 2015년(35,088명)에 비해 미혼모·미혼부는 1,980명(-5.6) 감소하였으며, 그 중 40~44세는 685명(-10.0%) 감소, 30~34세는 434명(-8.2%) 감소하였다.

표 3-21 미혼모, 미혼부 연령별 분포(2015[R], 2016[R])

(단위 : 명, %)

연령	2015년[R]			2016년[R]			증감(B-A)	증감률
	계(A)	미혼모	미혼부	계(B)	미혼모	미혼부		
계	35,088	24,487	10,601	33,108	23,936	9,172	-1,980	-5.6
20세미만	434	350	84	463	435	28	29	6.7
20~24	2,343	1,929	414	2,334	1,979	355	-9	-0.4
25~29	3,507	3,013	494	3,376	2,942	434	-131	-3.7
30~34	5,297	4,078	1,219	4,863	3,960	903	-434	-8.2
35~39	6,692	4,761	1,931	6,466	4,853	1,613	-226	-3.4
40~44	6,852	4,454	2,398	6,167	4,126	2,041	-685	-10.0
45~49	5,426	3,233	2,193	5,182	3,166	2,016	-244	-4.5
50세이상	4,537	2,669	1,868	4,257	2,475	1,782	-280	-6.2

출처 : 통계청. 인구주택총조사 전수집계 결과 보도자료(2016).

2016년 기준 미혼모의 자녀수는 28,234명, 미혼부의 자녀수는 2015년(41,468명)에 비해 2,403명(-5.8) 감소한 10,831명이며, 전년대비 0~4세 자녀는 943명(-7.3%) 감소, 15세 이상은 736명(-9.3%)이다.

표 3-22 미혼모, 미혼부 자녀의 연령별 분포(2015[R], 2016[R])

(단위 : 명, %)

연령	2015년[R]			2016년[R]			증감(B-A)	증감률
	계(A)	미혼모의 자녀	미혼부의 자녀	계(B)	미혼모의 자녀	미혼부의 자녀		
계	41,468	28,905	12,563	39,065	28,234	10,831	-2,403	-5.8
0~4세	12,851	9,934	2,917	11,908	9,767	2,141	-943	-7.3

5~9세	11,181	7,676	3,505	11,015	7,966	3,049	-166	-1.5
10~14세	9,554	5,974	3,580	8,996	5,735	3,261	-558	-5.8
15세이상	7,882	5,321	2,561	7,146	4,766	2,380	-736	-9.3

출처 : 통계청. 인구주택총조사 전수집계결과 보도자료(2016).

상자글 3-5 미혼모의 양육부담과 히트 앤드 런 방지법

통계청에서 조사한 '2016 인구 주택 총 조사'에 따르면 2016년 미혼부의 수는 9천백 명 정도이며 전국 미혼모 수는 2만 4천여 명에 달한다. 미혼모와 미혼부의 수를 합치면 약 3만 5천여 명에 육박한다. 한부모가정에 속하는 미혼모·미혼부의 경우 모두 사회적으로 편견 어린 시선이나 자녀 양육으로 인한 경제적 어려움 때문에 애를 먹는 경우가 많다. 특히나 미혼모의 경우 임신과 동시에 경력이 단절되는 경우가 많아 경제활동전선에서 배제되는 상황이 비일비재하다.

2009년 한국여성정책연구의원 조사에 따르면 임신 출산기 동안 재직 중인 직장을 그만둔 미혼모는 93%에 달한다. 경제적 빈곤을 호소하는 미혼모 중 일부는 양육에 부담을 느껴 영아를 유기하는 사례도 있다.

미혼모의 자립을 위한 정부 지원이 없지는 않다. 지난 1월 여성가족부는 '2018 여성가족부 업무보고'를 밝히며 일환으로 스스로 돕는 한부모·미혼모 프로젝트를 통해 미혼모·저소득 한부모 가족 양육지원을 확대하겠다고 전했다. 이에 따라 적용 대상 자녀의 나이가 만 13세 미만에서 만 14세 미만으로 늘었으며, 금액 역시 연 144만원에서 연 156만원으로 늘었다. 부모가 25세 미만인 경우 18만원을 지급한다. 허나 아이 한 명을 키우기에는 턱없이 부족한 금액이다. 지난해 육아정책연구소 발간 육아정책포럼에 실린 '영유아 가구의 양육비 지출 현황과 육아물가 체감 추이' 보고서에 따르면 2016년 국내 영유아 자녀 월평균 양육비는 94만4000원이었다. 이는 가구 전체소득의 5분의 1에 해당하는 금액이었다.

문재인 정부도 대선 공약 사항으로 '양육비 대지급' 제도를 도입하겠다고 전한 바 있다. 양육부모에 대한 양육비 지원책과 관련해 국가가 양육비를 선 지급한 후 구상권을 청구하는 '양육비 대지급' 제도를 도입하고, 한시적으로 긴급양육비를 지원하는 제도를 확대·시행하겠다는 공약이었다.

양육비 대지급 제도는 꾸준히 법 제정으로 논의돼 왔지만 재정 부담이 큰 사안이라 입법으로까지 이어지지는 않았다. 히트 앤드 런 방지법 관련 청원으로 인해 다시금 양육비 대지급 제도가 수면 위로 떠올랐다.

출처 : 이뉴스코리아(2018. 4. 1.)

성에 대한 개인의 태도가 변화하고 사회에 성 개방적 풍조가 만연하면서 미혼모가 늘고 있다. 우리사회에서 미혼모가 수적으로 늘어나는 것도 문제이지만 더 큰 문제는 미혼모의 연령이 갈수록 낮아진다는 점이다.

또한 미혼모는 임신과 출산에 대한 불인정과 이들에 대한 차별과 낙인으로 임신출산위기에 직면할 가능성이 크다. 이들은 임신을 했을 때 원 가족으로부터 낙태와 입양을 강요받아 가족갈등에 놓이고, 아동의 친모와 생부 사이에도 갈등이 존재하며, 출산 시 경제적 어려움, 사회적 차별과 이로 인한 낙인의 문제로 유기와 직접 양육이라는 갈등을 하게 되는 경우가 많다(성정현 외, 2015). 출산 이후에도 낮은 수준의 사회적 지지, 일·가정 양립의 어려움으로 인해 지속적으로 악화되는 경제적인 문제, 자녀양육 지원체계의 부족, 자립을 지원할 수 있는 사회적 제도 체계의 부족, 사회적인 배제와 차별로 인해 자립은 어려워지고 이들의 삶은 지속적인 위기상황 속에 있다(김혜영, 2013; 여성가족정책연구원, 2010).

특히, 미혼모들이 경험하는 어려움 중 아동 양육의 문제는 자립과 매우 밀접하게 연결되어 있다. 원가족의 지원을 받는 것이 어려운 미혼모들은 자녀양육에서 도움을 받을 수 있는 사적 지원망이 부족하며, 어린 나이에 출산한 경우에는 양육 기술과 지식이 부족한 상황이다. 잔병치레 등으로 양육자의 손길이 많이 필요한 영유아를 양육해야 하는 미혼모들은 일·가정 양립이 어려워 취업과 직업 교육을 포기하게 되어 경제적 자립은 점점 더 지연되고 빈곤 탈출은 요원해져 복지의존도가 높아지고 있다(김지혜, 2013).

이 밖에도 많은 미혼모들은 임신 중에 균형 잡힌 영양을 섭취하지 못하거나 적절한 산전관리를 받지 못한 경우가 많아 건강이 좋지 않은 경우가 많다. 아동의 경우에도 면역력이 약하고 유행성 감기나 전염병 등에 자주 노출되어 있다. 미혼모 본인과 아동의 건강 문제는 학업이나 취업, 자녀양육의 어려움을 더욱 극대화하여 자립에도 큰 어려움을 초래하고 있다. 미혼모가 저연령화 되고 청소년 미혼모가 증가하면서 이들의 가장 큰 당면 과제는 학습권 보장이다. 아동이 성장하고 발달하며 인격을 완성하는데 필요한 학습권은 필수 불가결한 기본권이지만 일선 학교에서는 재학 중 임신한 학생에 대하여 학교생활규정을 근거로 퇴학시키거나 자퇴, 전학을 시키고 있어 재학 중 임신한 청소년의 학습권 침해가 심각한 상태이다. 교육은 장래 취업과 연결되어, 결국 미혼모의 자립 가능성을 높이는 매우 중요한 과제이기 때문에 이들의 학습권 보장에 대한 지속적인 관심이 필요하다(김지혜, 2013). 미혼모들은 준비되지 못한 임신으로 인하여 혼란과 불안, 두려움, 죄의식, 분노, 우울 등을 경험하며, 미래에 대한 고민과 진로, 취업에 효율적으로 대처하지 못함으로써 실패감, 의기소침, 무기력 등을 경험한다(지수연, 2012). 또한 지지 체계가 단절된 경우가 많고 사회의 부정적 편견으로 인해 관계의 단절 및 심리적 고립감을 느끼며 심리·정서적으로 많은 어려움을 겪고 있다.

2) 미혼모와 입양문제에 대한 대책

미혼모의 발생은 원치 않은 임신과 출산으로 인한 경우가 대다수를 차지한다. 미혼모의 비자발적 임신과 출산은 우리사회의 부정적 관념으로 인해 입양으로 이어지는 것이 일반적이다. 그런 결과 국내외의 입양아동 가운데 미혼모가 출산한 아동은 약 90%에 이르는 실정이다(보건복지부, 2012). 이런 이유로 우리사회에 미혼모는 있지만 미혼모가족은 다양한 가족 중에서도 수적으로 소수이고, 아직 용어의 사용조차 생소하게 받아들여진다.

저 연령 미혼모의 발생은 개인의 성적 성장과정에서 나타나는 문제가 표면화된 현상이라고 할 수 있다. 따라서 미혼모 개인에게 사회적 낙인을 하고, 이를 개인의 책임으로 돌려서는 안 될 것이다. 이보다는 미혼모의 발생을 사전에 예방하도록 청소년기에 올바른 성교육을 실시하고, 미혼모가족이 사회에 재적응할 수 있도록 미혼모가족에 대한 사회적 고정관념을 완화시키려는 노력이 필요하다. 그리고 아울러 미혼부가 부모로서의 책임의식을 가질 수 있도록 법적 조치를 마련해야 한다. 또한 미혼모가족이 경제적으로 자립하도록 하기 위해서는 미혼모에 대한 학교교육의 보장과 직업훈련의 강화를 통해 안정적 취업이 이루어지도록 방안을 강구해야 할 것이다.

7. 맞벌이가족

1) 기혼여성의 취업과 성 역할의 변화

오늘날 나타나는 가족의 변화는 궁극적으로 산업구조의 변화로 인한 여성의 취업증가에서 발단이 되었다고 볼 수 있다. 여성의 취업은 곧 '남성=공적 영역, 여성=사적 영역'이라는 기존의 성 역할 고정관념이 무너지는 직접적 원인으로 작용한 것이다.

표 3-23 여성의 경제활동참가율 (단위 : %)

	2011	2012	2013	2014	2015	2016	2017
여성경제활동 참가율	49.8	50.1	50.3	51.5	51.9	52.2	52.7
여성경제 활동인구	10,520	10,704	10,862	11,229	11,426	11,583	11,773
15세 이상 여성인구	21,119	21,356	21,576	21,806	22,018	22,205	22,357

출처 : 통계청. 경제활동인구조사(2017).

〈표 3-23〉을 보면, 여성의 경제활동참가율이 2011년 49.8%에서 지속적으로 증가하여 2017년 52.7%로 상승하는 등 여성 사회진출이 활발하다.

기혼여성의 취업은 오늘날까지도 '보조적 생계부양자(cake-winner)'의 의미를 완전히 지우지는 못하고 있다. 그러나 취업이 여성 생애주기의 한 부분으로 고착되면서 이는 가족 내에서 부부간의 권력구조가 민주적으로 변화하는 데 주요 동인으로 작용하고 있다. 사회구조가 임금노동 중심으로 재편되면서 경제권은 곧 가족 내에서 권력을 소유할 수 있는 주수단으로 작용하였고, 기혼여성의 취업은 기존에 남성만이 향유할 수 있었던 '주생계부양자(bread-winner)' 위치를 위협하게 된 것이다. 한국의 경우 기혼여성의 경제활동참가율은 1970년에 36.9%에 불과했지만 2017년에는 52.7%로 꾸준히 증가하고 있다(통계청, 2017). 개인의 삶에서 직업노동의 의미가 차지하는 비중이 커지고 있고 학력수준이 꾸준히 상승하는 점을 볼 때, 이는 앞으로도 지속적으로 증가할 전망이다.

기혼여성의 취업환경이 변화하면서 이에 대한 의식도 바뀌어 부부간의 맞벌이에 대해서는 여성이나 남성 모두가 대체로 찬성하는 편이다. 그런데 부부가 실제로 맞벌이를 할 경우에는 여러 가지 현실적 문제가 발생한다. 맞벌이부부가 당면하는 가장 큰 문제는 자녀양육과 가사노동에 관한 것으로 둘 다 부부간에 이루어지는 역할분담의 갈등에서 기인하는 것이라 할 수 있다(이영숙 · 박경란 · 전귀연, 2000 : 115-116).

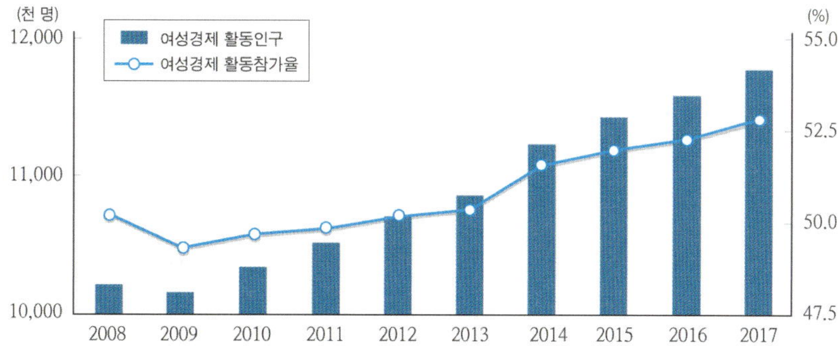

그림 3-7 **여성경제활동인구 및 참가율**

출처 : 통계청. 「경제활동연구조사」.

2) 맞벌이가족의 문제

맞벌이부부를 대상으로 한 조사를 보면 이들은 대부분 자녀양육의 어려움을 가장 많이 겪고 있는 것으로 나타난다. 특히 성 역할이 명확히 고착된 가정의 취업여성일수록 이러한 어려움은 클 수밖에 없고 한편으로는 자녀양육과 가사, 다른 한편으로는 취업이라는 이중 부담에 시달리게 된다.

자녀양육과 관련하여 가장 큰 문제는 보육시설의 부족과 보육교사의 전문성 부족이다. 기혼여성의 취업이 확산되면서 일 · 가정 양립이 사회적 이슈로 부상되자 보육의 공공성에 대한 필요성이 강조되고 있지만 전체 보육시설 중 국공립시설은 약 5%에 불과하여 보육사업은 민간에 전적으로 의존되고 있음이 드러난다.

표 3-24 보육시설현황

구분	국공립	사회복지법인	법인단체 등	민간	가정	협동	직장
시설 수	2,859	1,402	804	14,316	20,598	157	948
보육아동	175,329	99,113	45,374	745,663	328,594	4,240	52,302

출처 : 보건복지부. 『보육통계』(국가승인통계 제 15407호, 어린이집 이용자 통계)(2016).

이상적 보육시설은 전문 보육교사가 양질의 커리큘럼을 가지고 보호아동의 정서와 인성이 안정적으로 발달되도록 도울 수 있는 여건을 갖춘 곳이다. 그러나 현재 한국에서는 보육시설이 수적으로도 부족하고, 국가에서 주도하는 교육의 방향 자체가 흔들리면서 '보육'이 '교육' 중심으로 변질되고 있어 부모가 만족하고 아동의 보호를 위탁할 수 있는 곳이 부족하다. 이러한 현실적 어려움은 "아이는 부모가 직접 키워야 한다"는 보수적 관념과 결합되어 취업모를 역할갈등(role-conflict)에 깊이 빠져들게 할 뿐이다.

부모가 맞벌이를 할 경우 자녀에게 소홀해질 수 있어 자녀의 정서가 불안정하고, 자녀와의 의사소통이 원활하지 못하며, 자녀가 비행을 하게 되는 원인이 될 수 있다. 그러나 이는 이제 부모 개인의 책임으로만 돌릴 수는 없는 현실이다. 기혼여성의 취업은 앞으로 지속적으로 늘어날 것이며, 이는 국가경쟁력 제고의 차원에서도 필요하다. 따라서 맞벌이부부의 자녀양육은 일차적으로는 부모가 공동으로 책임지도록 해야 할 것이나 국가 사회적으로도 보육시설의 확충과 시설의 탄력적 운영, 그리고 전문보육교사의 확보 등 적극적 조치가 요구된다.

맞벌이가족의 자녀양육이 남편보다는 아내에게 더 직접적이고 큰 문제로 다가오는 것은 우리사회에 널리 퍼져 있는 전통적 성 역할 고정관념에 기인한다. 그런데 맞벌이가족의 경우 고정적인 성 역할 분업은 가사노동 영역에서도 부부간의 갈등을 조장한다. 즉, 남편에게 가정은 퇴근 후에 휴식할 수 있는 안식처이자 쉼터이지만 기혼 취업여성에게 가정은 직장 외의 '또 하나의 노동 공간'이 되기 일쑤이다.

이와 관련된 (통계청, 2014)를 살펴보면 하루 24시간 동일한 가사·돌봄 노동을 주로 담당하던 아내의 노동시장 참여에 따라 부부간 가사노동에 대한 적절한 분담이 요구될 것이며, 맞벌이에 따른 시간배분 차이는 남편과 아내 모두에게 발생할 가능성이 크다. 맞벌이 부부의 주요 관심사 중 하나가 자녀 돌봄을 포함한 가사노동의 배분문제 일·가정 양립 가능성 제고임을 감안했을 때 배우자 간 가사노동시간의 배분 또는 가사노동분담을 살펴보는 것이 중요한 문제이다.

즉, 남성의 경우에 가사노동의 분담에 대한 의식은 여성이나 다를 바 없이 평등하게 분담해야 한다고 생각은 하지만 실제로 분담하는 문제에 부딪히면 의식과는 차이가 있는 행동을 보이는 것이다. 이러한 부부간의 역할분담 실태는 취업여성에게 오히려 직장과 가정에서 두 가지 일을 모두 완벽하게 처리해야 한다는 이른바 '슈퍼우먼 콤플렉스(superwoman-complex)'를 낳게 할 뿐이다.

여성의 학력이 신장되고 사회가 전문화, 세분화되면서 맞벌이가족은 앞으로 더욱 늘어날 전망이다. 따라서 맞벌이가족의 문제는 이제 사회적으로 풀어나가야 할 공동의 과제이다.

이 장의 요약

1. 가족의 변화현상은 산업화로 인한 사회환경과 생활양식, 그리고 여성의 의식과 역할이 변화하는 데서 그 원인을 찾아볼 수 있다. 즉, 가족은 사회와 경제구조가 변화함에 따라 그 변화를 자연스럽게 수용하게 되고, 그에 따라 유형이 획일성을 벗어나 다양성을 띠게 되는 것이다.
2. 통계상으로 보면 2014년의 경우 조이혼율은 2.3건에서 2017년에는 2.1건으로 0.2건 감소하였다. 이혼은 여성의 학력신장과 취업증가로 인한 성 역할의 변화, 자녀에 대한 인식변화와 출산율의 감소, 그리고 가족에 대한 가치의 다양화에 기인한다.
3. 한부모가족은 주로 통계청에 따르면 2018년 1월 기준 사별 3만1천6백명, 이혼 89,000건 , 그리고 미혼모가 53,314(2009) 등에 의해 발생한다.
4. 2016년 11월 1일 기준 한국의 총가구수는 1,984만 가구인데, 이 가운데 1인 가구는 556만 2천 가구를 차지한다(2017). 1인 가구 또는 독신가족이 증가하는 원인은 교육기간의 연장과 임금노동의 확산, 개인주의와 자유화의 영향으로 인한 자아실현에 대한 기대상승, 가족가치관과 생활양식의 변화 등을 들 수 있다.
5. 이혼 후 재혼이 확산되면서 재혼에 대한 사회 관념은 과거에 비해 점차 긍정적으로 변화하고 있다. 하지만 재혼가족은 모범적 가족모델보다는 갈등이 내재해 있는 집단으로 묘사되는 것이 보통이다. 재혼가족과 연관되어 가장 뜨거운 사회이슈로 논의되는 것은 계부모가족의 자녀입적문제다.
6. 기혼여성의 취업은 기존에 남성의 고유한 영역으로 인식되었던 주 생계부양자의 역할을 대치 가능케 함으로써 가족 내 권력구조에 변화를 유도하고 있다. 한국의 경우 기혼여성의 경제활동참가율은 1970년에 36.9%에 불과했지만 2017년에는 52.7%로 꾸준히 증가하고 있다. 이는 앞으로도 지속적으로 증가할 전망이다.

주요 용어

- **포스트모던 가족**(the postmodern family) : 산업화의 영향으로 가족유형이 다양해지면서 현대의 가족은 근대적 핵가족과는 구분되는 특징을 보이는데, 이러한 현대의 다양한 가족은 포스트모던 가족으로 불리기도 한다.
- **조혼인율·조이혼율** : 특정 연도에 인구 1,000명당 이혼·혼인하는 사람의 비율이다.
- **연금분할청구권** : 노동시장에 참가하지 않은 기혼여성은 국민연금제도에 있어 피부양자로서 연금을 분할받을 수 있는 파생수급권을 청구할 수 있는데 이를 연금분할청구권이라 한다. 연금분할과 관련해 현재 비판이 일고 있는 부분은 이혼한 부부의 경우에 혼인기간에 대한 수급권은 인정되지만 이혼 뒤 배우자가 연금수급권을 취득할 수 없을 때에는 여성의 분할청구권도 상실되고, 또한 여성이 재혼할 경우에도 청구권이 제한된다는 점이다.
- **빈곤의 여성화** : 일반적으로 빈곤계층을 구성하고 있는 개인을 성별로 구분해 보면 남성보다 여성의 수가 압도적으로 많은데, 이러한 현상은 여성의 경우 자녀양육과 가사노동의 책임자로 규정되는 것이 일반적이어서 노동시장에서의 경력이 분절(segregation)되기가 쉬워 나타나게 된다.
- **친양자제도** : 친양자제도는 남성 중심의 가부장적 입적방식을 개선하여 재혼가족의 자녀에게 양부의 성을 따를 수 있도록 하려는 취지에서 제안되고 있는 제도이다. 이 제도의 내용은 이혼가족의 자녀는 양육권을 지닌 부모(이 경우에는 어머니)가 재혼하면 가정법원에 신고된 후에는 생부와는 관계를 단절하고 입양부의 성을 따르며 호적에도 친생자로 기재되도록 하는 제도이다.
- **주 부양자와 보조적 생계부양자**(bread-winner/cake-winner) : 가부장제적 사회질서 속에서 전통적으로 산업노동은 남성 영역으로, 가정 내 일은 여성의 몫으로 규정되면서 남성은 가족의 생계를 책임지는 주 부양자로 인식되고, 여성은 설령 산업노동에 참여한다 할지라도 보조적 생계부양자로 인식됨이 일반적이다.
- **조혼인율** : 특정 1년간 신고한 총 혼인 건수를 당해 연도의 연앙인구로 나눈 수치를 1,000분율로 나타낸 것
- **일반 혼일율** : 특정 1년간 신고한 총 혼인건수를 당해 연도의 15세 이상 남자(여자) 연앙인구로 나눈 수치를 1,000분율로 나타낸 것
- **연령별 혼인율** : 특정 1년간 특정 연령층에서 신고한 남녀들 혼인건수를 그 해당 연령층의 남자 또는 여자 연앙인구로 나눈 수치를 1,000분율로 나타낸 것
- **일반 가구** : 가족으로 이루어진 가구, 또는 5인 이하 가구

추천하는 자료

1. 강이수·신경아, 『여성과 일』, 서울 : 동녘, 2001.
2. 김현주, 『장남과 그의 아내』, 서울 : 새물결, 2001.
3. 엘리자베트 벡-게른스하임·울리히 벡, 『사랑은 지독한, 그러나 너무나 정상적인 혼란』, 서울 : 새물결, 1999.
4. 여성한국사회연구회 편, 『한국 가족문화의 오늘과 내일』, 사회문화연구소 출판부, 1997.
5. 장혜경·박경아, 『당당하게 재혼합시다』, 조선일보사, 2002.

가족과 빈곤

제 4 장

우리 속담에 '자기 먹을 것은 자기가 가지고 태어난다.'는 말이 있다. 이는 사람은 일단 세상에 태어나면 어떠한 방식으로든 생계수단을 구하기 마련이라는 의미를 담고 있다.

그러나 현대 자본주의적 시장 경제 구조하에서 이는 현실과 조금 거리가 있는 말이라고 볼 수 있다. 임금체계가 가족을 단위로 고려하는 방식이 아니며, 개인의 시장가치가 철저하게 능력이라는 기준에 의해 평가되는 오늘날의 현실에서는 생계수단을 획득하기 위해서는 능력을 연마하는 것만이 '자기 먹을 것'을 보장할 수 있는 방법이 되었기 때문이다.

이러한 사회환경 속에서 일반적으로 생계의 단위가 되는 한 가족 내에 구성원이 많거나 실업이 발생하면 해당 가족은 쉽게 빈곤층으로 전락할 위험에 놓인다. 즉, 실업이나 자녀 수와 빈곤 가능성은 비례적 함수관계가 있다고 볼 수 있다. 또한 인구구조의 변화로 인해 증가추세에 있는 노인가족도 빈곤계층을 형성하고 있는 주 집단이 되고 있는데, 이는 경제구조의 변화로 근로자의 정년기가 하향 조정되는 추세이고, 노년기가 연장되면서 소득활동이 축소되는 노인의 생활여건에 기인하는 바가 크다.

이 밖에 경제활동을 저해하는 요인을 내포하고 있는 가족, 예를 들어 모자가족, 장애인가족, 노인가족 등은 빈곤층으로 전락할 위험 가능성이 다른 집단에 비해 현저히 높다고 볼 수 있다. 이 가운데 이혼율의 상승으로 인해 증가하고 있는 모자가족의 경우는 '빈곤의 여성화(poverty of feminization)' 경향과 밀접한 관계를 지니고 있어 사회적 대책이 매우 요구되는 부분이라고 할 수 있다.

이상에서 알 수 있듯이 오늘날 가족의 빈곤문제는 그 원인이 순수하게 가족 내에 기인하기보다는 사회구조적 환경변화로 인해 나타나는 경우가 많다. 이 장에서는 가족과 빈곤문제의 관련성에 대해 살펴보고, 그에 대한 대책에 대해 논의해 본다.

빈곤의 여성화 현상은 세계적 추세이고, 한국의 취약층도 여성과 아동이 대부분이다.

1. 빈곤가족

1) 빈곤가족의 실태

현대 자본주의 사회에서는 근대사회에 비해 질병이나 사고, 장애 그리고 실업 등 개인의 경제적 생활을 위협하는 위험요소가 다양하게 증가하고 있다. 이들 위험요인은 일상생활 속에 상존하고 있어 개인은 누구를 막론하고 무방비상태에서 일순간에 빈곤의 나락으로 추락할 수 있다. 경제적 위험에 대한 대처방식도 변화하여 근대에는 가족을 비롯한 1차 집단 내에서 경제적 위험에 처한 가족구성원을 보호하는 복지기능이 수행되었으나 핵가족이 보편화된 현대사회에서는 모든 종류의 위험에 대해 해당 가족이 스스로 대응해야 하는 상황으로 변모되었다. 그 때문에 산업화가 가속될수록 사회보장기제의 확대에 대한 필요성도 증가하고 있다.

상자글 4-1 빈곤개념에 대한 정치 사회학적 이해

빈곤은 논쟁적이고 역사적인 개념이며, 객관적인 사실이라기보다는 도덕적인 문제이며, 그것이 받아들여질 수 있는 사회적 조건들의 존재에 관한 문제이다. 즉, 빈곤은 사회적으로 받아들여 질 수 없다고 정의되는 그 무엇이다.

주지하듯이 빈곤에 대한 가장 일반적이고 전통적인 구분법은 절대적 빈곤과 상대적 빈곤으로 나누어 구분된다. 절대적 개념으로서 빈곤은 총소득이 육체적 효율성의 유지에 필요한 최저수준을 획득하기에도 불충분한 상태, 즉 영양학적 욕구를 충족할 수 없는 상태를 '1차적 빈곤'이라 규정한데서 유래된다. Peter Townsend(1979)는 '상대적 박탈'이라는 개념을 제시하면서 절대적 빈곤담론의 한계점을 지적하였다. 즉, 영양학적 욕구와 필요한 최소한의 소득수준이란 사회적으로 합의되기 어려우며, 시공간에 따라 변화하는 가변적인 개념이다. 또한 절대적인 생필품조차도 상대적일 수 있고, 생필품의 구성요소는 자의적으로 판단될 수 있다는 것이다.

사람들은 적절한 영양을 섭취하고, 특정의 사회활동에 참여하며, 그들이 속한 사회에 관습화된 혹은 적어도 전체 사회에서 바람직하다고 인정되어진 생활조건을 갖추기 위해 필요한 자원을 요구한다. 그리고 이러한 자원이 결여된 상태, 다시 말해 사회적 평균에 현저하게 미치지 못하는 상태가 바로 상대적 빈곤인 것이다.

인도출신의 노벨경제학 수상자이자, 경제학자인 Amartya Sen(2000)은 절대적 빈곤과 상대적 빈곤의 절충점을 모색하였다. 인간의 생활수준을 상품이나 재화의 소유가 아닌 사람들의 능력을 중심으로 평가하는 것이다. 여기서 능력은 사회의 온전한 일원이 되기 위한 절대적 요구조건이라 할 수 있다.

출처 : 이주하(2011). 빈곤에 대한 정치사회적 이해. 한국사회정책 제18집 제1호. p 14-16.

최근 높은 이혼율에 대한 사회적 관심과 우려는 이혼으로 인한 가족해체의 광범위한 확산은 전체 가구 중 여성가구주의 비율을 증가시키고, 이는 바로 여성가구주의 가구의 빈곤화 문제와 직접적인 연관성이 있기 때문이다. 즉, 가족의 빈곤은 배우자와 이혼에 의한 영향인 것으로 파악할 수 있다. 더욱 심각한 것은 여성가구주 빈곤의 문제가 단순히 일시적인 현상으로 그치는 것이 아니라 장기간 지속된다는 것은 물론이고, 전체적으로 여성가구주의 빈곤율이 지속적으로 증가하고 있다는 데 사회적 고민이 담겨 있는 것이다. 여성가족부(2013)에 의하면 한국의 경우 한부모가족은 40대가 가장 많았으며, 평균연령은 43.7세이며 학력은 고졸학력이 64.2%로 가장 많았고 대학 이상인 경우도 23.8%이다. 혼인상태는 이혼이 76.4%, 사별이 18.2%, 기타가 5.3% 순으로 조사되었다.

가족해체라는 사유 외에도 대부분의 사람이 임금노동자로 생계를 유지하는 현대사회에서 실업은 가족의 빈곤과 밀접한 상관관계를 맺고 있다. 가족 내에서 임금노동자의 역할은 주로 남편 또는 아버지의 몫으로 규정되며 여성의 취업은 보조적 생계수단으로 인식되는 것이 일반적인 상황에서, 남성 생계부양자가 실직을 하면 수입원이 상실되어 온 가족이 빈곤에 처할 가능성이 높아지는 것은 당연한 결과이다.

표 4-1 연도별 실업률

(단위 : %)

구분	2012	2013	2014	2015	2016	2017년 12월
실업률(%)	3.2	3.1	3.5	3.6	3.7	3.3
청년실업률(%)	7.5	8.0	9.0	9.1	9.8	9.2

출처 : 통계청. 경제활동인구조사(2017).

실직은 일차적으로는 소득의 단절을 의미하지만 이와 더불어 개인의 역할상실, 부부간의 권력구조 변화, 임신이나 출산의 유보 같은 가족주기의 변화 그리고 대인관계의 위축과 갈등 등 부수적 문제들을 수반할 수 있어서 때로는 가정폭력문제나 이혼, 별거 등 가족해체로 이어지기도 한다.

실제로 1990년대 후반에 표면화된 경제위기의 시기에 이혼과 가정폭력, 아동유기 등 가족의 불안정성이 증가한 것은 이를 입증하는 것이라 볼 수 있다.[1)]

2) 경제적 자립방안

위기가족과 실직가족의 경제적 자립을 돕기 위해서는 사회보장정책의 강화를 통한 경제적 지원과 자녀양육부담의 완화대책이 우선적으로 요구된다.

현재 빈곤가족에 대해서는 생활보호대상에 속하는 경우에는 「국민기초생활보장법」에 의한 지원이 이루어지고, 이 가운데 한부모가족에 대해서는 「한부모가족지원법」에 의한 지원이 이루어진다. 그러나 이는 극소수의 요보호가족만을 대상으로 하므로 대상의 폭이나 급여수준이 현실적이지 못하다는 문제를 안고 있다. 또한 아동에게 가난이 세습되지 않고, 부모가 생업에 전념토록 하여 빈곤으로부터 벗어날 수 있도록 하기 위해서는 국가적 차원에서 종합적 보육대책이 마련되어야 하지만 한국에는 아직 이런 대책이 체계적으로 구축되어 있지 않아 부모의 자녀양육부담을 증가시키고 있다.

외국의 예를 보면 빈곤가족의 아동을 위해 미국에서는 헤드스타트(Head Start) 프로그램이, 그리고 일본에서는 엔젤플랜(Angel Plan)이 시행됨으로써 보육을 지원하고 있다. 1965년부터 빈곤가족과 이혼가족의 3~5세 자녀를 대상으로 다양한 교육지원 프로그램을 제공함으로써 빈곤문제를 해결하기 위한 목적으로 시작된 헤드스타트 프로그램은 빈곤이 대를 이어 세습되는 현상을 완화시키는 데 효과를 거두고 있는 것으로 평가된다. 또한 1994년부터 추진된 일본의 엔젤플랜도 가족의 양육비 부담을 감소시키는 데 중요한 역할을 하고 있다.

1) 실직은 당사자뿐만 아니라 실직가족의 자녀에게도 정서불안, 가족정체감 상실, 부모에 대한 적대감 등 심리적으로 부정적 영향을 끼치는 경우가 많아 복합적 문제를 유발하는 원인이 될 수 있다.

한국에서도 해체가족이 증가하고 고용의 불안정성이 심화되고 있으므로 아동의 빈곤을 방지하고 부모가 직업활동에 전념할 수 있도록 종합적 대책을 마련하여 저소득 가정에 학비지원과 상담서비스, 직업훈련 등에 대한 지원을 강화하여야 할 것이다.

2. 노인가족

1) 노인인구의 현황

2017년 우리나라 전체 인구는 5,144만 6천 명으로, 이 중 65세 이상은 13.8%인 707만 6천 명이며 2060년에는 41.0%까지 늘어날 전망이다. 연령별로 살펴보면, 65~69세와 70~79세는 비중이 감소하는 반면, 80세 이상의 비중은 지속적으로 증가할 전망이다. 2017년 인구 피라미드는 30~50대가 두터운 항아리 형태이며, 2060년에는 고령화로 인하여 60대 이상이 두터운 모습으로 변화될 전망이다.

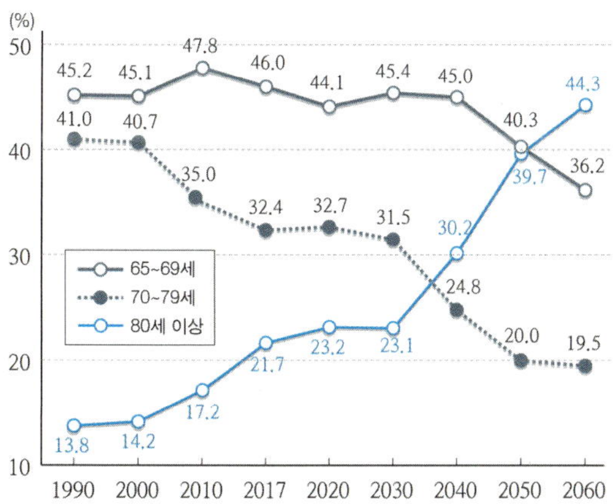

그림 4-1 고령자의 연령대별 구성비

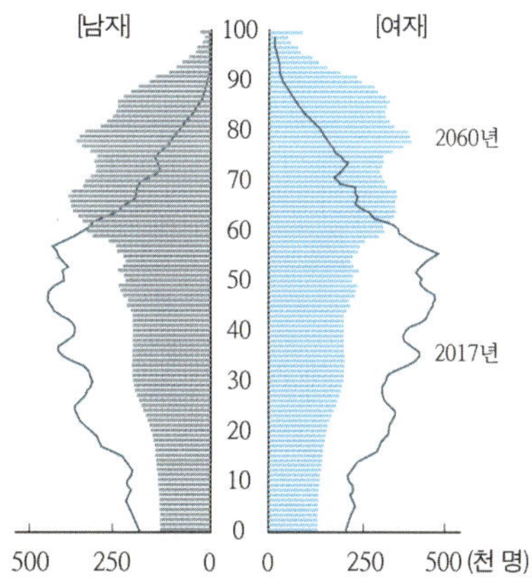

그림 4-2 인구 피라미드

자료 : 통계청. 「장래인구추계」.

표 4-2 인구추이 (단위 : 천명, %)

	추계인수	65세 이상	비중	연령대별 인구 및 구성비					
				65~69세	구성비	70~79세	구성비	80세 이상	구성비
1990	42,869	2,195	5.1	901	41.0	992	45.2	302	13.8
2000	47,008	3,395	7.2	1,381	40.7	1,530	45.1	483	14.2
2010	49,554	5,366	10.8	1,878	35.0	2,565	47.8	923	17.2
2017	51,446	7,076	13.8	2,289	32.4	3,254	46.0	1,532	21.7
2020	51,974	8,134	15.6	2,661	32.7	3,588	44.1	1,885	23.2
2030	52,941	12,955	24.5	4,081	31.5	5,881	45.4	2,992	23.1
2040	52,198	17,120	32.8	4,242	24.8	7,701	45.0	5,177	30.2
2050	49,433	18,813	38.1	3,770	20.0	7,580	40.3	7,463	39.7
2060	45,246	18,536	41.0	3,612	19.5	6,713	36.2	8,212	44.3

출처 : 통계청. 사회조사(2017).

표 4-3 부모 생존, 동거여부 및 부모의 동거자 (단위 : %)

구분		계	부모님 계심	같이 살고 있음	같이 살고 있지 않음	가구주 부모의 동거자				
						장남 또는 맏며느리	그 외 아들 또는 며느리	딸 또는 사위	부모님만 따로 살고 있음	기타 친척
2016	전국	100.0	55.6	8.7	91.3	12.1	10.0	7.1	68.2	68.2
	동부	100.0	58.8	7.7	92.3	11.4	9.7	7.2	69.2	69.2
	읍·면부	100.0	40.4	15.	85.0	17.2	12.1	6.2	60.9	60.9

출처 : 통계청. 사회조사(2016).

부모부양에 대한 견해를 살펴보면, 부모의 노후생계 책임에 대해 가족과 정부사회가 함께 부양해야 한다는 의견은 45.5%로 나타났다. 2016년에 조사된 "부모부양에 대한 견해"에서 "가족"은 30.8%로, "가족과 정부사회", "스스로 해결"은 각각 45.5%, 18.6%로 나타났다. 가족부양 중 "장남 또는 맏며느리"는 5.6%, 아들 또는 며느리와 딸 또는 사위는 각각 4.5%, 1.0%로 나타났으며, 모든 자녀는 71.1%로 나타났다.

표 4-4 부모부양에 대한 견해(13세 이상 인구)

(단위 : %)

구분		계	스스로 해결	가족	가족과 정부 사회	정부 사회	장남 또는 맏며느리	아들 또는 며느리	딸 또는 사위	모든 자녀 (아들과 딸)
2016	전국	100.0	18.6	30.8	45.5	5.1	5.6	4.5	1.0	71.1
	동부	100.0	18.2	30.0	47.0	4.8	5.1	4.4	1.0	71.9
	읍·면부	100.0	20.6	35.0	38.1	6.4	8.4	5.1	0.9	67.3

출처 : 통계청. 사회조사(2016).

2) 노년 부양비 및 노령화 지수

2017년 노년 부양비는 18.8명으로 65세 이상 고령자 1명에 대해 생산가능인구는 5.3명이 부양을 하며, 저출산 및 기대수명의 증가 등으로 65세 이상 고령자가 많아지면서 노년 부양비의 증가 속도가 빨라지고 있다. 2017년 노령화 지수는 104.8이며, 이는 지속적으로 증가하여 2060년에는 현재의 4배 수준인 434.6으로 증가할 전망이다. 노년 부양비 및 노령화 지수를 살펴보면 아래와 같다.

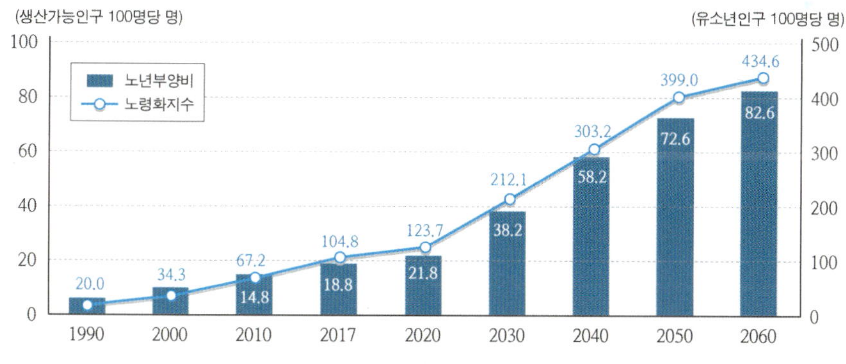

그림 4-3 노년 부양비 및 노령화 지수

출처 : 통계청. 「장래인구추계」.

표 4-5 노년 부양비 노령화 지수 (단위 : 해당인구 100명당 명, 명)

	노년 부양비		노령화 지수		고령자 1명당 생산가능인구	
		증감		증감		증감
1990	7.4	1.3	20.0	8.8	13.5	-2.8
2000	10.1	2.7	34.3	14.3	9.9	-3.6
2010	14.8	4.7	67.2	32.9	6.7	-3.2
2017	18.8	5.3	104.8	50.2	5.3	-2.1
2020	21.8	7.0	123.7	56.5	4.6	-2.1
2030	38.2	16.4	212.1	88.4	2.6	-2.0
2040	58.2	20.0	303.2	91.1	1.7	-0.9
2050	72.6	14.4	399.0	95.8	1.4	-0.3
2060	82.6	10.0	434.6	35.6	1.2	-0.2

출처 : 통계청. 장래인구추계(2016. 12).
주 : 1) 노년부양비 = (65세 이상 인구/15~64세 인구) × 100
2) 노령화지수 = (65세 이상 인구/0~14세 인구) × 100
3) 고령자 1명당 생산가능인구 = 15~64세 인구 / 65세 이상 인구
4) 증감 : 10년 전과 비교

3) 노인가족의 경제적 실태 및 문제점

노인인구가 증가하면서 노인가족, 즉 노인부부가족 또는 노인단독가구(독거노인)의 수가 늘고 있어 다양한 문제가 표출되고 있다. 노인이 홀로 기거하게 될 경우에는 다른 노인가족유형보다도 훨씬 더 큰 어려움과 위험에 처할 가능성이 높다. 2017년 고령자 1인 가구 중 남자의 비중은 25.2%에서 2045년에는 33.5%까지 증가하는 반면, 여자는 74.8%에서 66.5%로 비중이 줄어들 것으로 전망되지만 여전히 여자의 비중이 남자에 비해 높다. 연령별로 보면 65~69세 고령자의 비중은 줄어드는 반면, 80세 이상의 고령자 비중이 증가하여 고령화는 더욱 심각해질 것으로 전망이 된다.

먼저 고령자 1인 가구 및 연령대별 비중과 고령자 1인 가구 추계를 살펴보면 아래와 같다.

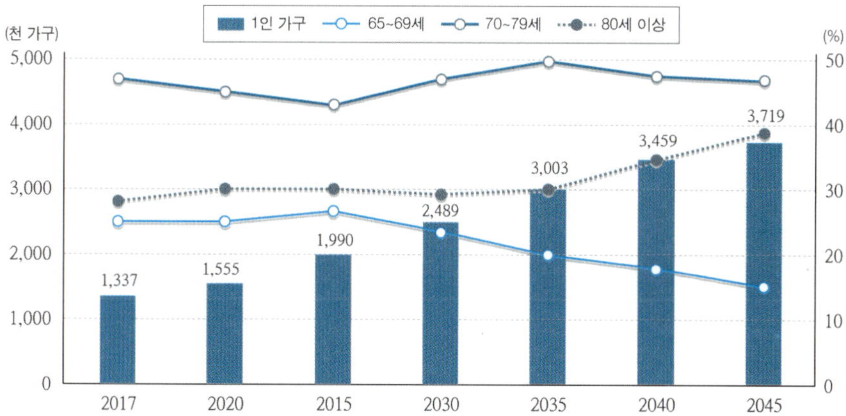

그림 4-4 고령자 1인 가구 및 연령대별 비중

출처 : 통계청. 「장래가구추계」.

표 4-6 고령자 1인 가구 추계

(단위 : %)

	전체 고령자	고령자 1인가구	비중	성별		연령별		
				남자	여자	65~69세	70~79세	80세 이상
2017	3,999	1,337	33.4	25.2	74.8	25.1	46.9	28.0
2020	4,607	1,555	33.8	26.6	73.4	24.8	45.2	30.0
2025	5,944	1,990	33.5	29.4	70.6	26.7	43.0	30.3
2030	7,336	2,489	33.9	31.4	68.6	23.4	47.1	29.4
2035	8,656	3,003	34.7	32.5	67.5	19.9	50.0	30.1
2040	9,890	3,459	35.0	33.1	66.9	17.9	47.6	34.5
2045	10,653	3,719	34.9	33.5	66.5	15.0	46.8	38.2

출처 : 통계청. 장래인구추계(2017).

다음으로 노인문제를 살펴보면, 노인이 겪고 있는 가장 어려운 점은 "경제적인 문제이다". 2015년 고령자 1인 가구 중 노후를 준비하고 있는 사람은 32.5%로 전체 고령자보다 노후를 준비하는 사람이 14.4% 적은 것으로 나타났다. 고령자 1인 가구는 남자(42.4%)가 여자(30.2%)보다 노후를 준비하는 사람이 12.2% 많고, 연령은 높아질수록 노후를 준비하는 사람이 더 적은 것으로 나타났다. 고령자 가구의 노후 준비 방법은 다음과 같다.

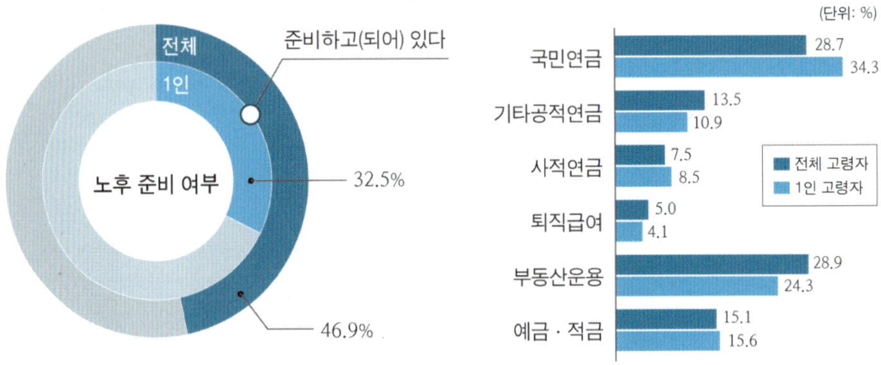

그림 4-5 고령자 가구의 노후 준비 방법(2015)

출처 : 통계청. 「사회조사」.

노후 준비 방법은 통계청(2015)년에 의하면 국민연금(34.3%)이 가장 많고, 그 다음으로 예금, 적금 24.3% 순으로 많다. 60세 이상 고령자의 생활비 마련방법은 본인 및 배우자 부담이 69.9%로 가장 많고, 이어서 자녀 또는 친척 지원(20.2%), 정부 및 사회단체(9.9%)순이다. 생활비를 본인 및 배우자가 부담하거나 정부 및 사회단체가 지원하는 경우는 증가하는 추세이고, 자녀 또는 친척 지원으로 받는 경우는 감소하는 추세이다. 고령자의 연령이 높아질수록 자녀 또는 친척이나 정부 및 사회단체의 지원을 받는 비율이 높아지고 있다. 생활비를 본인 및 배우자 부담으로 하는 경우, 그 방법으로 근로소득 및 사업소득이 가장 많고, 이어서 연금, 퇴직급여(28.1%), 재산소득(10.3%) 순이다.

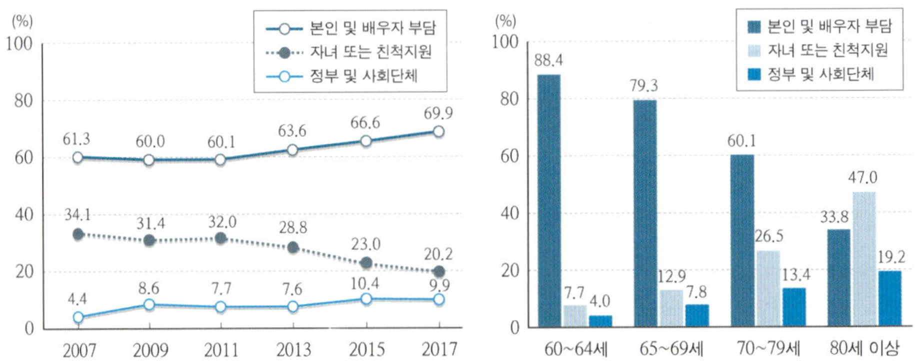

그림 4-6 생활비 마련방법

출처 : 통계청. 사회조사(2017).

표 4-7 생활비 마련 60세 이상

(단위 : %)

	계	본인 및 배우자 부담	소계	근로소득 사업소득	재산소득	연금퇴직 급여	예금	자녀 또는 친척지원	정부 및 사회단체
2015년	100.0	66.6	100.0	54.4	11.7	27.6	6.3	23.0	10.4
2017년	100.0	69.9	100.0	54.2	10.3	28.1	7.3	20.2	9.9
남 자	100.0	81.3	100.0	58.8	8.9	26.8	5.5	10.7	8.0
여 자	100.0	60.8	100.0	49.3	11.9	29.6	9.2	27.7	11.5
60~64세	100.0	88.4	100.0	69.4	6.2	20.0	4.3	7.7	4.0
65~69세	100.0	79.3	100.0	53.7	10.2	28.5	7.6	12.9	7.8
70~79세	100.0	60.1	100.0	40.8	15.1	34.3	9.8	26.5	13.4
80세 이상	100.0	33.8	100.0	23.9	14.7	48.4	12.9	47.0	19.2

출처 : 통계청. 사회조사(2017).

이상으로 노인가족의 경제적 생활실태를 살펴보았는데 이로부터 몇 가지 정책적 과제를 도출해 볼 수 있다.

첫째, 노후의 소득보장을 위해 국민연금제도[2]나 기초연금과 국민기초생활보장제도 등 노인을 대상으로 하는 사회보장제도를 강화하고 급여수준을 현실에 맞게 상향조정해야 할 것이다.

둘째, 빈곤노인의 경우 가계의 지출명목 중 의료비가 차지하는 몫이 크므로 이를 해결하기 위해 실비 또는 무료로 이용할 수 있는 의료서비스를 확대하고 체계적 노인장기요양보호제도를 구축하여야 한다.

2) 국민연금제도는 그러나 여성에게 불리하게 구조화되어 있다. 왜냐하면 가사노동의 가치를 인정하는 차원에서 국민연금 수급권자의 피부양자에게 부가급여 형태로 부양가족연금액을 지급하고 있는데 이 급여의 수준과 수급기준이 여성에게는 불합리하게 책정되어 있기 때문이다. 현재 「국민연금법」 제52조를 보면 부양가족연금액은 수급권자가 그 권리를 취득할 당시 그(유적연금의 경우에는 가입자 또는 가입자였던 자를 말한다)에 의하여 생계를 유지하고 있거나 노령연금 또는 장애연금의 수급권자가 그 권리를 취득한 후 그 자에 의하여 생계를 유지하고 있는 다음 각 호의 자에 의하여 해당 호에 규정된 각각의 금액으로 한다. 이 경우 생계유지에 관한 대상자별 인정기준은 대통령령으로 정한다. 배우자 연 15만원, 18세 미만이거나 장애등급 2급 이상인 자녀(배우자가 혼인 전에 얻은 자녀를 포함한다. 이하 이조에서 같다 : 연 10만원, 60세 이상이거나 장애등급 2급 이상인 부모(배우자의 부모를 포함한다.) : 연 10만원 얻은 자녀를 포함한다. 국가법령정보센터-국민연금법(법률 제8541호, 2007.7.23. 전부개정, 시행)

셋째, 지역사회 내에서 빈곤노인을 돌볼 수 있는 보호서비스 체계를 확대하고, 보호 전문 인력을 늘려야 한다.

상자글 4-2 한국 여성의 미래는 '빈곤노인'

한국사회 인구 고령화가 급속히 진행되고 노인 빈곤율이 약 45% 수준을 상회하여 경제개발 협력기구(OECD) 회원국 평균 15% 수준을 훨씬 넘어가는 것은 잘 알려진 사실이다. 인구고령화는 여성 노인 인구 증가로 이어진다. 현재 추세로 볼 때 65세 이상 고령 인구 남녀 비율은 약 0.7 : 1이다. 노인 100명이 있다면 그 중 약 59명은 여성이라는 의미이다. 연령이 높을수록 여성비율은 높아지며, 여성이 남성보다 오래 사는 '역차별'상황을 야기할 수 있다.

'돈벌이를 책임지는 남성과 집안일을 책임지는 여성' 규범은 일자리 근속 기간에서 남성이 여성보다 2배 정도 긴 결과로 나타난다. 직장을 그만둔 원인도 남성의 경우에는 직장관련 사유가 많지만, 여성의 경우에는 가족 관련 사유가 많다. 청년기 여성의 경력단절이 노후 빈곤으로 이어질 가능성을 여실히 보여준다. 국민기초생활수급자 노인 10명 중 7명은 여성이다. '여성의 노후는 빈곤하다'라고까지 말할 수는 없지만 '빈곤한 노인은 여성'이라고 추론할 수 있는 대목이다.

빈곤노인으로서 여성 이미지는 노후 소득 보장의 상징으로서 국민연금에서도 읽을 수 있다.

국민연금 가입자 중 10명 중 4명이 여성이지만 여성의 연금 수령액은 남성의 73% 수준이다.

최근 수년간 남성 임금 대비 여성 임금 비율이 70% 이하 수준인 점을 감안하면 그나마 국민연금의 소득 재분배 기능이 작동해서 연금 수령액은 남녀 임금 격차를 약간 상쇄해주고 있는 것이다.

출처 : 프레시안(2018. 4. 18.)

이 장의 요약

1. 개인의 시장가치가 철저하게 능력이라는 기준에 의해 평가되는 오늘날의 현실에서는 일반적으로 생계의 단위가 되는 한 가족 내에 구성원이 많을 경우에 그 가족은 쉽게 빈곤층으로 전락할 위험에 놓이게 된다. 즉, 자녀 수와 빈곤 가능성은 비례적 함수관계가 있기 때문에 자녀를 양육하는 가족은 무자녀가족에 비해 경제적 어려움이 커진다.
2. 가족의 빈곤은 일반적으로 배우자와의 이혼이나 부모와의 사별, 장애, 실직이나 퇴직 등으로 인한 주 소득원의 상실에 기인하는 것이 보통이다. 그러므로 가족을 유형별로 구분해 보았을 때 특히 모자가족이나 소년소녀가장가족, 장애인가족 그리고 실직가족이 경제적 문제에 부딪히게 될 위험성이 높다고 볼 수 있다.
3. 2016년 여성 1인가구의 월평균 소득은 56.9%가 100만 원 미만이며, 남성 1인 가구의 100만 원 미만의 비율(29.5%)보다 약 1.9배 높은 것으로 나타났다. 60세 이상의 여성 1인 가구는 100만 원 미만의 소득이 80.2%, 100~200만 원 미만이 15.9%, 300만 원 이상이 1.6%를 차지하였다. 40대 이하는 100~200만 원 미만 구간의 소득 비율이 가장 높고, 50대는 200만 원 미만의 소득이 68%를 차지하였다.
4. '빈곤의 여성화'가 이혼 후의 여성뿐 아니라 노인여성에게도 동일하게 적용된다. 이는 노인부부와 독거노인 가구의 주 소득원(2015)을 살펴보면 더욱 분명해져서 독거노인의 경우에는 주 소득원 중 국민연금 34.3%, 예금적금 24.3%, 부동산 운용 15.6%, 기타공적연금 10.9%, 사적연금 8.5%, 퇴직급여 4.1%로 외부의 경제적 원조에 의지하는 비율이 높다.

주요 용어

- **위기가족** : 일반적으로 핵가족의 구조가 이혼이나 사별 등으로 인해 균형이 무너진 경우에는 '결손'이란 개념으로 표현되는데 결손이란 개념 속에는 핵가족(nuclear-family)만을 정상 가족으로 보는 이데올로기가 내재되어 있다. 따라서 이러한 정상 가족 이데올로기를 지양하기 위해서 여기에서는 해체가족이란 용어를 사용하였다.
- **헤드스타트 프로그램**(Head Start Program) : 이 프로그램은 미국에서 1965년부터 빈곤가족과 이혼가족의 3~5세 자녀를 대상으로 다양한 교육지원 프로그램을 제공함으로써 빈곤문제를 해결하기 위한 목적으로 시작되었으며, 빈곤이 대를 이어 세습되는 현상으로 완화하는 데 효과를 거두고 있는 것으로 평가된다.

- **엔젤플랜**(Angel Plan) : 이 프로그램은 1994년부터 일본에서 시행된 것으로 아동양육을 지원하는 국가적 차원의 종합적 프로그램으로 가족의 양육비 부담을 덜어 주는 효율적 방안으로 평가된다.
- **고령화 사회**(aging-society) : 일반적으로 전체 인구수에 대비하여 65세 이상의 노인인구가 차지하는 비율이 7%를 넘어서면 고령화 사회, 14%를 넘어서면 고령사회, 20%를 상회하면 초고령사회로 분류된다.

추천하는 자료

1. 곽배희, "한국사회의 이혼실태 및 원인에 대한 연구", 이화여자대학교 박사학위 청구논문, 2002.
2. 보건복지부, 『노인보건복지 국고보조사업안내』, 2001.
3. 이시형, "경제위기와 청소년의 사회심리적 적응, 경제위기와 가족전략의 모색", 한국가족학회 춘계 학술대회, 2017.
4. 조순경, 『노동과 페미니즘』, 서울 : 이화여자대학교 출판부, 2000.
5. 최일섭·최성재, 『사회문제와 사회복지』, 서울 : 나남, 1995.

가족과 학대

제 5 장

한국사회에서는 폭력을 통제수단으로 묵인해 왔으며 가정 내에서 남성이 가장으로서 가정 내 권력을 독점하는 가부장적 문화가 만연하면서, 상대적 약자의 위치에 있는 여성 배우자, 아동, 노인은 신체적 · 정서적 · 성적 학대 및 방임에 쉽게 노출될 수밖에 없었다.

가정 내 폭력 문제는 피해자의 안전뿐만 아니라 가족구성원의 삶의 질을 떨어뜨리며, 신체적 · 정신적 영향 및 가정해체로 이어질 수 있고 심지어는 세대 간 전수될 가능성을 가지고 있다. 그럼에도 불구하고 가족이라는 개인적인 공간에서 발생함에 따라 외부에 잘 알려지지 않으며, 알려지더라도 "가정 내의 일"로 치부하는 사회적 풍토는 가정 내 폭력의 심각함을 사회논의의 장으로 이끌어내는 것을 방해하고 있다.

가정 내 폭력 문제는 일반적으로 가정폭력, 혹은 가정학대, 배우자 폭력(domestic violence), 아내학대(wife abuse) 등 다양한 용어와 혼용되고 있다. 그러나 가정폭력이라는 개념은 가정구성원을 대상으로 하는 폭행 외에도 협박, 강간 및 추행, 손괴, 학대나 방임까지 포함하는 광범위한 보편적 단어로 사용된다. 또한 가정폭력에 대한 행위에 대해서는 『가정폭력범죄의 처벌 등에 관한 특례법』에서 정의하고 있기 때문에, 이 장에서는 광범위하게는 행위 자체를 지칭할 때는 가정폭력이라는 용어를 사용하며, 피해를 받는 가족구성원의 가정 내 위치에 따라 분류할 때에는 배우자 학대, 아동학대, 노인학대로 분류한다.

이 장에서는 가정폭력의 개념과 특성에 대해 살펴보고, 피해 대상별로 세부적으로 살펴본 후, 예방 및 개입 방안에 대해 살펴볼 것이다.

폭력은 사람을 괴롭게 하는 가장 확실한 방법이다.

1. 가정폭력의 개념

1) 가정폭력의 개념과 범위

가정폭력은 가정구성원들 간에서 일어나는 모든 폭력행위를 포함하는 말로, 구타 및 폭력(행) 행위뿐만 아니라 학대, 방임 등 신체적, 정신적 또는 재산상 피해를 수반하는 행위를 의미한다. 가정폭력은 학대, 구타, 폭행 등의 단어와도 혼용되며, 폭력행위의 대상에 따라 배우자 학대, 아동학대, 노인학대 등으로 구분된다. 일반적으로 가정폭력은 배우자 학대와 혼용되며, 이 외에도 배우자 구타, 배우자 학대, 부부폭력 등 다양한 단어들이 사용되는 경향을 보인다.

가정폭력에 관한 인식은 미국 소아과 의사인 캠프(Henry Kempe)와 그의 동료들이 "피학대아증후군(battered child syndrome)"이라는 용어를 사용함으로써 시작되었으며, 연구를 통해 아동의 신체적 학대가 일반적으로 인식하는 것보다 더 자주 일어나고 있다는 사실을 발견하면서 분명해졌다. 이후 인권에 대한 여성들의 인식이 보편화되면서, 다양한 가정폭력 문제에 대한 사회적 관심이 나타나기 시작하였다.

한국에서는 가정폭력의 문제를 개인의 문제로 치부하여 왔으며, 가부장제의 영향으로 폭력을 통제의 수단으로 암묵적으로 용인해왔다. 이는 한국사회에서 호주제 등을 위시한 문화적 영향과 가정 내 경제적 권력이 주로 남성, 특히 가장에게 집중되는 등의 다양한 요인이 결합되었고 가정 내의 관계가 평등한 인격적 관계로 이루어지기보다는, 상하관계로 형성되는 데에 주된 원인이 있다. 이후 여성단체를 비롯하여 다양한 사회단체의 활동과 인식의 변화로 남녀 간의 성역할에 대한 고정관념이 조금씩 완화되고, 인권에 대한 사회적 인식이 확대되면서 가정폭력을 사회적인 문제로 해결해야 한다는 요구가 늘어났다.

한국사회에서는 가정폭력문제를 해결하려는 시도로 1983년 '한국 여성의 전화'가 창립되었고, 가정폭력에 대한 연구 역시 1980년대에 시작되었다. 1998년부터 '가정폭력특별법'이 시행됨에 따라 피해자를 위한 최소한의 보호가 이루어졌지만, 여성학, 사회복지학, 심리학 등 성인지적 관점에서 사회인식이 논의되기 시작한 것은 2000년에 들어서이다.

본 장에서는 가정폭력과 관련한 내용을 피해자의 입장에서 살펴보고자 한다.

(1) 가정폭력의 개념

한국사회에서 가정폭력이란 개념은 가정구성원 간의 단순한 신체뿐만 아니라 정신적 또는 재산상의 피해를 수반하는 행위를 의미하며, 폭행은 방임, 유기, 학대 등 다양한 행위를 포함하는 개념이다. 또한 가족구성원이라 함은 일반적으로 배우자 혹은 전 배우자, 본인 또는 배우자의 직계존비속관계에 있거나 있던 사람, 계부모와 자녀의 관계 또는 적모와 서자의 관계에 있거나 있었던 사람을 의미한다. 즉, 가정폭력을 요약하면 가족구성원 중 하나 혹은 다수의 사람이 다른 가족구성원(들)을 대상으로 의도적으로 신체적 · 정신적 · 재산적 피해를 입히는 행위를 의미하며 대개 피해자가 누구인가에 따라 배우자학대, 아동학대, 노인학대 등으로 구분된다. 이러한 구분은 피해자의 사회인구학적 특성에 따라 가해자와 피해자 간의 역학관계 및 성격, 폭력의 양태, 그리고 그에 대한 개입 방식에서도 차이점을 보이기 때문에 구분하여 살펴볼 필요성이 있다.

가정폭력의 원인이 가부장제 등과 같은 사회문화적 인식에 기반한 가정 내 성불평등에서 기인한다는 점을 알 수 있다. 또한, 이전까지 가정폭력에 대한 연구 모델은 성폭력과 가정폭력에 집중되어 왔으며, 사법적 조치에서도 '폭력'행동에 초점을 맞추는 등 피해자의 피해에 연구를 집중하면서 가해자의 가해행위에 대한 연구가 부족했다(한국여성정책연구원, 2017). 가정폭력은 가해자와 피해자의 가정 내 위치 및 성별 등과 같은 사회인구학적 특성에 따라 '폭력' 외에도 위협, 감시, 신체적 · 정신적 · 경제적 통제 및 고립, 방임, 언어적 학대 등과 같이 다양한 가해행위가 있음을 인식해야 한다.

① 신체적 폭력

물리적 힘이나 도구를 이용하여 강제적인 신체접촉, 상해 등과 같은 일반적으로 인식되는 폭력행위뿐만 아니라, 상해를 입힐 수 있다는 위협, 예를 들어 물건을 던지거나 부수는 행위 등을 포함한다.

② 정신적 폭력

정신적인 폭력은 폭언, 무시, 모욕, 위협, 협박, 희롱과 같이 언어적 폭력을 의미하며, 물리적으로는 물건을 부수거나 던져 위협하는 행위도 포함된다. 혹은 상대방을 의심하거나 외부로부터 단절시키는 행위, 의사결정을 무시하거나 강제하는 행위 등이 포함된다. 정신적 가정폭력은 신체적 상해 등을 입히지 않기 때문에 외부에서 폭력행위를 알아차리기 어렵고, 가해자뿐만 아니라 피해자 본인도 그 행위를 폭력행위로 인식하지 못하는 경우도 있다. 그럼에도 불구하고 피해자는 낮은 자존감과 무기력에 시달리게 되며, 사회적응에 어려움을 겪는다. 특히, 피해자가 아동인 경우 발달과정에 부정적 영향을 미칠 수 있어 더욱 위험하다.

③ 경제적 폭력

가해자가 가정 내 경제권을 전적으로 행사하여 다른 가족구성원을 통제하는 것을 의미한다. 생활비를 전혀 주지 않거나, 금전 사용을 자신의 허락 하에만 사용하게 하거나 보고하게 하는 것, 피해자 소유의 재산을 임의로 사용하는 등의 행위, 혹은 지나친 낭비벽으로 가족구성원의 일상적 행위를 어렵게 만드는 등의 행위 등을 포함한다.

④ 성적 폭력

일반적으로 성적 폭력은 상대방의 동의 없이 강제로 성적인 접촉을 시도하거나 이에 응하도록 협박하는 행위를 의미한다. 한국여성의전화 2017년 상담통계에 따르면, 전체 성폭력 상담 중 가해자가 가족구성원인 경우가 전체의 40.3%에 달한다((전)배우자 26.1%, 친족이 14.2%)[1]. 또한, 대부분의 피해자가 아동이나 배우자라는 점에서 더 많은 사례가 은폐되고 있을 것으로 예상된다.

이전에는 부부간의 강압적 성관계에 대해서는 성교청구권으로 인정하여 부부간의 성폭력 자체를 처벌하지는 않고 그 과정에서 일어나는 폭행, 협박 등을 별도로 처벌하였다. 그러나 2000년 후반부터 하급심에서 부부관계의 결별을 전제로 부분적으로

1) 출처 : 한국 여성의 전화 홈페이지, 2018. 03. 08, http://hotline.or.kr/board_statistics/36688

부부간의 성폭행을 인정하였다. 하지만, 여성 인권과 성에 대한 자기결정권에 대한 인식이 개선되면서 아래 〈상자글 5-1〉에서 보는 바와 같이 2013년 5월 16일 대법원은 부부간에도 성폭력을 인정하게 되었다(대법원 2013. 5. 16. 선고). 하지만 아래 대법원 판결에서도 부부간 성폭력에 대해 개입을 자제하고 정당한 이유 없이 성관계를 거부할 경우 이혼사유로 인정하고 있으므로 때문에 여러 면에서 불합리하다.

상자글 5-1 **부부간 성폭력에 관한 대법원 판결 2012도14788**

(전략) 가정을 이루는 토대는 부부 사이의 사랑과 신뢰이다. 이러한 사랑과 신뢰는 부부 사이에 건강한 성생활이 유지됨으로써 더욱 견고해질 수 있다. 부부는 가치관, 정신적·육체적 능력, 욕구와 취향 등 인생의 희로애락과 관련된 모든 면에서 차이가 있게 마련이지만, ... 같은 연유로 성적 욕구와 취향 등도 부부 사이에 서로 다르며 각 가정마다 상당한 차이가 있을 수 있지만, 어떤 경우에도 부부 사이의 성생활을 제3자가 자신의 기준으로 평가하도록 하는 것은 바람직하지 않다. 따라서 국가도 은밀하게 이루어지는 부부 사이의 성생활에 개입하는 것을 극도로 자제하여야 한다.

종래 대법원은 혼인관계가 실질적으로 유지되는 한 아내에 대하여 강제적인 성관계를 한 남편을 강간죄로 처벌할 수 없다고 해석하였다. 이는 가정 내의 폭력을 추방하여야 한다는 요청을 대법원이 외면하거나 가볍게 여기는 것이 아니라 혼인생활에서 부부 사이에 은밀히 이루어지는 성관계에 대한 국가의 개입을 자제하여 조금이라도 가정이 유지되도록 하기 위하 배려라고 새길 것이다.

... 개인의 성적 자기결정권은 위 헌법 규정(제10조, 제36조)이 정한 개인의 존엄과 가치, 양성의 평등, 행복추구권에 기초하고 있으므로, 혼인한 부부 사이의 성생활에서도 개인의 성적 자기결정권은 보장되고 보호되어야 한다. 비록 부부 사이에 은밀히 이루어지는 성생활이 국가의 개입을 극도로 자제하여야 하는 영역에 속한다고 하더라도 위 헌법 규정의 적용이 배제되는 성역(聖域)일 수는 없다.

... 아내에 대한 성폭력이 가정 내부에서 자율적으로 해결되지 못하고 아내의 성적 자기결정권이 심각하게 유린되는 상황이 지속되고 있음에도 국가가 부부 사이의 내밀한 성생활에 관한 문제라는 이유만으로 그 개입을 자제한다면, 헌법이 천명한 개인의 존엄과 양성의 평등에 기초한 혼인생활을 보장할 국가의 책무를 소홀히 하는 것이다. 특히 부부 사이에서도 양성의 평등과 성적 자기결정권이 존중되어야 한다는 인식이 국민들의 보편적 법의식으로 자리잡게 된 오늘날에는,

혼인관계가 파탄에 이른 경우는 물론 혼인관계가 실질적으로 유지되고 있는 경우에도 남편의 성폭력이 아내의 성적 자기결정권을 본질적으로 침해하는 정도에 이르렀다면, 국가가 이에 개입하여 더 이상의 피해를 방지하고 건강한 부부관계가 회복될 수 있도록 적절한 조치를 취해야 하며, 필요한 경우 국가형벌권의 행사도 고려하지 않을 수 없다. (후략)

출처 : 대법원 판결홈페이지(https : //www.scourt.go.kr) - 주요판결 2012도 14788

⑤ 방임

방임이라 함은 가족을 부양할 의무가 있는 자가 기본적인 의식주를 제공하지 않거나 무관심하게 내버려두거나 혹은 가정의 보호를 받지 못하는 곳에 두는 것과 같은 수동적 폭력을 의미한다. 가족구성원 중 아동이나 노인이 방임의 피해자가 되는 경우가 많다.

아동에 대한 방임은 아동학대 중 가장 흔하게 일어날 수 있는 가정폭력 행위이며, 신체적, 정서적, 사회적으로 건전한 발달에 필요한 최소한의 보호 및 책임을 완수하지 못하는 것, 예를 들어 불충분한 영양섭취, 부적절한 감독, 불충분한 건강 보호, 불충분한 교육 등을 말한다.

(2) 일반적 특징

① 남성주도

대검찰청의 자료에 따르면 2016년 한 해 동안 「가정폭력범죄의 처벌 등에 관한 특례법」에 의해 처벌된 범죄자의 성별은 남성이 176명, 여성이 19명이며, 피해자의 성별은 여성이 169명, 남성이 26명으로 가해자의 경우 남성이, 피해자의 경우 여성의 비율이 압도적으로 높은 특징을 보인다.

2016년 가정폭력 실태조사 연구에 따르면, 1년간 여성의 경우 배우자로부터 폭력 피해율은 12.1%, 가해율은 9.1%이며, 남성의 경우 배우자로부터 폭력 피해율은 8.6%,

가해율은 11.6%로 조사되었다.[2] 또한, 언어폭력, 통제와 같은 약한 가정폭력에서 가해자의 비율은 남성과 여성이 비슷한 가해 비율을 보이지만, 배우자 간에 폭력행위를 누가 먼저 시작하였는가에 대한 설문에서는 남성이 48.4% 여성이 15.8%로 남성의 선제적인 폭력행위가 3배 이상으로 높게 조사되었다.

이러한 점에서 가해자와 피해자를 성별로 가르는 것은 선입관을 강화시킬 수 있으나, 가부장적 전통에서 오는 남성 우월적 지위로 인하여 가정폭력이 주로 남성 주도로 일어나고 있음을 측면에서 이해할 수 있다. 따라서, 가정폭력의 문제는 가정 내 불평등한 권력관계에서 기인한다는 점에서 성인지적 접근이 필수적이다.

② 은폐

가족구조는 연령과 성에 따라 권력관계가 결정되며, 가정폭력을 가족 내 갈등을 해결하기 위한 통제로 이해하는 경우가 있다. 또한, 가정을 사적공간으로 인식하여 가정폭력의 문제를 바깥으로 드러내는 것을 수치스럽게 생각하기 때문에 외부의 개입이 어려운 폐쇄적 특성을 가지고 있다. 이러한 특성으로 인하여 경찰이나 지원기관에 도움을 요청하지 않아 가정폭력은 쉬이 은폐된다.

실제로 한국사회의 경우 과거에는 폭력행위를 통제의 수단으로 인식하거나 "부부싸움을 칼로 물베기"와 같은 속담처럼 인식하여 경찰과 같은 외부의 도움을 당사자조차 거부함으로써 피해는 가중된다.

③ 세대 간 전이

일반적으로 폭력 성향은 과거 경험에 의해 강화되는 경향을 보인다. 실제로 한국여성정책연구원의 2017년 조사에 따르면, 가정폭력 가해자 중에 아동기 가정폭력 피해를 경험한 사람이 하지 않은 사람에 비해 약 4배 정도 높은 것으로 조사되었다(한국여성정책연구원, 2017 : 86; 표 II-62 참조).

이는 아동기에 가정폭력이 갈등관계 해결하는 방법으로 생각할 가능성을 높이고, 학습을 통하여 공격적 성향, 자기충동조절의 약화, 자기파괴적인 행동으로 이어진다

2) 여기서 폭력행위는 신체적, 정서적, 경제적, 성적 폭력행동들 중 하나라도 경험한 경우를 의미한다.

는 것을 의미한다(Pynoos & Eth, 1985). 따라서 가정폭력의 가해자와 피해자는 세대 간에 전이현상을 가지고 있다.

④ 반복성

가정폭력은 일회성으로 끝나는 사건이 아니라 반복되며, 반복될수록 더욱 심각해지는 특징을 보인다. 가정폭력은 스트레스나 갈등이 누적되다가, 점차 폭력행위로 심화된다. 가해자는 피해자의 결점을 비난하고 무시하는 등의 행위를 보이며, 점차 음주, 무력을 행사하기도 한다. 피해자는 위축되는 경향을 보이나 때로는 상호 비난하거나 혹은 자극적 언어 등을 통해 상대의 학대행위를 부추기기도 한다.

이후 스트레스나 갈등으로 통제력을 상실하면 가정폭력이 발생한다. 일반적으로 가정폭력행위가 발생한 후에는 화해하는 단계로 접어드는데, 이 단계에서는 사랑했던 가족과 가정을 잃을지도 모른다는 두려움과 죄책감으로 피해자가 가해자를 다시 수용함으로써 결혼생활을 유지하게 된다.

일단 가정폭력 행위가 최초로 발생하기까지는 상당한 시간이 소요되지만, 일단 폭력행위가 발생하기 시작하면 주기가 짧아지고, 반복될수록 강도가 강해지는 경향을 보인다.

2. 배우자 학대

배우자 학대는 결혼한 배우자뿐만 아니라 사실혼 관계, 이혼한 부부관계까지도 포함하는 부부간 폭력을 의미한다. 앞서 언급한 바와 같이 가정폭력은 남성주도적 특징을 보이기 때문에, 여성 가해자에 비해 남성 가해자가 수적으로 더 많은 경향을 보인다.

또한 배우자 학대는 가정폭력이 가지는 특징으로 인하여 외부도움이 없을 경우 피해 배우자의 생명까지 잃게 될 수 있다. 피해자에게는 폭력행위로 인한 공포로 신체적 ·

정서적 에너지를 박탈당하며, 낮은 자존감, 소외감과 수치심, 자기파괴적 감정 등을 느끼게 된다. 가해자의 경우 통제력을 상실하면서 반복적인 폭력행사로 폭력수준이 심화되고 배우자 외 자녀나 가족구성원으로 대상이 확대되기도 한다. 따라서 배우자 간 갈등과 폭력행위에 대한 예방적 개입과 대책이 시급한 상황이다.

1) 원인

일반적으로 부부간 가정폭력으로 학대의 원인은 알코올중독 등과 같은 정신병리적 증상, 스트레스나 성격차이 등과 같은 개인적 원인을 지목하지만, 최근 연구들은 통제 수단으로 폭력을 허용하는 사회문화적 요인, 가부장제 문화에 기반한 여성 배우자에 대한 남성 배우자의 잘못된 태도와 신념, 가정 내 남녀의 성역할 및 경제권의 일방적 독점 등과 같은 사회구조적 관점에서 원인을 분석하고 있다.

여성가족부 보고서(2016 : 136)에 따르면, 배우자폭력이 일어나는 이유는 성격차이(29.8%), 배우자 음주문제(25%), 경제적 문제(17.3%), 시댁문제/자녀문제(7.7%)로 조사되었다. 이 조사에 따르면 연령이 낮을수록 성격차이를 이유로 배우자 학대가 발생하는 비율이 높았으며, 반대로 연령이 높을수록 시댁문제/자녀문제를 이유로 배우자 학대가 발생하는 비율이 높은 것으로 조사되었다.

2) 유형과 실태

배우자 학대는 가정폭력 중 가장 상담이 많이 접수되는 유형이다. 2016년 한국여성의전화 통계에 따르면 전체 상담 중 79.6%가 현재 혹은 과거의 배우자에 의한 가정폭력으로 조사되었다. 여성가족부가 발표한 「2016년 전국 가정폭력 실태조사」에 따르면 배우자 간 가정폭력의 유형은 신체적 폭력, 정서적 폭력, 경제적 폭력, 성적 폭력과 통제[3]로 구분하고 있다.

3) 통제는 친구를 만나지 못하게 하거나, 친정식구(또는 본가)와 연락하거나 만나지 못하게 함, 무시하거나 냉담하게 대함, 이성과 대화하면 화를 냄, 바람피운다고 의심함, 병원 가는 것을 허락받도록 함 등을 의미한다(한국여성정책연구원, 2017, 성폭력·가정폭력 남성피해자 지원현황 및 정책과제).

배우자 학대의 가장 일반적인 유형은 〈표 5-1〉에서 보는 바와 같이 통제로 전체의 37.7%로 가장 높았으며, 정서적 폭력이 12.5%, 신체적 폭력이 3.7%, 경제적 폭력이 2.5%, 성적 폭력이 2.2% 순으로 조사되었다.

표 5-1 지난 1년간 배우자 폭력률 (단위 : %)

	전체	여성 피해	남성 피해
신체적 폭력	3.7	3.3	1.6
정서적 폭력	12.5	10.5	7.7
경제적 폭력	2.5	2.4	0.8
성적 폭력	2.2	2.3	0.3
통제	37.7	29.7	30.4

출처 : 여성가족부. 2016년 가정폭력 실태조사.

배우자 폭력의 이유에 대해서는 〈표 5-2〉에서 보이는 바와 같이 주로 성격차이, 경제문제, 가족문제, 음주문제가 조사되었으며, 이 중 성격차이가 47.2%로 가장 많은 비율로 조사되었다. 폭력행위는 가정 내 권력관계에서 시작되나, 그 폭력행위를 시작하게 하는 것은 성격차이, 가족문제, 음주문제 등의 개인적 원인을 통해 나타난다는 점에서 가족 상담과 같은 초기개입이 중요하다는 것을 알 수 있다.

표 5-2 배우자 폭력 발생 이유 (단위 : %)

	2010년	2016년
성격차이	48.1	47.2
경제문제	24.9	26.7
가족문제	14.4	11.6
음주문제	12.6	14.6

출처 : 한국여성정책연구원. 가정폭력 실태와 과제(2017).

배우자 폭력 발생 시 대응은 '그냥 있었다'가 64.1%로 가장 많았다. 이에 비해 배우자 폭력 발생 시 도움을 요청한 비율은 21.2%로 조사되었다. 여성가족부의 2016년 설문조사에 따르면 가정폭력을 경험하거나 목격했을 경우 약 30%가 신고하지 않겠다고 응답하였다. 신고하지 않는 이유로는 본인이 피해자일 경우, "가족이므로"가 49.7%, "대화로 해결을 원해서"가 33.3%, "창피해서"가 10.7%, "신고해도 소용이 없을 것 같아서"가 3.2%, "폭력이 심해질까봐"가 3.0% 순으로 나타났다. 반면 타인으로서 피해자를 목격하였을 경우, "남의 일이므로"가 51.9%, "보복이 두려워서"가 21.5%, "대화로 해결을 원해서"가 20.2%, "귀찮아서"가 6.0%로 조사되었다(여성가족부, 2016 : 151~155, 가정폭력 실태조사 연구).

피해자의 소극적 대응의 이유는 무엇인가? 미국의 심리학자 러노르 워커(Lenore E. Walker)의 "피학대여성증후군" 이론[4]에 따르면, 피학대자는 긴장-폭력-휴지 단계를 반복함으로써 학대상황에 익숙해져간다고 설명한다. 대부분의 여성은 폭력 단계에서 상대방을 통제하거나 설득할 방법이 없다고 믿으며, 이후 휴지 단계에서 상대방이 하는 사과를 계기로 상대방이 향후 개선될 수 있다는 믿음을 가지며 감성으로 연대된다. 이는 계속 반복되어 나타나며, 반복될수록 폭력 사태는 잦아지며 또한 폭력수위는 심화된다. 잦은 폭력에도 불구하고 휴지 단계 역시 반복되기 때문에 가해자와의 관계가 유지되는 것이다(Lenore E. Walker, 1979, The Battered Woman).

워커는 반복적인 가정폭력에 노출된 여성은 "학습된 무기력(Learned helplessness)"을 겪게 된다고 설명한다. 가해자의 폭력을 자신이 통제할 수 없다고 생각하며, 가해자와의 관계 역시 지속될 것이라 생각하기 때문에 폭력을 받아들인다. 또한 자신을 도와줄 사회적 지원체계가 없다고 생각하므로 스스로 폭력행위를 감내하여야 한다고 생각한다. 따라서 극단적인 경우가 발생하며 폭력상황을 벗어나기 위해 가해자를 살해하는 극단적인 행위가 나타나기도 한다. 다음의 두 가지 상자글은 이러한 사례를 잘 보여주고 있다.

3) 예방과 대책

지금까지의 논의에서 본 바와 같이 배우자 폭력은 사회의 가부장적인 성문화 및 가

4) 이러한 이론은 미국의 Lenore E. Walker가 1979년 주장한 "Battered Woman Syndrome"으로 "매 맞는 여성 증후군" 혹은 "피학대여성증후군"으로 번역되고 있다.

정폭력을 통제수단으로 허용하는 태도 등과 밀접한 연관이 있음을 알 수 있다. 따라서 가정폭력을 예방하기 위해서는 성평등적 문화와 폭력 사용에 대한 금지 및 가부장적 가족문화의 개선이 우선되어야 한다.

배우자폭력의 가해자 비율에 있어서 성별의 차이가 두드러지게 나타나지 않는다. 즉, 배우자폭력의 가해자를 남성으로만 한정해서는 안 된다. 다만, 신체적 구조상 심각한 가해를 할 가능성은 남성이 높으며, 실제로 사법적 처벌을 받은 가해자의 비율은 남성이 압도적으로 높다. 또한, 2016년 여성가족부의 조사에 따르면 남성이 폭력을 먼저 시작하는 비율이 거의 절반에 달하고 있으며, 여성의 경우 남성의 폭력에 맞대응하거나, 다른 구성원을 보호하기 위한 것으로 조사된다는 점에서 피해 이후의 치료보다는 사전적 예방이 중요한다는 것을 알 수 있다(여성가족부, 2016).

다음〈상자글 5-2〉와 〈상자글 5-3〉에서 가정폭력의 심각성을 잘 보여주고 있다.

상자글 5-2 31년의 가정폭력, 타워팰리스 살인사건은 유죄일까

(전략) 오는 17일 오후 서울고등법원에서는 이씨에 대한 항소심이 진행될 예정이다. 이씨의 변호사는 정당방위를 주장하며 형량이 줄어야 한다는 주장을 하고 있고, 한국여성의전화는 이 사건에 대한 서명운동까지 진행하고 있다. 이씨는 왜 남편 변씨를 죽일 수밖에 없었을까?

조선일보 보도에 따르면 이씨는 1984년 불법택시 영업을 하던 변씨와 만나 결혼했다. 변씨는 오락실 사업 등으로 크게 성공해 억대의 재력가가 됐지만 이씨에게 폭언과 폭력을 휘둘렀다.

한국여성의전화에 따르면 남편 변씨는 이씨의 손을 묶고 강간을 하거나, 옷을 벗겨 칼끝으로 온몸을 긋는 학대를 저질렀다. 이 변호사는 16일 미디어오늘과 통화에서 "변태 포르노의 수준을 뛰어넘는 학대"라고 표현했다. 법정에서 증언됐다고 알려진 그 외의 내용은 다른 여성을 데려와 이씨가 보는 앞에서 성관계를 하거나 수간을 해보라는 변태적인 언어폭력 등 상상을 초월했다.

'학대'라는 단어로는 다 표현하지 못할 만행은 남편 변씨가 사망한 지난해까지 31년간 진행됐다. 지난 2월 진행된 국민참여재판 뿐 아니라 지난 3일 진행된 항소심 재판정 역시 눈물바다가 됐다.

하지만 기사를 접한 독자들에게는 이런 반응이 다수였다. "왜 도망치지 않았을까?", "왜 이혼하지 않지?" 이 사건을 접한 담당검사도 같은 반응이었다. 재산을 노린 고의적인 살인이라고 초점을 둔 검사에게 이 사건의 본질이 다른 폭력보다 더 벗어나기 어려운 가정폭력이라는 점은 제대로 다뤄지지 않았다. 심지어 검사가 여성이었음에도.

가정폭력 피해여성들은 현실적으로 폭력에서 벗어나기 어렵다. 폭력을 경험하면서 이혼 요구나 신고 등의 저항이 남편의 더 큰 보복으로 돌아올 것이라고 느낄 수밖에 없기 때문이다. 이혼을 한다고 해도 남편의 폭력은 끝나지 않을 가능성도 있으며 피해여성 이외의 가족에게도 폭력은 저질러질 수 있다. 저항해서 여성의 자존감이나 안전이 보장되는가? 대부분의 경우에는 그렇지 않다.

이씨의 경우는 오래전 변씨와 10년 전 이혼했다. 경찰 브리핑에 따르면 이유는 경제적인 이유다. 이씨 아버지 사업이 어려워지자 위장 이혼을 한 셈이다. 즉, 법적으로 이씨 부부는 사실혼 관계였다.

이유정 변호사는 "사실혼 관계라는 것은 이씨가 재산분할을 위해 변씨를 살해할 이유가 없다는 것을 나타낸다"며 "오히려 사실혼 분할파기 등 다른 방식으로 재산을 나눌 수 있을 것"이라고 말했다.

이어 이 변호사는 "(변씨에게) 벗어나지 못했던 이유는 결혼 초기부터 지속된 폭력이 워낙 무서운 수준이었고, 너무 무서워 도망도 가보고 자살시도도 했지만 다 실패했다"며 "또한 친정이 남편에게 돈을 빌린 것도 있는데 친정이 갚지 못했기 때문에 이씨만 도망가더라도 친정식구들이 괴롭힘을 당할 수 있는 상황이라 벗어나지 못했다"고 말했다. (후략)

출처 : 미디어오늘(2015. 9. 16.)

상자글 5-3 미흡한 경찰 대응이 사건을 키워

(전략) 지속적인 가정폭력이 결국 살해라는 극단적인 상황으로 치달을 수 있다는 것을 보여준다. 본회 가정폭력상담소 2012년 상담통계에 의하면, 상담 당시의 가정폭력 피해여성의 결혼기간은 10년에서 20년 이하가 가장 높은 비율을 차지하고 있다. 가정폭력범죄는 결혼기간이 길어질수록 위험수위가 더 높아지는 범죄이기에 초기대응이 매우 중요하다. 그러나 아직도 가정폭력이 '부부싸움'으로 사소하게 취급되고, '아내의 잔소리'가 폭력의 이유가 되는 현실에서 여성들이 초기에 폭력에 강력하게 대처하기는 힘들다.

한편, 가정폭력으로 인해 죽거나 다치는 경우가 빈번하지만 경찰의 대처는 여전히 미흡하다. 2010년 여성가족부 실태조사에 따르면 경찰신고 시 집안일이라며 출동하지 않거나 출동하더라도 그냥 돌아간 경우가 68.2%에 달했다.

신고 후의 법적 조치에서도 '조치없음'이 59.3%로 가장 높았고, 그 다음이 접근행위제한

(10.1%), 벌금(7.4%), 상담조건부 기소유예(6.0%) 순이었다. 이는 소위 "오원춘 사건"에서도 그대로 드러났다. 지난 2012년 4월 1일발생한 이 사건은, 여성폭력피해자가 구조요청을 했으나 경찰이 "단순 성폭행", "부부싸움"으로 취급하며 적극적 조치를 취하지 않아, 결국 피해자가 살해되는 결과를 낳았다. 이어 6월, 같은 지역에서 또 다른 여성이 "온몸에 구타를 당하고 있다"라는 구조요청을 했으나 출동한 경찰관이 확인전화를 하는 과정에서 가해자 남성의 "신고한 적 없다"라는 말만 듣고 출동하지 않아, 신고한 피해여성이 추가 폭행을 당하여 갈비뼈 2개가 부러지는 중상을 입은 사건도 발생했다. 이들 두 사건은 경찰관이 즉각 출동하여, 가해자를 체포하고 긴급조치 등을 취하였다면 피해를 최소화할 수 있는 사건들이었다.

실제로 상담현장에서 이 같은 일은 일상적으로 일어난다. 본회 가정폭력상담소의 통계를 보면 경찰의 미온적 태도에 대한 불만사례가 74건이었다. 피해여성들은 경찰에 도움을 요청하거나 가해자를 고소하더라도 가해 남성의 말만 듣고 경찰이 그냥 돌아가는 경우가 많으며, 경찰이 돌아간 이후 신고했다는 이유로 더 큰 폭력을 당하여 향후에는 경찰에 신고조차 할 수 없다고 호소하고 있다. (후략)

출처 : 한국여성의전화 기고문(2012. 3. 12.)

(1) 사법적 대책

현재 한국사회에서 가정폭력은 가정 안에서 행해진 폭력행위에 대하여 형법으로 처벌하고 있다. 이는 "가정 유지"를 위하여 사법적 개입의 초점을 가해자의 범죄에만 맞추어 왔다는 것을 의미하며, 폭력 발생 이후의 개입을 전제하기 때문에, 가정폭력에 대한 즉각적이고 효과적인 위기개입과 피해자의 격리·보호 및 예방에 대해서는 미비한 수준이다.

실제로 피해자들이 사법적 도움을 요청하지 않는 이유가 외부의 개입이 도움이 되지 않거나 가해자에게서 벗어날 수 없다고 생각하므로 시간이 지날수록 가정폭력은 그 수위가 강해지고 있다. 생명이나 신체적 폭력의 위협이 있을 때는 가해자를 피해자로부터 분리하는 것이 필요하다. 또한 피해자를 보호할 수 있는 경찰 및 상담인력을 확충하는 것도 필요하다.

(2) 사회복지적 개입

① 긴급전화

현재 한국에서는 여성긴급전화 1366을 24시간 운영함으로써 상담, 긴급 피난처, 관련 기관(의료서비스, 상담서비스, 법률지원서비스, 보호 서비스) 연계 등을 지원하고 있다. 민간단체로서는 여성의 전화가 1983년부터 현재까지 가정폭력·성폭력·이주여성·성매매 상담소 32개소, 가정폭력피해자보호시설 쉼터 10개소를 운영하고 있다.

② 쉼터

배우자학대는 가정 내 폭력으로 가해자와 피해자가 결정되기 때문에, 피해자는 가해자에게서 벗어나는 것에 두려움을 가지고 있다. 두려움으로 인해 피해자는 폭력에서 벗어날 수 없다는 무기력을 학습한다는 점에서, 피해자가 안심하고 지낼 수 있는 쉼터는 배우자폭력의 피해자에게 꼭 필요한 사회복지적 개입이다.

여성가족부에 따르면, 2017년 1월 1일 기준으로 전국에 67개의 가정폭력 피해자 보호시설이 운영되고 있으며, 여성폭력피해자를 위한 주거지원시설(임대주택)이 전국에 295개 운영되고 있다. 이러한 쉼터는 피해자가 위험에서 긴급히 피할 수 있는 장소를 제공함으로써 학습된 무기력에서 벗어나 선택의 폭을 넓힐 계기를 마련해 줄 수 있다.

③ 가정폭력상담소

가정폭력상담소는 피해자에게 심리·정서적 지원, 수사·법적 지원, 의료지원, 시설입소 연계 등의 서비스를 제공한다. 여성가족부에 따르면, 2017년 1월 1일 기준으로 전국에 205개의 가정폭력상담소가 운영되고 있다.

가정폭력의 직접적인 피해자에 대한 서비스뿐만 아니라 가해자에게는 일반상담, 교육프로그램, 관련 기관 의뢰 등의 서비스를 제공한다. 또한 예방 교육 및 홍보, 매뉴얼 개발과 같은 업무를 통해 가정폭력에 대한 시민들의 잘못된 인식을 개선하고자 노력하고 있다. 가정폭력에 있어서 피해자의 변화만으로 가정의 변화를 이끌어 내기 어렵고, 피해자가 독립한다고 할지라도 그 위협에서 완전히 벗어났다고 보기 어렵다. 따라서 피해자뿐만 아니라 가해자, 지역사회를 변화시키고자 하는 가정폭력상담소의 개입은 조기발견에 상당한 효과성을 기대할 수 있다.

3. 아동학대

아동기의 경험은 아동의 신체적·정서적·사회적 발달에 영향을 미치며, 성인이 된 이후에도 지속적으로 영향을 미친다는 연구가 발표되고 있다. 예를 들어, 심리학자인 프로이트(Freud)는 아동기까지의 경험이 무의식과 성격형성에 결정적 영향을 미친다고 주장하였으며, 에릭슨(Erickson)은 심리사회적 발달단계를 통해 출생 이후 발달과업의 성취 여부에 따라 일생동안 지속적으로 영향을 미친다고 설명한다. 따라서, 아동기의 학대, 특히 가장 가까운 관계인 부모에게 학대를 경험한 아동은 발달에 심각한 장애를 겪게 된다.

아동학대에 대한 관심은 1924년 제네바 선언과 1959년 11월 20일 UN총회에서 채택된 「아동의 권리에 관한 선언」을 그 시작으로 본다. 이후 UN에서는 1989년 아동권리협약(United Nations Convention on the Rights of the Child)을 통해 아동에 대한 생존, 보호, 발달, 참여의 권리 보장을 합의하였으며, 한국의 경우 1991년에 이를 비준하였다.

한국의 경우 1962년 "아동복리법"을 처음으로 시행하였으며, 1981년 아동복리법을 아동복지법으로 개정하였다. 이 법을 통하여 아동의 권리와 아동의 보호에 대한 책무 등을 규정하였으며, 이를 통해 아동의 건강한 성장이 개인의 책임이 아닌 사회의 책임이라는 인식이 확산되어가고 있다.

그러나 「아동학대범죄의 처벌 등에 관한 특례법」 제정에 직접적으로 영향을 준 2013년 칠곡 계모 아동학대 사건은 아직까지 한국사회에서 아동학대가 심각한 수준에 있다는 것을 보여준다. 아래 〈상자글 5-4〉에서 소개된 인천의 아동학대 사건이 계기가 된 장기결석 아동에 대한 전수조사를 통하여 여러 아동학대 사건들[5]들이 밝혀졌고 아직까지 한국사회에서 아동학대가 빈번하게 일어나고 있음을 보여주었다.

아동학대는 가정 외의 장소에서도 다양하게 발생한다. 그러나 아동학대의 대다수는 가정 내에서 일어나며, 특히, 아래의 <표 5-3>에서 보는 바와 같이 가해자의 76.9%가 부모이기 때문에 본 장에서는 가정폭력과 관련하여 아동학대를 살펴보고자 한다.

표 5-3 2017년 신고접수된 아동학대 가해자 (단위 : 건/%)

	부모	친인척	대리양육자[6]	타인	기타
건수	17,034	1,063	3,286	291	483
비율	76.9	4.8	14.8	1.3	2.2

출처 : 중앙아동보호전문기관. 속보치(2018).

1) 원인

아동학대의 원인에 대해 학자들은 가해자의 아동기의 학대 경험, 가해자의 정신병리적 특징, 피해 아동의 신체적·정서적인 부정적 특성 등 개인적 원인과 가족의 크기 및 구성, 경제적 상황 등 사회구조적 요인이 복합적으로 작용한다는 것이 공통된 견해이다.

한국사회에서는 가부장적 문화와 체벌에 허용적인 문화 등으로 인하여 아동학대에 대하여 상당히 수용적인 태도를 보여왔다. 또한 아동을 부모가 통제할 수 있는 존재, 혹은 소유물로 생각하는 태도는 아동을 체벌을 할 수 있는 존재로 인식하게 된다. 육아정책연구소 2017년 연구보고서[7]에 따르면, 2014년 발생한 아동학대 발생원인 중 가장 큰 이유는 양육기술 미숙(33.1%)이었으며, 가해자의 사회·경제적 스트레스 및 고립(20.4%), 부부 및 가족구성원 간의 갈등(10.0%)으로, 사실상 부모가 아동에 대한

5) 인천 아동학대 사건 이후 밝혀진 학대 정황 중 언론을 통해 공개된 사례들로는 부천 초등학생 학대, 부천 여중생 학대, 고성 여아 암매장, 평택 아동 암매장(이상 세계일보 2016.03.13. 기사 참조.http://m.segye.com/view/20160313001772), 청주 아동 암매장(연합뉴스 2016.03.19. 기사 참조. http://www.yonhapnews.co.kr/bulletin/2016/03/19/0200000000AKR20160319026955064.HTML), 포천 입양 딸 시신 유기(연합뉴스 2016.10.07. 기사참조 http://news.naver.com/main/read.nhn?mode=LPOD&mid=sec&oid=001&aid=0008735726&isYeonhapFlash=Y) 등이 있다.

6) 부모의 동거인, 교원, 학원강사, 보육교직원 등

7) 육아정책연구소, 2017, 우리나라 영유아 학대 현황 및 예방 방안, p.42.

권리를 소유하고 있다는 인식에서 기인한다고 볼 수 있다. 따라서, 아동에게 유전적인 부정적 신체적·행동적 특성을 가지고 있거나, 가족의 갈등이 발생할 경우, 가정 내 권력구조에서 지위낮은 아동이 학대의 대상이 될 가능성이 높다.

또한, 가해자 특성과 관련하여 아동기에 학대경험이 있는 부모가 자신의 아동 역시 학대할 가능성이 높다. 이는 첫째, 학대 가정에서 아동양육에 대한 기술 습득이 미숙할 가능성이 높으며, 본인 역시 경험한 수단으로 아동을 통제하고자 하는 경향이 있기 때문이다. 둘째, 부모 역시 자신의 부모로부터 학대를 받았을 경우, 개인적·사회적 갈등에 적절히 대처하지 못하고 아동에 대한 보호의 의무를 다하지 못할 가능성도 존재한다. 아래 상자글에서 소개되는 사례가 이러한 아동양육에 대한 기술에 대한 잘못된 인식으로 인하여 학대 및 살해한 사례이다.

상자글 5-4 인천 아동학대 사건

초등학생 딸을 2년 동안 감금하고 학대한 혐의로 친아버지와 동거녀가 경찰에 붙잡혔다.

인천 연수경찰서는 딸 A(11)양을 2년 동안 집에 가두고 굶기는 등 학대한 혐의(아동학대)로 아버지 B(32)씨를 구속했다고 19일 밝혔다. 또 B씨의 동거녀 C(35)씨와 C씨의 친구 D(여·36)씨도 같은 혐의로 구속했다.

B씨 등은 지난 2013년부터 최근까지 인천시 연수구의 한 빌라 내 화장실과 세탁실 등에 A양을 감금하고 굶기는 등 학대한 혐의를 받고 있다.

이들의 범행은 빵집 주인의 신고로 드러났다. 지난 12일 인천의 한 주택가 가게에 미성년자 A양이 과자를 훔치려 했다는 신고가 경찰에 접수됐다.

출동한 경찰은 처음엔 단순한 절도 사건으로 여겼다. 그러나 경찰 조사 결과 A양은 그날 자신의 집인 빌라 2층의 세탁실에 갇혀 있다가 가스배관을 타고 탈출한 뒤, 배고픔을 견디다 못해 과자를 훔친 것이었다.

당시 A양은 늑골이 부러지고 신체 곳곳에 타박상을 입은 상태였던 것으로 알려졌다. 현재 전치 4주 진단을 받아 병원에서 입원 치료받고 있다.

이를 바탕으로 가정폭력을 의심한 경찰은 아버지 B씨 등 주변인을 상대로 수사를 벌였다. 그 결과 B씨는 친딸 A양을 학교에 보내지 않은 채 집에 감금하고 일주일 넘게 밥을 굶기는 등 학대한 것으로 조사됐다.

B씨는 경찰에서 "딸을 때린 것은 사실이나 훈육 차원에서 한 것일 뿐"이라고 학대 혐의를 부인하는 것으로 전해졌다.

경찰은 "동거녀 C와 그 친구 D씨도 B씨의 범행에 가담한 것으로 조사됐다"고 밝혔다.

경찰은 B씨 등을 상대로 추가 학대 여부를 조사하는 한편, A양을 아동보호기관에 인계해 보호받도록 할 방침이다

출처 : 조선일보(2015. 12. 19.)

2) 유형과 실태

중앙아동보호전문기관에 따르면, 2017년 한 해 동안 발생한 아동학대 신고건수는 총 3만 4,185건에 달한다. 그 중 아동학대 의심사례는 3만 945건이며, 실제 아동학대로 판단된 사례는 총 2만 2,157건으로 집계되었다. 아동학대는 가해자의 폭력행위에 따라 신체적 학대, 정서적 학대, 성적 학대, 방임으로 구분된다. 아래 〈표 5-4〉에서 보이는 바와 같이 학대가 중복적으로 발생한다는 점에서 각 학대의 유형은 상호배타적으로 나타나는 것이 아니며, 서로 중복적인 학대유형이 많다는 것을 파악할 수 있다.

표 5-4 2017년 신고접수된 아동학대 유형

(단위 : 건/%)

	신체	정서	성	방임	중복
건수	3,243	4,688	689	2,759	10,778
비율	14.6	21.2	3.1	12.5	48.6

출처 : 중앙아동보호전문기관. 속보치(2018).

아동학대는 어떤 유형의 학대유형일지라도 아동기에 지속적인 후유증을 남긴다. 신체적 학대는 직접적으로 신체를 통해 물리적 가해 행위, 도구를 통한 물리적 가해 행위, 유해물질을 통해 신체적 피해를 입히거나 완력이나 도구를 통한 위협 행위 등을 포함한다. 정서적 학대는 아동의 행동에 대해 경멸적·적대적·위협적이거나 비교하는 언어폭력, 다른 아동이 학대받는 것을 목격하게 하는 행위, 미성년자에게 적절하지 않은 장소에 데리고 가는 행위 등을 포함한다. 성적 학대는 아동을 관찰하면서 성적

만족을 충족하거나, 아동에게 성적인 노출을 하는 경우, 성적으로 추행하거나 유사성 행위, 심지어는 성교를 하는 행위를 의미하며, 본인이 직접 하지 않더라도 성매매를 시키거나 매개하는 행위까지를 포함한다. 성적 학대는 성적 발달이 미숙한 아동에게 성병 감염 및 신체 손상을 가져올 수 있으며, 심지어는 아동의 임신 등으로 이어질 수 있어 치명적인 위험이 된다. 행동적으로는 수면 장애, 악몽, 잘못된 성 지식, 비행행동 등을 보이며, 자해나 자살을 시도하는 경우도 있다.

방임은 보호자가 의무를 다하지 않고 아동을 위험한 상황으로 몰거나, 혹은 보호하지 않고 내버려 두는 행위를 의미한다. 실제 방임은 물리적, 교육적, 의료적 방임과 유기로 다시 분류할 수 있다. 첫째, 물리적 방임은 기본적인 의식주를 제공하지 않거나, 출생 신고 등 행정절차를 이행하지 않는 것, 불결하거나 위험한 환경에 아동을 생활하게 하는 행위를 의미한다. 둘째, 교육적 방임은 보호자가 특별한 이유 없이 의무교육을 시키지 않거나 무단결석 방치를 의미한다. 2015년 인천의 아동학대 사건 이후, 2016년 1월까지 초등학생을 대상으로 전수조사한 결과, 많은 아동학대 사례들이 발견됨으로써 전수조사 대상을 중학생, 미취학 아동으로 확대하였고, 미취학 및 무단결석 아동에 대한 관리·대응 매뉴얼을 마련하였다. 셋째, 의료적 방임은 아동에게 적절한 의료적 처치 및 개입을 하지 않는 행위를 의미하며, 예방접종을 거부함으로써 병에 걸린 아동의 자연치유를 기다리는 것 역시 방임에 속한다고 볼 수 있다. 넷째, 유기는 병원에 아동을 두고 사라지는 등 아동을 보호하지 않고 버려두는 행위로부터 시설 근처에 버리고 가는 행위 등을 의미한다. 방임은 작위를 통한 학대가 아니라 부작위를 통한 학대이기 때문에, 가해자 스스로 학대임을 인식하지 못하는 경우가 많다. 이러한 행위들은 아동의 신체·정서·사회성의 발달 등 다양한 측면에 직·간접적 영향을 미친다. 신체적으로는 피부의 멍과 골절, 심지어는 내부장기 손상까지 이어질 수 있기 때문에 긴급한 개입이 필요하다. 또한, 불결한 위생상태 등으로 정상적 성장에 장애를 가져올 수 있으며, 각종 질병 및 감염 등에 쉽게 노출되어 아동의 성장을 저해한다. 그 외에도 위축, 불안, 우울, 공격성, 과잉행동 등 심리사회적으로 부정적 영향을 미치며, 특히 방임의 경우 아동의 학업성취와 직접적인 영향을 미친다. 다만 이러한 영향들은 아동의 선천적 기질, 가해자 외 주변 환경, 특히 사회복지적 개입 여부에 따라 달라진다. 다음의 상자글은 아동학대에 대한 예방적 접근의 필요성을 보여준다.

상자글 5-5 정부, 학교 장기결석 아동 전수 조사키로

게임에 중독된 아버지(32)와 동거녀(35)에게 2년 넘게 감금, 학대를 당한 인천 어린이 A(11)양 사건의 재발방지를 위해 교육부와 보건복지부 등 관련 부처가 전국의 장기 미등교 아동 실태파악을 위한 전수조사에 나서기로 했다.

당정도 협의를 열어 법적 대책을 마련키로 했으며, 서울시교육청은 자체 조사를 통해 제2의 A양을 막기로 했다.

교육부와 보건복지부는 22일 전국의 장기 미등교 아동 중 학대 위험성이 높은 어린이들을 전수조사하기 위한 실무협의를 시작했다. 협의에선 아동학대범죄 처벌 특별법이 규정한 신고의무를 확대하고, 미등교 학생의 소재파악을 위해 모든 행정력을 가동하는 방안도 논의되고 있다. 두 부처는 향후 일정, 방식 등 세부계획을 마련한 뒤 이르면 내달 현장조사에 나설 예정이다. 황옥경 아동권리학회장은 "이번 사건이 법의 사각지대에서 발생한 만큼, 아동의 결석 시 이를 적극적으로 지방자치단체에 알리거나 소재 파악에 나서도록 강제하는 등 관련 법적 근거를 보완해야 한다"고 말했다.

김정훈 새누리당 정책위의장도 이날 국회에서 열린 최고위원회의에서 "현행 '아동학대범죄 처벌 특례법'의 신고요건을 완화하는 방향으로 법개정이 논의돼야 한다"며 "강제자퇴로 인한 아동방치를 막기 위해 학교가 당국과 협조하는 방안도 강구하겠다"고 말했다.

이번 사건을 수사중인 인천 연수경찰서는 피해 아동 A양의 아버지가 관련 혐의를 모두 인정했다고 밝혔다. 지난 18일 구속된 A양의 아버지는 동거녀, 동거녀의 친구(36・여)와 함께 2013년 7월부터 최근까지 인천 연수구 자신의 빌라에서 A양을 감금한 채 굶기고 상습적으로 때린 혐의를 받고 있다. 경찰조사에서 A양이 처음 결석 중이던 2012년 8월부터 9월 사이 담임교사가 A양이 살던 집을 3차례 방문하고, 주민센터 관계자도 찾아갔으나 문이 닫혀 있어 만나지 못한 것으로 파악됐다. 경찰 관계자는 "이사를 가지 않은 당시 A양이 집에 감금돼 있었을 가능성이 크다"며 아쉬워했다.

경찰은 A양의 친어머니의 주소지를 파악했으나 실제 만남이 이뤄질지는 미지수다. 경찰 관계자는 "친어머니에게 연락을 하는 것이 적절한지 (A양을 보호하고 있는) 아동보호전문기관과 계속 협의 중"이라고 말했다.

출처 : 한국일보(2015. 12. 21.)

3) 예방과 대책

(1) 사법적 개입

한국사회에서는 아동학대에 대해 신고 의무를 가진 사람을 「아동학대범죄의 처벌 등에 관한 특례법」(2017.12.19. 시행)을 통해 신고의무자를 규정하고 있다. 아동학대를 인지할 경우, 경찰이나 아동보호전문기관에 신고할 수 있으며, 두 기관은 사례에 개입하여 아동을 보호한다. 아래의 그림은 아동보호전문기관의 개입 절차를 보여주고 있다.

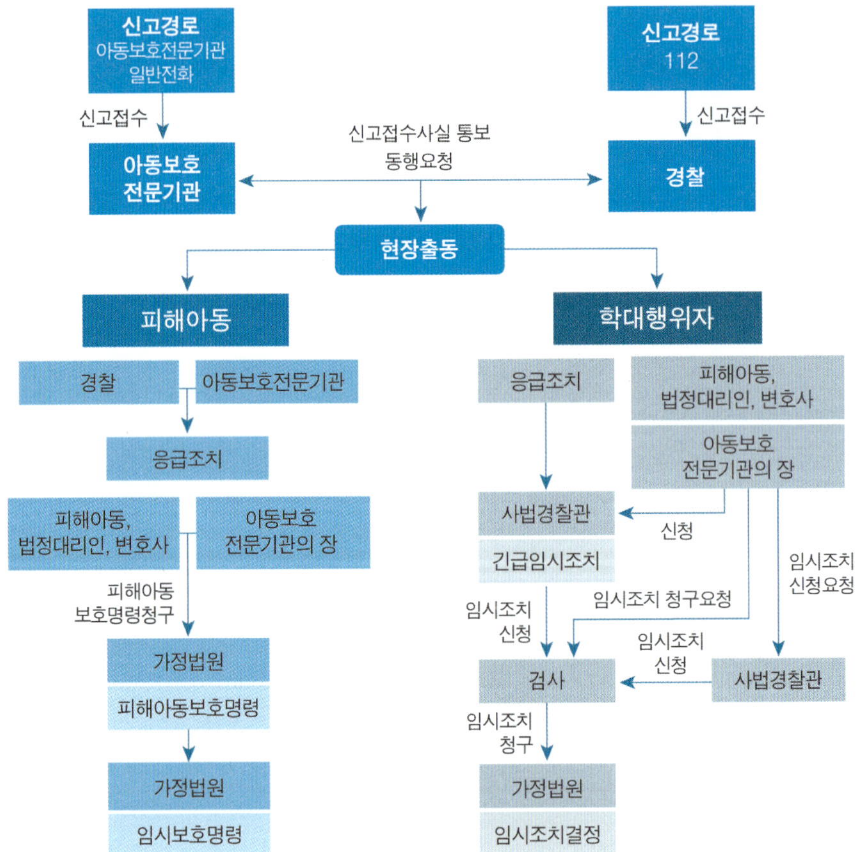

그림 5-1 아동학대 개입 절차

출처 : 중앙아동보호전문기관(2018).

(2) 사회복지적 개입

① 학대 아동에 대한 개입

학대는 아동에게 지속적으로 영향을 미치기 때문에 발견 및 사법적 조치뿐만 아니라 피해 아동에 대한 적절한 사후 서비스는 매우 중요하다. 피해 아동은 신체적 · 정서적 · 인지적 등 다양한 부분에서 후유증을 가질 가능성이 높으며, 차후 성장과정에서 부정적 영향을 가져올 수 있다. 가정폭력은 세대를 걸쳐 전수될 수 있다는 점에서 더욱 위험하다. 피해 아동에 대한 사후 관리는 자아존중감의 향상, 부정적인 정서 및 행동의 감소, 대인관계 기술의 향상 등에 초점을 맞출 필요성이 있다. 피해 아동에 대한 사회복지서비스에는 상담 및 치료 서비스가 있으며, 가족에 대한 개입으로는 가족치료, 가정지원서비스와 재학대예방교육 등이 있다.

② 학대 가해자에 대한 개입

학대 가해자에게 개입하는 것은 아동학대에 개입하는 사회복지의 궁극적 목적이 원가정에 복귀하여 건강하게 성장하는 것이다. 학대 가해자와 피해자의 관계 중 가장 중요한 관계가 부모라는 점에서 학대 가해자에게 개입하는 것은 학대 아동 개입에 상당한 비중을 차지하고 있다.

부모가 아동을 학대하는 가장 큰 원인은 앞서 살펴본 바와 같이 육아기술이 미숙하며, 스스로의 스트레스를 통제하지 못하고, 가족 내 갈등 등이 원인인 것으로 조사되었다. 아동학대를 예방하기 위해서는 위와 같은 원인요인에 개입함으로써 해결할 수 있다. 따라서, 재학대방지교육을 통해 부적절한 양육방식을 교정하고 지식 · 기술의 완화를 해결한다면, 어느 정도 아동학대를 예방할 수 있을 것이라 기대할 수 있다. 또한 부모 집단 상담이나 지지프로그램 등을 통해 가족 내 갈등을 중재하고 스트레스를 스스로 관리할 수 있도록 함으로써 아동학대의 재발을 예방해야 한다.

4. 노인학대

가정폭력 중 노인학대의 개념은 노인에게 신체적·정신적·경제적·성적 폭력을 통해 손상을 가하거나, 부양의무를 가진 부양자가 노인에게 적절한 의식주나 의료행위 등을 제공하지 않고 방임하거나, 혹은 본인 스스로를 돌보지 않고 방임하는 행위를 포함하는 개념이다.

중앙노인보호전문기관에 따르면, 2016년 한 해 동안 접수된 학대 신고는 4,280건이며 가해자의 수는 총 4,637명으로 조사되었다. 이 중 가장 많은 비중을 차지하는 것은 가족원(배우자, 아들, 며느리, 딸, 사위, 손자녀, 친척)으로 전체 가해자 중 75.5%를 차지하고 있으며, 자기 방임의 비중도 11.3%로 두 번째로 높은 것으로 조사되었다. 이는 아직까지 한국사회에서 노인의 부양의무가 가족에게 있기 때문에 평균 수명이 늘어나면서 가족의 부양 부담 역시 가중됨으로써 노인학대 사례 역시 증가하는 추세에 있다. 따라서, 단순히 노인을 학대로부터 보호하는 것뿐만 아니라 부양의무자에 대한 개입도 매우 중요하다.

1) 원인

노인학대의 원인은 복합적이다. 중앙노인보호전문기관 2016년 노인학대현황보고서를 참고하면, 가해자의 개인적 요인, 가해자의 의존성, 알코올 및 약물 문제, 피해노인의 부양부담, 가족 간 갈등, 경제적 어려움으로 분류할 수 있다.

(1) 개인적 문제 요인

가해자의 '개인적 문제 요인'은 가해자가 가지는 개인적 문제, 예를 들어, 가해자의 자신감 결여, 사회적 고립, 사회적 반응의 결핍, 충동적 성격 등 내적 문제와 가해자의 이혼, 부부갈등, 스트레스, 과거의 학대경험, 알코올이나 약물 중독 등을 포함한다. 즉, 가해자의 개인적 성향이 피해노인의 학대로 이어진다는 것을 의미한다.

(2) 의존성 요인

가해자의 '의존성 요인'은 가해자가 피해노인에게 의존하는 신체적·정신적·경제적으로 의존함으로 학대를 유발하는 것을 의미한다. 예를 들어, 신체적 의존성의 경우, 가해자가 가진 신체적 질환이나 장애 등으로 인하여 피해노인에게 의존하는 것을 의미한다. 정신적 의존은 정신질환이나 심리적 문제로 인하여 가해자가 피해노인에게 의존하는 것을 의미한다. 경제적 의존은 학대행위자가 수입이 없거나 낮아 피해 노인의 금전적인 부분을 착취하는 것을 의미한다.

(3) 부양의무 요인

'부양의무 요인'의 경우, 노인의 부양에 대한 과도한 신체적·정신적·경제적 부담을 의미한다. 한국사회의 경우 부모부양을 가족에게 상당 부분 의존하고 있으며, 이에 대한 사회적인 개입은 미미한 수준이다. 특히 노인이 신체적·정신적 질환이 있을 경우 가족들의 부양 스트레스가 상당히 증가한다. 한 명 이상의 부양자가 전적으로 노인을 수발해야 하기 때문에 부양자의 희생을 요구하며, 부양능력이 부족할 경우 가족 간 갈등으로 점화될 수 있다는 점에서 중요한 요인이다.

(4) 가족 간 갈등 요인

'가족 간 갈등 요인'의 경우, 가족 간(자녀 간, 형제 간, 친족 간)의 갈등이 노인학대로 발전하는 경우, 혹은 피해자와 가해자 간의 갈등이 학대행위로 발전하는 경우를 의미하며, 주로 부모 부양문제, 재산문제 등으로 인하여 가족 간 다양한 갈등을 포함하는 개념이다.

다음 〈표 5-5〉에서 보여주듯이 학대원인 중 가장 많은 비중을 차지하는 것은 가해자의 개인적 특성이다.

표 5-5 2016년 신고접수된 노인학대사례 원인 (단위 : 건/%)

	개인적 특성	노인 의존성	부양부담	가족갈등	경제적 어려움
건수	5,169	2,016	671	3,488	735
비율	43%	17%	6%	29%	6%

출처 : 중앙노인보호전문기관. 2016년 현황보고서(2017).

2) 유형과 실태

노인학대의 유형은 일반적인 가정폭력과 마찬가지로 신체적 학대, 정서적 학대, 성적 학대, 경제적 학대, 방임으로 나눌 수 있으며, 추가적으로는 자기방임이 있다. 노인학대의 경우 한 가지 학대 유형만 발생하는 경우는 적으며, 중앙노인보호전문기관에 따르면 76% 정도가 중복학대사례라고 언급하였다. 단일 학대의 경우 자기방임이 전체 단일 유형 학대 중 33%를 차지하고 있다는 점에서 자기방임이 심각하다는 점을 알 수 있다. 본 단락에서는 노인보호전문기관의 중앙노인보호전문기관의 「2016년 노인학대현황보고서」를 중심으로 학대의 유형 및 실태를 살펴보고자 한다.

아래 〈표 5-6〉를 살펴보면 일반적으로 신체적인 학대의 비중이 가장 크며, 방임 및 자기 방임 역시 상당한 비중을 차지한다는 것을 알 수 있다.

표 5-6 2016년 신고접수된 노인학대사례 유형 (단위 : 건/%)

	신체적	정서적	성적	경제적	방임
건수	2,132	2,730	91	491	844
비율	31.3	40.1	1.3	7.2	12.4

출처 : 중앙노인보호전문기관. 2016년 현황보고서(2017).

(1) 신체적 학대

신체적 학대의 가장 일반적인 행위는 노인을 물리적인 힘이나 도구로 폭행하는 것을 의미한다. 그러나 보다 폭넓게 보면 물건을 빗맞히거나 휘두름으로써 신체적 해를 가할 수 있다고 협박하거나 위협하는 것도 포함되며, 제한된 공간에 가두거나 구속하는 행위, 강제로 억압하는 행위 역시 신체적 학대에 포함할 수 있다. 또한 노인이 신체적으로 감당하기 어려운 노동을 강제로 시키는 것 역시 신체적 학대에 들어간다.

(2) 정서적 학대

정서적 학대는 언어적 폭력이나 행동을 통해 노인을 정서적으로 압박하는 것을 의미한다. 예를 들어 욕설이나 부양부담을 직접적으로 이야기함으로써 기분을 상하게 한다거나, 종교나 친구관계에 간섭함으로써 노인의 사회관계 유지를 방해하는 것을 말한다. 또한, 노인과의 접촉을 기피하거나, 혹은 노인과 관련된 사항에 대해 의사결정 과정에서 소외시킨다거나 혹은 의사결정권을 제한하는 것 역시 정서적 학대로 볼 수 있다.

(3) 성적 학대

성적 학대는 노인에게 성적 수치심을 주거나, 혹은 성폭력을 행하는 것을 의미한다. 한국사회에서 성적 학대 피해는 다른 학대 피해보다 낮은 편이다. 그러나 노인을 무성적 존재로 인식하여 노인의 성적 학대 문제에 대해서는 관심이 부족함으로써 실제로 노인의 피해는 더 심각하다. 노인들의 노인에 대한 성적 학대는 매년 꾸준히 발생하고 있으며 노인을 무성적 존재로 바라보는 시각은 노인 성폭력에 대한 인식 자체를 저해하고 있다. 아래의 상자글은 이러한 한국의 현실을 보여주는 적절한 사례이다. 이러한 인식은 노인을 손쉬운 범죄 대상으로 만들 수 있다. 따라서 노인의 성적 학대에 대한 적절한 개입 제도가 마련되어야 하며, 적절한 홍보 및 교육 프로그램 역시 시급하다.

상자글 5-6 **여성노인 성폭력**

파지를 주워 생계를 유지하는 김정자(가명) 할머니는 지난해 자산 조사를 한다며 접근한 사회복지사로부터 강간을 당했다. 김 할머니의 딸은 "70대인 엄마는 일을 크게 만들지 말라고 조용히 하라고 한다. 동네에 소문 날 것이 무서워 묻어버리고 싶은 마음이 크신 듯하다. 하지만 너무 억울해 고소하고 싶다"며 한국여성의전화에 상담을 의뢰했다.

여성노인들이 성폭력 피해에 심각하게 노출되고 있다. 김영주 의원이 지난해 밝힌 경찰 자료에 따르면 60세 이상 노인 성폭력 피해 건수는 2009년 244건, 2010년 276건, 2011년 324건으로 해마다 꾸준히 늘고 있다. 하지만 사회 무관심 속에 피해자로서 보호받지 못하고, 심지어 성폭력 피해 사실에 대해 인정조차 못 받는 경우도 허다하다.

이화영 한국여성의전화 성폭력상담소장은 "수사기관이 여성노인 성폭력 사건을 중요하지 않은 문제로 판단하는 경우도 적지 않다"며 "옆집에 사는 세입자가 알몸으로 침입해서 경찰에 신고했더니 제대로 처리를 안 해줘서 자녀가 상담소를 찾은 사례도 있다. 가해자가 알몸으로 신체 접촉까지 했는데도 주거 침입만으로 사건을 처리했더라. 경찰이 여성노인을 무성적 존재로 보는 경우가 적지 않다"고 지적했다.

(중략) 남편이나 아들, 친족이 가해자인 경우도 적지 않다. 언어장애가 있는 박영순(가명)씨는 아들이 두 명 있는 남자와 결혼한 후 현재 작은아들과 같이 살고 있다. 수년 동안 성폭력을 당해왔다는 박씨는 "집을 나오고 싶지만 전 재산을 다 뺏어가서 돈 한 푼 없다"며 울먹였다.

데이트 폭력도 빈번하다. 젊은 세대와 다르게 성적 관계가 없어도 교제했다는 사실만으로 압박을 당한다. 한국여성의전화 상담 사례 중에는 77세인 유부남 할아버지가 60대 할머니를 스토킹한 경우가 있었다. 이 할아버지가 장사하는 곳을 찾아와 좌판을 뒤엎으며 행패를 부리자 할머니가 부인에게 "당신 남편을 못 오게 해달라"고 했지만 경찰은 "남의 집 가정 파탄 내는 할머니"라고 되레 피해 할머니를 비난했다. 스토킹은 젊은이들이 당한다는 편견에서 비롯된 행태다.

전문가들은 나이 든 여성의 섹슈얼리티가 인정되지 않는 사회 편견이 여성노인 성폭력을 사각지대로 만들고 있다고 지적했다. 신상희 한국여성의전화 인권정책팀장은 "여성노인들은 신체적으로 유약하고 도주가 불가능해 손쉬운 표적이 되기 쉽다. 또 신고 가능성이 낮다고 예측되기 때문에 가해자에게 더 매력적인 범죄 대상자"라고 지적했다.

신 팀장은 "여성노인 성폭력 피해자의 특성을 감안해 진술조력인, 법률조력인 제도의 확대가 필요하다. 여성노인 성폭력의 특수성에 맞는 프로그램도 개발, 운영돼야 한다"며 "우선 여성노인 성폭력 실태조사, 여성독거노인 파악 등 성인지 통계를 마련하는 기본적인 작업부터 해야 한다"고 말했다.

이 소장은 "여성노인 성폭력은 피해 규모가 다르다. 젊은 세대에 비해 의료비가 노인성폭력 피해자는 10배, 100배 이상 들어간다"며 "노인의 특성에 맞는 폭력 예방 교육 프로그램의 개발이 시급하다. 특히 성폭력 예방교육이 반드시 이뤄져야 한다"고 말했다. 여성노인을 가장 먼저 일상에서 만나고 지원하는 자원봉사자, 사회복지사, 노인복지시설 관련자와 피해 발생 시 지원하는 상담소, 경찰, 의료진, 법조인에 대한 교육이 절실하다는 것이다.

출처 : 여성신문(2013. 5. 13)

(4) 경제적 학대

경제적 학대는 노인의 의사를 무시하고 노인으로부터 재산 또는 권리를 빼앗는 등 경제적 권리와 관련된 의사결정을 통제하는 것을 의미한다. 보다 구체적으로는 노인의 소득이나 재산 등을 임의로 사용하거나, 노인이 스스로의 재산을 사용하는 것을 통제하는 것, 그리고 노인의 재산에 관한 법률적 권리를 침해하는 행위를 포함한다.

(5) 방임

방임은 노인이 보호를 받아야 하는 상황임에도 불구하고 의식주 등 일상생활과 관련된 보호를 제공받지 못하는 경우를 의미한다. 구체적으로는 경제인 능력이 거의 없는 노인에게 부양의무자가 경제적 보호를 제공하지 않거나, 의료적 조치가 필요한 노인에게 적절한 의료적 보호를 제공하지 않는 것, 그리고 노인을 적절하지 못한 환경에 방치해두는 것을 의미한다. 특히 치매 노인의 수가 늘어나고, 전통적인 대가족 형태가 완화됨에 따라서, 인지기능을 상실한 치매노인에 대한 적절하지 못한 대처로 인해 방임사례가 지속적으로 늘어나고 있다.

자기방임은 노인 스스로 자신을 돌보지 않거나 돌봄을 거부함으로써 신체적·정서적·경제적 피해를 야기하는 것을 의미한다. 중앙노인보호전문기관의 통계에 따르면 자기방임의 신고접수건수 중 비율이 1.0%에 불과하던 것이 2015년 기준으로 10배 증가한 10.1%로 늘어났다. 부양의무자인 자녀가 충분한 경제력을 가지고 있고, 부양료 청구심판 소송 등이 존재함에도 불구하고 부모들이 여러 가지 이유로 부양청구를 거부하는 사례들이 존재한다.

3) 예방과 대책

(1) 사법적 개입

노인학대와 관련한 처벌 규정은 「노인복지법」에 규정하고 있다. 「노인복지법」에 따르면, 상해를 입힌 경우 7년 이하 징역 또는 2천만 원 이하의 벌금, 그 외의 경우 5년 이하의 징역 또는 1천 500만 원 이하의 벌금에 처한다. 그러나 노인학대의 사례는 가해자와 피해자 모두 은폐하고자 하는 경향이 있기 때문에, 보통 노인보호전문기관을 통해 신고·접수되는 경우가 많다.

(2) 사회복지적 개입

① 학대 노인에 대한 개입

노인보호전문기관은 전국 32개소가 운영되고 있으며 노인학대 신고전화(1577-1389)를 통해 신고를 접수하고 있다. 노인보호전문기관에 따르면 노인학대로 신고·접수되는 사례의 대다수는 노인학대 신고전화를 통해 접수되고 있다(전체 사례 중 74.1%). 노인보호전문기관에서는 접수된 사례에 대하여 학대가 의심되는 경우 현장조사 및 사정을 통하여 사례를 판정하고 사례에 맞는 서비스를 지원·연계한다. 상담이 필요한 경우에는 학대피해노인 개별상담, 가족상담, 관련자 상담 등을 진행한다. 또한, 필요한 경우 기초수급권 연결, 긴급복지지원 연결, 재가서비스 연결, 사회서비스 연결, 후원 연결 등 복지서비스와 연결하는 업무 역시 제공하고 있다.

만약, 긴급개입이 필요한 학대 사례의 경우에는 학대피해노인전용쉼터를 통해 일시적 보호를 제공하며, 사법적 개입이 필요한 경우 법률서비스와의 연계를 지원하며, 의료서비스가 필요한 사례에 대해서는 이송 및 의료기관 연계, 혹은 의료비 지원까지 제공한다. 더불어, 학대 재발방지를 위해 학대관련 정보를 제공하고 재학대 예방교육을 제공한다.

② 학대 가해자에 대한 개입

앞서 살펴본 바와 같이 노인학대에서 가해자의 개인적 요인이나, 노인에 대한 가해자의 지나친 의존성으로 인하여 발생하는 경우가 많은 것으로 조사되었다. 이에 따라 노인학대를 예방하고 재발을 방지하기 위해서는 가해자에 대한 도움과 서비스 역시 중요하다.

노인보호전문기관에서는 가해자에 대해 상담서비스를 주로 제공하여 개인적 요인 등을 완화하고, 재학대 예방교육 및 기타 정보 제공을 통해 재발을 방지하도록 노력한다. 또한, 가해자의 개인적 문제를 해결할 수 있도록 복지서비스를 연계하고, 의료서비스가 필요한 경우 의료서비스와의 연계도 제공한다.

이 장의 요약

1. 가족폭력은 가정 내에서 발생하는 폭력행위뿐만 아니라 학대, 방임 등을 포함하며, 배우자, 아동, 노인 등 모든 위치의 피해자를 포함하는 일반적으로 사용되는 용어이다.
2. 가정폭력은 신체적 폭력, 정서적 폭력, 경제적 폭력, 성적 폭력, 방임을 의미한다.
3. 가정폭력은 공통적으로 남성주도 경향, 은폐성, 세대 간 전이, 반복성이라는 특징을 보인다.
4. 배우자 학대의 원인은 가해자의 개인적 원인 외에도 최근에는 통제수단으로 폭력을 허용하는 사회문화적 요인, 가부장제에서 기인한 남성의 잘못된 태도와 신념, 가정 내 남녀의 성역할 및 경제권의 일방적 독점 등과 같은 사회구조적 관점이 지목되고 있다.
5. 아동학대의 대부분은 부모에 의해 일어나며, 발달과정에서 일생 동안 영향을 미친다. 또한, 폭력 행위를 학습한 아동은 성장하여 가정폭력의 가해자가 될 가능성이 높다.
6. 노인학대는 신체적·정서적 학대 외에 방임 및 자기 방임의 비중이 다른 가정폭력보다 높은 것이 특징이다. 이는 학대의 원인이 일부 부양부담에 있음을 의미하므로 이에 대한 개입 역시 노인학대 예방에 중요하다.

주요 용어

- **가정폭력** : 가정구성원들 간에 일어나는 모든 폭력행위를 포함하는 말로, 구타 및 폭력(행) 행위뿐만 아니라 학대, 방임 등 신체적, 정신적 또는 재산상 피해를 수반하는 행위를 의미한다. 또한 부부폭력, 아동폭력 등의 단어들과 혼용되기도 하나, 가해자와 피해자 간의 관계를 특정짓지 않는 포괄적인 용어로 사용된다.
- **자기결정**(self-determination) : 장애인에게 부여되는 권리 중에는 거주지나 생활환경의 선택 등의 경우에 장애인 스스로의 의사결정이 존중되어야 한다는 자기결정권이 있는데 이 권리가 타인에게는 해가 되는 결과로 나타날 수도 있어 실현되는 데에는 한계가 있다.

추천하는 자료

1. 성주향 · 김상남, 『물어봐도돼요 : 가정폭력, 성폭력 상담사례집』, 북베리, 2014.
2. 정춘숙 외, 『여성주의적 가정폭력 쉼터 운영의 실제』, 한울아카데미, 2008.
3. L. Schindler, Kurt Hahlweg, Dirk Revenstorf, 이남옥 옮김, 『부부 가깝고도 먼 동반자』, 이너북스, 2009.
4. Martinm G. L, 김연 옮김, 『가정 폭력과 학대』, 두란노, 2002.

가족과 건강

제 6 장

시대가 변화하면서 건강한 개인뿐만 아니라 건강한 가족이라는 개념 역시 변화한다. 과거에는 건강의 개념을 생물학적인 기능에 두었다면, 현대로 넘어오면서 심리, 교육, 사회 적응 등 다양한 기능에 그 의미를 두고 있다.

현대사회에 들어서 삶의 질의 유지를 위한 기본적 요건이 높아지고, 핵가족화되면서 가족구성원들의 부양부담은 점점 커져가고 있다. 사회적으로도 고령화 사회에 들고 출산율이 낮아짐에 따라 미래에는 부양부담이 더 커질 것으로 전망되고 있다. 이러한 사회적 환경 속에서 한국 사회복지는 가족의 건강을 위한 다양한 개입의 필요성이 대두되고 있다.

이 장에서는 치매 및 노인성 질환으로 인한 가족의 건강문제, 장애인 가족의 건강문제, 알코올이나 도박, 스마트폰 중독으로 인한 가족의 건강문제에 대해 살펴보고자 한다.

장애인 가족의 건강문제는 오랜 역사를 가지고 있다.

1. 가족과 건강의 관계

건강은 의료 및 보건 기술의 발달과 함께 그러한 기술과 정보를 개인적으로 소비하는 것이 가능해졌다. 건강문제가 개인수준에서도 관리할 수 있다는 인식이 확산되면서 건강에 대한 관심과 요구가 더욱 높아졌다. 특히나 가족 내에서 건강문제는 다른 가족구성원에게도 지대한 영향을 미친다는 점에서 건강한 가족에 대한 관심 역시 높아지고 있다. 건강에 대한 관심이 커진 또 다른 이유는 고령인구의 빠른 증가이다. 고령인구는 사회정책과 연금, 의료, 보호 서비스 및 시설에 소요되는 국가 경비의 측면에서 중대한 대상이 된다.

가족과 건강 두 영역의 상호관련성을 밝히는 연구들은 가족이라는 사회적 단위와 건강의 관련성을 통해 기존 의학이나 보건학 연구에서 크게 관심을 두지 못했던 미시적 수준에서 이루어진다. 사회적 과정에 대한 조명이 이루어졌고, 이는 건강 형성과정에 관한 기존 지식의 간극을 메우는 데 크게 기여하였다.

건강이 가족에게 미치는 영향을 고려하는 연구는 개인의 신체 및 정신적 건강함이 어떻게 개인의 선택과 행동을 제한하게 되는지, 취약한 건강상태 때문에 발생하는 사회적 불이익/불평등은 무엇인지, 가족구성원 중 하나의 건강 사건으로 가족의 구조나 기능적 변화는 어떻게 이루어지는지에 주목한다.

가족은 건강상태가 악화된 가족원을 돌보는 일차적 역할을 담당하고 있으며, 가족과 건강 간의 관계 연구는 실제로 가족원의 건강악화라는 특정한 상황이 가족에게 미치는 영향을 발견하는 데 도움을 줄 수 있다. 또한 돌봄/부양을 담당하는 가족의 상호작용이 그렇지 않은 가족과 얼마나 다른가도 살펴볼 수 있다(Szinovacz & Davey, 2008).

돌봄/부양의 문제는 이후 고령인구의 급격한 증가로 누구나 겪는 생애사건으로 인식되었고, 만성질환을 앓고 있는 노인과 그 가족에 관한 연구가 이러한 사실을 잘 말해주고 있다(한경혜, 1998). 비단 생애후반기에만 건강문제가 가족의 이슈로 등장하는 것은 아니다. 건강 사건을 알고 보면 생애과정 전반에 걸쳐서 등장하며 이는 가족 상호작용의 많은 부분의 변화에서 온다. 만약 가족이 건강하지 못하다면 사회적으로도 부정적인 영향을 미치게 된다는 점에서 가족 건강은 사회와도 밀접한 관련성이 있다.

본 장에서는 치매 및 노인성 질환가족, 장애인가족, 중독자가족으로 나누어 살펴보고자 한다.

2. 가족의 건강문제

1) 치매 및 노인성 질환

일반적으로 인간은 노화가 진행될수록 다양한 건강문제를 경험한다. 특히, 노인성 질환이라고 일컬어지는 질병이나 치매 등은 주로 대다수의 노인들이 경험하는 증상이다. 이러한 질병들의 특징은 만성적으로 나타나며, 다른 질환들과 연쇄적으로 나타난다는 점에서 일상생활에 끼치는 영향은 일반적인 질병들에 비해 훨씬 더 심각하다.

질환을 가진 노인은 새로운 사회문제로 떠오르고 있다.

건강보험공단에서는 치매를 "정상적인 정신능력을 잃어버린 상태로, 대뇌 신경 세포의 손상 따위로 말미암아 지능, 의지, 기억 따위가 지속적·본질적으로 상실된 경우"로 정의하고 있다. 치매노인이라 함은 이러한 장애로 인한 임상적 특징을 나타내는 65세 이상의 사람을 말한다. 치매의 원인이나 증상은 다양하지만 공통적으로 뇌의 기능이 저하됨에 따라서 대화를 이해하지 못하는 언어장애가 나타난다거나, 전두엽 기능의 손상으로 신경질이 늘어난다거나, 자신의 집을 찾지 못한다거나, 혹은 피해망상을 갖게 되는 등 일반적인 사회적 활동을 어렵게 만든다. 특히, 자신의 상황을 인지하지 못하고 자신을 수발하는 주 부양자가 자신을 학대한다고 주장함으로써 가족 간의 갈등을 만들어내기도 한다.

건강보험공단의 노인성 질환에 대해 "사람이 나이가 듦에 따라 일반적으로 나타나는 질환이며, 노인성 질환의 특징은 한 사람이 여러 질환을 가지고 있으며, 그 원인이 기관장애에 있는 경우가 많아 만성적으로 나타나는 것이 그 특징"으로 정의하고 있다. 이러한 특징으로 노인성 질환은 낮은 회복가능성 및 복합적 증상을 나타냄에 따라 노인성 질환자의 가족은 질환자의 지속적 건강관리, 사고 예방 등을 위해 지속적인 관찰 및 관리 등으로 많은 시간이 필요하다.

과거에는 노인의 건강문제를 노화과정에서 나타나는 자연스러운 현상으로 보았다. 따라서, 가족이 아픈 노인을 잘 수발하는 것이 효도라 생각함으로써 결과적으로 사회적 개입을 막고 있었다. 그러나 사회의 변화와 노인인구가 급격히 증가하고 노인의 질환들이 의학적으로 규명됨에 따라서, 사회적 지원이 필요하다는 인식이 확산되고 있다. 그러나 한국사회가 미덕으로 생각하는 '효' 문화에서는 시설에 부모를 위탁하는 것에 대한 거부감이 있어 여전히 가족부담이 높은 것으로 나타난다. 치매 노인을 부양하는 가족은 "숨겨진 환자"라고 할 정도로 만성피로, 수면 장애, 두통, 우울증에 시달리기 때문에 치매 노인이 가족의 건강에 미치는 영향이 크다. 다음에서 노인 가족의 건강문제에 대해 살펴보고자 한다.

(1) 노인 가족의 현황

한국사회가 2000년 고령화 사회에 접어들었으며, 2017년 고령사회(노인인구14% 이상)에 들어섰다. 이는 이전 통계청이 예측한 2019년(보건복지부 정책통계포럼, 2009)보다 2년 앞선 것으로 노인인구의 증가가 가속화되고 있음을 말해준다. 통계청에 따르면 2017년 노인인구는 7,076천명으로 된다. 이 중 약 40% 정도의 노인이 건강상태가 좋지 않은 것으로 조사(보건복지부)되었으며 그 중의 50% 정도가 3가지 이상의 만성질환을 가진 것으로 나타났다. 노인인구 중 치매 노인환자수는 2017년 기준 총 724,857명이며(중앙치매협회), 이는 노인인구의 약 10%로, 사실상 노인인구의 50% 정도가 노인성 질환으로 혼자서는 일상생활을 유지하기 어려운 상태에 있다고 추측할 수 있다. 또한 다음의 〈표 6-1〉과 같이 중등도 이상의 치매 환자가 상당하다는 점에서 상당한 노인인구가 부양이 필요한 상태임을 알 수 있다.

표 6-1 치매 중등도별 비율 (단위 : %)

	치매경도	치매 중등도	치매 중등
비율	57.1	26.9	16.0

출처 : 중앙치매협회 홈페이지(2017).

건강특성별 노인 가족의 구성을 살펴보면(보건복지부, 2017) 만성질환을 하나 이상 가진 노인 가족 구성은 독거노인이 25%, 노인부부가족이 48%. 자녀와 같이 사는 경우가 23%, 기타 가족이 4% 정도로 조사되었다. 따라서 노인 스스로, 혹은 노인인 부양자가 노인을 돌보는 경우가 70%가 넘는 것으로 추측할 수 있다.

특히 보건복지부 치매노인실태조사에 따르면 치매 환자의 76.4%가 적어도 1가지 이상의 정신적 증상의 행동을 보이는 것으로 조사되었다. 이와 더불어, 노인의 특성상 이동에 어려움도 따르기 때문에, 화장실 이용, 식사하기, 세수, 목욕, 교통편 이용, 장보기, 조리, 세탁 등을 독립적으로 수행할 수 없다는 점에서 부양자가 필요하며, 경증 치매일지라도 어떤 증상이 나타나는가에 따라 일상생활의 독립적 수행이 불가능할 수도 있다.

노인이 가정 내에서 배우자 혹은 부모라는 사실은 가족구성원에게 환자의 수발이 의무감이 된다. 노인의 수발은 활동지원, 조리, 세탁뿐만 아니라 대소변까지 처리해야 하는 등 일상생활 전반을 수발해야 한다는 점과 "효"에 대한 의무감으로 가족구성원은 신체적 · 심리적 스트레스를 받게 된다. 또한, 경제적인 부담 역시 무시할 수 없다. 더불어, 치매는 만성질환이며 노인질환이기 때문에 의료서비스에 대한 의존도 역시 높아 경제적으로 부담이 매우 크다. 이러한 스트레스는 극단적인 상황으로 치달아 치매노인의 자살뿐만 아니라 가족구성원의 자살까지 이어질 수 있다는 점에서 사회의 경각심과 지원이 필요하다.

(2) 노인 가족의 건강

노인의 부양에 대한 부담은 주 부양자와 가족구성원의 신체적 · 정신적 건강에 상당한 영향을 미친다. 전통적인 부양형태에서는 주 부양자의 60~70%가 여성으로 주로 딸, 며느리, 여성 배우자 등이었으나, 평균 수명이 길어지고 핵가족화와 부모부양에 대한 부담이 커지면서 노인을 돌보는 주 부양자가 남성 배우자나 아들인 경우도 늘어나고 있다. 따라서, 최근에는 성별과 관계없이 부양 부담으로 인한 가족들의 건강 상실이 증가하고 있다.

노인가족의 건강을 해치는 요인으로는 노인의 일상생활 전반을 수발하는 와중에 생기는 스트레스, 외상, 피로 등으로 인한 심장질환, 요통, 관절염, 소화불량과 같은 신체적 증상이 나타나고, 수면장애, 두통, 우울감, 무기력함, 좌절감 등과 같은 정신적 증상도 수반된다. 특히 치매와 같은 인지장애는 종종 수발자에 대한 불만과 험담으로 가족 내의 관계 및 사회적 관계를 악화시키기도 한다. 특히 주 부양자가 며느리인 경우 그 갈등은 더욱 심화될 수 있으며, 이는 부양책임에 대한 가족 간의 갈등으로 발전할 수도 있다.

가족구성원의 건강을 더욱 악화시키는 요인으로는 노인의 인지장애가 있다. 노인이 인지기능에 문제가 있을 경우, 혼자 두면 여러 사건을 일으킬 수 있기 때문에 주 부양자는 본인의 시간 대부분을 부양노동에 사용한다. 따라서 주 부양자는 오랜 시간이 걸리는 치료를 미루는 경향이 있으며, 특히 주 부양자가 배우자, 즉 같은 노인일 경우 이러한 경향은 더욱 잦아진다.

(3) 노인 가족의 경제

건강이 좋지 않은 노인의 부양과 노인 부양으로 인한 가족 건강의 악화는 경제적 위협으로 다가올 수 있다. 보건복지부 2017년도 노인실태조사에 따르면 보건의료기관(보건소 및 병원, 한의원 등)을 방문한 경우는 지난 1달 동안 평균적으로 2.4회이며, 4회 이상 방문한 경우도 20%에 육박하였다. 또한 전체 노인의 16.8% 정도가 1년에 한 번 정도 입원한 경험이 있는 것으로 조사되었다.

이처럼 노인을 부양하는 가족은 보건의료기관에 대한 의존도가 높으며, 보건의료비는 월평균 지출액의 10% 정도를 지출하는 것으로 조사되었다. 노인 만성질환의 경우, 경과가 좋아지는 경우는 드물기 때문에, 이러한 보건의료비는 지속적으로 지출될 가능성이 높다. 치매로 인한 장기요양시설의 입소, 혹은 외상 등으로 인한 요양병원으로의 입원 등이 발생할 경우, 보건의료비 부담은 더욱 커질 수밖에 없다.

또 다른 노인 가족의 경제적 위협은 주 부양자가 노인의 수발을 위하여 생업을 포기해야 하는 경우에 발생한다. 노인의 수발을 위해서 주 부양자는 가사노동 및 노인에 대한 수발노동을 수행해야 하며, 이는 사회활동의 제약을 가져올 수밖에 없다. 이는 수발에 대한 스트레스와 동시에 자신의 활동이 제약된다는 이중고를 가져오며, 동시에 경제적 활동의 제약으로 더욱 부양부담이 늘어나 상황을 악화시키게 된다. 따라서, 노인 가족을 지원하는 다양한 사회서비스가 요구된다.

2) 장애

장애인 가족이란 가족구성원 중 장애를 가진 사람이 있는 가족을 의미한다. 장애를 바라보는 시각은 다양하다. 전통적으로 의료모델은 개인이 가진 장애를 결함으로 바라보고, 의료적 개입을 통해 문제를 해결하려고 한다. 이를 반대하여 1970년대 핀켈스타인(Vic Finkelstein)을 비롯한 영국 사회학자들은 장애에 대한 사회적 모델을 제시하였다. 이는 장애 그 자체보다도 장애를 둘러싼 사회적 환경의 제약에 초점을 맞춘 것으로, 장애로 인한 결함 자체가 문제가 아니라 장애를 가진 개인이 주류사회에서 배제되는 사회구조를 문제로 바라보는 시각이다. 즉, 손상(impairments)과 장애(disability)의 개념을 분리하여 장애인이 가지는 사회적 문제들이 개인이 가진 손상에서 오는 것이 아니라 사회적 구조에서 기인한다는 설명이다. 따라서, 장애인 가족 복지를 위해서는 사회복지정책 등을 통하여 장애에 대한 대책을 마련하는 등 사회의 적극적 개입이 대단히 중요하다.

가족구성원 중 한 명 이상이 선천적 · 후천적 장애가 있을 경우, 가족이 가지는 스트레스와 위험은 그렇지 않은 가족에 비해 훨씬 더 크다. 장애인을 둘러싼 가족 간의 갈등뿐만 아니라 치료 및 재활 등을 위한 경제적 부담을 가지게 되며, 장애인을 부양하기 위해 시간과 공간을 제약받아 사회적 활동에도 어려움을 겪게 된다. 또한 이러한 어려움은 주 부양자의 심리적 · 신체적 문제를 가져올 가능성이 높고, 결국 가족해체까지 가져올 수 있다.

(1) 현황

장애인 가족의 현황은 장애인구의 현황을 통해 추정할 수 있다. 보건복지부 통계

(2015)에 따르면, 2014년 기준으로 장애인은 약 267만 명 정도로 추정된다. 이 중 지역사회에 있는, 즉 가정에 머물고 있는 장애인은 2,580,340명으로 전체 장애인의 97%를 차지하고 있는 것으로 추정되고 있다. 이처럼 장애인 현황을 추정하는 것은 장애인에 대한 부정적인 인식이나 등록절차 등에 대한 접근성 부족, 등록 비용이나 과정상의 번거로움 등으로 등록되지 않는 장애인의 수가 있기 때문이다.

아래의 〈표 6-2〉와 같이 장애인 가족들을 대상으로 한 장애 발생원인 조사 결과를 살펴보면, 주로 후천적인 원인(88.1%)에 의한 경우가 많다는 것을 알 수 있다. 후천적 원인에서도 질환이 56%를 차지하며, 사고가 32.1%를 차지하고 있다. 동시에, 장애인의 부양부담이 여전하다는 사실은 〈상자글 6-1〉에서 확인할 수 있다. 결국 질환에 대한 적절한 개입이 장애로 인한 가족의 부담을 줄일 수 있다는 점에서 가족 건강에 대한 사회적 관심이 중요하다는 것을 알 수 있다.

표 6-2 재가 장애인의 장애발생 원인

(단위 : %)

		2014년	2017년
선천적 원인		4.7	5.1
출산시 원인		1.3	1.4
후천적 원인		88.9	88.1
	질환	56.2	56.0
	사고	32.7	32.1

출처 : 보건복지부. 2017년 장애인실태조사(2018).

상자글 6-1 장애인 일상생활 도움, 여전히 '가족 부담'

81.9% '가족 의지' … 공적서비스 도움 13.9% 불과
장애 추가 비용 월 16만 5100원, 주치의제도 "필요"

장애인들이 일상생활 수행 시 여전히 가족에게 도움을 의지하고 있는 것으로 조사됐다. 81.9%가 여전히 가족 몫인 반면, 활동지원사 등 공적 돌봄서비스 비율은 13.9%에 불과했다.

보건복지부는 장애출현율, 장애인구 추정, 장애인(가구)의 생활 실태, 복지욕구, 건강상태 등에 대한 '2017년 장애인 실태조사' 결과를 19일 발표했다.

이번 실태조사는 장애인복지법에 근거해 1990년 1차 조사 이후 8번째로, 한국보건사회연구원을 통해 전국 3만 6200가구에 대한 방문 면접조사를 통해 실시됐다.

조사 결과, 우리나라의 추정 장애인구 수는 267만 명이며, 장애출현율은 5.4%로 인구 1만 명 중 539명이 장애인인 것으로 나타났다.

출처 : 에이블뉴스(2018. 4. 19.)

(2) 장애인 가족의 건강

장애인은 비장애인에 비해 만성질환에 쉽게 노출된다. 보건복지부 2017년 장애인실태조사 결과에서 조사한 〈표 6-3〉을 보면, 장애인의 흡연율이나 고위험 음주율은 전체 인구의 음주율보다 낮음에도 불구하고 고혈압, 당뇨병 등 만성질환비율은 더 높고, 우울감이나 자살 생각 역시 전체 인구에 비해 높은 것으로 조사되었다. 이는 장애를 가짐으로써 신체적·정신적 병리 증상에 취약하다는 것을 알 수 있다. 이는 장애인이 가지는 신체적 요인으로 인해 병원에 정기적이고 지속적인 진료 및 치료가 필요함에도 불구하고, 비장애인에 비해 여러 가지 이유로 병원에 갈 수 없는 미충족 의료율이 높기 때문인 것으로 보인다.

표 6-3 장애인과 전체장애인 건강요인 비교

(단위 : %)

	장애인구	전체인구
흡연율	18.7	22.6
고위험 음주율	11.0	13.2
고혈압*	46.9	33.5
당뇨병**	21.9	13.0
우울감 경험	18.6	13.3
자살생각	14.3	5.1
미충족 의료율	17.2	8.8

*, ** 30세 이상 기준

출처 : 보건복지부. 2017년 장애인실태조사(2018).

미충족 의료율은 의료보건서비스에 대한 욕구가 있으나, 어떤 이유로든 의료서비스를 충분히 이용하지 못하는 경우를 말한다. 미충족된 주된 이유로는 아래 〈표 6-4〉에서 보는 바와 같이 첫째, 경제적인 이유(39.3%)가 가장 높았으며, 교통편의 불편함(25.2%), 동행할 사람이 없어서(7.4%) 등 의료서비스에 대한 지원의 미비에서 기인한 것으로 볼 수 있다. 이와 같은 사실에서 장애인은 비장애인에 비해 일상생활을 유지하기 위해서는 더 많은 지원이 필요하다.

표 6-4 의료 미충족 이유

(단위 : %)

	2014년	2017년
경제적 이유	58.7	39.3
병의원 등에의 예약 어려움	1.9	0.1
교통편 불편	15.5	25.2
병의원 등에서의 오랜 기다림	2.5	0.9
증상의 가벼움	6.4	6.9
의료기관의 장애인 편의시설 미비	1.8	1.2
의사소통의 어려움	4.3	2.5
의료진의 장애에 대한 이해 부족	2017년 신설 문항	0.6
시간이 없어서	2017년 신설 문항	14.1
의료기관 방문시 동행할 사람이 없음	2017년 신설 문항	7.4
어떤 의료기관에 가야 할지 몰라서	2017년 신설 문항	1.0
기타	2.6	0.6

출처 : 보건복지부. 2017년 장애인실태조사(2018).

그러나 아래 〈표 6-5〉와 같이 장애인의 생활을 지원하는 주 부양자는 81.9%가 가족구성원으로 여전히 가족의 부담이 높다. 우리나라 장애인의 34.0%가 일상생활에서 타인의 도움을 필요로 하며, 일상생활에 도움이 필요할 경우, 36.4%의 장애인이 아직까지 도움이 충분하지 못하다고 답변하였다. 도움이 장기적이고 일상적일 수밖에 없는 장애인의 특성상, 주 부양자는 사회적 지원 없이는 일상생활에서 상당한 희생을 감내할 수밖에 없다. 이는 주 부양자 및 가족에게도 부정적 영향을 미칠 수 있지만, 장애인 본인에게도 자괴감 혹은 죄책감, 또는 부담을 주는 당사자라는 두려움 등 부정적 감정으로 나타날 수 있다. 이는 장애인 본인의 정신병리적 문제뿐만 아니라 또 다른 가정 내의 갈등, 심지어는 가정폭력 문제까지 야기할 가능성이 있다.

표 6-5 주 부양자의 유형

(단위 : %)

대분류	비율	소분류	비율
가족	82.4	배우자	39.4
		부모	21.1
		자녀(며느리, 사위 포함)	16.6
		형제·자매	3.7
		조부모	0.5
		손자녀	0.3
		기타가족	0.3
		친척	0.5
돌봄서비스제공자	11.7	활동보조인	2.2
		가정봉사원	0.6
		간병인	2.4
		요양보호사	8.7
기타	3.7	친구	0.2
		이웃	1.1
		기타	2.4

출처 : 보건복지부. 2017년 장애인실태조사(2018).

(3) 장애인 가족의 경제

장애인을 가족구성원으로 두는 경우, 장애로 인한 추가비용이 지출된다. 예를 들어, 비장애인에 비해 더 자주 병원을 가야 하기 때문에 병원비가 추가적으로 지출되며, 병원을 방문할 때도 비장애인이 버스를 이용하거나 걸어가는 가까운 거리일지라도, 장애인은 택시를 이용하거나 자가차량을 이용해야 하는 경우가 많아 교통비가 추가적으로 지출된다. 또한, 부양자의 사망을 대비한 노후대비비 역시 비장애인에 비해 많이 지출하는 것으로 다음 〈표 6-6〉과 같이 조사되었다.

표 6-6 장애로 인한 추가 소요비용(월평균)

(단위 : 천원)

구분	2014년	2017년
교통비	25.6	20.5
의료비	66.0	65.9
보육 · 교육비	4.1	8.0
보호 · 간병비	13.6	20.6
재활기관이용료	4.2	4.8
통신비	9.9	9.8
장애인보조기기 구입 · 유지비	18.9	7.2
부모 사후 및 노후대비비	16.8	22.9
기타	5.1	5.4
총계	164.2	165.1

출처 : 보건복지부. 2017년 장애인실태조사(2018).

이렇게 추가 비용이 많이 드는데도 장애인의 월평균 임금은 1,710,000원 정도로 전국 임금근로자 월평균 임금의 70.4%수준(2,430,000원 정도)으로 조사되었다(아래 <표 6 - 7> 참조). 이는 장애인의 취업이 비장애인의 취업에 비해 어렵다는 점과 더불어 장애인 가족은 경제적으로 취약할 가능성이 높다. 만약 장애인이 주 소득자일 경우에는 경제적 문제가 더욱 심각할 수밖에 없다는 것을 추측할 수 있다.

표 6-7 소득관련 장애인과 비장애인 비교(월평균)

(단위 : 천원, %)

구분	취업 장애인 평균	전국평균
월평균 임금(천원)	1,710	2,430
취업자 비율(%)	36.92	61.3
실업률(%)	5.06	3.8

출처 : 보건복지부. 2017년 장애인실태조사(2018).

3) 중독

중독이란 알코올이나 마약과 같은 약물 남용에 의한 신체적 · 정신적 의존을 말한다. 심리적인 의존성이 있어 계속 물질이나 행동을 찾게 되며, 신체적 의존이 있어 복용을 중단하지 못하고 결국은 신체적, 정신적 건강을 해치게 되는 상태가 된다. 물질 중독에는 술, 약물이 있으며, 행위 중독에는 인터넷, 게임, 도박 등이 있다.

중독의 과정은 '긍정적 보상경험'을 통해 행위를 반복하고, 그에 따른 내성 및 금단 증상으로 그 행위에 의존하게 된다. 그러나 내성으로 보상의 강도는 점점 하락하기 때문에 더욱 강하게 의존하게 되며, 결국 조절능력을 상실하여 문제가 나타남에도 불구하고 반복하는 것이 중독의 일반적인 현상이다.

중독의 종류는 물질 중독과 비물질 중독으로 구분된다. 물질 중독으로 대표적인 것은 알코올 중독이나 마약 중독이며, 비물질 중독으로는 도박 중독이나 스마트폰 중독 등이 있다. 이러한 중독에 영향을 미치는 요인으로는 개인적 요인 외에도 사회·문화적 관습 역시 중요하다. 예를 들어, 한국사회 알코올 중독의 경우, 약 200만 명 정도가 알코올 중독에 있는 것으로 추산되며, 음주운전, 음주 후 폭력, 음주로 인한 질병 등으로 많은 사회문제를 일으키고 있다. 그러나, 한국사회에서는 코카인, 헤로인 등과 같은 마약 중독이 사회적 문제로 부각되지 않고 있는데, 이는 마약 등에 대해서는 엄격히 관리하고 있기 때문이다. 즉, 마약에 대해서는 강력히 처벌하고 있어 중독단계로 가지 못하고 있으나, 음주에 대해서는 관대한 문화가 있고 문제 행위에 대해서는 술로 인한 실수로 넘기는 경향이 있기 때문에 알코올 중독이라는 더욱 심각한 결과를 가져오고 있다.

중독은 개인에게 신체적·정신적 변화를 가져오며, 동시에 중독된 자극 외의 다른 일에는 무기력해지는 것을 특징으로 한다. 이에 따라, 개인의 내적 변화뿐만 아니라 외적 변화까지 일으키게 된다. 특히 알코올, 도박, 인터넷 중독의 경우 기회가 우리 주변에 일상적으로 존재하기 때문에 더욱 심각하다. 본 단락에서는 알코올, 도박, 스마트폰 중독을 중심으로 가족의 건강을 살펴보고자 한다.

(1) 중독 가족의 현황

중독은 중독자 자신뿐만 아니라 가족과 지인에게 광범위하게 영향을 미치며, 그 중 자신 이외에 가장 큰 영향을 미치는 것은 결국 가족일 수밖에 없다. 현재 한국사회의 중독현황은 알코올 중독이 12.2%(보건복지부, 2016), 도박 중독이 5.1%(사행산업통합감독위원회,

2016), 스마트폰 중독은 18.6%(과학기술정보통신부, 2017)로 조사되고 있다. 그러나, 중독행위에 대한 사회적 낙인으로 인하여 자신과 가족의 중독 사실을 숨기고자 하는 경향이 있기 때문에, 더 많은 중독 가족이 있을 것이라 추측된다.

중독자는 다른 일에는 무기력해지며, 다양한 문제들을 만들어 냄으로써 환자나 가족 간의 갈등이 촉발될 수 있다. 이러한 갈등으로 인하여 중독자는 더욱 중독행위에 의존하며, 문제상황은 악화될 수밖에 없다.

그들은 중독 자극을 지속적으로 유지하길 원하며, 자극과 단절될 경우 금단증상을 경험한다. 금단증상으로 인해 중독자는 신경질이나 불안함 등의 심리적 증상 외에도 수전증, 두통, 빈맥, 수전증 등 신체까지 다양한 증상을 보인다. 이러한 금단증상으로 인하여 중독자는 다양한 문제들을 감수하고서라도 자극 행위를 지속한다. 예를 들어, 알코올 중독자가 술을 사기 위하여 절도행위를 한다거나 혹은 배우자나 자녀에게 술을 가져오도록 폭력을 행사하기도 한다. 특히, 가족 내 폭력행위의 25%가 배우자의 음주가 원인이 된다는 점에서 상당히 심각하다. 또한, 도박이나 스마트폰 중독 같은 경우에도, 이를 통제하고자 하는 가족의 언행에 반발하여 폭력을 행사하거나 자해하는 등 다양한 문제행위가 나타난다.

또한 대부분의 중독자는 중독 행위로 인하여 일상적인 사회행동에도 문제가 발생하고, 또한, 경제적인 문제에 처하는 경우가 많다. 특히, 도박 중독의 경우에는 사채와 연결되는 경우가 많기 때문에 경제적으로 가정을 완전히 파탄 내기도 한다. 또한, 스마트폰 중독자가 학생인 경우, 학업 등에 지대한 영향을 미치므로 가정 내, 혹은 사회적 갈등의 원인이 되기도 한다.

중독자의 중독 행위에 대해 가족은 첫째, 통제할 때 보이는 중독자와의 갈등을 피하고자 중독 행위를 방치하거나 중독 행위에 뒤따르는 문제 행위를 가족구성원이 무마하려 한다. 혹은 중독자의 중독 행위에 대해 가족구성원은 중독자의 잘못만으로 몰아가거나, 혹은 가족관계를 단절하려 하기도 한다.

(2) 중독 가족의 건강

중독은 두뇌에 영향을 미치며, 호르몬 등의 불균형으로 중독자는 감정적으로 불안정 상태가 된다. 이러한 중독자의 건강상태는 본인뿐만 가족의 건강에도 광범위하게 영향을 미친다. 중독자는 자기조절이 되지 않기 때문에 충동적인 행동을 하는 경우가 많으며, 가족구성원이 자신을 통제하려 할 경우, 대화를 회피하거나 말다툼, 심한 경우에는 폭력행위까지 발전할 수 있다. 이러한 중독자의 행동은 가족구성원들에게 심각한 신체적·정신적 스트레스를 유발하며, 동시에 외상 등으로 신체적 질병까지 유발할 수 있다.

중독은 개인적 요인, 가족적 요인의 차이에 따라 각 가족구성원들에게 다른 방식으로 영향을 미칠 수 있다. 가족은 신체적·정서적·사회적으로 밀접한 연대관계를 맺고 있기 때문에, 중독자의 중독 행위로 인한 스트레스로 다른 가족구성원까지도 중독물질에 의존할 가능성이 있다. 대체로 중독자에게 폭행, 방임이 발생할 수 있으며, 이로 인한 우울 및 정신질환, 중독, 심지어는 자살까지 이어질 수 있다.

(3) 중독 가족의 경제

중독자는 자극을 지속적으로 유지하고자 노력하기 때문에, 이는 가족의 경제적 위기를 가져올 수 있다. 특히 도박의 경우, 더 큰 자극을 위하여 더 높은 액수의 도박에 참여하며, 심지어는 사채 등을 통해 가족의 경제를 파탄에 이르게 하기도 한다. 그 외에도 가장 일반적으로 사용되는 합법 약물인 알코올의 경우, 그 자체가 경제적 위기를 가져오기보다는 음주 후 발생하는 문제적 행동으로 인하여 업무능력이나 기능의 저하로 경제적 위기에 처할 가능성이 더 높다.

도박 중독의 경우 다음 〈표 6-8〉과 같이 크게 4단계의 과정을 거치는데, 승리단계, 손실단계, 절망단계, 포기단계를 거치면서 중독된다(한국도박문제관리센터). 이 과정에서 중독자는 빚, 즉 경제적 손실을 경험하며, 음주 등에 중독되어 문제가 더욱 악화된다.

표 6-8 도박중독의 진행과정

승리단계	손실단계	절망단계	포기단계
• 우연한 도박 • 흥분 • 대박경험 • 승리에 대한 환상 • 배팅액의 증가	• 도박에 집착 • 빚이 늘어남 • 도박 사실 숨김 • 거짓말 • 대인관계문제	• 빚을 갚아 줄 것을 주변에 요청 • 대인관계에서의 소외 • 도박하는 시간 증가 • 법적 문제 발생	• 자살문제 • 부부문제(이혼) • 금단증상 • 약물사용과 음주 증가 • 정서적 고통

출처 : 도박관리센터 홈페이지(2018).

이러한 경제적 문제는 중독 가족을 더욱 어렵게 한다. 도박중독 문제는 주로 중년층의 남성에게서 나타난다(2016년 도박중독 서비스 이용자 중 남성 97%, 여성 3%). 또한, 알코올 중독 역시 여성에 비해 남성의 비중이 높게 나타난다(보건복지부의 2017년 조사에 따르면 알코올 중독 유병률 남성 18.1%, 여성 6.4%). 한국사회의 가정에서 중년층 남성이 대부분 가족의 경제를 책임진다는 점에서 그의 가족들이 경제적 위협에 쉽게 노출될 수 있다는 점을 추측할 수 있다. 중독자가 중독자극을 유지하기 위해 더 많은 비용을 소비하며, 이로 인해 중독 가족들은 더 많은 신체적·정신적 질환에 노출될 요인이 많다는 점까지 고려한다면 경제적인 위기에 처할 가능성이 높으며, 가족의 건강까지 위협할 수 있다는 점에 주목하여야 한다.

3. 사회복지적 대책

본 단락에서는 노인, 장애인, 중독자에게 직접 제공되는 서비스보다는 그 가족의 부담과 스트레스를 경감시켜 주는 다양한 사회복지 서비스에 대해 살펴보고자 한다. 일반적으로 건강문제로 인해 가족들이 경험하는 위기에 대처하여 부양부담에 대한 경제적 지원과 일상생활 지원 및 장기요양 보호 등이 이에 해당된다.

1) 경제적 부담의 경감

문제를 가진 가족은 경제적 위험을 수반한다. 따라서 경제적 지원은 전(全)목적적 수단으로서 다양하게 활용되며, 가족들에게 가장 절실한 사회 지원 중 하나이다. 앞서 살펴본 바와 같이 치매 및 질환을 가진 노인 가족과 장애가족은 일반적인 가정에 비해 더 많은 보건의료비용이 지출된다. 현재 한국의 국민건강보험은 입원비용의 80%, 진료비의 45~70%를 지원하며, 그 외 비용은 본인이 부담하도록 하고 있어 부양기간이 길어질수록 부양가족의 가계에 부담이 될 수밖에 없다.

의료보험과 마찬가지로, 노인이나 장애에 대한 경제적 지원은 간접적으로 행해지는 경우가 많다. 예를 들어, 노인이 치매나 노인성 질환으로 일상생활의 유지가 어려운 경우 시설에 입소하게 되는데, 이때 건강상태에 따라 등급을 매기며, 이에 맞춰 입소비용을 지원받는다. 또한 아동장애인의 경우 아동의 건강한 발달을 위한 재활비용의 지원으로 가족의 월평균소득에 따라 각종 발달재활서비스를 제공된다.

2) 부양부담의 경감

(1) 가족 교육

가족의 건강문제는 치매나 질환, 장애, 중독에 대한 이해의 부족에서 오는 경우가 많다. 가족은 평생을 함께해나가야 하는 동반자라는 점에서 이러한 교육 프로그램은 매우 중요하다. 건강문제의 원인과 증상, 치료 및 대처방안에 대해 숙지하는 것은 환자를 이해하고 대처방안을 습득하여 삶의 질을 향상시키는 기반이 될 뿐만 아니라 부양자의 부담과 스트레스를 경감시켜줄 수 있다. 예를 들어, 장애 아동을 키우는 부모를 위한 교육이나 치매노인을 모시는 부양자에 대한 교육을 통해 부양자를 준전문가의 역할을 수행할 수 있도록 도울 수 있다.

(2) 자조집단

자조집단은 공통의 문제를 가진 사람들이 하나의 그룹 또는 단체로 지속적으로 자신들의 문제를 공유함으로써 해결을 위한 정보나 자원을 교환하는 자발적 조직을 의미한다. 자조집단의 목적은 다음과 같다. 첫째, 가장 기본적 목적은 정보의 교류이다. 자조집단은 비슷한 상황에 처했거나 혹은 비슷한 상황으로 서비스를 이용하는 사람들의 모임이다. 따라서 문제에 대한 정보뿐만 아니라, 대처방안, 그리고 서비스에 대한 정보 역시 쉽게 얻을 수 있다. 둘째, 자조집단은 자발적으로 형성된, 공통된 문제를 지닌 구성원으로 구성되기 때문에 친밀성을 가지며, 상호 간의 지지를 통해 문제해결의 의지를 다질 수 있다.

(3) 일상생활 지원

노인성 질환이나 장애가 심각할 경우, 일상생활 자체에 지원이 필요하다. 여기서 일상생활이라 함은 식사, 세면, 위생관리, 신체기능 유지, 화장실 이용, 외출, 목욕 등을 의미한다. 중증 장애나 질환을 가진 구성원이 있을 경우, 가족의 한 명 이상은 생활 전반에서 환자를 보호하여야 한다. 이에 한국에서 노인돌봄서비스나 장기요양보험 중 방문요양서비스를 통해 노인의 일상생활을 지원하며, 장애 가족의 경우 장애인활동지원서비스를 통해 일상생활에서 주 부양자의 부담을 덜어주고 있다. 일상생활에서뿐만 아니라, 가족구성원의 휴식이나 긴급한 상황을 대비하여 단기보호서비스를 제공하기도 한다. 특히 치매노인의 경우, 방문요양 외에도 주간보호서비스를 통해 가족구성원이 직장이나 사회활동 등 일상생활을 유지할 수 있도록 지원하고 있다. 또한, 홍보가 미비하여 이용률이 저조하긴 하지만, 다음의 〈상자글 6-2〉와 같이 가족휴가제나 돌봄휴직제도 등을 통해 일·가정 양립을 지원하는 등 다양한 서비스가 제공되고 있다.

상자글 6-2 일하며 노부모 돌보는 서울시민 90% 여성 … 부양 노인 절반 '치매'

지난해 고령사회에 들어선 우리나라는 2026년에는 초고령 사회로 진입할 것으로 예상됩니다. 오래 사는 것이 축복일 수도 있지만, 때로는 본인이나 가족에게 힘겨운 삶이 될 수 있습니다. 특히 직장에 다니면서 아픈 부모나 배우자를 부양하는 사람에게는 더더욱 그럴 것입니다.

서울시 복지재단의 조사에 따르면 일하면서 노부모 등을 주로 돌보는 사람은 여성이 90% 가까이 됐고 평균 연령은 50.9세였습니다. 부양 노인은 여성이 70%로 대다수였으며, 평균연령은 81.3세. 더욱이 돌봄 대상 노인의 57%는 치매를 앓고 있었습니다.

사별하고 혼자가 된 노인이 배우자가 있는 노인보다 2배 가량 많았습니다. 노부모를 돌보는 이들은 심리적·정서적 어려움을 크게 느꼈는데, 사회·문화 활동 참여가 힘들고 신체적 어려움도 심하다고 답했습니다.

서울시의 지원정책 가운데 '치매 노인 돌봄 가족 휴가제'를 가장 선호했습니다. 이어 '가족 돌봄 휴직제도', '서울시 치매 상담 지원센터', '가족간호 휴가 제도' 등으로 나타났습니다.

하지만 실제로 이용한 경험은 서울시 치매 상담지원센터를 제외하고, 정부 가족간호휴가제와 유연근무제, 서울시 노인 돌봄 가족휴가제를 이용해봤다는 응답률은 한 자릿수에 그쳤습니다.

[김미현 / 서울시 복지재단 선임연구위원 : (가족휴가제 이용 경험이 적은 것은) 직장의 분위기가 제도를 사용할 수 있는 그런 분위기가 조성되어 있지 않다라는 그런 원인이 있다고 생각이 들고요. (제도가 무급이어서) 휴가를 사용했을 때 경제적인 부담(도 한 원인)]

서울시 복지재단은, 서울시와 중앙정부가 각종 돌봄 관련 서비스를 통합해야 한다고 강조했습니다. 또 지역 주민과 민간이 참여할 수 있는 '지역 포괄 케어 시스템' 작동의 필요성도 지적했습니다.

출처 : YTN(2018. 4. 20.)

이 장의 요약

1. 의료 및 보건 기술의 발달과 사회의 고령화는 건강에 대한 관심을 증가시켰다. 특히나 부양, 양육, 가사 등을 공유하는 가족 내에서 건강문제는 다른 가족구성원들에게 지대한 영향을 미친다는 점에서 중요하다. 가족은 건강상태가 악화된 가족원을 돌보는 일차적 역할을 담당하고 있으며, 가족원의 건강악화는 가족에게 다양한 영향을 미친다.
2. 치매 및 노인성질환 가족에 대한 사회적 지원이 필요하다는 인식이 증가하고 있음에도 불구하고, 한국사회의 "효" 문화로 인하여 사회적 지원에 대한 거부감으로 인하여 여전히 부양 부담이 높은 것으로 나타난다. 치매 노인을 부양하는 가족은 "숨겨진 환자"라고 할 정도로 만성피로, 수면 장애, 두통, 우울증에 시달리기 때문에 특히 치매 노인이 가족의 건강에 미치는 영향이 크다.
3. 장애인 가족에 대한 관점은 장애로 인한 결함 자체보다는 장애를 둘러싼 사회적 환경의 제약에 초점을 맞추어야 한다. 장애인 가족구성원의 장애로 인하여 가족이 가지는 스트레스와 위험이 그렇지 않은 가족에 비해 훨씬 더 크다. 이에 대한 사회의 적극적 개입이 필요하다.
4. 중독은 물질에 대한 중독뿐만 아니라 행위에 대한 중독 역시 포함된다. 일반적으로 알코올 중독이 가장 흔하지만, 도박 중독과 같은 범죄와 관련된 중독이 있으며, 스마트폰과 같이 일상생활에서 쉽게 접할 수 있는 행위에 대한 중독 역시 중요하다. 이러한 중독은 개인의 내적 변화뿐만 아니라 외적 변화를 가져오며, 이로 인해 가족의 건강에 다양한 영향을 미친다.
5. 문제 가족구성원은 경제적 부담과 부양 부담을 가중시킨다. 이를 지원하는 사회복지적 대책으로는 의료보험 및 재활비용 지원과 같은 경제적 지원이 있으며, 가족에 대한 교육, 자조집단, 일상생활 지원, 단기휴가 지원 등과 같이 부양 부담을 경감시키는 프로그램이 있다.

주요 용어

- **치매 :** 치매는 특정한 원인으로 발생하는 하나의 질병을 지칭하는 개념이 아니라 특정한 조건에서 여러 증상들이 함께 나타나는 증상들의 묶음을 의미한다. 치매관리법에서는 치매를 "퇴행성 뇌질환 또는 뇌혈관계 질환 등으로 인하여 기억력, 언어능력, 지남력, 판단력 및 수행능력 등의 기능이 저하됨으로써 일상생활에서 지장을 초래하는 후천적인 다발성 장애"로 정의한다. 알츠하이머성 치매나 혈관성 치매가 일반적이나, 루이

소체 치매, 파킨슨 치매 등 다양한 원인과 증상이 있다.

- **노인성 질환 :** 나이가 들어감에 따라 발생하는 만성질환을 의미한다. 일반적으로 치매, 고혈압, 당뇨, 퇴행성 관절염, 골다공증, 뇌혈관성 질환, 난청, 백내장 등을 통칭한다.
- **장애인 가족 :** 장애인은 "신체적·정신적 장애로 오랫동안 일상생활이나 사회생활에서 상당한 제약을 받는 자"를 의미하며, 장애인 가족은 그러한 장애인을 포함하여 구성된 가족을 의미한다.
- **알코올 중독 :** 오랜 기간동안 지속적이고 과도한 음주로 인하여 술에 대한 통제능력을 상실한 알코올 의존 및 알코올 남용 상태를 일반적으로 통칭한다. 알코올 의존은 알코올을 통해 신체적·정신적 의존을 의미하며, 알코올 남용은 기능장애에도 불구하고 알코올을 자주 마시는 것을 의미한다.
- **도박 중독 :** 도박으로 인하여 문제가 발생함에도 불구하고, 자신의 의지로 도박행위를 통제하지 못하고 지속적으로 도박을 하게 되는 것을 의미한다. 도박 자체에 문제가 있다기보다는 스스로 감당할 수 없는 시간과 돈을 투자할 경우 도박중독이라 할 수 있다.
- **스마트폰 중독 :** 스마트폰을 과다하게 사용하여 스마트폰 사용에 대한 금단과 내성으로 인하여 일상생활에 장애가 생기는 상태를 의미한다. 일반적으로 스마트폰 중독은 성적이나 업무능률의 저하를 가져오며, 사회관계에 있어서도 갈등이 생기거나 혹은 가상에서의 사회관계를 지향하는 경우도 존재한다.

추천하는 자료

1. Harole C. Urschel, 조성희 옮김, 『중독된 뇌 살릴수 있다』, 서울 : 학지사, 2012.
2. 이성희·유경, 『엄마의 공책』, 파주 : 궁리, 2018.
3. 류승연, 『사양합니다, 동네 바보 형이라는 말』, 파주 : 푸른숲, 2018.

제 3 부

가족복지의 실천영역

가족복지 관련법

제 7 장

가족의 위기는 사회적 측면에서도 심각한 결과를 가져올 수 있다. 가족은 스펀지가 물을 빨아들이듯이 사회변화를 그대로 반영한다. 하지만 역으로 가족은 사회에 노동력과 노동자의 재생산기능을 제공하고 국가나 사회가 담당할 수 없는 사적 기능을 수행하기 때문에 사회의 유지를 위해 매우 중요한 제도이고, 가족의 변화가 사회에 끼칠 수 있는 영향력 또한 상당하다. 따라서 가족의 사회적 과업수행능력은 사회의 발전과 직접적으로 맞물려 있다. 즉, 가족이 안정적으로 기능하면 사회발전에 촉매가 되지만 가족의 기능이 불안정해지면 사회 또한 위태로워질 수 있는 것이다.

사회 각 영역과 가족제도는 상호 역동적이고 유기적인 관계를 맺고 있다. 그렇기 때문에 현대사회에서 가족의 문제는 가족만의 부담으로 떠맡겨져서는 안 되며, 국가와 사회적 차원에서 함께 풀어가야 할 과제로 대두되고 있다. 서구의 경우 제2차 세계대전 이후 산업화가 본격적으로 진행되면서 가족문제에 대한 사회적 책임의식이 고양되기 시작하였고, 그에 따라 가족을 대상으로 하는 정책과 서비스 체계에 대한 구상도 각 나라마다 특색 있게 진행되기 시작하였다. 이에 비하면 우리나라에서는 1970년대 이후부터 가족의 변화가 다른 어느 나라보다도 빠르게 진행되고 있으며, 산업성장도 고도로 이루었지만 가족복지정책에 대한 논의는 그다지 활발하지 못한 편이다. 이는 가족문제는 '사적 책임'으로 규정하고, 사후치료책에 중요성을 부과하는 우리나라의 복지정책적 성향에서 기인하는 바가 크다. 이를 볼 때 앞으로 우리의 과제는 가족문제를 사전에 예방하고 치료를 강화하기 위한 도구로서 정책과 실천적 서비스에 대한 논의를 활성화하는 것이라고 볼 수 있다.

이 장에서는 제2부에서 서술한 가족문제에 대한 이해를 배경으로 하여 이를 예방하고 해결하기 위한 수단적 도구로서의 가족복지 관련법에 대해 자세히 살펴보고자 한다.

오늘날 각 나라마다 가족복지정책을 추진하고 있는데 국가는 일반적으로 실정법상에 가족보호에 대해 명시적으로 선언을 함으로써 가족정책을 정당화한다. 이는 우리나라도 예외가 아니어서 우리나라의 경우에는 헌법 제36조에 "① 혼인과 가족생활은 개인의 존엄과 양성의 평등을 기초로 성립되고 유지되어야 하며, 국가는 이를 보장한다. ② 국가는 모성의 보호를 위하여 노력하여야 한다"라는 규정을 명문화하고 있다. 이 조항이 곧 가족의 보호에 대한 국가의 의무를 함축하고 있는 근거규정이라 할 수 있다.

현재 우리나라에서 헌법상에 나타나는 국가의 가족보호 의무에 대해 좀 더 구체적으로 규정하고 있는 법체계를 살펴보면 이는 크게 두 부류로 나뉜다. 그 하나는 「건강가정기본법」을 중심으로 하여 한부모가족과 다문화가족 그리고 일하는 부모를 지원하기 위해 제정된 법을 비롯한 직접적 가족 관련 지원법이고, 다른 하나는 사회보장 관련법으로 통칭될 수 있는 간접적 가족 관련 지원법이다. 이 절에서는 이 두 종류의 법을 구체적으로 살펴보고자 한다.

1. 직접적 가족 관련 지원법

우리나라의 여러 법 가운데 민법의 제4편 친족법과 제5편 상속법에는 가족생활 전반에 대한 내용이 규정되어 있다. 그래서 민법의 제4편 친족법과 제5편 상속법은 흔히 가족법으로 통칭된다. 가족법은 1969년부터 시행되고 있으며, 여기에 담겨 있는 세부 내용은 친족의 정의(定義)와 범위, 약혼과 사실혼, 혼인과 이혼, 친생자, 부양, 호주 승계, 상속과 유언 등으로, 이는 우리나라 가족제도의 골격을 구성하는 규정이라 할 수 있다.

가족법은 헌법에 명시되어 있는 인간의 존엄성과 양성평등을 기본정신으로 삼고 있다. 그러나 가족법은 원래 부계 중심의 가부장적 가족제도의 원리에 근거해 제정된 법률이다. 그 때문에 기존의 가족법에는 양성평등이라는 헌법의 기본원칙에 위배되는 규정이 아직도 상당 부분 존재한다. 이에 대한 문제의식을 가지고 여성계에서는 지난 30년 동안 가족법의 개정에 대한 논의를 지속해 왔으며 1977년 12월과 1989년 12월, 그리고 2000년 10월의 세 차례에 걸쳐 가족법이 전폭적으로 개정되는 결과를 이끌어 내기도 하였다. 이 세 차례의 개정안 중 2000년 10월의 개정안은 한국 여성사에 있어 중요한 의미를 지닌다. 바로 이때 동성동본불혼규정과 여성의 재혼금지조항이 폐지됨으로써 한국의 가족법은 가족 내 구성원 간에 평등한 관계가 실현될 수 있는 기본환경을 마련한 것이다.

하지만 수차례의 개정에도 불구하고 2005년까지도 가족법에는 부계 중심의 가족구성원리의 근거가 되는 호주제도가 존치되고 있어 이에 대한 개정 필요성이 지속적으로 제기되었다.[1] 즉, 호주제도(구, 「민법」 778조)[2]는 1989년의 개정을 통해 강제상속에서 임의적 승계제도로 바뀌면서 명목상의 제도로만 남게 되었는데, 호주제는 일반 가족구성원보다 호주에게 우월한 지위를 부여함으로써 개인의 의사와 자율적 선택권을 무시한 채 혼인 및 자녀에 관한 신분관계를 일방적으로 형성하고 가족구성원 간에 순위를 짓게 하는 비민주적 요소를 내포하고 있었다. 그리고 남성을 중심으로 승계되어 이는 만민평등이라는 민주적 기본질서를 규정한 헌법의 정신(헌법 전문 및 제4조, 제10조, 제11조, 제36조)에 위배된다는 비판으로 이어졌다(국가기록원-헌법이야기, 민법 호주제 참조 http://terms.naver.com/entry.nhn?docId=3343011&cid=57618&categoryId=58170). 그로 인해 가족정책의 근간이라 할 수 있는 가족법이 가족구성원의 기본적 인권실현이라는 본래적 목표를 실현하기 위해서는 근본적으로 철폐되어야 한다는 지적이 제기되었고 호주제 폐지 운동 등을 통해 이에 관한 사회적 합의가 도출되었다. 드디어 2005년 헌법재판소의 호주제 법 규정에 관한 헌법불합치 결정을 바탕으로 가(家)를 중심으로 하는 호주제는 폐지되고 2008년 1월 1일부터 개인을 중심으로 하는 가족관계등록제도로 운영되고 있다.

---

1) 가족법에 대한 설명은 EnCyber(http://100.empas.com/entry.html/?i=2150&Ad=kfc)를 참고하기 바란다.

2) 민법 778조에 규정되어 있었던 호주는 일가(一家)의 계통을 계승한 자(호주승계인), 분가(分家)한 자, 기타 사유로 일가를 창립하거나 부흥한 자를 의미한다. 호주는 승계의 원칙에 따라 계승되는데 이때의 순위(984조)는 ① 피승계인의 직계비속남자, ② 피승계인의 가족인 직계비속여자, ③ 피승계인의 처, ④ 피승계인의 가족인 직계존속여자, ⑤ 피승계인의 가족인 직계비속의 처의 순이다. 「민법」과 두산세계대백과 EnCyber를 참고하기 바란다.

상자글 7-1 **호주제 폐지 그 이후**

새로운 가족관계등록제도와 가족관계등록부

2007년 12월 31일까지는 호적법에 의해 사람의 신분을 등록하는 공적인 장부로서 호적부가 있었다. 그러나 2008년 1월 1일부터는 가족관계 등록 등에 관한 법률(2007.5.17.제정, 법률 제 8434호)의 시행에 의해 '가족관계등록부'로 바뀌게 되었다. 따라서 종래의 호적 등본, 초본은 가족관계등록사항별 증명서(5가지)로, 본적은 폐지되어 등록기준지로, 취적은 가족관계등록 창설로 바뀌게 되었다.

종래의 호적제도에서는 동일한 호적 내에 있는 가족구성원 전원의 인적 사항이 나타나 불필요한 개인정보가 노출되었으나, 가족관계등록제도에서는 증명목적에 따라 5가지 증명서로 나누어 발급하고 있으므로 개인정보의 공개가 최소한에 그치게 된다.

가족관계등록부의 종류

- 가족관계증명서 : 부모, 배우자, 자녀의 인적사항(3대에 한정)
- 기본증명서 : 본인의 출생, 사망, 개명 등의 인적사항
- 혼인관계증명서 : 배우자의 인적사항 및 혼인, 이혼에 관한 사항
- 입양관계증명서 : 양부모 또는 양자인적사항 및 입양, 파양에 관한 사항
- 친양자입양관계증명서 : 친생부보, 양부모 또는 친양자 인적사항 및 입양, 파양에 관한 사항

호적은 호주를 중심으로 하는 관념상의 가(家)단위로 작성되지만 가족관계등록제도에서는 가족구성원 1인마다 별도의 가족관계등록부가 작성된다. 증명서는 증명목적에 따라 5종으로 나뉘어 예를 들어 가족관계등록부에서 배우자가 기록되는 증명서는 가족관계증명서와 혼인관계증명서이므로 다른 증명서에서는 혼인, 이혼 상태가 나타나지 않는다. 그리고 이 중 가족관계증명서에서는 현재의 혼인 중의 배우자만 기재되고 이혼경력의 경우 혼인관계증명서를 발급받아야만 확인할 수 있어 개인정보의 보호가 강화되었다고 할 수 있다.

출처 : 대한민국 검찰 - 법률상식(https : //spogood.blog.me/90085026781)

이상과 같이 우리나라에서는 최근까지도 민법의 가족 관련 규정(가족법)을 통해 가족의 개념과 가족 내에서의 전반적 질서가 통제되어 왔었다. 그러나 이는 가족과 관련된 법적 질서유지의 의미만을 가졌었기 때문에 직접적 가족지원법이라고 볼 수 없다. 그런 맥락에서 「건강가정기본법」을 비롯한 최근에 시행되고 있는 법률은 법의 궁극적

목적이 가족서비스의 제공과 관련된 것이기 때문에 직접적 가족복지 관련법이라 할 수 있다.

1) 건강가정기본법

기존의 범주별 복지정책과 서비스는 설령 가족 관련법이라 할지라도 내용에 있어서는 가족구성원을 개인으로 고려하고 지원하는 것이 특징이었고, 그로 인해 지금까지 우리나라에서는 가족 전체를 고려한 통합적 관점의 법은 존재하지 않았다. 그런 맥락에서 구성원 개개인을 대상으로 하는 것이 아니라 가족을 하나의 전체적 단위로 고려하여 지원하기 위해 제정된 「건강가정기본법」은 가족지원을 위한 토대법으로서의 상징성과 긍정적 의미를 강하게 갖는다.

이혼의 증가, 저출산의 심화, 노인부양문제 등 1990년대 후반부터 강력하게 가시화된 가족의 위기는 가족을 둘러싼 주변환경의 변화를 모두 고려하고, 급속히 늘어나고 있는 다양한 가족의 욕구를 제도적으로 수용하고, 가족과 개별 가족구성원의 욕구를 잘 반영할 수 있는 가족지원법안이 필요하다는 요구를 수반하였다. 그리고 가족을 전체적 단위로 고려하는 포괄적이고 종합적인 가족정책을 추진하여 가족 전체를 위한 총체적이고 체계적인 지원이 이루어져야 한다는 인식이 확산되었다. 이로 인해 가족 단위의 종합적 복지정책의 추진을 가능케 하고, 가족구성원의 생활여건과 삶의 질을 향상시킬 수 있는 법적 기반구축의 필요성이 제기되었다. 이 같은 배경에서 2003년에 「건강가정기본법」이 제정되었고, 이 법은 2005년 1월 1일부터 시행되었다.

「건강가정기본법」은 전체의 구성이 총론, 건강가정정책, 건강가정사업, 건강가정전담조직, 부칙 등의 5개 장과 37개 조로 구성되어 있다. 이 법의 주요 내용은 아래와 같다.

우선 제2장에서는 건강가정정책에 대해 명시하고 있는데, 그 내용은 주로 건강가정기본계획의 수립과 관련된 내용들이 주를 이루고 있다. 본 계획은 여성가족부 장관과 관계 행정기관의 장과 협의하여 5년마다 수립하여야 한다. 건강가정기본계획에는 가족기능의 강화 및 가정의 잠재력개발을 통한 가정의 자립능력 대책, 사회통합과 문화

계승을 위한 가족공동체문화의 조성, 다양한 가족의 욕구충족을 통한 건강가정 구현, 민주적인 가족관계와 양성평등적인 역할분담 등이 있다. 그리고 국가 및 지방자치단체는 5년마다 가족실태조사를 실시하고 그 결과를 파악하여야 한다.

건강가정정책 이외에 건강가정사업으로는 가정에 대한 지원, 자녀양육지원, 가족단위 복지증진, 가족의 건강증진, 가족부양 지원, 민주적이고 양성평등한 가족관계의 증진, 가족단위의 시민적 역할증진, 가정생활문화의 발전, 가정의례, 가정봉사원, 이혼예방 및 이혼가정 지원, 건강가정교육, 자원봉사활동의 지원 등에 대한 지원내용 등이 포함되어 있다. 그리고 우리사회에 잔존하고 있는 가부장적 문화를 없애고 민주적이고 평등한 가족관계를 증진시키며, 시민적 역할수행자로서의 가족의 의미를 강조하고 있다.

이와 같은 법 내용을 볼 때 「건강가정기본법」은 가족에 대한 국가의 최초의 적극적 대응조치라는 측면에서 긍정적 의의가 있다고 평가할 수 있을 것이다. 그러나 다른 한편으로는 이 법은 건강가정이라는 정책대상의 규정에서부터 서비스의 제한성 등에 이르기까지 다양한 문제를 노정하고 있다.

건강가정기본법은 가족이 경험하는 다양한 문제들에 대해 정부차원에서 공식적으로 아젠다화하고, 가족과 가족을 둘러싼 우리사회의 변화에 대해 국가가 공식적으로 대응하기 위해 제정되었다는 측면에서는 긍정적인 의의를 지니고 있다고 평가할 수 있다. 그러나 법의 내용을 자세히 보면 문제점들도 내재되어 있는데, 향후에 개선되어야 할 법적 문제점들은 다음과 같다.

첫째, 건강가정기본법은 가족서비스를 통합적으로 전달하기 위한 기본법적 성격을 가지고 있는 것은 사실이지만, 이 법 자체가 정책의 집행에 대한 구속력을 부가하는 내용을 담고 있지 못하다.

둘째, 건강가정기본법은 기능상이나 관계적 측면에서 위험요인을 보유하고 있는 가족뿐 아니라 기능적으로 문제가 없는 일반 가족들까지도 가족지원서비스의 대상으로 규정하고 있지만, 이 법에 따라 실제로 집행되는 서비스와 프로그램들은 양육기의 가정에 대한 아동돌봄의 지원에 집중되어 있고, 가족을 강화하고 지지할 수 있는 대리적 서비스는 다양하게 제시하지 못하고 있다. 그러므로 가족과 그 구성원의 이해와

요구를 법적 테두리 안에 담아내지 못하고 있다(김유정 · 이진숙 · 이재림, 2014).[3)]

2) 한부모가족지원법

우리나라의 한부모가족에 대한 정책적 접근은 1989년의 「모자복지법」이 그 효시라고 할 수 있다. 이 법은 2002년에 정책대상이 부자가족으로까지 확대되어 「모 · 부자복지법」으로 변경되었고, 이후 65세 이상의 고령자와 손자녀로 구성된 조손가족까지 정책대상으로 포괄하면서 2007년 10월 17일에 「한부모가족지원법」으로 개정되었다. 법의 시행은 2008년 1월 18일부터이다.

「한부모가족지원법」은 매우 제한적인 경제적 보조에 치중되었던 「모 · 부자복지법」과 달리 한부모가족이 가지고 있는 복합적이고 다양한 문제에 대한 대책을 제시하기 위해 제정되었고, 한부모가족의 문제들이 가정해체, 아동유기 등으로 심화되어 사회적 부담의 증가로 연결되지 않도록 사전예방적 차원에서 국가의 다양한 지원이 가능토록 하기 위해 구상되었다. 그러나 이 법에 의한 한부모가족 지원은 자녀양육과 생계지원에 있어서 주로 저소득 한부모가족을 대상으로 하고 있다. 저소득 한부모가족 지원사업의 경우 해당가족에게 아동양육비, 생활보조금 등을 지원하고 청소년한부모가족의 경우는 아동양육비, 검정고시 학습비, 자립지원촉진수당 등을 지원받을 수 있다.[4)]

한부모나 한부모가족의 자녀는 한부모가족이라는 사실만으로도 사회적 통념에 의한 피해를 입기 쉬우며, 이로 인해 심리정서적인 위축감에 시달리고, 사회적 활동이나

---

3) 기존의 건강가정기본법에 따른 1,2차 건강가정기본계획의 경우 한부모가족, 다문화가족 등 상대적으로 취약한 가족을 대상으로 하는 정책들이 많다는 비판으로 3차 건강가정기본계획('16-2020)에서는 보편적 가족정책으로 확대하는 내용들을 추가하였다. 건강가정기본법도 2018.1월 개정(2018.7월 시행)에서는 현행법상 가족정책의 대상을 확장하기 위해 1인가구를 정의하고, 건강가정기본계획 수립 시 1인가구의 복지증진을 위한 대책을 포함하도록 하였다.

4) 여성가족부가 발간한 2018년 한부모가족복지서비스 안내에 따르면 한부모 및 조손가족의 경우 기준중위소득의 60% 이하(2018년 기준으로 2인가족 1,480,490원)의 가족을 대상으로 아동양육비(월 13만원), 생활보조금(시설입소자 월 5만원) 등의 지원이 이루어지고 있다. 청소년한부모가족(기준중위소득 60% 이하의 부 또는 모의 나이가 24세 이하)의 경우는 아동양육비(월18만원), 검정고시학습비(연 154만원 이내), 자립지원촉진수당(월 10만원)의 지원을 받고 있다(한국건강가정진흥원, http://www.kihf.or.kr/).

대인관계에서 제약을 받을 가능성이 높다. 그리고 한부모는 이혼이나 사별의 충격에서 벗어나지 못한 상태에서 자녀를 돌봐야 하기 때문에 자녀와의 갈등에 직면하거나 양육을 비롯한 기능상의 문제로 인해 심각한 심리정서적 문제를 경험하기도 한다. 따라서 「한부모가족지원법」의 지원내용 중 가족기능의 강화에 대한 지원은 물론이고, 심리정서적 지원을 강화하기 위한 장치의 마련이 필요하다(김유정 · 이진숙 · 이재림, 2014).

3) 다문화가족지원법

다문화가족이란 결혼 등을 통해서 서로 다른 문화권의 배우자들이 만나 하나의 가족을 형성한 형태를 의미한다. 다문화가족은 국제결혼부부, 혼혈가정 등 유사용어들과 혼용되고 있지만 두 개념과는 달리 한 가정 내에서 두 개 이상의 서로 다른 문화가 만난다는 의미를 강조하여 민족 간의 차별이나 이방인에 대한 배제성을 불식시키기 위해 만들어진 용어이다.

우리나라에서는 1990년대부터 다문화가족이 본격적으로 증가하면서 이에 대한 대응책이 모색되어 왔고, 그런 노력 속에서 2005년에 대통령자문기구인 '빈부격차차별시정위원회'가 조직되면서 다문화가족에 대한 정부 부처 간 협력과 대책마련을 위한 정책들이 구체화되기 시작하였다. 그 뒤, 2006년에는 위원회와 정부부처가 합동으로 혼혈인 및 이주자의 사회통합을 위한 기본방향과 결혼이민자 가족의 사회통합지원책을 마련하였다. 그러다가 2006년 4월에 중앙정부 차원의 '여성결혼이민자 가족의 사회통합지원대책'이라는 중앙정부 차원의 다문화가족정책이 수립되었고, 이 외에도 국무총리를 위원장으로 하는 '외국인정책위원회', '외국인정책실무위원회'가 만들어졌다.

2007년 7월에는 외국인 정책 수립 및 추진체계, 재한외국인 등의 처우, 국민과 재한외국인이 함께 살아가는 환경조성 등에 관한 내용을 중심으로 「외국인처우기본법」이 시행되었다. 정부는 2008년 3월에 「다문화가족지원법」을 제정하여 다문화가족 지원의 법적 근거를 마련하였고, 2008년 10월에는 보건복지가족부의 생애주기별 맞춤형 지원강화대책 발표 등 다문화가족의 삶의 질 향상을 위한 노력이 다각화되고 있다.

「다문화가족지원법」은 총 16개 조항과 부칙으로 구성되어 있는데 주요 내용으로는 국가와 지방자치단체는 다문화가족구성원이 안정적인 가족생활을 영위할 수 있도록 필요한 제도와 여건을 조성하고 이를 위한 시책을 수립·시행하여야 하며, 다문화가족에 대한 이해증진, 결혼이민자에게 생활정보 제공 및 교육 지원, 평등한 가족관계의 유지를 위한 조치, 가정폭력 피해자에 대한 보호·지원, 산전·산후 건강관리 지원, 아동 보육·교육, 다국어에 의한 서비스 제공, 다문화가족 지원업무 관련 공무원의 교육, 다문화가족 지원사업을 수행하는 민간단체 등의 지원업무 등을 수행해야 한다는 것이다. 그리고 여성가족부 장관은 다문화가족의 현황 및 실태를 파악하고 다문화가족 지원을 위한 정책수립에 활용하기 위하여 3년마다 다문화가족에 대한 실태조사를 실시하고 그 결과를 공표하여야 하며, 다문화가족지원정책의 시행을 위한 다문화가족 지원센터를 지정해야 하고, 권한의 위임과 위탁을 하도록 규정하고 있다.

이 밖에도 다문화가족서비스로는 정부와 지자체가 다문화가족이 민주적이고 양성평등한 가족관계를 누릴 수 있도록 가족상담, 부부교육, 부모교육, 가족생활교육 등을 추진하고, 문화의 차이 등을 고려한 전문 서비스를 제공하도록 명시하고 있다. 그리고 언어통역, 법률상담 및 행정지원 등도 필요한 경우에는 제공할 수 있도록 하고 있다.

2013년에는 다문화가족 종합정보 전화센터(다누리콜센터)의 설치·운영 등을 법으로 신설 규정하였다. 결혼이민자나 다문화가족의 생활적응과 초기 정착을 돕기 위해 다국어로 상담과 통역이 가능한 다문화가족 종합정보 전화센터를 설치함으로써 결혼이민자나 다문화가족이 전화를 통해 필요한 서비스를 받을 수 있도록 하였다.

4) 일·가정 양립지원법

여성근로자의 성차별을 해소하기 위해 1987년에 제정된 법이 「남녀고용평등법」이다. 이 법이 시행된 이후부터 고용상의 남녀차별은 상당 정도 해소되었고, 여성의 경제활동참가도 지속적으로 증가하여 왔다. 그러나 기혼여성근로자의 경우에는 이 법을 통해서도 자녀양육이라는 돌봄노동의 과제가 해결되지 않고, 그로 인해 우리나라 기혼여성의 경제활동과 사회적 지위는 빠른 속도로 개선되지 못한 것이 사실이다. 그런 배경 때문에 2007년에 정부는 「남녀고용평등법」을 「남녀고용평등과 일·가정 양립지원에 관한 법률」로 개정하여 근로자의 성 평등한 근로여건 조성과 일 · 가정 양립을 위한 법제도적 기반을 마련하였다.

정부는 「남녀고용평등과 일 · 가정양립 지원에 관한 법률」을 제정한 뒤, 2008년 7월 10일 「남녀고용평등과 일 · 가정양립 기본계획」을 4차('08~'12), 5차('13~'17)에 걸쳐 수립하였다. 그리고 2017년 12월 문재인 정부의 여성 고용노동정책 로드맵이자 제 6차 「남녀고용평등과 일 · 가정양립 기본계획」인 「여성일자리 대책」을 발표하였다. 대책의 주요 내용은 차별 없는 여성 일자리 환경 구축, 재직 중인 여성노동자의 경력단절 예방과 경력이 단절된 여성의 재취업 촉진의 세 분야로 구성되어 있다.

표 7-1 현장의 목소리를 담은 「여성일자리 대책」(2017)

핵심분야	정책과제	핵심정책수단	목표
1. 차별없는 일자리 환경 구축	성차별 고용관행 타파	남녀고용평등법 등 全 사업장 적용	성장잠재력을 제고하고 저출산고령사회에 대응 ⇨ 2020년까지 여성고용률 60%달성 차별없는 공정사회 구현
		노동위에 성차별 권리구제 절차 신설	
		성희롱 관련 예방 및 감독 강화	
		전담근로감독관 · 고평상담실 등 인프라 확충	
	양질의 일자리환경 조성	적극적 고용개선조치 대상 확대 및 점검 강화	
		기업 임금분포 공시제 도입 등 임금격차 개선	
		고용영향평가에 성별평가 반영	
2. 경력단절 예방	출산 · 육아 사각지대 해소	육아휴직 급여 인상	
		육아기 근로시간 단축 활성화	
		임신노동자 지원 강화	
		아빠육아 참여 확산	
		비정규직 출산급여보장 등 모성보호 강화	
		대체인력 채용 활성화	
	직장어린이집 활성화	중소기업 중심, 직장어린이집 설치 확대	
		대기업의 설치 의무 강화	
	일 · 생활 균형 문화 확산	대대적인 대국민 인식개선 활동 전개	
		가족친화인증 확대	
3. 경력단절 후 재취업 지원	경력단절여성 재고용 · 고용유지 촉진	경단여성 재고용 · 고용유지 기업 세제지원 강화	
		여성고용 우수기업에 대한 투자 확대	
		경력단절여성 특화 취업성공패키지 도입	

		고학력 경단여성 특화 직업훈련 및 취업지원	
	분야별 일자리 기회 확대	가사 · 돌봄서비스 시장 제도화	
		여성과학기술인 경력복귀 지원 강화	
		창업 및 사회적경제 분야 여성진출 확대	
		시간선택제 일자리 확대 및 유연근무 활성화	

출처 : 고용노동부 및 관계부처 합동 「여성일자리 대책」(2017).

상자글 7-2 **프랑스의 저출산 정책–"출산여성지원, 특혜처럼 비치면 저출산 탈출 못 해"**

"출산 여성을 위한 지원이 여성에 대한 특혜처럼 비쳐서는 안 됩니다. 아이를 낳아 기르는 삶이 힘든 사회라면 출산율과 행복지수를 끌어올리는 것이 어떻게 가능하겠습니까." 지난달 24일 파리에서 만난 프랑스 가족아동고령화정책위원회의 베르트랑 프라고나르 상임위원장은 "여성들의 경제활동 참여와 육아 병행을 정부가 뒷받침하지 않는다면 고령화와 출산율 저하 등 더 복합적인 문제가 발생할 것"이라고 지적했다. 프랑스의 노동시간 단축은 여성의 경제활동 참여, 일 · 육아 병행, 출산율 제고가 선순환의 고리로 맞물려 돌아간 사례다.

프랑스의 지난해 합계출산율은 2.1명으로 유럽 최고를 기록했다. 1.17명으로 전 세계 224개국 중 220위인 한국의 2배 수준이다. 1990년대까지 대표적 저출산 국가였던 프랑스가 20년 만에 '출산율 우등생'으로 탈바꿈한 것이다. 프랑스 정부가 '출산=경력 단절'을 깨뜨리기 위해 시작한 첫 단추는 30년 전 도입한 차별금지법이다. 이 법에는 취업 면접 때 가족 관련 질문 금지, 출산 휴가 신청 시 해고 금지, 복직 시 원래 업무로 복귀 의무화 등의 내용이 담겼다. 프라고나르 위원장은 "기업들의 반대가 심했지만 정부가 입법을 밀어붙였다. 종종 노동법원에 소송이 제기되지만 대부분 노동자가 이긴다"고 설명했다.

2009년 총리실 직속으로 설립된 이 위원회는 여성의 취업과 보육 · 교육 지원 정책 마련과 실행이 핵심 업무다. 이를 통해 정착된 보육 정책은 누리과정 예산을 놓고 정부와 지방자치단체가 다퉈 온 우리나라와는 비교할 수 없는 수준이다. 프랑스에선 아이가 태어나면 만 3세까지 1인당 연간 1만6,000유로(약 2,017만원)의 정부 예산이, 학교를 다니는 아이는 9,000유로(약 1,134만원)가 투입된다. 교육비(고등교육 포함)와 의료비는 대부분 무료다. 취업 전까지 이런 지원이 이어지고, 중산층과 다자녀 가구에는 사회 수당과 세제 혜택도 준다. 프라고나르 위원장은 "사회 고령화가 심각해질 미래에 노년 인구의 복지예산을 생각하면 이 정도 투자는 오히려 값싼 것"이라고 말했다. 덕분에 프랑스 여성들 사이에선 아이를 낳아 기르고 싶다는 분위기가 강하다. 프라고나르 위원장에 따르면, 프랑스 여성 중 아이를 낳지 않겠다는 비율은 10명 중 1명으로 독일의 절반 수준이다. 아이가 있는 가정 중 18%가 3명 이상 자녀를 두고 있고, 첫 출산 후 3년 안에 둘째를 낳겠다는 질문에도 절반 이상이 긍정적이다.

프라고나르 위원장은 "부유층은 지원 대상에서 제외하고 저소득층만 지원하는 것도 바람직하지 않다"고 지적했다. 예산이 모자라 부유층은 알아서 아이를 키우라고 할 경우 사회 고위층, 부유층일수록 출산을 기피하는 경향이 형성될 수 있다는 것이다. 그는 "정부가 출산과 육아를 책임지는 것은 프랑스 사회의 새로운 구성원(아이)이라면 누구나 받아야 할 보편적 지원"이라고 단언했다.

출처 : 한국일보(2017.7.6.)

취업부모가 일과 가족생활을 양립하는 것에 대한 핵심적인 영향변수는 한편으로는 부부 간에 발생 가능한 역할갈등요인을 얼마나 잘 제거할 수 있는가 하는 문제와 다른 한편으로는 직장 내의 근로조건과 조직문화가 얼마나 가족친화적인가 하는 문제라고 할 수 있다. 「남녀고용평등과 일 · 가정 양립지원에 관한 법률」은 기업에 대해서 가족친화적 지원과 책임을 요구하는 내용을 담고는 있지만, 그에 대한 실행의 강제성과 구속력에 대한 내용은 매우 부족하기 때문에 법적 실효성이 매우 미흡한 점은 이 법이 지닌 한계라고 할 수 있다(김유정 · 이진숙 · 이재림, 2014).

취업여성의 일 · 가족 양립에 대한 어려움은 경력단절의 증가로 귀결되고 있다. 통계청의 '2017년 상반기 지역별 고용조사 : 경력단절여성 통계'에 따르면 2017년 4월 기준으로 15~54세 기혼여성 중 결혼, 임신 · 출산, 육아, 자녀교육, 가족돌봄 때문에 직장을 그만둔 경력단절여성은 181만 2,000명으로 나타났다. 연령대별로 보면 30대 경력단절여성이 92만 8천명(521.2%)으로 전체의 절반 이상이었다. 여성들이 직장을 그만두는 가장 큰 이유는 결혼 때문으로 결혼 62만 5천명(34.5%), 육아 58만 1천명(32.1%), 임신 · 출산 45만 1천명(24.9%), 가족돌봄 8만 1천명(4.4%), 자녀교육 7만 5천명(4.1%) 순으로 나타났다. 경력단절여성들이 직장을 그만둔 시기는 5~10년 미만 42만 4천명(23.4%)로 가장 많고, 10~20년 미만이 40만 2천명(22.2%), 1~3년 미만 33만 3천명(18.4%), 3~5년 미만 26만 7천명(14.7%), 1년 미만 21만 2천명(11.7%), 20년 이상이 17만 4천명(9.6%) 순으로 나타났다. 이는 여성의 학력과 능력은 지속적으로 상승되고 있지만 그것이 사회적으로 잘 활용되지 못하고 있음을 의미하는 것이다.

2. 사회보장 관련법

우리나라의 헌법에는 모든 국민은 인간다운 생활을 할 권리(제34조 제1항)가 있으며, 이를 위해 국가는 사회보장과 사회복지증진에 노력할 의무(제34조 제2항)가 있음을 명시하고 있다. 현대 복지국가는 보통 가족구성원이 개별적으로 외부세계와 접촉하게 될 때 고려해야 할 사회적 관계를 법을 통해 규율하거나, 가족을 직접적으로 보호하는 기제에 대해 법적으로 규정함으로써 국가의 가족에 대한 보호의무를 이행한다(전광석, 1996 : 139). 이 경우에 가장 중요한 수단으로 활용되는 것이 사회보장법이다.

사회보장법은 본래 인간이 살아가면서 직면할 가능성이 높은 다양한 위험종류에 대해 사회적으로 대응함으로써 최저생활이 보장되도록 하기 위한 목적을 담고 있는 사회보장의 근거가 되는 법이다. 여기에서 위험이라 함은 고령, 사망, 질병, 실업, 장애 등을 대표적으로 들 수 있는데, 이들 위험은 결국 일차적으로는 가족의 경제적 부양기능을 위협하는 형태로 표면화되는 것이 일반적이다. 그렇기 때문에 국가는 이러한 위험에 처한 가족의 생활이 정상적으로 영위될 수 있도록 하기 위해 사회보험과 공공부조 그리고 사회복지서비스를 통해 현금급여나 현물급여를 제공함으로써 가족의 삶이 다시 안정을 찾도록 노력한다.

사회보장법은 크게 사회보험 관련법, 공공부조 관련법, 사회복지서비스 관련법으로 분류될 수 있다. 이 가운데 사회보험 관련법은 법을 통해 개인과 가족의 추상적 수요를 보장하려는 목적을 지니고 있는데, 사회보험은 보험방식에 의해 국민에게 발생하는 위험에 대처함으로써 국민의 소득을 보전하고 건강을 보장한다. 사회보험 관련법에는 공적연금법(「국민연금법」, 「공무원연금법」, 「사립학교교직원연금법」, 「군인연금법」), 의료보험법(「국민건강보험법」), 「산업재해보상보험법」 및 「고용보험법」이 속한다. 이에 비해 공공부조 관련법은 국민의 최저생활을 구체적으로 보장함을 목적으로 하기 때문에 경제적 생활유지능력이 부족한 취약계층을 대상으로 하여 이들의 최저생계와 건강유지를 돕는다. 공공부조에 관한 법률에는 「국민기초생활보장법」과 「의료급여법」이 있다. 그 밖에 사회복지서비스는 국가나 지방자치단체 또는 민간에서 복지와 관련된 상담, 방문서비스, 직업훈련, 그리고 사회복지시설 이용 서비스 등을 필요로 하는 사람들에게 제공함으로써 이들이 정상적 사회생활을 할 수 있도록 지원하는 것을 말한다. 사회복지서비스 관련법은 「노인복지법」과 「아동복지법」 등 가족생활과 필수적으로 연관되는 법이라 할 수 있다.[5]

표 7-2 가족복지정책 관련 사회적 서비스 및 관련법

사회적 서비스	구체적 프로그램		관련법
사회보험	연금보험	국민연금	국민연금법
		공무원연금	공무원연금법
		사립학교교직원연금	사립학교교직원연금법
		군인연금	군인연금법
	의료보험	국민건강보험	국민건강보험법
	산업재해보상보험		산업재해보상보험법
	고용보험		고용보험법
	노인장기요양보험		노인장기요양보험법
공공부조	국민기초생활보장제도		국민기초생활보장법
	의료보호		의료급여법
	보훈급여		국가유공자 등 예우 및 지원에 관한 법률
	재해구호		재해구호법 의사상자 예우 및 지원에 관한 법률
	갱생보호		보호관찰 등에 관한 법률
사회복지서비스	일반사업		사회복지사업법 사회복지공동모금회법
	아동복지		아동복지법 입양특례법 영유아보육법 청소년기본법

5) 지면관계상 여기에서 사회보장법제에 대한 구체적 설명은 피하였다. 전체 내용에 대해서는 각 법과 「사회보장기본법」, 그리고 전광석(1996)을 참고하기 바란다.

	장애인복지	장애인복지법 장애인고용촉진 및 직업재활법 장애인 등에 대한 특수교육법
	노인복지	노인복지법 고용상 연령차별금지 및 고령자고용촉진에 관한 법률
	여성복지	성매매알선 등 행위의 처벌에 관한 법률 성매매방지 및 피해자보호 등에 관한 법률 모자보건법 가정폭력방지 및 피해자보호 등에 관한 법률 가정폭력범죄의 처벌 등에 관한 특례법
	교정복지	보호관찰 등에 관한 법률

출처 : 조흥식(1996 : 186-187) 내용에 최근 변화내용을 추가하여 재구성(2018).

우리나라의 경우 가족의 유형이 다양화되면서 그만큼 복지수요도 증가하고 있다. 그리고 다른 나라에 비해 훨씬 빠르게 진행되는 인구의 고령화[6]로 인해 가족의 기능 수행에 대한 부담은 크게 증가하고 있다. 따라서 기존의 사회보장 관련법만으로는 가족의 복지욕구를 충족시키기 어려운 실정이다.

사회보험 관련법을 예로 보면 가족유형의 다양화에 주요 요인으로 작용하는 기혼여성의 취업증가는 보험료 산정방식을 개별 근로자 단위에서 가족 단위로 개선하고, 모성보호(maternity-protection)를 강화해야 할 필요성을 증가시키고 있어 이에 대해 「국민연금법」과 「고용보험법」을 비롯한 관련 법제도들이 개선되어야 한다는 의견이 제기되고 있다(국회여성특별위원회, 1999). 현재 우리나라에서 모성보호와 관련된 법률은 「남녀고용평등과 일·가정양립 지원에 관한 법률」과 「근로기준법」 그리고 「고용보험법」이 대표적이라 볼 수 있다. 이들 3개 법률은 그동안 별다른 실효 없이 명목상으로 존치되다가 기혼 취업여성의 증가로 인한 보육욕구의 변화와 근로자의 자녀양육권에 대한 권리강화의 차원에서 2000년 이후에 그 내용이 대폭 수정됨으로써 법률에 가족의 현실

6) 노인인구의 증가속도를 국가별로 비교해 보면 고령화 사회(aging society : 총인구 중 65세 이상 인구가 차지하는 비율이 7% 이상)에서 고령사회(aged society : 총인구 중 65세 이상 인구가 차지하는 비율이 14% 이상)로 이행되는 기간이 미국은 75년, 프랑스는 115년, 스웨덴은 85년이 소요되었다. 그런데 이에 비해 우리나라는 2000년에 이미 고령화 사회에 진입했으며 통계청은 2018년에 고령사회에 진입할 것으로 예상하고 있어 노인복지 인프라 구축에 대한 필요성이 시급해지고 있다(보건복지부, 2017).

이 조금씩 반영되기 시작하고 있다.[7)]

2007년부터 시행되고 있는 노인장기요양보험은 노인인구의 증가와 관련된 가족의 복지욕구를 고려하여 가족의 노인수발부담을 완화하기 위해 보건의료서비스와 간병수발서비스를 통합적으로 제공하는 다섯째의 사회보험이다. 노인장기요양보험제도는 고령이나 치매·중풍 등의 노인성 질병 등으로 혼자서 일상생활을 하기 어려운 노인이나 기능저하자들에게 신체활동 및 가사지원 등의 요양급여를 제공하는데, 주로 요양보호사라는 전문인력에 의한 재가급여, 시설급여에 치중되어 있다. 가족에 의한 돌봄에 대해서는 특별현금급여로 지원받을 수 있는데, 도서나 벽지 등 요양시설이 부족한 지역에 거주하거나 천재지변 등으로 서비스를 받을 수 없는 상황 또는 전염병, 정신장애 등 대통령령이 정하는 사유에 해당해야 가족요양비를 지급받을 수 있다. 즉, 시설접근성의 문제나 가족에 의해 서비스가 이루어져야 하는 특별한 경우 이외에는 직접적인 지원을 하지 않고 있다.

외국의 경우에도 치매노인과 만성질환을 보유하고 있는 노인의 수가 증가함에 따라 노인보호문제의 심각성을 인식하고 사회보험의 형태로 장기요양서비스를 제공하고 있는 나라들(독일 : 1995년 제도도입, 일본 : 2000년 제도도입)이 있는데, 그 가운데 독일은 장기요양보험제도의 대상이 노인뿐 아니라 장애인과 요양욕구를 가진 모든 연령층을 포괄하고 있어서 향후 우리나라의 제도 개선에 시사하는 바가 크다.

노인장기요양보험은 지금까지 많은 문제점을 보이고 있지만 그 중에서도 제도가 사회보험의 방식으로 전 국민에게 보험료를 징수하면서, 급여대상자는 노인인구 중 중증환자인 극소수에게만 국한되고 있다는 점은 가장 큰 문제로 지적된다. 또한 급여대상이 된다 해도 노인들은 과도한 본인부담[8)]과 낮은 수준의 국가지원액, 민간요양기관

---

7) 2001년 11월에 개정된 모성보호 관련법은 산전후휴가(출산휴가)를 60일에서 90일로 연장하고, 늘어난 30일의 휴가에 대해 고용보험기금에서 급여를 지급하며, 육아휴직을 유급화 하는 등의 내용을 담고 있었으나 여성계에서 주장해 온 태아검진휴가와 유·사산휴가 그리고 가족간호휴직제의 도입은 누락되어 있었다. 근로기준법에 의해 태아검진휴가, 유·사산휴가, 남녀고용평등법에 의해 가족간호휴직제가 도입되었으나 이의 확대와 다양한 서비스의 도입이 가족정책의 주요 과제 중 하나가 될 것으로 보인다.

8) 보건복지부의 제2차 장기요양기본계획('18~'21)에서는 그동안 지적되어 왔던 대상자 확대의 경우 2022년까지 전체 노인인구의 9.6%에 이르도록 경증치매노인에게도 등급을 부여하고, 2017년 현재 기준중위소득 50% 이하까지 본인부담을 경감해왔는데 2022년까지 기준중위소득 100%까지 경감혜택을 확대하겠다고 발표하였다.

에 대한 지나친 의존성 등으로 인해 개인별로 맞춤화된 질적인 시설서비스를 이용하기가 어렵고, 재가서비스의 경우에도 급여제공 내용과 시간의 불충분성으로 인해 가족의 부재시간 동안 요양노인의 다양한 욕구와 상황을 포괄할만한 정도의 충분한 서비스를 제공받기가 어려운 문제도 있다(이진숙 · 조은영, 2012 : 4-5).

3. 가족 관련법제의 문제점

종합적으로 보면 우리나라의 가족 관련법제는 나날이 늘고 있는 가족문제를 예방하고 해결하기 위한 기본틀로 기능하기에는 매우 미흡하다고 할 수 있다. 우선 가족법을 살펴보면 가족법은 지난 몇 년 동안 여러 차례의 개정을 통해 성 평등적으로 개선되고 있으며 호주제가 폐지됨으로써 가족구성원 간의 불평등을 해소하는 계기가 되고 있다. 그리고 「건강가정기본법」은 가족의 지원을 위한 토대법으로서의 의의는 있으나 이 법에서 규정하는 가족의 범위가 협소하고 지원내용이 다양하지 못해 한계를 보이고 있다.

한편 사회보장 관련법은 사회보장의 프로그램 종류나 급여수준, 재정수준, 그리고 서비스 행정체계 등의 측면에서 가족의 욕구에 적극적으로 부응하기에는 내용이 부실하다고 볼 수 있다. 이는 사회보장에 대한 논의가 현실에서는 활발하게 이루어지고 있지만, 법 제정 시에는 경제우위의 논리에 밀려 사회보장의 입법이 위축되는 데에서 기인하는 문제라고 할 수 있다. 사회보장에 대한 입법 시에는 경제논리보다는 인권실현의 원칙이 우선되어야 하며 이렇게 될 때에만 진정한 의미에서의 가족을 위한 법제가 갖추어질 수 있는데, 아직 우리나라에서는 가족복지에 대해서는 적극적으로 입법이 추진되지 못하고 있다.

이상의 문제점들을 살펴볼 때 가족복지와 관련된 문제에 진취적으로 대응하기 위해서 법제적 측면에서 가장 시급히 요청되는 것은 가족 관련 지원법과 사회보장 관련법의 내용이 가족의 복지에 대해 정책적 시각에서 총체적으로 접근할 수 있도록 법령을 개정하는 것이다(김영모, 1990 : 221-223 ; 조흥식, 1996 : 198). 기존의 가족 관련법은 대체로 가족을 하나의 전체적 단위(family as a whole)로 보지 않고 개별 가족구성원을 법의 대상으로 삼기 때문에 가족복지정책에 있어서도 가족에 대한 통합적 시각이 결여되는 결과를 낳고 있다. 통합적 시각이 결여된 법제는 하나의 문제를 해결한다 할지라도 다른 또 하나의 문제를 수반하는 부작용을 가져오게 된다. 그러므로 가족을 전체로 보고 가족의 문제에 대해 총체적 시각을 가지고 접근할 수 있도록 가족 관련 지원법들이 개정되어야만 가족문제의 온전한 해결이 가능할 것이다.

이 장의 요약

1. 가족법은 원래 부계 중심의 가부장적 가족제도의 원리에 근거하여 제정된 법률이기 때문에 기존의 가족법에는 양성평등이라는 헌법의 기본원칙에 위배되는 규정이 상당수 존재하고 있다. 가족법은 가족구성원 간에 민주적 관계가 유지되고, 가족의 자율성이 보장되면서도 가족의 사회적 기능이 원활히 수행되도록 사회적 차원에서 조정해 주는 기제로 개선되어야 한다.
2. 사회보장법은 크게 사회보험 관련법, 공공부조 관련법, 사회복지서비스 관련법으로 나눌 수 있다. 이 가운데 사회보험 관련법은 법을 통해 개인과 가족의 추상적 수요를 보장하려는 목적을 지니고 있고, 공공부조 관련법은 국민의 최저생활을 구체적으로 보장함을 목적으로 한다. 그리고 사회복지서비스 관련법은 국가나 지방자치단체 또는 민간에서 복지와 관련된 상담, 방문서비스, 직업훈련, 그리고 사회복지시설 이용 서비스 등을 필요로 하는 사람에게 제공함으로써 이들이 정상적 사회생활을 할 수 있도록 지원하기 위한 목적을 지니고 있다.

주요 용어

- **간병수발보험**(Pflegeversicherung) : 노인인구가 갈수록 증가하는 현대사회에서 다른 연령계층 인구에 비해 일반적으로 만성질환보유율이 높은 노인의 간병과 수발은 사회문제로 대두되고 있어 장기적 측면에서의 대응방안이 요구되기 시작하였고, 이에 따라 1995년에 독일에서 간병수발보험이 시행되기 시작하였다. 간병수발보험은 노인과 만성질환자의 질환을 예방하고 치료하기 위한 다양한 급여로 구성되어 있으며, 이와 유사한 제도로 일본에서는 개호보험이 시행되고 있다.
- **최저생계비** : 최저생계비란 인간이 생활을 영위하기 위해 요구되는 기본적 필수품을 획득하는 데 소용되는 최저비용이다.

추천하는 자료

1. 국회여성특별위원회, 『모성보호정책－근로여성의 모성보호 관련법 중심으로』, 국회여성특위 정책자료집 1, 1999.
2. 김기원, 『공공부조론』, 서울 : 학지사, 2000.
3. 김인재, 『사회보험의 통합적·효율적 관리운영을 위한 법제개선방안－공적연금과 의료보험을 대상으로』, 한국법제연구원, 1995.
4. 로레인 하딩, "가족정책을 위한 탐색", 테레사 클라빅 외, 『복지국가와 여성정책』, 서울 : 새물결, 2000.
5. 박영란·황정임·김진경, 『사회보험제도의 여성수급현황 및 개선방안 연구』, 한국여성개발원, 2002.
6. 조르단 콜린스, 『가족복지실천론』, 서울 : 나눔의 집, 2001.
7. 한국여성개발원, 『외국의 여성복지서비스에 관한 연구』, 2001.
8. 한국여성정책연구회, 『한국의 여성정책』, 서울 : 지식마당, 2002.

가족복지정책

제 8 장

서유럽에서는 19세기 말부터 산업사회로의 이행과정이 본격화되었고, 그런 가운데 자본주의 국가의 기틀이 완성되었다. 산업국가들은 이제 자본과 이윤창출을 국가의 절대목표로 설정하게 되었고, 이들 국가에서 사회 각 영역 중 경제영역이 차지하는 비중은 날로 증대되었다. 그러나 이러한 자본 중심적 경제구조는 노동자들의 실업과 건강문제, 그리고 주택문제 등 근대에는 나타나지 않았던 다양한 사회문제를 수반하였다. 사회문제의 증가는 결국 사회불안으로 이어졌고, 이러한 과정 속에서 인간의 복지를 구현하기 위한 방안에 대해 서서히 관심이 싹트기 시작하였다.

사회복지정책은 근원적으로 산업근로자와 그 가족의 경제적 어려움을 해소하고, 이들의 불만을 완화시킴으로써 궁극적으로는 자본주의를 유지하기 위한 하나의 수단이자 도구로 구상되었다고 볼 수 있다. 이러한 배경에 따라 복지정책 중 한 영역인 가족복지정책은 가족이 사회적 기능을 원활하게 수행함으로써 사회에 노동력을 안정적으로 제공하고, 사회유지에 기여할 수 있도록 국가가 지원하도록 하기 위한 이념적 배경에 따라 탄생되었다. 그런 이유 때문에 가족복지정책은 결국 가족의 기능을 강화하고 대체하는 데 초점을 두고 발전되어 왔다.

초기 가족복지정책의 역사는 산업노동자와 그의 가족, 즉 혈연 중심의 핵가족제도를 유지하고, 가족 내에서 성 역할 분업을 공고히 하기 위한 협소한 목표를 가지고 출발하였다. 그러나 현대의 가족복지정책은 가족의 유형에는 상관없이 가족의 기능을 수행하는 집단이라면 어떠한 형태든지 구성원이 '공동체적 삶'을 영위할 수 있도록 지원하는 방향으로 발전되고 있다. 시대가 변화하면서 가족의 문제가 증가한 만큼 정책적 대응전략도 변화되고 있는 것이다.

복지정책의 발상지인 서구유럽에서는 가족복지정책의 역사가 긴 만큼이나 가족복지정책의 이념이나 목표, 대상과 범위, 구체적 방안과 서비스에 대한 논의도 다각적으로 전개되어 왔다. 우리나라에서도 가족문제가 심화되면서 정책적 접근방안에 대한 관심이 높아지고 있다. 하지만 우리나라의 경우 아직 가족복지정책의 역사가 짧고, 구체적 정책이나 서비스도 아직 미비하다.

이 장에서는 우선 개념적 측면에서 가족복지정책에 대해 접근해 보고, 그 다음에 구체적 정책방안에 대해 분석하고자 한다. 가족복지정책의 개념과 논점을 분석하고, 가족복지정책의 세부 내용을 범주별로 구분하여 분석해 보고자 한다.

1. 실천으로서의 가복족지정책

이혼가족과 1인가족의 확산, 그리고 출산율의 저하로 인한 부부가족의 증가 등은 현대가족에 대해 언급될 때 가장 먼저 연상되는 현상들이다. 이러한 현상들은 아동과 노인의 방임, 부부간의 갈등상승 등 가족문제와 직접적으로 결부되어 있어서 현대는 곧 '가족의 위기시대'라 해도 과언이 아닐 것이다.

우리나라에서 가족문제의 확산과 가족의 기능약화는 1970년대와 1980년대에 산업화가 급속도로 진행되는 과정에서 표면화되기 시작하였다. 가족문제의 표면화는 가족제도의 변화를 어떻게 보아야 할 것인지에 대한 논의를 불러일으켰고, 이러한 논의 속에서 가족문제에 대한 사회적 책임의식이 형성되기 시작하였다. 그런 가운데 가족에 대해 통합적 시각을 유지하면서 가족구성원의 복지욕구를 수렴할 수 있는 정책의 필요성이 대두되었다. 하지만 가족복지정책은 그 범위가 지나치게 넓고, 정치적 이념에 따라 목표가 다양하게 설정될 수 있기 때문에 나라마다 각기 다른 현상으로 나타나고 있다.

이 절에서는 가족복지정책의 필요성과 개념에 대해 살펴보고, 이와 관련된 다양한 관점에 대해 이론적으로 접근해 본다. 그다음에 오늘날 가족복지정책을 구성하고 있는 구성체계와 세부 내용을 분석하고자 한다.

1) 가족복지정책의 필요성

가족제도와 사회의 각 영역은 상호 영향을 주고받는 유기적 관계를 형성하고 있다. 따라서 둘 중 어느 한쪽이 불안정하면 다른 한쪽에도 고스란히 그 영향을 끼친다. 이러한 상관관계 때문에 가

족문제가 사회의 문제현상으로 이슈화될수록 정책을 통한 국가사회적 개입행위는 필요성이 커지고 또한 행위에 대한 정당성 확보 가능성도 높아진다.

가족을 대상으로 하는 정책이 뚜렷이 존재하지 않았던 과거에 비해 오늘날 가족복지정책에 대한 요구도가 증가하는 원인은 크게 두 가지 측면으로 나누어 설명할 수 있다(김성천, 2000 : 73-76).

첫째, 사회와 경제구조의 변화에 따라 가족의 구조와 형태가 다양화되면서 가족은 기존에 수행해 온 기능[1] 중 많은 부분을 사회에 이양하였다. 그런데 가족생활에 대한 부담요인은 증가하여 가족이 스스로 문제를 해결하기에는 역부족상황이 되었다. 능력위주로 평가되고 긴장과 경쟁으로 이어지는 현대인의 삶에서 가족은 애정과 정서적 지지 기능을 가장 이상적으로 제공할 수 있으며, 가정은 사회와 대비되는 휴식의 장[2]이다. 가정에서 구성원은 지친 몸과 정신을 휴식하고 에너지를 재충전하여 사회생활을 지속해 나가므로 가족이 수행하는 보호기능과 정서적 지지 기능은 다른 사회집단이 대체하기 어려운 가치를 지니고 있다. 따라서 이 기능들이 원활하게 수행되도록 국가는 가족의 부담을 완화하고 지원해야 할 의무가 있다.

둘째, 취업모의 증가는 가족 내 관계와 권력구조, 그리고 성 역할의 변화를 초래하여 가족과 사회의 관계에 대한 인식에도 변화를 유도하고 있다. 대부분의 국가는 1970년대까지만 해도 가족의 문제에 대해서는 가족이 책임을 져야 한다는 방임적 태도를 취했으나 가족의 위기가 사회문제화되면서 다양한 복지 프로그램을 통해 가족을 지원하기 시작하였다. 이러한 지원을 통해 현대국가들은 가족 내 여성문제를 해결함으로써 가족 내에 존재하는 다른 문제까지도 한꺼번에 해결하고자 하였다. 그러나 이는 가족문제를 근본적으로 해결하기보다는 오히려 여성의 빈곤화 현상을 부추기는 예기치 않은 결과를 가져왔다. 가족문제에 대해 통합적으로 접근하지 않고 개별 가족구

1) 가족의 기능은 새로운 가족구성원의 생산, 상품과 서비스의 생산과 분배 및 소비, 가족구성원의 사회화, 가족구성원에 대한 정서적 지지와 보호기능 등으로 나누어진다.

2) 가정은 경쟁과 긴장, 정신적 압박감으로 가득 찬 직업세계에 대비되는 안식처라는 기능주의적 입장에 대해 여성주의적 시각에서는 비판을 제기한다. 그러나 이는 기능주의적 관점에 가부장적 원리를 대변하는 면이 내재되어 있기 때문에 그러하며, 만약 가족의 기반이 애정으로 결속되어 있고, 가족구성원 간에 평등한 권력구조가 성립되어 있다면 가정은 분명 어느 다른 장소보다 안락한 휴식처가 될 수 있다는 점에 대해서는 어느 누구도 이견이 없을 것이다.

성원의 욕구해소에 치중된 정책은 결국 불균형적 복지배분의 문제를 불러왔고, 이로 인해 여성문제는 더욱 심화되는 부작용이 나타나게 되었다.

가족은 사회의 근간이며, 사회의 안정에 가장 중요한 역할을 수행할 수 있는 능력을 가지고 있다. 앞으로 가족 내에 내재해 있는 다양한 문제를 균형적으로 해결하기 위해서는 더 이상 가족에게만 책임을 전담시키는 소극적 태도는 사라져야 하며, 국가와 사회의 책임하에 가족을 전체로 보고 문제에 적극적으로 개입하는 가족복지정책이 요구된다.

2) 가족복지정책의 개념

지금까지 가족의 복지에 대한 정책은 가족정책(family policy)과 가족복지정책(family welfare policy)으로 구분되는 것이 일반적이었다. 여기에서 가족정책은 "국가가 가족의 기능이나 역할에 의도적으로 영향을 미침으로써 원하는 방향의 변화를 가져오려는 체계적 개입계획"(이혜경, 1996 : 226 ; 최성재, 1994 : 259)을 의미하고, 가족복지정책은 통제(control)와 원조(support)의 기제(Harding, 1996)를 통해 국가가 순수하게 "가족을 위해 행하는 정책"을 의미하는 것으로 이해되어 왔다. 그러나 이 두 개념은 경우에 따라 혼용되므로 명확히 구분하기가 어려우며, 오늘날 국가는 사회복지의 전 분야에 걸쳐 정책을 통해 가족에게 영향을 미치고 있으므로 가족정책과 가족복지정책의 개념을 구분하는 것은 점차로 의미를 상실해 가고 있다. 이러한 배경에 따라 이 책에서는 "가족을 대상으로 하고, 가족복지와 관련이 있는 국가의 모든 정책적 활동과 계획"을 가족복지정책으로 규정하고자 한다.

가족복지정책에 대해 개념적으로 접근하는 방식 중 가장 보편적으로 인용되는 설명은 캐머만(Kamerman)과 칸(Kahn)이 제시한 입장으로, 이들은 가족복지정책을 세 가지 개념으로 분류한다(Kamerman & Kahn, 1978).[3] 첫째, 가족복지정책은 사회문제를 해결하기 위한 사회정책의 한 분야(as a field)로 이해될 수 있으며, 둘째, 가족복지정책은 다른

3) 캐머만과 칸은 가족을 대상으로 하는 국가의 공적 정책을 가족정책으로 명명하였다. 그런데 이들은 가족정책의 영역이나 대상을 규정함에 있어 이 책에서 필자들이 제시한 가족복지정책의 개념과 매우 유사한 접근태도를 보이므로 이들의 가족정책 개념을 가족복지정책으로 표기하여도 무리가 없을 듯하다.

거시적 사회목표를 달성하기 위한 수단(as an instrument)으로 기능하기도 한다. 셋째, 가족복지정책은 다른 사회정책의 선택 및 정책평가의 기준이나 관점(as criterion or perspective)이 되기도 한다.

위의 세 가지 분류를 보면 가족복지정책은 포괄적 사회정책의 한 분야로 인식되는가, 아니면 다른 사회정책을 실현하기 위한 매개체로 인식되는가 하는 관점에 따라 약간의 개념적 차이를 보인다. 하지만 이 분류방식에는 가족복지정책이 결국 국가적 차원에서 그 사회가 추구하는 목표와 이념을 실현하기 위한 의도를 가지고 가족에 대해 영향력을 행사하는 행위라는 전제가 내포되어 있다. 그렇기 때문에 위의 세 분류 중 가장 보편적으로 동의를 얻고 있는 접근법은 가족복지정책이 사회정책의 한 분야이며, 가족복지정책은 국가가 가족에 대해 의도적으로 행하는 정책을 의미한다는 것이다.

그러나 가족복지정책을 이렇게 규정할 경우에는 가족복지정책과 아동복지정책, 노인복지정책 그리고 여성복지정책 등을 비롯한 기존의 사회복지정책 간의 영역을 구분할 때 그 기준에 대한 문제가 발생할 수 있다. 이는 가족복지정책이 가족을 대상으로 하는데, 가족은 결국 개별 구성원이 모여 하나로 구성된 전체적 단위이어서 특정 가족구성원의 문제는 가족구성원 전체의 관계 또는 가족의 유지원칙에 직접적 영향을 미치기 때문이다. 그러므로 가족을 단위로 하는 정책은 특정 구성원의 문제해결에 있어서도 다른 가족구성원과의 관계나 가족유지원칙 등을 고려하여야 한다(김성천, 2000 : 82-84). 즉, 가족복지정책은 가족과 가족문제에 대해 접근할 때 가족구성원인 개인을 집합적으로 다루거나 개인을 다루더라도 개인을 가족과 연계하여 다루는 것(최성재, 1994 : 261)이므로, 다른 사회복지정책과 영역을 구분하는 것이 모호해질 수 있지만 특정 개인을 대상으로 삼지 않고, 정책이 가족 전체에의 영향성을 고려하기 때문에 다른 사회정책과는 구분될 수 있다.

한편 가족복지정책은 국가의 의도가 정책에 명시적으로 드러나 있는가, 또는 암시적으로 내재해 있는가 하는 범주에 따라 명시적(explicit) 가족복지정책과 암시적(implicit) 가족복지정책으로 구분된다(Kamerman & Kahn, 1978 ; 각주 17). 명시적 가족복지정책은 국가가 의도적 목적을 가지고 가족의 생활에 개입을 하거나 계획을 수립하는 것으로 오늘날 대부분의 국가에서 가족복지정책의 범주에 포함시켜서 시행하고 있는 탁아정책이나 노인보호정책, 가족을 위한 소득보장정책 등이 이에 속한다. 반면 암시적 가족복지정책은 국가가 가족에 대해 직접적으로 의도하지는 않지만 정책의 결과가 가족에게 간접적으로 영향을 미치는 정책을 의미한다.

3) 가족복지정책의 관점에 대한 논의

가족복지에 대한 정책의 관점은 현실에 대한 사회규범의 기속력을 유지할 것인가 아니면 현실을 충분히 반영할 것인가 하는 선택의 문제(전광석, 1996 : 135-175)로 귀결되며, 이에 따라 보수주의와 진보주의적 관점으로 나눌 수 있다(이혜경, 1996 : 226-231 ; 김성천, 2000 : 76-81).

첫째, 구조기능론으로 대표되는 보수주의적 관점에서는 핵가족을 친족집단의 기본단위로 인식한다. 다시 말해서 가족이란 자연적으로 주어진 것으로 개인과 사회를 중재하는 적응력 있는 기초단위이고, 합법적으로 인정되는 성생활을 통해서 자녀를 출산하고 양육함으로써 개인의 욕구와 사회적 필요를 충족해 주는 필수제도라고 본다. 이러한 관점에서 가족은 사회의 존속에 없어서는 안 되는 단위이고, 따라서 가족과 사회 간의 기능적 적합성에 관심을 갖는다. 또한 산업사회는 개인에게 빈번한 지역적 이동과 사회적 이동을 요구하기 때문에 사회의 존속을 위해 적합한 형태는 핵가족이라고 보며, 남편은 생계를 책임지고 아내는 가사를 책임지는 것이 자연스러운 역할분담 형식이라고 인식한다. 이러한 시각에 따라 구조기능론자들은 핵가족유형에서 벗어나는 가족의 상태를 병리적 가족해체로 이해하고 독신가족, 한부모가족, 동거・이혼가족, 소년소녀가장가족 등의 다양한 가족을 위한 가족복지정책은 오히려 가족해체를 조장한다고 본다.

보수주의적 입장을 취하는 대표적인 국가는 미국으로, 미국은 가족을 공공정책의 대상으로 삼지 않으려는 경향이 강하다. 미국에서 가족생활은 국가가 개입할 수 없는 사생활의 영역으로서 복지정책은 빈곤계층에 대한 선별적 개입으로 일관한다. 이러한 가족정책은 다양한 가족에 대해 적극적으로 지원하지 않음으로써 전통적 핵가족을 중심으로 한 가족제도를 유지할 수 있다는 신념을 내포하고 있다.

둘째, 기능주의적 시각에 대한 비판에서 출발한 진보적 관점에서는 전통적 핵가족이라는 특정한 가족형태가 사회의 필수불가결한 제도라고 믿는 것은 신화에 불과하다고 보면서, 전통적 가족역할에 대한 고정관념은 가부장적 권력구조를 유지하기 위한 수단일 뿐이라고 주장한다. 이들은 한 성이 다른 성을 억압하는 기제를 옹호하는 보수적 관점을 비판하고 단일한 가족형태로 가족이 획일화되는 현상을 반대한다. 왜냐하면 특정 가족형태에 대한 지향은 가부장적 이념에 의해 개인의 자유를 억압하고 사회적 약자의 불평등을 전제하므로 성과 연령에 상관없이 개인과 가족의 다양한 욕구에 맞추어 다양한 가족형태가 인정되고 선택될 수 있어야 한다고 본다. 그러므로 다양한 가족형태의 출현은 가족의 변화이지 해체라고 보지 않는다. 즉, 핵가족과 확대가족, 재혼가족, 독신가족, 동거가족, 개방결혼, 다양한 공동체가족, 혼합가족 등이 개인의 형편과 선호에 따라 선택될 수 있고, 이러한 가족의 선택이 불이익을 당하지 않도록 국가가 정책적으로 배려해야 한다고 본다.

이러한 관점에 입각한 가족정책을 수행하는 국가로는 명시적 가족복지정책을 수행하는 서유럽 국가들을 들 수 있는데 이 중 대표적인 국가가 스웨덴이다. 사회민주주의형 복지국가인 스웨덴은 일찍이 아동양육의 기능을 양성평등한 책임으로 인정하였으며, 여성의 노동시장 참여와 가족 내의 평등한 성 분업을 장려하며 양육과 복지기능의 사회화를 강화하고 있다. 또한 산업화 이후의 가족변화를 적극적으로 수용하여 동거, 미혼모, 독신, 한부모 등을 모두 '정상' 가족의 범주로 차별하지 않음으로써 이들이 사회에 통합될 수 있도록 다양한 서비스를 제공하고 있다.

우리나라의 경우에는 가족복지와 관련된 정책에 대해 국가 차원에서의 명확한 입장이 정립되어 있지 않다. 지금까지 정부는 가족의 생활에 대해 개입하는 것을 터부시하면서 가족문제는 가족의 책임으로 떠넘기고 무관심으로 일관해 온 게 사실이다. 그 결과 우리나라의 가족복지정책은 다양한 가족의 현실을 외면한 채 전통적 가족이념에서 탈피하지 못하고 있다.

오늘날의 변화하는 가족현실은 가족의 다양성을 수용하여 이들 모두의 복지욕구를 해소하고 사회통합의 효과를 가져올 수 있는 정책을 요구하고 있다. 다시 말해서 이제는 정상 가족 이데올로기에 천착하는 가족정책에서 탈피하여 어떠한 형태이든 가족을 이루고 사는 모든 개개인은 가족 내에서 동등하게 행복해질 수 있는 여건을 조성할 수 있는 성인지적 관점이 필요시되고 있다. 정책이 가정 내의 폭력과 불평등 그리고 억압을 묵인하고 변화를 받아들이지 않는 경직된 관념에서 벗어나 가족의 현실에 대한 비판적 성찰을 바탕으로 하여 개개인이 가족을 통해 행복을 추구할 수 있도록 지원해야 그것이 탄력적이고 성인지적 가족복지정책이라 할 수 있다. 우리나라의 경우에는 가족의 변화가 다른 어느 나라보다도 빠르게 진행되고 있으며, 이는 유교적 가부장제의 폐단에 기인하는 바가 크다. 따라서 이제는 가족의 복지를 위해서 개인의 자유와 평등 그리고 행복이 우선시되는 정책적 시각을 정립해야 한다.

2. 가족복지정책의 분야

가족복지정책을 분야별로 나누어 볼 때 다양한 분류방법이 있다. 우선 일반적으로 자주 활용되는 분류방법으로는 가족이 수행하는 사회적 기능에 따라 정책방안을 분류하는 방법이 있는데 이는 구조기능론적 시각에서 많이 쓰이는 방법이다. 예를 들어 가족이 수행하는 기능에 따라 재생산기능을 지원하는 제도로는 산전후휴가와 양육휴가 그리고 양육비 제공 등이 있다. 경제적 기능을 지원하는 제도로는 가족수당(또는 아동수당)과 가족에 대한 소득공제를 대표적으로 꼽을 수 있으며, 사회화 기능으로는 교육비 공제와 장학제도 등이 있다. 또한 여가와 휴양, 노인의 보호를 위한 지원정책으로는 장기요양보험과 간병휴가 등이 있다.

이 책에서는 가족복지정책의 분야를 가족의 물질적 생활을 보장하기 위한 소득유지정책(income maintenance policy), 가족구성원의 시장경제활동을 지원하는 직업훈련과 알선 그리고 후속교육 등으로 구성되는 고용촉진정책(employment policy), 후세대의 재생산과 자녀양육을 지원하는 아동양육 프로그램 및 서비스(child care programs and services), 갈수록 증가하고 있는 노인인구에 대한 보호와 부양부담을 완화하고자 하는 노인부양 프로그램 및 서비스(programs and services for the elderly), 그리고 상담과 치료 등을 통해 가족 내의 심리적·정서적 문제를 해결하고 가족생활을 강화하는 대인복지서비스(personal social services), 마지막으로 가족단위의 여가와 문화생활과 관련된 삶의 질(quality of life)적 향상정책으로 나누어 구분하였다.

이상의 구분에 따르면 우리나라에서 지금 현재 시행되고 있는 정책은 유럽 여러 나라에 비추어 볼 때 종류상으로도 다양하지 못하고 그 수준도 아직 미흡하다. 이는 우리가 앞으로 외국의 사례를 거울삼아 가족에 대한 지원을 확대해 가야 함을 제시하는 것이다. 이제 이에 대하여 구체적으로 살펴보기로 한다.

1) 소득유지정책

자본주의적 시장경제구조 속에서 가족은 주로 임금노동을 통한 부양자의 근로소득에 의존해서 경제생활을 영위하게 되며, 이러한 사회경제적 조건은 전근대적 사회에서보다 가족이 실업이나 빈곤 등으로 인한 물질적 문제에 부딪힐 위험 가능성을 크게 만들고 있다. 따라서 현대사회에서 가족을 대상으로 하는 소득유지정책은 의식주와 관계되는 기본욕구를 해결하고 자녀를 양육하는 데 필요한 최소한의 물질적 지원은 물론이고, 더 나아가 모든 형태의 가족이 경제적 위험에 처하지 않도록 예방적 차원에서 소득을 보장해 주는 것이 요구된다. 그리고 혼자서는 최저생활의 유지가 불가능한 생계보호대상뿐만 아니라 근로능력이 있는 모든 일반가족이 정책의 대상으로 포괄되어야 한다.

이러한 맥락에서 가족을 위한 소득유지방안은 가족의 물질적 생활환경을 개선하고 자녀양육과 노인부양, 그리고 가족 내 환자수발로 인한 가족의 경제적 부담을 경감시키고, 자본주의적 시장경제원리에 따른 불균형적 소득분배를 가족을 옹호하는 정책적 관점에서 교정(재분배)하기 위한, 소위 '2차적 소득분배'의 도구로서 구체적으로 다음과 같은 목표를 추구함이 바람직하다.

첫째, 사회 전체를 위해 수행되는 가족기능을 사회적 차원에서 적극적으로 인정·보상하고, 둘째, 자녀가 없는 부부가구와 자녀를 둔 가족 간에 생활수준의 격차가 지나치게 크게 벌어지지 않도록 수평적 소득재분배 효과를 가져오도록 한다. 셋째, 가족 내에서 부양자가 근로소득을 통해 가족을 부양할 수 있는 능력이 약화 또는 상실될 경우에도 최저생계비를 초과하는 소득이 보장될 수 있도록 한다.

가족을 대상으로 하는 소득유지정책으로는 공공부조제도를 대표적으로 언급할 수 있는데 우리나라의 경우 2000년부터 실시되고 있는 국민기초생활보장제도가 이에 속한다. 그리고 간접적 지원방식으로는 가족에 대한 세금공제제도가 언급될 수 있다.

(1) 저소득가정 지원방안

국민기초생활보장제도는 취약계층 가족의 경제적 자활능력과 이를 위한 금전적 지원 강화라는 목적에 따라 기존의 빈곤가족에 대한 생활보호사업이 확대된 제도라고 볼 수 있다. 국민기초생활보장제도는 생활이 어려운 가족에게 필요한 급여를 제공하여 이들의 최저생활을 보장하고 자활을 조성하는 것을 목적으로 하는 제도로서 기초생활보장의 수급자로 선정되기 위해서는 소득기준, 재산기준, 부양의무자기준을 동시에 충족시켜야 한다. 이 중 소득기준은 매년 공표되는 최저생계비를 토대로 결정되며, 최저생계비는 수급권자의 생활실태와 물가상승률 등을 고려하여 중앙생활보장위원회의 심의와 의결을 거쳐 결정된다.

소득인정액 = 소득평가액 (실제소득 가구특성별 지출비용 - 근로소득공제)
+ 재산의 소득환산액 [(재산 기본재산액 부채) × 소득환산율]
※ 소득평가액 및 재산의 소득환산액이 ( )인 경우는 0원으로 처리

그림 8-1 소득인정액 산정방식

표 8-1 가구규모별 소득인정액 기준(가구별 최저생계비)

가구규모	1인	2인	3인	4인	5인	6인	7인
2017(원/월)	495,879	844,335	1,092,274	1,340,214	1,588,154	1,836,093	2,084,033
2018(원/월)	501,632	854,129	1,104,945	1,355,761	1,606,576	1,857,392	2,108,208

* 8인 이상 가구의 경우, 1인 증가 시마다 250,816원씩 증가(8인 가구 2,359,024원).
출처 : 보건복지부(2018). "2018년 기준 중위소득 및 생계급여 선정기준 고시".

기존의 국민기초생활보장제도의 경우 가구단위로 수급자를 선정함으로써 수급대상자의 실제적 경제수준이 고려되지 못함으로써 발생했던 대상자의 누락문제와 최저생계비를 기준으로 가구소득이 조금만 넘어도 모든 지원을 일괄 중단하는 방식 등의 문제가 지적되었다. 이에 정부에서는 아래 상자글과 같이 단계적으로 개선하고자 노력하고 있다.

상자글 8-1 부양의무자 기준의 내용과 단계적 폐지

부양의무자 기준(법 제5조, 시행령 제4조·제5조)

다음의 요건 중의 1에 해당하는 자는 부양의무자 기준 충족

(1) 부양의무자가 없는 경우

(2) 부양의무자가 있어도 부양능력이 없는 경우

(3) 부양의무자가 부양능력이 미약한 경우로서 수급권자에 대한 부양비 지원을 전제로 부양능력이 없는 것으로 인정하는 경우

(4) 부양능력이 있는 부양의무자가 있어도 부양을 받을 수 없는 경우

* 부양의무자 : 수급권자의 배우자, 수급권자의 직계혈족(부모, 아들 · 딸 등), 수급권자의 직계혈족의 배우자(며느리, 사위, 계부, 계모 등), 수급권자와 "생계를 같이하는" 2촌 이내의 혈족(형제자매 등)

부양의무자 가구의 소득·재산조사

- 가구원 수 산정 : 부양의무자에 해당하는 가구구성원과 그와 생계를 같이하는 30세 미만의 미혼자녀 및 30세 이상이더라도 근로 무능력자(대학생 포함)인 자녀는 가구원 수로 산정
- 소득 · 재산 조사대상 : 부양의무자의 가구원 중 수급권자에 대한 부양의무가 없는 자의 소득, 재산은 부양능력 판정 시 제외
- 부양의무자의 소득 산정방식
- 부양의무자의 소득은 실제소득을 의미

부양의무자 기준의 단계적 폐지

- 2017년부터 사각지대인 '비수급 빈곤층' 해소를 위해 부양의무자 기준을 단계적으로 폐지
- 주거급여부터 부양의무자 기준을 폐지하고 부양의무자의 재산을 소득으로 환산하는 비율을 완화하여 수급자를 추가 보호할 계획이다.

연차별 부양의무자 기준 폐지 순서

구분	'17.11월	'19.1월	'22.1월
부양의무자가구	노인 ,중증장애인 포함 가구 (소득하위 70%)	중증장애인 포함 가구(소득하위 70%)	노인 포함 가구 (소득하위70%)
수급자 가구	노인, 중증장애인 가구	모든 수급자 가구	모든 수급자 가구

출처 : 보건복지부, 제1차 기초생활보장 종합계획('18-'20년), http://mohw.go.kr

국민기초생활보장제도는 본래 취지에 의하면 기존의 생활보호제도보다는 빈곤의 위험에 처한 가족의 물질적 보장을 위해 급여대상이나 급여범위가 확대된 적극적 조치로 인정될 수 있다.[4] 그러나 국민기초생활보장제도가 보다 효율적으로 운영되기 위해서는 '가구별 생계유지능력을 감안한 모든 국민의 기초생활보장'을 최우선으로 하고, 수급자를 근로능력의 유무뿐만이 아니라 가구원의 질병, 장애유무, 간병과 보육의 필요성, 종사하고 있는 직종의 특성 등 가구별 특성을 감안한 생계유지능력 유무를 기준으로 구분하여 차별화된 급여방식을 도입하는 것이 바람직하다고 볼 수 있다. 이에 따라 2015년 제도를 맞춤형으로 개편하여 생계, 의료, 주거, 교육 급여 등 개별급여별 특성에 맞게 수급자 기준을 달리하여 욕구에 맞는 맞춤형 지원을 실시하고 있다.

이 밖에 우리나라에서 빈곤가족의 경제적 생활을 지원하는 정책으로는 저소득 한부모가족 지원정책을 들 수 있다. 이 제도의 근거법은 「한부모가족지원법」으로, 이 법에 의하면 18세 미만의 자녀를 가진 한부모가족에게는 재산과 소득기준에 따라 입학금과 수업료 지급 등 자녀의 학비 지원, 양육비 지원, 복지자금 대여, 영구임대주택 입주, 직업훈련 및 취업알선에 대한 지원이 이루어진다.

외국의 경우 가족의 경제적 생활을 지원하는 제도로는 미국의 '빈곤가구 한시부조(Temporary Assistance for Needy Families)' 프로그램이 대표적이다. 이 제도가 구상된 기본적 아이디어는 복지급여를 근로와 연계시키는 것으로 국민기초생활보장제도처럼 수

4) 이 제도가 기존의 생활보호사업에 비해 개선된 점이라고 한다면 수급자의 선정기준이 확대되고 급여수준이 향상되었다는 점일 것이다. 그러나 다른 나라에서는 찾아보기 어려운 부양의무자 기준이 적용되고 빈곤가족의 근로능력 강화에 정책의 목표를 맞춘 것은 공공부조의 본래적 의미에서 벗어난다는 점에서 비판적이다.

급자는 보다 적극적으로 일하려는 노력을 보여야 하며 이들뿐만 아니라 이 제도를 주관하는 주정부도 근로요구를 충족시킬 책임을 지도록 한 것이 특징이다. 이 프로그램은 취약계층 가족의 지원기준을 근로의사와 근로능력에 강하게 결부시킴으로써 자녀를 양육해야 하는 여성에게는 오히려 부정적으로 작용할 수 있는 위험성을 안고 있다고 평가된다.

(2) 근로소득공제

가족을 위한 세금공제제도에 대해서는 근로자를 위한 소득공제와 일반소득자를 위한 세금공제에 대해 언급해 볼 수 있다. 우선 「소득세법」 제47조에 따르면 근로소득이 있는 개인에 대해 500만 원을 기준으로 그 이하의 소득이 있는 자는 급여액의 100분의 70을 공제하고, 500만 원에서 1,500만 원 이하의 근로소득자에게는 350만 원에 500만 원을 초과하는 금액의 100분의 40을 추가로 공제하도록 하고 있다. 또한 동법 제50조에는 종합소득이 있는 모든 개인에 대한 소득공제가 명시되어 있어 가족상황에 따라 보편주의 원칙에 의거하여 소득이 공제된다.

이상과 같은 소득공제제도는 우리나라에서는 기본적으로 납세능력이 있는 일정 수준 이상의 가족을 대상으로 하고 있기 때문에 납세능력이 없는 가족들은 이 제도의 대상에서 배제된다. 따라서 납세능력이 없는 저소득층 가족들에 대해 미국에서 시행 중인 부(不)의 소득세(negative income tax)처럼 경제적 욕구를 직접적으로 해결하는 제도적 장치의 도입에 대해 검토해 보는 것이 필요하다(김성천 · 윤혜미, 2000).

표 8-2 연도별 근로소득공제 금액

총급여액 \ 귀속연도	2014~2017	2009	2004~2005	2002
500만 원 이하	총급여액의 0.7	총급여액의 0.8	전액	전액
1,500만 원 이하	350만 원+ 500만 원 초과금액×0.4	400만 원+ 500만 원 초과금액×0.5	500만 원+ 500만 원 초과 50%	500만 원+ 500만 원 초과 45%
4,500만 원 이하	750만 원+ 1500만 원 초과금액×0.15	900만 원+ 1,500만 원 초과금액×0.15	1,000만 원+ 1,500만 원 초과 15%	950만 원+ 1,500만 원 초과 15%
1억 원 이하	1200만 원+ 4500만 원 초과금액×0.05	1,125만 원+ 3,000만 원 초과금액×0.1	1,225만 원+ 3,000만 원 초과 10%	1,175만 원+ 3,000만 원 초과 10%
1억 원 초과	1475만 원+ 1억 원 초과금액 ×0.02	1,275만 원+ 4,500만 원 초과금액×0.05	1,375만 원+ 4,500만 원 초과의 5%	1,325만 원+ 4,500만 원 초과 5%
공제한도	없음	없음	없음	없음

출처 : 국세청(2017). 근로소득 간이세액표 안내 ;「소득세법」 제47조.

상자글 8-2 남성 – 직장, 여성 – 가정 바탕 「소득세법」은 차별

지난 달 한나라당 이계경 의원 등이 국회에 제출한 소득세법 개정안이 '남성 – 직장, 여성 – 가정'이라는 전통적 성 역할 고정관념을 바탕으로 헌법상의 평등권을 침해하고 있다는 진정이 국가인권위원회에 접수됐다.

차별연구회는 6일 "이계경 의원 등이 지난달 18일 발의한 소득세법 개정안이 헌법상의 평등권과 혼인 여부 및 가족상황, 성별 차별 등을 금지하고 있는 국가인권위원회법을 위반해 지난 1일 진정을 냈다"고 밝혔다.

차별연구회에 따르면 이 의원 등이 발의한 소득세법 개정안 제50조 제1항은 종합소득세 납세자의 '배우자로서 연간 소득금액이 없거나 연간 소득금액 합계액이 100만 원 이하인 자가 공제대상자인 경우 연 1,200만 원을 기본공제대상으로' 하는 것으로 전업주부 가사노동의 경제적 가치를 인정하자는 취지를 담고 있다. 이 의원도 개정안 추진이유에 대해 "가사노동은 단순 취사, 청소, 세탁뿐 아니라 가족 보살피기를 비롯해 사회의 기초단위인 가정을 유지하기 위한 광범위한 활동이지만 그 경제적 가치를 충분히 인정받지 못해 왔다"고 밝힌 바 있다.

그러나 차별연구회는 "개정안은 부부 중심의 이성애적 가족을 정상 가족으로 간주하고, 수혜자를 유독 법적으로 인정하는 혼인관계에 있는 가족과 전업주부만을 대상으로 하고 있다"고 지적했다. 연구회는 "개정안이 각 가정에서 이루어지는 가사노동의 경제적 가치를 인정하려는 취지라면 이혼으로 인한 한부모가족, 비혼동거가족, 동성가족 등 다양한 가족형태에서 행해지는 가사노동에 대해서도 동등한 감세혜택이 주어져야 한다"고 주장했다. 연구회는 또 "'남성-직장, 여성-가정'이라는 뿌리 깊은 전통적 성 역할 고정관념 속에서 전업주부에 의한 가사노동의 경제적 가치만을 인정하고, 가사노동과 직장 근무를 병행하는 취업주부에 의한 가사노동의 가치는 인정되지 않고 있다"고 지적했다.

출처 : 연합뉴스(2005. 6. 6.)

2) 고용촉진정책

우리나라에서의 고용촉진정책은 주로 빈곤층을 대상으로 하는 정책과 실업자를 위한 취업지원정책으로 대별된다.

(1) 빈곤가족을 위한 고용촉진방안

빈곤가족과 관련된 고용촉진정책에 속하는 대표적 프로그램은 국민기초생활보장제도상의 자활사업과 여성인력개발센터, 여성새로일하기센터의 경력단절 여성 등을 위한 취업훈련 및 취업연계 프로그램 등을 들 수 있다.

① 자활사업

자활사업은 저소득 빈곤가족의 수급자들이 적극적으로 노동시장에 참여하도록 지원하는 것으로 복지와 근로를 연계한 신자유주의적 이념이 내재된 정책이라 할 수 있다. 생활보호의 대상이 되는 저소득층 가족은 시장경제 내에서 불리한 위치를 점유하고 있으며, 취업능력이 전반적으로 떨어지기 때문에 이들이 경제적 자립능력을 배양할 수 있도록 직업능력과 고용부문에 대해 지원하는 정책이라 볼 수 있다.

현재 자활사업은 국민기초생활보장법에 의거하여 근로능력이 있는 국민기초생활수급권자 또는 차상위계층을 대상으로 근로능력과 욕구가 높아 바로 취업시장에 연계할 수 있는 집중취업대상자를 지원하는 고용노동부 자활사업(취업성공패키지)과 보건복지부 자활사업으로 나눌 수 있다. 보건복지부 자활사업의 경우 시장진입형, 인턴·도우미형, 간병 등 사회서비스 일자리형, 근로유지형, 시간제 자활근로 등으로 구분된다. 시장진입형의 경우 자활기업 창업을 통해 시장진입을 지향하는 사업, 인턴·도우미형은 인턴사원으로 근로를 하면서 기술과 경력을 쌓은 후 취업을 통해 자활을 도모하는 취업유도형, 근로유지형의 경우는 현재 근로능력과 자활의지가 낮아 이를 유지하면서 향후 자활사업 참여를 준비하는 사업을 의미한다.

자활사업은 현재에는 장단점이 동시에 표면화되고 있다. 수급(권)자에 대한 근로의욕을 고취하고 스스로 경제적 책임의식을 높이는 것은 대상자 스스로나 국가경제를 위해서 긍정적으로 볼 수 있지만 근로 유형이 대부분 청소, 도시락, 간병 등 고숙련을 요구하는 업무가 아니기 때문에 실제로 민간노동시장으로 이행할 확률이 떨어지며, 따라서 이에 따른 추가적인 직업훈련 제공 등 보완이 필요하고 참여자를 둘러싸고 있는 환경을 파악하여 수요자 중심형 사업으로 변화를 꾀해야 한다는 비판이 있다(한국고용정보원, 2017).

② 직업훈련

직업훈련은 근로빈곤층의 노동시장 통합과 더 나은 일자리로의 이행을 위한 고용-복지 통합 서비스에서 핵심적인 프로그램이다. 근로빈곤층의 욕구와 환경에 맞도록 맞춤형 직업능력개발훈련을 제공할 수 있도록 제반 여건과 인프라를 갖추는 것이 무엇보다도 시급하다.

직업훈련과 취업의 연계 강화를 위한 노력이 필요하다. 근로빈곤층은 주로 지역 단위 내에서 노동시장에 참여한다는 점에서 이들이 진입할 수 있는 일자리 수요를 고려하여 취업연계형 직업훈련 프로그램을 개발할 필요가 있다.

근로빈곤층 직업훈련에 대한 장기적인 접근이 필요하다. 근로빈곤층을 대상으로 하는 직업능력개발훈련 효과는 장기에 걸쳐 나타나는데, 직업훈련의 성과를 고용가능성뿐만 아니라 임금소득 수준 측면에서 함께 평가할 필요가 있다(류기락, 2014).

③ 여성인력개발센터와 여성새로일하기센터의 고용촉진 프로그램

기존의 여성부 산하 여성인력개발센터가 2005년 지방에 이양됨에 따라 현재 53개 여성인력개발센터가 경력단절 즉, 기존 노동시장의 사각지대에 있는 여성들의 기술교육과 맞춤지원을 하고 있다. 센터에서는 고용노동부, 여성가족부, 지자체 등의 지원을 받아 여성직업훈련과 직업상담, 취업알선, 취·창업지원과 일반 사회문화 교육 등을 실시하고 있다. 그리고 경력단절여성을 위해서는 여성새로일하기센터가 설립되어 직업상담, 직업교육훈련, 여성인턴제, 취·창업연계 및 사후관리, 경력단절예방 서비스 등을 제공하여 결혼과 자녀의 출산 이후 취업을 중단한 여성의 재취업을 원스탑 서비스로 연계하고 있다. 그 외 여성가족부에서는 취업역량진단, 취업상담, 온라인교육 등 맞춤형 온라인 취업지원서비스인 온라인경력개발센터(꿈날개), 대학 내 여대생 특화사업으로 진로개발에서 취업지원까지 체계적 서비스를 제공하는 청년여성경력개발지원사업 등 다양한 사업들을 진행하고 있다.

(2) 실업자를 위한 취업촉진정책

① 고용보험

고용보험의 경우 가장 많이 알려진 실업급여와 함께 고용안정, 직업능력개발 사업도 관장하고 있다. 실업급여의 경우 구직급여, 상병급여, 취업촉진수당 등으로 구성되고 구직급여의 경우 고용보험 적용 사업장에서 실직 전 18개월 동안 피보험기간이 통상 180일 이상이어야 하고 비자발적 사유로 실직한 경우에 퇴직 전 평균임금의 50% 지급된다. 구직급여의 경우 적극적으로 재취업한 사실을 신고하여야 유지되며 연령과 피보험기간에 따라 지급일수가 90일에서 240일까지 지급된다.

직업능력개발사업의 경우 내일배움카드를 통해 재직자와 실업자의 직업훈련을 지원하고 있다. 재직자의 경우 중소기업, 비정규직 근로자 등의 직무능력향상의 기회를 확대하기 위함이고 실직자의 경우 취·창업에 필요한 직무수행능력 개발훈련에 참여하는 기회를 제공하게 된다.

② 취업성공패키지

고용보험이 주로 고용보험가입자이거나 가입자였던 자를 대상으로 한다면 고용노동부는 저소득 취업취약계층을 대상으로 하는 취업성공패키지 I 와 청년 및 중장년 미취업자를 대상으로 하는 취업성공패키지 II 도 운영하고 있다. 취업성공패키지 I 의 경우는 기초생활수급자, 차차상위자(중위소득 60%) 이하와 노숙인, 결혼이민자, 북한이탈주민과 같은 특정취약계층을 대상으로, 취업성공패키지 II 의 경우는 18~34세 청년, 중위소득 100% 이하의 중장년층을 대상으로 최장 1년간 맞춤형 취업지원프로그램을 통해 취업성공 및 빈곤탈출을 목적으로 운영되고 있다.[5)]

(3) 실직가족을 위한 프로그램

임금근로자가 실직하였을 경우에는 일정 기간 동안 실직자 및 그 가족의 생계안정을 도모하기 위한 방안으로 실업급여가 제공된다. 실업급여는 수급자가 이직 전 직장에서 지급받던 평균 임금(급여기초임금일액)의 50%가 지급되는데, 우리나라의 경우에는 실업급여의 산정방식에 가족 수는 고려되지 않고 있어서 가족복지정책에 포함시키기는 어렵다. 그 외에는 가장이 사망 또는 실직하여 급작스럽게 생활수준이 악화된 경우 위기가구로 단기간의 긴급 복지지원을 받는 수밖에 없다. 이에 비해 독일은 실업수당에 있어서 가족상황을 고려함으로써 가족을 위한 고용유지에 대한 모범사례라 할 수 있다. 독일의 경우 실업수당은 실제임금의 63%가 지급되는 것이 보편적이나 자녀를 가진 실업자에게는 68%가 지급되고, 실업부조는 일반적으로 실제임금의 56%인데 자녀를 둔 실업자에게는 58%가 지급된다.

(4) 모성보호

실업수당을 비롯한 근로자의 고용정책이 가족에게 긍정적 효과를 가져오기 위해서는 모성보호제도가 강화되어야 한다. 그리고 사회보험제도상에도 몇 가지 개선이 필

---

5) 고용노동부, https://www.moel.go.kr/policy/policyinfo/support/list4.do

요하다.

자녀를 양육하는 부모가 취업을 원할 경우 양육과 취업을 보장하기 위한 모성보호 정책은 가족생활과 직장생활을 병립하기 위해 가장 중요한 제도라 볼 수 있다. 그러나 이 제도는 실효성이 부족하다는 문제가 나타나고 있다. 그리고 이와 더불어 또 하나 제기될 수 있는 문제는 자녀양육을 목적으로 휴직한 여성 또는 남성 근로자가 다시 노동시장에 복귀했을 경우 이전의 근로능력을 회복하고 이전과 동질의 노동능력을 발휘할 수 있도록 앞으로 직업재교육 프로그램이 다양하게 개발되어야 한다는 점이다. 그러나 이러한 프로그램은 아직 선진국에서도 그다지 활성화되지 않고 있어 아쉬운 부분이라고 할 수 있다. 〈상자글 8-3〉에서는 이혼이나 사별을 한 여성 노동자 절반 이상이 사회보험이 없어 노후안전망 사각지대에 있다는 내용이다.

상자글 8-3 **이혼·사별 여성 노동자 절반 이상, 사회보험 없어 노후안전망 사각**

이혼이나 사별한 여성 노동자의 절반 이상이 국민연금에 가입하지 않은 것으로 나타났다. '서울 석촌동 세 모녀 자살' 사건에서 보듯 홀로 생계를 이어가는 여성 노동자 다수가 저임금에다 사회보험이 없는 암울한 사각지대에 놓여 있는 것이다.

심상정 정의당 의원이 20일 지난해 6월 기준 통계청의 '전국 지역별 고용조사' 통계를 분석한 결과 이혼・사별한 여성 노동자 106만 1,000명 중 57만 4,000명(54.1%)이 국민연금이나 특수직역연금에 가입하지 않은 것으로 나타났다. 미혼 여성의 미가입률 23.0%, 배우자 있는 여성의 미가입률 30.1%에 견줘 2배 가량 높다. 이혼・사별한 남성의 미가입률 37.3%에 비해서도 월등히 높다.

특히 초등학교 졸업 이하 학력인 이혼・사별 여성 노동자의 국민연금 미가입률은 77.5%, 월평균 임금 99만 원 이하인 경우는 78.4%, 임시・일용직은 72.8%에 이르렀다. 저학력・저임금에 고용이 불안정할수록 노후안전망을 갖추지 못하고 있는 것이다.

건강보험은 98.5%가 가입돼 있었으나 사업주가 기여금의 절반을 부담하는 직장가입자 비율은 38.2%에 그쳤다. 미혼 여성의 건보 직장가입자 비율 73.2%, 배우자 있는 여성의 직장가입자 비율 63.3%의 절반 수준에 그쳤다.

자살한 세 모녀 중 어머니는 빙판길에서 넘어져 식당일을 그만뒀을 때 고용보험 실업급여를 받지 못했다. 하지만 이번 분석 결과를 보면 아예 고용보험에 가입하지 않은 이혼・사별 여성 노동자 비율이 64.7%에 달했다. 이 중 임시・일용직은 88.0%에 이른다.

이혼 · 사별 여성 노동자의 68%는 3인 가구 최저생계비인 월 126만 원보다 낮은 임금을 받고 있다. 심 의원은 "이혼 · 사별 여성들은 임금이 낮기 때문에 소득 보전 차원에서 국민연금과 고용보험 지출을 피하고 있는 경우가 대부분일 것"이라며 "소득 4만 달러 시대의 초석을 놓겠다고 한 박근혜 정부의 야심찬 포부보다 경제협력개발기구(OECD) 국가 중 여성 노후 빈곤율 1위의 오명부터 탈출하는 것이 더 시급하다"고 말했다.

출처 : 심리상담센터 교육센터, http://weepcc.com/wp/?p=122

아래 상자글은 경력단절 여성들이 국민연금을 받을 수 있는 방법이 무엇인지 보여주고 있다.

상자글 8-4 **58세 경력단절 주부 A씨도 국민연금 탈 수 있을까?**

경력단절 전업주부 ㄱ씨 1988년~1989년 직장생활을 하면서 2년간 국민연금 보험료를 납부하다가 결혼과 동시에 퇴직했다. ㄱ씨는 노후에 국민연금을 탈 수 있을까? 그동안은 최소 가입기간 10년을 채우지 못해 탈 수 없었지만, 앞으로는 연금을 탈 수 있는 길이 열린다.

보건복지부는 경력단절 전업주부에 대한 국민연금 문턱을 대폭 낮춰주는 내용을 포함한 국민연금법 시행령 및 시행규칙 개정안을 3일 입법예고한다고 1일 밝혔다. 앞서 지난 5월 국민연금법 개정안이 국회를 통과한 것에 대한 후속 조처다. 이번에 개정되는 내용들은 모두 11월 30일부터 시행된다.

우선 ㄱ씨와 같은 경력단절 여성들도 과거 내지 못한 보험료를 나중에 한꺼번에 내는 '추후 납부'(추납) 제도를 통해, 가입기간을 늘릴 수 있는 기회가 주어진다. 국민연금은 최소한 10년치 보험료를 내야 노령연금을 탈 수 있다. 현재는 소득이 없는 배우자는 '국민연금 적용제외자'로 분류되기 때문에 추납으로 가입기간을 늘릴 수 없다.

ㄱ씨의 경우를 예로 들면, 지금까지는 60살까지 임의가입을 2년 하더라도, 납부이력이 총 4년밖에 되지 않기 때문에 61살에 노령연금을 탈 수 없다. 하지만 앞으로는 과거에 못낸 보험료를 추납으로 내면 10년을 채울 수 있기 때문에 61살에 연금을 탈 수 있게 된다. ㄱ씨와 같은 경력단절 여성 등 무소득 배우자는 438만명(올해 3월말 기준)에 이른다. 다만 과거에 한달치라도 보험료를 낸 적이 있어야 하며, 1999년 4월 이후 보험료를 내지 못한 기간에 대해서만 추납할 수 있다.

추납을 하기 위해서는 일단 국민연금에 임의가입을 해야 한다. 임의가입은 전업주부 등 국민연금 의무적용 대상이 아닌 이들이 국민연금에 들 수 있도록 하는 제도다. 11월말부터는 저소득층의 가입 문턱을 낮추기 위해, 임의가입자의 최저 보험료가 현재 월 8만9100원에서 4만7340원으로 낮아진다. 보험료 산정을 위한 기준소득액을 월 99만원에서 52만6천원으로 내려주기로 했기 때문에 최저 보험료도 내려간 것이다. 국민연금에 가입하고 싶어도 보험료 부담으로 들지 못한 저소득층을 배려한 조치다.

추납 보험료를 한꺼번에 내면 목돈이 들어가기 때문에 분할 납부가 가능한데, 이 횟수도 현재 24회에서 60회로 늘려주기로 했다. 만일 추납하려는 기간이 5년인 경우, 매달 한달치의 보험료만 추가로 내면 되는 식이다.

출처 : 한겨레신문 2016.9.1,
http://www.hani.co.kr/arti/society/rights/759439.html#csidx0d60aa0249d60f7af7a3e65e703e19
3 http://weepcc.com/wp/?p=122

3) 삶의 질적 향상 정책

인간은 태어나면서부터 누구나 행복을 추구할 권리를 가지고 있으며 이러한 행복추구권은 가족생활을 통해 자연스럽게 실현될 수 있다. 행복에 대한 욕구는 물질적 보장이나 정신적 안정, 심리적 만족, 육체적 건강과 보호 등 다양한 측면이 조화롭게 충족되어야 가능한데, 일반적으로 경제적 삶의 수준이 향상되고 주 5일제를 비롯하여 근로시간이 단축되면서 여가와 문화적 욕구가 증대되고 개인주의적 사고가 확산되면서 개인과 가족의 여가와 삶의 질에 대한 관심이 커지고 있다.

가족은 사회의 근간이 되는 제도로서 여가와 휴양기능을 담당하는 주무기관이다. 따라서 개인의 정신적·육체적 에너지를 재충전시키고 여가생활과 휴양, 그리고 문화적 욕구를 해소해 주는 매개체로서 가족이 수행하는 과업은 가족의 정체성 확립이나 가족구성원 간의 유대강화 그리고 가족구성원의 복지향상이라는 측면에서뿐만 아니라, 경제적 노동력을 재생산하는 점에서 사회적으로 그 중요성이 인정되고 있다. 앞으로도 가족은 사회의 존립 여부에 가장 강력한 영향력을 행사하는 요소로 자리할 것이고, 복지제공자로서 그 기능이 더욱 중요시될 것이다. 그러나 우리나라에서는 지금까지 가족의 여가욕구나 문화생활에 대해서는 정책적으로 무관심해 왔던 것이 사실이다. 그런 이유로 이에 대한 지원책도 상당히 미흡하다.

표 8-3 국민여가시간

(단위 : %)

구분		평일						휴일					
		3시간 미만	3~5 시간	5~7 시간	7~9 시간	9시간 이상	평일 평균	3시간 미만	3~5 시간	5~7 시간	7~9 시간	9시간 이상	휴일 평균
2017	전체	41.4	42.1	12.4	3.0	1.2	3.1	9.7	38.2	31.9	12.4	7.8	5.0
	남	45.6	40.8	10.7	2.0	0.8	2.9	8.7	37.1	32.9	12.9	8.3	5.1
	여	37.2	43.3	14.1	3.9	1.5	3.3	10.6	39.3	30.9	11.8	7.3	4.9

출처 : 문화체육관광부(2017). 국민여가활동조사.

표 8-4 여가활용 만족 여부 및 불만족 이유

(단위 : %)

구분	계	만족	보통	불만족									
				불만족	소계	경제적 부담	시간 부족	교통 혼잡 및 불편	여가 시설 및 정보 부족	적당한 취미 없음	체력 이나 건강이 좋지 않음	여가 함께할 사람 없음	기타
2015년	100.0	26.0	48.9	25.1	100.0	58.2	20.2	1.8	3.1	4.7	9.7	1.5	0.8
2017년	100.0	27.2	46.6	26.2	100.0	54.2	24.4	1.7	2.6	4.4	10.4	1.8	0.4
남 자	100.0	27.6	47.4	25.1	100.0	54.6	25.5	1.9	2.6	4.8	8.3	2.1	0.3
여 자	100.0	26.9	45.8	27.3	100.0	53.9	23.4	1.5	2.7	4.0	12.4	1.5	0.5
13~19세	100.0	43.7	37.9	18.5	100.0	31.5	53.4	1.4	4.6	6.2	0.6	1.9	0.3
20~29세	100.0	33.9	45.7	20.4	100.0	54.3	28.2	2.2	4.1	5.9	2.5	2.3	0.5
30~39세	100.0	26.5	47.7	25.8	100.0	46.3	38.0	2.2	2.8	4.5	2.7	1.7	1.8
40~49세	100.0	26.9	47.2	25.9	100.0	58.9	27.2	2.0	2.4	3.4	4.3	1.7	0.1
50~59세	100.0	25.1	46.1	28.8	100.0	60.8	22.9	1.1	2.0	4.4	7.2	1.5	0.1
60세이상	100.0	19.2	49.5	31.3	100.0	56.0	7.4	1.6	2.1	4.0	27.1	1.7	0.0

출처 : 통계청(2017). 2017년 사회통계조사결과(가족, 복지, 노동부문) 재구성.

통계청(2017)의 사회조사통계결과에 의하면 우리나라에서 여가활용에 대해서는 "만족"하는 사람은 27.2% 그 외의 경우는 72.98%로 만족도가 낮게 나타났다. 그리고 이 가운데 "불만족"은 도시지역에 사는 사람이 농어촌지역보다, 여자가 남자보다 높았고, 연령대별로는 50대, 60대로 높아질수록 높게 나타나 노인인구의 여가 활용 정책에 대한 욕구를 확인할 수 있었다. 한편, 평소 여가생활에 만족하지 못한 주된 이유는 "경제적 부담"과 "시간부족"(23.2%)의 순서로 나타났는데, 남녀 모두 "경제적 부담"과 "시간부족"을 주된 불만 이유로 꼽았고, 60세 이상 연령대는 "경제적 부담"을 1순위로, 그 다음으로는 "체력이나 건강이 좋지 않음"을 불만이유로 꼽았다.

외국의 경우에는 사회체계 전반에 가족의 여가나 휴양을 지원하는 제도적 배려가 형성되어 있다. 가족이 저렴한 가격으로 이용할 수 있는 휴양지들이 곳곳에 마련되어 있으며, 예술관람의 기회도 다양하고 이를 통해 가족 간에 애정과 신뢰를 더욱 깊게 할 수 있다. 독일의 교통정책도 이에 대한 대표적 사례라 할 수 있다. 가족단위로 버스나 철도를 이용할 때에는 요금을 할인해 주거나 온 가족이 표 하나만 가지고도 번갈아 가며 대중교통을 이용할 수 있도록 하고 있다. 또한 대부분의 유스호스텔에는 가족을 위한 방이 따로 마련되어 있다.

우리나라에서도 주말에 가족단위로 미술관이나 영화 또는 연극을 관람하면 금액을 할인해 주거나, 대중교통이나 스포츠센터 이용 시에도 가족단위일 경우에는 요금혜택을 제공하는 등 가족을 위한 여가와 문화서비스를 확대하고 이를 저렴한 가격으로 이용할 수 있는 체계를 마련하는 것이 필요하다. 현재는 기초생활수급자 또는 차상위계층인 저소득층이 문화 공연 및 전시회 입장권, 책 구입 등에 도움을 주기 위해 정부가 비용을 지원하는 문화바우처(문화누리카드)제도가 있다. 여기에서 대상을 보편적으로 확대하여 다양한 서비스 체계가 마련되면 가족은 각 가족구성원의 선호도에 따라 서비스를 선별적으로 이용할 수 있는 선택권을 가지게 될 것이다. 이를 통해 가족 간의 정체성과 연대성을 강화하고 정서적 · 심리적 안정과 위안, 육체적 재충전을 위한 좋은 계기가 될 수 있기 때문이다.

상자글 8-5 **가족여가 활동 확대 정책**

제 3차 건강가정기본계획('16~'20) 에서는 가족여가활동을 확대하기 위한 사업을 안내하고 있다.

1. 가족 참여프로그램 확대

- 가족 여가 정보 제공 시스템 구축 및 운영(여가부)
- 가족 여가 수요조사 통해 국립청소년수련원 가족 캠프 운영 확대 등 가족 여가 프로그램 개발 및 보급

2. 가족여가 인프라 구축 및 활용

- 아빠 캠프 운영(여가부) : 독일의 '아버지 센터'와 같이 남성들의 육아, 가사, 요리체험 프로그램, 자조모임 공간 등을 제공하는 아빠 캠프 운영
- 민관협력 통한 기회 확대 : '가족사랑의 날(캠페인)' 등과 연계하여 다양한 여가활동 기회 확대

출처 : 여성가족부(2016)

이 장의 요약

1. 가족복지정책은 본래 산업노동자와 그의 부양가족이 생계를 유지하고, 가족 내에서 성 역할 분업을 공고히 하도록 하기 위한 협소한 목표를 가지고 출발하였으나 현대의 가족복지정책은 가족의 유형에 상관없이 가족의 기능을 수행하는 집단이 '공동체적 삶'이 가능하도록 지원하는 방향으로 발전되고 있다.
2. 이 책에서는 가족복지정책의 분야를 가족의 물질적 생활을 보장하기 위한 소득유지정책, 가족구성원의 시장경제활동을 지원하는 직업훈련과 알선 그리고 후속교육 등으로 구성되는 고용촉진정책, 후세대의 재생산과 자녀양육을 지원하는 아동양육 프로그램 및 서비스, 갈수록 증가하고 있는 노인인구에 대한 보호와 부양부담을 완화하고자 하는 노인부양 프로그램 및 서비스, 그리고 상담과 치료 등을 통해 가족 내의 심리적·정서적 문제를 해결하고 가족생활을 강화하는 대인복지서비스, 마지막으로 가족단위의 여가와 문화생활과 관련된 삶의 질적 향상 정책으로 구분한다.
3. 우리나라의 경우 정부가 가족복지정책의 대상이 되는 이상적 가족관에 대해 명확한 입장을 정립하고 있다고 보기가 어렵다. 오늘날의 현실에 적합한 가족복지정책을 국가가 정립하기 위해서는 사회변화에 따른 한국가족의 실체와 변화현상을 직시하고 이를 기초로 하여 미래지향적 가족상을 설정하여 정책화하는 작업이 무엇보다 선행되어야 한다.

주요 용어

- **모성보호제도** : 여성이 생물학적으로 지니고 있는 고유한 기능인 임신과 출산은 모성으로 지칭되며, 이를 보호하는 법적·제도적 정치를 모성보호제도라 한다. 생리휴가, 산전후휴가, 육아휴직 등이 이에 속하는 대표적 제도이다.
- **정상화**(normalization) : 장애인이나 장기보호를 필요로 하는 노인은 전통적으로는 입소시설에서 보호되는 것이 일반적이었으나 근래로 오면서 이들을 정상인과 함께 익숙한 생활환경에서 생활하도록 하면서 치료하자는 정상화 패러다임이 대두되고 있다.
- **부(不)의 소득세**(negative income tax) : 소득세액은 기초공제와 부양공제 등을 제외한 소득액에 대해 누진적으로 과세함이 일반적인데 소득액이 총공제액에 도달하지 못할 경우에는 대체로 납세가 면제된다. 부의

소득세는 소득액이 공제총액에 못 미쳐 납세대상에서 제외되는 저소득층에 대해 정부가 지급하는 생활비를 의미한다.

추천하는 자료

1. 이진숙 · 신지연 · 윤나리, 『가족정책론』, 서울 : 학지사, 2010.
2. 채구묵, 『사회보장론』, 서울 : 양서원, 2017.
3. 여성가족부, 「제3차 건강가정기본계획」, 2016.
4. 고용노동부, 「2017년 모성보호 일가정양립지원 업무편람」, 2017.
5. 보건복지부, 「제2차 장기요양기본계획」, 2017.
6. 한국고용정보원, 「자활사업 심층평가 연구」, 2017.
7. 보건복지부, 「제2차 노인일자리 및 사회활동 종합계획」, 2017.

가족복지서비스

제 9 장

2016년 통계청 인구 총 조사 자료에 의하면 우리나라 여성의 경제활동참가율은 52.1%로 2014년 50.2%보다 다소 상승했으나, 남성보다는 21.8% 낮게 나타났다. 연령대 별로는 25~29세 여성의 경제활동참가율이 가장 높았고(69.5%), 출산 이후 육아가 본격화되는 30대 후반에는 56.5% 수준까지 떨어졌다. 2017년 기준 20~30대 기혼여성 333만 명 가운데 경력단절을 경험한 사람은 117만 명으로 전체의 35.2%에 달한다. 또한 여성 가구주의 비율도 점차 높아서 2010년대 26.1%, 2015년 29.4%에 이어 2017년에는 30.3%를 차지하고 있다.

이는 여성들의 육아와 경제활동을 사회가 맡아주어야 한다는 당위성을 단적으로 드러내고 있다. 이 장에서는 가족복지 중에서도 아동양육과 노인부양 프로그램 및 서비스와 가족관련 상담을 중심으로 하는 대인복지서비스에 대해 알아보고자 한다.

1. 아동양육 프로그램 및 서비스

외국의 경우 가족복지정책에서 가장 중요한 대상으로 인식되는 가족 내 구성원은 아동이다. 아동에 대한 최적의 성장환경을 갖추는 것은 아동과 부모의 직접적 욕구이지만 이는 사회적 차원에서도 건강한 후속세대를 확보할 수 있다는 점에서 중요한 과제이다.

현재 우리나라에서는 공적 차원에서는 2013년 0~5세 아동을 대상으로 어린이집을 이용하는 경우는 영유아보육료를 소득과 무관하게 전(全)계층 지원하고, 어린이집이나 유치원 등을 이용하지 않는 84개월 미만 아동의 경우는 가정양육수당을 지원하고 있다. 그리고 2016년에는 아이와 부모의 필요에 따라 종일반 또는 맞춤반을 이용할 수 있도록 '맞춤형 보육'을 도입 시행하고 있다. 이러한 보육시설 이용에 대한 보육료 지원으로 보육정책의 보편성 확보와 양적 팽창을 이루었으나 보육서비스 품질에 대한 논란으로 인한 품질향상과 보육의 공공성 강화, 부모양육지원의 확대 등이 필요하다고 할 것이다.

1) 자녀양육과 여성의 부담

(1) 모성보호와 일·가정 양립

우리나라 여성들은 가장 활발히 일해야 할 20~30대에 출산과 육아에 따른 책임을 전적으로 부담함으로써 경력단절을 하게 되는 문제가 발생하고 이는 저출산과 양질의 노동력 부족 문제를 심화시키는 요소가 되고 있다. 따라서 정부는 일하고 싶은 여성들이 임신, 출산, 육아기에도 마음 놓고 일할 수 있도록 모성보호를 강화하고, 출산과 육아에 대한 사회 공동책임 부담을 통해 근로자의 일·가정 양립을 도모하는 것이 저출산, 고령사회 극복을 위한 중요과제라고 보고 있다. 이러한 중요성을 바탕으로 더 많은 여성이 경제활동에 나서고 육아나 가사 부담으로 인해 일터를 잃지 않도록 정부는 보육정책과 함께 모성보호와 일·가정 양립을 위한 다양한 정책들을 추진하고 있다. 2017년의 모성보호와 일·가정 양립을 위한 정부의 사업들의 주요내용은 다음과 같다.

표 9-1 모성보호와 일·가정 양립 지원을 위한 아동양육 서비스

구분	지원 요건 및 대상	지원수준 및 지원기간	벌칙
출산전·후 휴가	출산한 여성근로자	•(단태아) 90일간 통상임금 지급 단, 대규모기업은 30일 •(다태아) 120일간 통상임금 지급 단, 대규모기업은 45일	2년 이하 징역 또는 1천만원 이하 벌금
유산·사산 휴가	임신 중 유산·사산한 여성근로자	임신 기간에 따라 5~90일의 보호휴가 부여	
육아휴직	만8세 이하 또는 초등학교 2학년 자녀가 있는 근로자	육아휴직 첫 3개월 통상임금 80%(상한 150만원/하한 70만원) 나머지 9개월 통상임금의 40% (상한 100만원/ 하한 50만원)	500만원 이하 벌금
육아기근로시간단축	만8세 이하 또는 초등학교 2학년 자녀가 있는 근로자	통상임금의 60%를 기준으로 단축시간에 비례하여 지원	500만원 이하 과태료
출산육아기고용안정장려금			
비정규직 재고용 장려금	임신 중 또는 출산전후휴가, 육아휴직(생후 15개월 이내) 중 계약이 만료된 근로자를 무기로 재고용한 사업주	우선지원대상기업 최대 1년간 총 720만원, 대규모기업 최대 1년간 총 360만원	
육아휴직 등 부여 장려금	•육아휴직을 30일 이상 부여시	우선지원대상기업 최대 1년간 360만원(대규모기업 폐지) *1호 인센티브 최대 1년간 120만원	
	•육아기 근로시간 단축을 30일 이상 부여시	우선지원대상기업 최대 1년간 240만원, 대규모기업 최대 1년간 120만원	
대체인력 지원금	육아휴직, 육아기 근로시간 단축을 실시하고 대체인력을 채용한 사업주	우선지원대상기업 최대 1년간 총 720만원, 대규모기업 최대 1년간 총 360만원	
시간선택제 신규 창출형·전환형 지원금	시간선택제를 도입하고 6개월 이상 고용된 전일제 근로자의 임신, 자녀돌봄 등의 필요에 따라 근로시간단축을 허용한 사업주	전환장려금, 간접노무비, 대체인력지원금 등을 지원	

출처 : 고용노동부. 모성보호와 일·가정 양립 지원 업무편람(2017).

실제로 여성의 취업이 부진하고 사회에서 고위직으로의 진출이 어려운 이유를 살펴보면 이에 대한 가장 중요한 원인은 자녀양육문제[1]로 나타난다. 2017년의 통계청 조사에 의하면 여성취업을 어렵게 하는 가장 큰 요인은 "육아부담" 45.9%, "사회적 편견 및 관행" 23.4%, "불평등한 근로여건" 10.3%, "가사부담" 4.9%, "여성의 직업의식 및 책임감 부족" 4.0% 순으로 나타났다. 이는 1998년과 비교하면 "사회적 편견 및 관행", "여성의 직업의식 및 책임감 부족", "불평등한 근로여건", "일에 대한 여성능력 부족", "가사부담" 등은 모두 낮아진 반면 "육아부담"은 매우 높아진 것이다.

표 9-2 여성취업 장애요인

(단위 : %)

구분		15세 이상 인구	사회적 편견, 관행	직업의식, 책임감 부족	불평등한 근로여건	일에 대한 여성 능력 부족	구인 정보 부족	육아 부담	가사 부담	기타	모르겠음
1998	합계	100.0	28.2	10.0	12.5	4.3	–	29.3	10.6	0.1	5.1
	남자	100.0	28.8	11.9	11.9	4.6	–	27.1	10.4	0.1	5.2
	여자	100.0	27.6	8.1	13.0	4.0	–	31.4	10.8	0.1	4.9
2002	합계	100.0	22.8	6.3	12.4	2.3	2.0	38.8	8.9	0.1	6.4
2006	합계	100.0	18.5	4.0	11.6	1.9	2.7	45.9	7.2	0.1	8.1
2009	합계	100.0	20.9	3.9	10.7	1.9	2.6	47.6	6.1	0	6.3
2013	합계	100.0	20.8	4.8	10.0	1.6	2.1	46.4	6.2	0.1	6.9
2015	합계	100.0	21.5	4.6	10.8	2.2	1.2	47.5	5.9	6.3	
2017	합계	100.0	23.4	4.0	10.3	1.8	1.3	45.9	4.9	6.1	

출처 : 통계청. 사회통계조사결과(가족, 복지, 노동부문).(각 연도).

이런 이유 때문에 여성의 고용형태는 보통 시간제 근로(part-time)를 비롯한 비정규직이 일반화되어 주변적 노동시장을 형성하고 있다. 이러한 기회비용(opportunity cost)의 발생 때문에 서구에서는 자녀기피현상이 나타나 인구감소[2]를 유발하고 있다. 또한

1) 미취학 자녀가 있는 부부의 경우 가족돌보기 시간(2시간 4분)이 가사노동(3시간 55분)의 절반 이상을 차지하였고 여성의 경우 3시간 21분, 남성의 경우 50분 정도를 가족돌보는 시간에 사용하는 것으로 나타났다(통계청, 생활시간 조사, 2014).

2) 우리나라에서는 2017년의 경우 합계출산율은 1.05명으로 1970년 이후 지속적으로 감소하고 있는 추세이고, OECD 35개국 중 가장 낮다(통계청, 2017).

기업의 입장에서는 여성의 취업중단이 훈련된 인적 자원의 유실을 의미하므로, 여성인력의 채용 및 교육과 훈련투자를 기피하게 되는 부정적 요소로 인식된다. 그로 인해 그동안 사적 책임으로 간주되어 온 가족 내 보호노동에 대해서 사회적으로 책임을 분담하고, 자녀를 가진 여성의 사회참여 확대를 위해 복지정책적 지원방안(모성보호정책)이 지속적으로 강화되고 있는 중이다.

아래 상자글은 경력단절 여성들의 실태를 보여주고 있다.

상자글 9-1 **기혼 여성 절반이 경력단절… 복귀에 8.4년**

여성가족부는 만 25~54세 대한민국 미혼·기혼여성 4,835명을 대상으로 지난해 5,6월에 개인면접조사를 실시한 '2016 경력단절여성 등의 경제활동 실태조사'를 21일 발표했다. 통계청에 의뢰해 3년 마다 실시하는 국가승인통계로 2013년에 이어 두 번째다.

기혼 여성의 48.6%는 경력단절을 경험한 것으로 조사됐다. 2013년 57.0%에 비해 8.4%포인트 감소했지만 여전히 2명 중 1명은 '경력단절녀'가 된 것이다. 경력단절 사유로 결혼(40.4%)을 꼽는 여성들은 3년 전에 비해 21.4%포인트 줄었지만 임신·출산(38.3%)은 11.8%포인트, 가족구성원 돌봄(12.9%)은 8.7%포인트 늘어 돌봄 노동의 부담이 커진 것으로 나타났다.

경력단절은 고용의 질을 악화시키고 있다. 여성들은 평균 28.5세에 경력단절을 경험했는데, 재취업까지 8.4년이 걸렸다. 경력단절 전후 임금격차는 26만8,000원으로 3년 전 조사 때보다 4만7,000원 더 벌어졌다. 이번 조사에서 경력단절 이후 첫 일자리에서 받는 임금은 월 평균 146만3,000원으로 퇴직 당시 임금 173만1,000원의 84.5% 수준에 그쳤다.

경력단절을 겪지 않은 여성과 임금 격차 또한 월 평균 76만3,000원으로 3년 전 66만원에서 10만3,000원 더 벌어졌다. 경력단절이 없는 취업자는 월 평균 241만8,000원, 재취업자는 165만6,000원을 받았다.

고용형태도 한층 불안해졌다. 경력단절 전 상용근로자는 81.7%였지만 단절 후 재취업 때는 45.4%로 줄었다. 반면 임시근로자는 10.4%에서 24.5%로 늘고, 자영업자도 5.1%에서 15.2%로 증가했다. 근무형태로 보면 경력단절 전 시간제 근무는 6.1%에 불과했지만 단절 후 28.9%로 늘어났다. 취업을 하지 못하거나 안하고 있는 여성들은 일 가정 양립을 위해 양질의 시간제 일자리 확대(37.1%), 보육시설 확충(28.1%)과 장시간 근로 문화 개선(21.6%) 등이 필요하다고 답했다.

출처 : 한국일보(2017. 2. 21.)

(2) 보육과 양육

보건복지부는 중앙보육정책위원회의 심의를 거쳐 '보육 · 양육에 대한 사회적 책임 강화'를 실현하기 위한 「제3차 중장기 보육 기본계획」을 발표하였다. 그간의 보육 기본계획이 보육서비스 공급 확충과 무상보육 확대에 초점이 맞춰졌다면, 제 3차 중장기보육 기본계획에서는 장시간 근로 개선, 양성평등적 고용환경, 가족 친화 직장 문화 조성을 실현하고자 하였다. 세부적으로 일 · 가정 양립 실천을 위한 근로현장의 문화와 행태 개혁을 위해 인식 개선과 홍보에 초점을 두었다. 이전과 다른 변화로는 2016년에 출산전후휴가와 육아휴직을 자동 연계할 수 있는 법제도를 정비한 점, 아빠의 달 기간을 1개월에서 3개월로 확대한 점, 육아기 근로시간단축제도의 기간을 1년에서 2년으로 확대하고 분할 사용 횟수도 2회에서 3회로 확대했다는 점이다. 2017년에는 비정규직 육아휴직지원금을 20만 원에서 30만 원으로 인상하기도 하였으며, 3차 중장기 보육 기본계획에는 포함되지 않았지만 이후 추가 보완 대책 발표를 통해 아빠의 달에서 둘째 자녀의 경우 육아휴직 급여 상한을 150만 원에서 200만 원으로 인상하였다(보건복지부, 2018).

이번 '제3차 계획'은 특히 보육의 공공성 강화와 보육서비스 품질향상에 중점을 두고 4개 분야의 과제를 수행할 계획이다. 그러나 양육지원제도가 미비된 상황에서 자녀양육은 여성의 부담으로 남을 뿐 아니라 가족해체를 유도하는 주원인 중의 하나로 작용하고 있다.

① 보육의 공공성 강화

- 500세대 이상 공동주택 관리동 어린이집 · 공공임대 주택 단지 내 국공립 설치 원칙, 민간어린이집 장기임차 등으로 국공립어린이집 이용률 40%로 확대
- 직장어린이집 의무설치 이행률을 90% 이상으로 높일 수 있도록 위탁보육 인정 최소화 및 중소기업 공동직장어린이집 설치 지원 확대

② 보육체계 개편

- 어린이집 이용욕구, 이용의사 등 부모의 보육 수요와 영유아 발달 등을 고려하고

충분한 시설 이용보장을 위해 어린이집 보육지원체계 개선 추진
- 아동의 어린이집 이용 보장과 적정한 발달을 지원할 수 있도록 표준보육비용 재계측을 통해 적정 보육료 지원 기반구축

③ 보육서비스 품질 향상

- 보육교사 자격체계를 1~2급 중심으로 개편, 신규자격과정은 학과제 방식으로 개선하고 적정 처우 보장과 함께 유치원 교사와의 격차해소 추진
- 어린이집 의무 평가제로 전체 어린이집의 보육서비스 질 향상 유도
- 보조교사 및 대체교사 인력 지원을 2만 1,000명에서 2만 8,000명으로 확대
- 아동당 교사 수·보육실 면적 등 어린이집 시설환경 개선, 어린이집 대상 찾아가는 안전교육 확대 및 범부처 합동 점검 실시

④ 부모 양육지원 확대

- 가정양육가구의 단시간 이용 지원을 위한 시간제보육반 제공 확대(+200개반)
- 부모 육아부담 경감을 위해 육아종합지원센터 공급 확대 및 부모교육 지원(연간 약 30만 명) 등 양육서비스 지원 확대

보육의 공공성 강화

1. 국공립 이용률 40%로 확대
2. 국공립 운영의 공공성 강화
3. 직장어린이집 활성화
4. 어린이집 운영의 건전성 제고

보육체계 개편

1. 어린이집 이용 및 지원체계 개선
2. 표준보육비용 산정 및 적정 보육료 지원
3. 보육과정 개편

보육서비스 품질향상

1. 보육교사 전문성 강화
2. 보육교사 적정 처우 보장
3. 영유아 보육환경 개선
4. 상시적 품질관리 강화

부모 양육지원 확대

1. 부모의 양육역량 강화 지원
2. 시간제 보육서비스 확대
3. 취약보육 지원 개선체계 개편

그림 9-1 제3차 중장기 보육 기본계획

출처 : 보건복지부. 중장기보육기본계획(2018~2022),(2018).

2) 출산전후휴가와 육아휴직

현재 우리나라에서 근로자의 가족부양부담을 완화하고 취업을 유지하기 위한 제도로 출산전후휴가와 육아휴직을 대표적으로 들 수 있으며, 「근로기준법」 제74조에 의해 출산전후휴가는 임신 중인 여성 근로자에게 90일간 유급으로 보장되고, 그 중 45일은 반드시 출산 후에 사용이 보장되어야 한다고 규정하고 있다. 그리고 2017년에는 출산전후휴가급여 상한액을 150만 원으로 인상하였다. 「남녀고용평등과 일·가정 양립지원에 관한 법률」 제19조의 규정에 따라 육아휴직은 만 8세 이하 또는 초등학교 2학년 이하의 자녀를 양육하기 위해 남녀 근로자에게 각 1년 동안 보장되는데 그 기간 동안 육아휴직급여가 지급된다.[3] 2016년의 경우 육아휴직을 사용한 남성은 전년도보다 2.8% 증가하는 등 꾸준히 남성육아휴직 사용자가 꾸준히 증가하는 것을 알 수 있으나 여전히 전체 육아휴직 사용률을 살펴보면 여성인 모(母)의 사용률이 높고 특히 12개월 이하의 자녀를 둔 모(母)의 육아휴직은 지속적으로 증가하고 있는 것으로 나타나 영아돌봄에 관한 지원이 필요한 것으로 나타났다.

표 9-3 육아휴직 사용률 (단위 : %)

0~5세 자녀를 둔 부모의 육아휴직 사용률		12개월 이하 자녀를 둔 모(母)의 육아휴직 사용률					
모(母)	부(父)	2010	2011	2012	2013	2014	2015
42.9	1.0	26.6	31.8	34.2	37.6	40.1	43.1

출처 : 통계청. 일·가정양립지표(2017).

일정 기간 동안 근무를 하지 않는 것을 전제로 하는 육아휴직과 달리 육아기 근로시간을 단축하는 육아기 근로시간 단축 제도는 육아휴직 대신 사용가능하다. 따라서 육아휴직기간과 합산하여 1년 이내 기간 동안 주당 15~30시간을 단축해서 근무할 수 있다.

3) 고용보험에 의해 2017년부터 육아휴직 시작 일부터 3개월까지는 통상임금의 80%(월 하한 70만원, 상한 150만원), 4개월째부터는 종료일까지 40%(월 하한 50만원, 상한 100만원)를 육아휴직급여액으로 지급한다(https://www.ei.go.kr/). 또한 2008년 「남녀고용평등과 일·가정 양립 지원에 관한 법률」에 의거해 배우자 출산휴가가 시행되었고, 2012년 8월에는 배우자 출산휴가를 3일에서 5일로 확대 운영되고 있다.

상자글 9-2 고용보험 모성보호 사각지대 해소 시급

저출산·고령화 시대에 일과 가정을 양립하려면 모성보호제도의 사회적 분담을 확대해야 한다는 주장이 나왔다. 고용보험 사각지대 해소가 시급하다는 얘기다.

국회 환경노동위원회·여성가족위원회 임이자 새누리당 의원은 14일 오후 국회 의원회관 제1소회의실에서 '모성보호제도의 사회적 분담 확대방안 토론회'를 개최했다. 이날 주제발표에 나선 홍승아 한국여성정책연구원 연구위원은 "출산전후휴가·육아휴직과 관련해 사용기간 중 소득대체율을 높여 안정적인 경제생활을 보장해야 한다"며 "정확한 재정산출과 계획하에 재원을 마련하고 안정적인 재정을 확충하는 것이 긴요한 과제"라고 밝혔다.

현재 출산전후휴가·육아휴직급여는 고용보험에서 지급한다. 그런데 고용보험 미가입자나 자영업자들은 제외돼 있다.

홍 연구위원은 "재원 확충방안으로 고용보험에서 모성보호급여를 과감히 증액하거나 별도 계정을 설치하는 방법이 있다"고 말했다. 그는 "사각지대 해소를 위해 고용보험 혜택을 받지 못하는 경우 일반조세로 급여를 지급할 수 있다"고 덧붙였다.

건강보험으로 이전하는 방안도 제시했다. 홍 연구위원은 "벨기에·프랑스·독일·일본은 건강보험에서 급여재원을 마련하고 있다"며 "다만 육아휴직급여는 건강보험에서 포괄하기 어렵다"고 주장했다. 중장기적으로는 별도의 '부모보험'을 도입하는 방안을 제안했다.

임이자 의원은 "27년간 노동현장에서 일하면서 임금 양극화와 차별, 모성보호제도 사각지대 현실을 지켜봤다"며 "국회에 있는 동안 모든 여성이 모성보호제도 혜택을 받을 수 있도록 노력하겠다"고 말했다. 출산전후휴가와 육아휴직제도 등 법으로 보장된 모성보호제도가 근로 현장에서 제대로 지켜지지 않는 현실이 경력단절여성 대상 설문조사에서 확인됐다. 국회의 한 의원이 리서치 기관에 의뢰하여 과거 임금근로자로 일하면서 임신, 출산을 경험한 49세 이하 경력단절여성을 대상으로 실시한 설문조사 결과에 따르면, 응답자 282명 중 출산전후휴가를 사용한 비율은 35.1%에 그쳤고, 사용하지 않은 비율이 64.9%에 달했다. 출산전후휴가를 사용하지 못한 사유로는 '개인적으로 임신 중 일이 힘들어 퇴직해서'(48.9%), '출산전후휴가를 가기 힘든 회사분위기로 출산을 앞두고 퇴직해서'(24.7%), '임신하면 퇴직해야 하는 회사분위기로 임신 중에 퇴직해서'(15.7%) 등 임신 중이나 출산을 앞두고 퇴직한 사유가 전체의 90% 이상을 차지했다.

출처 : 매일노동뉴스(2018. 5. 24.)

위 〈상자글 9-2〉에서는 고용보험에서 모성보호를 위해 사각지대를 해소하는 일이 시급하다는 기사이고, 〈상자글 9-3〉에서는 육아휴직제도가 존재함에도 불구하고 직장에서는 여러 가지 이유로 20% 정도만 사용하고 있다는 내용이다.

상자글 9-3 **육아휴직 21%만 사용**

출산전후휴가와 육아휴직제도 등 법으로 보장된 모성보호제도가 근로 현장에서 제대로 지켜지지 않는 현실이 경력단절여성 대상 설문조사에서 확인됐다. 국회의 한 의원이 리서치 기관에 의뢰하여 과거 임금근로자로 일하면서 임신, 출산을 경험한 49세 이하 경력단절여성을 대상으로 실시한 설문조사 결과에 따르면, 응답자 282명 중 출산전후휴가를 사용한 비율은 35.1%에 그쳤고, 사용하지 않은 비율이 64.9%에 달했다. 출산전후휴가를 사용하지 못한 사유로는 '개인적으로 임신 중 일이 힘들어 퇴직해서'(48.9%), '출산전후휴가를 가기 힘든 회사분위기로 출산을 앞두고 퇴직해서'(24.7%), '임신하면 퇴직해야 하는 회사분위기로 임신 중에 퇴직해서'(15.7%) 등 임신 중이나 출산을 앞두고 퇴직한 사유가 전체의 90% 이상을 차지했다.

육아휴직을 사용한 비율은 전체 282명 중 10.6%로 대상 여성근로자 10명 중 1명 정도만이 육아휴직을 사용한 것으로 나타났다. 육아휴직을 사용하지 않은 이유는 '출산후휴가를 사용 안 하고 퇴직'이 76.4%로 대부분이었고, '규정에 없어서'(8.3%), '육아휴직을 쓰지 않아도 별 어려움이 없어서'(3.7%), '업무상 공백을 갖기 어려워서'(2.8%), '규정에 있지만 직장 동료와 상사의 눈치가 보여서'(2.3%) 등의 순서로 분포되었다.

경력단절여성들은 출산전후휴가 자체를 사용하지 못했기 때문에, 육아휴직제도를 쓸 수 있는 상황까지는 갈 수 없었다는 것을 알 수 있다. 또한, 육아휴직 미사용 두 번째 사유가 '규정에 없어서'라는 답변이 많은 것을 보면, '육아휴직제도'가 회사의 규정이나 방침과 상관없이 「남녀고용평등과 일·가정 양립 지원에 관한 법률」에 근거하여 쓸 수 있음에도, 회사에서 사용할 수 있는 제도를 안내하지 않거나 근로자들이 인지하지 못하고 있음을 알 수 있다. 설문조사에 참여한 경력단절여성들은 출산전후휴가나 육아휴직을 사용하는 데 애로 사항으로 휴가를 사용하기 어려운 사회분위기 및 회사분위기를 가장 큰 어려움이라고 밝혔다.

출처 : 이투데이(2014. 10. 8.)

3) 아동수당

아동수당은 본래 다자녀 빈곤 가정에 대한 소득보장을 위해 시작된 제도이다. 초기 아동수당 제도는 19세기 후반 유럽에서 다자녀 노동자 가구의 부족한 임금을 보충하기 위해 임금 이외의 부가급부로 시작되었으며, 1926년 뉴질랜드에서 최초로 도입되었다. 이후 벨기에(1930년), 프랑스(1932년), 영국과 캐나다(1934년), 스웨덴(1948년) 등의 국가에서 제도를 도입하였으며, 2차 세계대전 이후 오늘날과 같은 형태의 제도로 완성되었고, 이후 다른 유럽 국가뿐 아니라 남미, 아프리카 등으로 확산되었다. 아동수당제도 도입의 필요성은 1945년 제2차 세계대전 후에 발간된 영국의 베버리지 보고서(Beveridge Report)에서 구체적으로 제기되었고, 최근에는 다양한 국제협약에서도 명시되고 있다(최성은 · 신윤정 · 김미숙 · 임완섭, 2009).

미국 사회보장청에서 발간하는 세계의 사회보장 프로그램에 소개된 내용을 바탕으로 아동가족급여를 크게 보편주의형, 사회부조형, 고용 연계형 등으로 나누어 제시하고 있다. 보편주의 유형은 아동이 있는 모든 가구에 급여를 지급하는 것으로, 일반적으로 재원은 국고를 통해 지출되며 그 국가에 거주하고 있는 국민이면 제도의 대상이 된다. 스웨덴, 덴마크, 노르웨이, 영국, 독일, 오스트리아, 네덜란드, 룩셈부르크, 아일랜드 등 영국과 독일을 제외하고는 주로 북유럽 국가들이 이에 속한다.

사회부조 유형은 소득이나 자산 조사를 통해 일정 기준 이하일 때 급여를 지급하는 방식으로 대부분 아동이 있는 저소득 가구에 한정해 수당을 지급하는 형태로 운영된다. 이 유형은 다른 제도의 보충적 형태로 제공되는 경향이 강하며 국고를 통해 빈곤가구를 지원하는 데 목적이 있다. 대표적인 국가로 뉴질랜드, 스페인, 아일랜드, 호주 등이 있다. 마지막으로 고용 연계 유형은 아동이 있는 임금생활자 또는 자영업자에게 수당을 지급하는 것이다. 급여 지급을 근로자의 고용상태(노동시장 참가 경험이 있거나 참가하고 있는 경우)에 연동함으로써 아동수당제도를 통해 근로 유인 효과를 거두기 위한 목적으로 사용되는 경우가 많다. 재원은 국고, 사업주 분담금과 정부 보조금을 통해 마련되며 이탈리아, 스위스, 그리스 등이 이 유형에 속한다(최영, 2017).

위와 같이 아동수당은 미국 · 멕시코 일부 국가를 제외하고 OECD 대부분의 국가에서 실시하고 있는 정책이다.

한국에서도 오랜기간동안 논의를 해 오다가 드디어 2018년 9월부터 월 10만원의 아동수당을 신규 지급하기로 결정하였다. 2인 가구 이상 기준 소득수준 90% 이하의 만 0세에서 만 5세까지 아동을 그 지급 대상으로 확정하였고 신청 접수가 2018년 6월 20일부터 시작되었다.

이에 아동수당 지급 대상과 아동수당 신청방법 등에 대한 관심도 뜨겁다. 아동수당 신청은 거주지 인근 주민센터 등을 방문해서 신청하는 방법이 있다.

아동수당법에 따르면, 아동 또는 보호자(친권자, 후견인, 그 밖에 아동을 사실상 보호하고 있는 사람)의 계좌로 월 10만원 현금이 입금된다. 아동수당을 받기 위해서는 보호자 또는 대리인이 신청을 해야 하며, 신청한 날이 포함된 달부터 수급권을 상실한 날이 포함된 달까지 매월 아동수당이 지급된다. 수급권 상실은 국적상실, 해외이주, 사망 등을 일컫는다. 여기에는 지급 대상 아동이 나이도 고려된다. 이를테면 6세가 되면 자동적으로 월 10만 원 수당이 지급되지 않는다.

한편 2018년 9월부터 0~5세 자녀가 있는 3인 가구 중 월 소득 1,170만 원 이하인 가구에 한해 아동수당 10만 원을 지원받는다. 아동수당을 지원받으려면 3인 가구는 소득인정액 1,170만 원, 4인 가구는 1,436만 원을 넘지 않아야 하며 해당 금액은 2018년에 한해 적용될 예정이다. 이에 0세부터 아동은 만 6세 생일이 속하는 달의 전 달까지 최대 72개월간 아동수당을 받는다.

9월분 아동수당 10만 원 지급 대상 영유아는 지난 2012년 10월 출생아까지 해당된다. 10월분 아동수당은 2012년 11월 출생아에 해당하여 받게 된다.

우리나라에서는 아직 자녀양육에 대한 금전적 지원조치는 이제 겨우 시작되었지만 서유럽에서는 출산수당과 양육비를 비롯한 금전적 지원책이 다양하게 마련되어 있어 우리에게 시사하는 바 크다. 지금까지 우리나라에서는 출산율이 급격히 저하됨에도 불구하고 국가 차원에서 추진한 보육 프로그램은 보육시설 이용 위주의 프로그램이었고 아동수당을 비롯한 양육을 지원하는 금전적 지원대책은 부족하다. 2018년 9월부터 정부는 아동수당을 지급할 예정이지만 선별적 지급 방식과 금액의 적절성 등 제도 안착에 대한 논의가 더욱 필요한 시점이라 할 수 있다.

아동수당의 경우 고소득자 가구가 지급대상에 제외됨에 따라 국가와 사회가 모든 아동의 양육을 책임진다는 본래 정부의 취지와는 다르게 운영되기 때문이다.

상자글 9-4 해외의 아동수당 제도

경제협력개발기구(OECD) 35개 회원국 가운데서는 한국, 미국, 멕시코, 터키를 제외한 31개국이 이미 아동수당제도를 도입했다. 소득수준에 상관없이 모든 계층에 보편적으로 아동수당을 지원하는 '보편주의 유형'은 스웨덴, 덴마크, 노르웨이, 영국, 일본 등 20여개국이다. 나머지는 조건에 맞는 대상에게만 지급하는 '선별주의 유형'을 채택했다. 뉴질랜드, 스페인, 호주 등은 소득·자산 조사를 통해 일정 기준 이하일 때 급여를 지급하는 사회부조형이다. 아동수당이 다른 제도의 보충적 형태로 마련된 경우가 많고 빈곤 가구 지원에 주된 목적이 있다. 이탈리아, 스위스, 그리스 등의 나라는 임금생활자 또는 자영업자에게만 수당을 주는 고용연계형인데 아동수당이 근로를 유인하는 목적으로 고안된 경우가 많다.

아동수당은 보편적 복지로 도입되는 경우가 많지만, 각국 제도를 구체적으로 들여다보면 대상 아동 범위, 급여 수준은 제각각이다. 연령 기준은 의무교육 기간 또는 최소 노동 연령에 해당하는 만16~18세가 일반적이지만, 일부 국가는 일정 조건에서는 수급 연령을 연장하기도 한다.

독일, 오스트리아, 벨기에는 18세 미만에게 수당을 주되, 학생, 직업교육생, 중증장애인, 구직자 등에 속할 경우 24~25세까지 지급한다. 이는 지급 대상을 0~5세로 도입하려는 우리나라 계획과는 차이가 크다. 급여액은 지급 대상에게 모두 같은 액수를 주기도 하고, 자녀 출생 순위와 자녀 연령, 가구 소득에 따라 가감하기도 하는데 액수는 나라별로 차이가 크다.

영국은 1인당 83파운드(12만원)를 기본으로 주고 둘째 이상부터는 55파운드(8만원)를 추가로 준다. 스페인은 기본액이 24유로(3만원)로 적지만, 호주는 한부모 가정 자녀이면 최대 739호주달러(60만7천원)를 준다.

우리나라처럼 아동수당제도를 통해 저출산 문제를 일정 부분 해결하려고 하는 나라들은 자녀의 출생 순위에 따라 급여를 차등적으로 지급하는 경향이 강하다. 일본은 저출산 위기를 심각하게 겪으면서 2012년 이후 첫째, 둘째 자녀는 월 1만엔(9만6천원), 이후 출산 자녀부터는 월 1만5천엔(14만4천원)을 지급하고 있다. 프랑스도 둘째 이후의 자녀가 출생할 때마다 급여액이 증가하도록 설계해 자녀 2인 가구는 1인당 최대 129유로(16만5천원), 4인 가구는 1인당 최대 461유로(59만2천원)를 받는다. 선진국 급여액은 균등하게 월 10만원을 주기로 한 우리나라보다 많은 편이다.

우리나라에서 아동수당 도입 논의는 10년 전부터 있었으나 재원 문제 등으로 번번이 무산되다 지난 대선을 거시면서 가시화됐다. 정부는 내년 7월부터 0~5세 아동에게 월 10만원씩 지급한다는 계획이었으나 여야의 내년도 예산안 협상에서 지급 대상은 소득 하위 90%, 지급 시기는 9월로 변경됐다. 보건복지부 관계자는 "선진국 사례를 보면 출산율이 떨어질 때는 아동수당을 출산율 제고의 중요한 수단으로 보고 고소득층까지 모두 지급하는 형태를 띠다가 출산율이 올라간 후에는 보편적 지급을 유지하면서 소득별 지급액을 달리하는 제도개편을 했다"면서 "정책 시행 후 효과와 재정 여건을 감안해 지원대상과 금액의 단계적인 확대를 검토해야 한다"고 말했다.

출처 : 연합뉴스(2017. 12. 11.)

4) 외국과 한국의 양육지원 실태

유럽 국가 중 부모역할과 고용의 병행을 위한 모범적 가족복지제도를 운영하고 있는 나라로서는 스웨덴을 들 수 있다. 스웨덴은 임신, 출산, 육아와 관련된 휴직과 소득보전을 보장하기 위해 유일하게 부모보험(parental insurance)을 운영한다.

부모 모두의 일-가정 양립 지원 및 자녀 가정 경제적 지원과 위기 상황 구제·지원 등을 목적으로 출산휴가, 육아휴직, 임시부모휴가를 지원하고 있다. 출산휴가는 14주이다. 출산전후로 하여 7주씩 각각 사용이 가능하다. 육아휴직도 자녀가 8세까지 합계 480일을 부모가 사용 가능하며, 그 중에 90일은 남성이 의무적으로 사용하여야 한다. 이 기간동안 부모출산급여를 부여한다. 임시부모휴가(자녀간병휴가)는 아픈 자녀를 돌보기 위해 12세 미만의 자녀 1인당 120일을 사용할 수 있다. 단, 암 등 심각한 질환의 경우에는 기간 제한이 없다(http://overseas.mofa.go.kr).

또한 스웨덴은 16세 이하 아동에게 기초아동수당을 지급하고, 아동이 아프거나 6개월 이상 치료를 요하는 장애를 갖고 있을 경우 부모에게 아동보호수당을 지급한다. 그리고 스웨덴은 1995년부터 1~6세의 모든 아동에 대한 보육과 6~12세의 아동의 방과 전후 보육을 실시하고 있다.

독일의 경우에는 여성이 자녀양육과 취업을 병행할 수 있도록 하고, 자녀양육이 수입과 사회보장체계 면에 끼칠 수 있는 손실발생이 최소화되도록 하기 위해 양육비를 지급하고, 여성이 자녀양육을 위해 취업을 중단 또는 포기할 경우에는 연금보험료의 갹출 없이 자녀양육기간(또는 자녀의 수)에 비례하여 노후연금을 지급하는 조치(소위 주부연금제) 등을 실행하고 있다.

이 밖에 미국과 일본에서는 가족 내 아동과 청소년을 지원하는 헤드스타트(Head

Start) 프로그램과 엔젤플랜(Angel Plan)을 통하여 소외된 빈곤지역의 어린이와 청소년을 지원하고 있다.

우리나라는 2000년대 초반 양성평등, 2000년대 중반 저출산 현상에 대한 관심이 증가하면서 출산전후휴가와 육아휴직제도를 중심으로 하는 모성보호제도의 발전이 두드러졌다. 2000년대 초반 고용보험 급여가 도입되면서 출산전후휴가와 육아휴직제도는 점차 이용자가 증가하면서 2000년대 후반에는 제도가 정착되었다(박종서, 2017).

우리나라의 대표적 모성보호 제도로는 출산전후휴가, 육아휴직, 육아기 근로시간 단축을 들 수 있다. 출산전후휴가는 총 90일(다태아는 총 120일)이 지원되며, 배우자 출산휴가는 배우자가 출산했을 때 근로자가 5일의 휴가를 부여받는 제도를 일컫는데, 이 중에서 3일만 유급이다. 육아휴직은 남녀 각각 자녀 1명당 최대 1년까지 직장을 휴직할 수 있는 제도이며, 만 8세 이하 또는 초등학교 2학년 이하의 자녀를 둔 근로자를 대상으로 한다. 육아기 근로시간 단축은 육아휴직 대신 주당 근로시간을 15~30시간으로 단축하는 제도이다. 육아휴직 미사용 시, 육아기 근로시간 단축 기간이 최대 2년까지 보장된다(김인경 2017).

2. 노인부양 프로그램 및 서비스

2000년에 접어들면서 우리나라는 고령화 사회(aging-society)에 속하게 되었고 2017년 65세 이상이 14%에 달해 고령사회에 진입하게 되었다. 그러나 기존에 노인의 보호를 전담해 왔던 가족이 소규모화되고, 여성의 취업증가를 비롯하여 사회환경이 변화하면서 노인에 대한 경제적 부양과 간병수발부담이 늘어나 사적 노인부양체계의 한계가 노출되고 있다.

1) 경제적 자립지원 프로그램

우리나라에서는 생산가능연령인구(15~64세)에 대한 노년인구(65세 이상)의 비율을 나타내는 노년부양비가 2000년에는 10%였는데 이 비율이 2030년에는 30%로 증가할 것으로 보인다. 이렇게 되면 2000년에는 경제활동인구 10명이 노인 1명을 부양해야 하는 데 비해 2030년에는 3~4명이 1명을 부양할 책임을 지게 됨을 의미한다(보건복지부 가정보건복지심의관실, 2001 : 1). 현재 노후의 소득을 보장하는 공적 제도로는 국민연금제도와 기초연금, 노인일자리 사업 등을 들 수 있다.

(1) 국민연금제도와 기초연금제도

노후 소득보장기제로 가장 중심이 되는 제도는 국민연금제도인데 이 제도에 의한 급여수준은 아직은 낮아서 노인을 위한 충분한 소득보장시스템으로 기능하지 못하고 있다. 국민연금의 경우 적용대상 범위를 전 국민으로 확대하였으나 저출산과 고령화로 인해 연금재정의 안정성이 문제가 되고 있다. 이러한 연금재정의 안정성 제고를 위해 연금수급연령을 매 5년마다 1년씩 연장하여 2013년에는 61세, 2033년 이후에는 65세가 되도록 조정하였고 급여수준은 2008년 평균소득액의 50%에서 2009년부터 매년 0.5%씩 낮추어 2028년에는 40%로 인하하도록 하였다. 그 결과 연금수급연령은 높아지고 급여수준은 낮아져서 퇴직연령이 점차 낮아지고 있는 추세를 감안하면 노후소득보장제도로서 국민연금의 실효성에 의문을 가질 수밖에 없다. 그리고 노인, 그 가운데 특히 직업경력이 없는 여성노인은 배우자의 노령연금에 소득을 의존해야 하므로 본인이나 가족의 부양부담은 클 수밖에 없고 이러한 사유는 노인빈곤과 은퇴 후에도 일을 계속해야 하는 이유가 되고 있어 노인의 부양책임을 국가에 귀속시키는 스웨덴을 비롯한 선진국의 정책방향에 비추어 볼 때 바람직하지 못하다고 볼 수 있다.

국민연금 등 노후소득보장 사각지대의 해소를 위해 2008년부터 시행된 기초연금은 65세 이상인 자 중 가구의 소득인정액이 선정기준액(소득하위 70%) 이하의 자에게 지급된다. 2017년 4월~2018년 3월까지의 기준연금액은 206,050원이고 해마다 물가변동률을 반영하여 고시된다. 기초연금의 경우 재원이 일반조세에서 충당되고 지방자치단체의 노인인구 및 재정자주도에 따라 국가와 지방자치단체가 나누어 재정을 부담하고 있으므로 노인인구비율이 높고 재정자주도가 낮은 농촌지역과 같은 지방자치단체의 경우 국가의 재정부담문제, 국민연금과 연계하여 지급하는 방식 등이 문제점으로 지적되고 있다.

(2) 노인 일자리사업

정부는 고령화에 따라 일자리를 원하는 노인들의 수요에 부응하기 위해 2004년부터 노인 일자리사업을 실시하고 있다. 현재는 주로 저소득[4]의 65세 이상을 대상으로 실시하고 있고 소득보충과 사회참여를 목적으로 파트타임으로 운영되고 있다. 노인일자리의 경우 공익활동으로 독거노인 등을 돕는 노노케어, 장애인 등 취약계층 지원, 주거・생태환경정화 등의 공공시설 봉사, 경륜전수활동 등을 들 수 있다. 이 외에도 재능나눔활동, 시장형사업단, 인력파견형사업단 등이 있다. 시장형사업단의 경우 노인에게 적합한 업종 중 소규모매장 및 전문 직종사업단 등을 공동운영하여 일자리를 창출하는 사업으로 아파트・지하철 택배, 세차 및 세탁, 상품제작 사업 등을 그 예로 들 수 있다. 이러한 노인 일자리 사업의 경우 시간제로 일하며 활동수당을 받는 방식으로 운영되고 있다.

보건복지부의 제2차 노인일자리 및 사회활동 종합계획(앙코르라이프플랜 '18~'22)에 따르면 노인일자리를 2017년 43만 7000천개에서 2022년 80만개까지 확대하고 참여자의 역량을 강화하기 위해 사이버대학, 직업전문대학 등과 연계하여 노인 대상 전문적 직업교육프로그램을 개발확대하기로 하였다. 또한 노인일자리 매칭플러스센터 등의 인프라를 구축하여 단순노무적 일자리 제공에서 탈피하여 전략직종 및 장기채용기업에 지원을 강화할 계획이다.

4) 노인일자리 사업 참여노인의 선발기준은 공익활동의 경우 65세 이상의 기초연금수급자, 재능나눔의 경우 65세 이상의 소득무관, 시장형 사업의 경우 60세 이상의 소득무관으로 대상이 다양하다(한국노인인력개발원).

상자글 9-5 **가난한 노인, 죽어야 해방되는 노동의 굴레**

우리나라는 세계에서 가장 빠른 속도로 고령화되고 있습니다...움직일 수 없는 통계들이 우울한 노년을 수치로 보여주고 있습니다. 우선 노인 빈곤율이 무려 49.6%로 OECD 평균 12.6%에 네 배가 넘습니다. 노인 두 명 가운데 한 명은 가난에 시달린다는 말입니다. 비교적 높다는 일본도 20%가 되지 않고 유럽의 복지국가 독일은 9.4%, 프랑스는 3.8%에 불과합니다.

사정이 이렇다 보니 은퇴한 이후 계속 일을 해야 노인들도 세계 최고 수준입니다. 2014년 기준으로 한국에서 일하는 65세 이상 노인은 31.3%, OECD 국가 중에 아이슬란드를 빼면 가장 높습니다. 일본은 20.8%, 독일은 5.8%, 프랑스는 2.3%에 그쳤습니다. 특히 75세 이상 초고령 노인의 고용률도 19.2%로 세계 최고입니다. OECD 평균이 4.8%에 불과하니 역시 네 배 이상 높은 수칩니다.

빈곤은 자연히 각종 질병과 자살로 이어집니다. 지난 2015년 기준으로 한국의 65세 이상 노인 자살률은 인구 10만 명 당 58.6명으로 OECD 국가 중 가장 높았습니다...노인의 삶은 이렇게 팍팍해지는데, 수명은 자꾸 늘어납니다. 2015년 기준으로 우리나라의 남성 기대수명은 78.5세, 여성은 85.1세로 평균 81.8세나 됩니다. 1970년 남성의 기대수명은 58.7세에 불과했고, 여성도 65.6세에 그쳤으니 불과 반세기도 못돼 평균수명은 평균 20년 가량이 늘어난 것입니다.

수명은 늘어나는데 어찌 된 셈인지 은퇴연령은 점점 빨라집니다. 통계청 자료를 보면, 2015년 평균 퇴직연령은 52.6세였습니다. 자영업자를 빼고 월급생활자로만 본다면, 은퇴하고도 30년 가까이를 살아야 하는 셈입니다...그렇다면 은퇴하고 죽을 때까지 얼마 정도의 돈이 있어야 최소한의 생활이 될까요? 2015년 기준으로 우리나라 2인 가족의 최저생계비는 105만 원 정도입니다. 그야말로 밥만 먹고 숨만 쉬는 돈인데도 30년을 살려면 3억 6천만 원이 필요합니다....그래서 모자라는 돈을 벌기 위해 어쩔 수 없이 일하는 노인들이 늘어나고 있고, 노인의 노동비율이 OECD 최고 수준이 된 것입니다. OECD 통계를 보면 형식적으로 직장에서 은퇴하는 나이는 52세지만, 실제로 일을 손에서 놓는 나이는 남자가 73세, 여자는 71세 정도입니다. 그러니까 평균 수명과의 차이를 계산해보면 남자는 죽기 5년 전이 되어야 일에서 자유로워진다는 얘깁니다. 프랑스의 경우 실제 은퇴하는 나이가 60세이니까, 우리나라 노인들보다 13년을 그야말로 여유로운 노후를 즐기는 것입니다.

출처 : KBSNEWS(2017. 1. 17.)

2) 건강지원서비스

우리나라에서 65세 이상 노인 중 약 87%는 만성질환을 앓고 있는 것으로 나타났다. 그리고 대체로 노인은 경제적·신체적 자립능력이 뒤떨어지므로 정신적, 심리적으로도 의존적 성향을 보인다. 이처럼 노인은 정신적·신체적 특성상 일상생활 속에서 타인에 대한 의존도가 높으므로 노인인구의 증가는 보건의료와 관련된 보호장치의 필요성이 커짐을 의미한다고 볼 수 있다.

현재 우리나라에서 시행되고 있는 재가노인의 건강을 돌보는 서비스로는 재가노인복지사업이 대표적이다. 재가노인복지사업은 정신적, 신체적 이유로 일상생활을 수행하기 곤란한 노인 및 노인부양가정에 필요한 각종 서비스를 제공하여 노인의 생활터전에서 가족 및 친지와 더불어 노후생활을 영위하고 노인부양으로 인한 가족의 부담을 덜어주기 위한 사업이다. 서비스는 노인장기요양보험 수급자와 수급자 이외의 저소득층(등급외자 중 기초수급권자) 등을 대상으로 방문요양, 주야간보호, 단기보호, 방문목욕, 재가노인지원서비스 등을 제공함으로 이루어진다. 특히 2010년부터는 재가노인지원서비스를 신설하여 노인장기요양보험의 수급자이지만 방문요양에 포함되지 않는 지원이 필요하거나 노인장기요양보험의 혜택을 받을 수 없는 저소득층을 위한 일상생활지원 및 주거환경개선지원, 여가활동지원, 상담지원 등 예방적 복지실현과 지역사회 연계와 교육 등 사회안전망 구축 사업 등을 진행하고 있다.

현재 우리나라의 노인장기요양보험제도나 재가노인복지사업 등의 경우는 장기요양보험의 등급판정을 받을 정도로 중증으로 진전되거나 일상생활에 어려움이 있어야 요양보호를 받거나 서비스를 받을 수 있도록 사후적 프로그램에 치중하고 있어 초기 예방적 프로그램의 확충이 필요하다. 이러한 예방적 건강유지 프로그램은 요양비용의 감소와 함께 노인이 행복하고 건강한 노후를 보내도록 하는 면에서 중요하다. 또한 영리를 추구하는 것이 아닌 전문적이고 체계적인 서비스를 제공할 수 있는 양질의 요양시설을 확보하는 것과 함께 시설에서는 요양비 지원을 많이 받기 위해 노인들의 신체기능 및 일상생활기능을 향상시키려는 노력을 소홀히 할 가능성이 높으므로 관리, 감독과 모니터링이 중요할 것이다.

3. 대인복지서비스

오늘날 다양한 가치들이 우리의 삶과 문화를 지배하면서 가족구성원 간에는 가치관의 차이가 심화되어 가족구성원 간에 정서적 교류를 통한 유대의식이 약화되고 세대 간에 문화적 지체현상이 나타나 부모와 자녀 간에 정서적 이질감이 커지고 있다. 이러한 상황에서 자녀는 자녀대로 학교생활과 공부에 얽매여 가족과 자유롭게 대화를 나눌 시간이 부족하며, 주로 또래 아동과 지내는 시간이 늘고 있으며, 부모는 이에 대한 대처방법과 정보를 교환할 수 있는 기회를 얻기가 어렵다. 부모 중 특히 아버지는 우리나라 특유의 일 중심적 직장문화로 인해 가족의 문제에 대해 관심을 갖기가 어려우며, 이로 인해 가족과의 단절감 또는 소외에 시달리는 어려움을 맞이하기도 한다. 따라서 가족구성원 간의 단절감을 줄이고 연대의식을 고취하며, 가족구성원이 평등하고 상호 존중하며 의사를 소통할 수 있는 새로운 문화를 형성하는 것이 필요하다.

일반적으로 사회가 발전하고 개인주의적 경향이 심화될수록 정신건강문제는 확산된다. 특히 오늘날 가족의 위기가 표면화되면서 심리적 지지체계가 무너진 가족을 위한 정신건강서비스의 필요성은 커지고 있다.

우리나라에서 제공되고 있는 대인복지서비스는 건강가정지원센터를 통해 대인상담서비스가 제공되고 있다. 건강가족지원센터의 가족상담은 이혼 전후 가족, 다문화가족, 한부모가족 부모와 자녀 상담 등의 가족상담으로 이루어지고 있다.

1) 이혼가족

이혼 부부에 대한 대인서비스는 이혼 전·후로 구분된다. 우선 이혼 전 위기상태의 부부를 대상으로 부부상담 및 치료, 교육 프로그램을 통해 이혼을 예방하거나 이혼을 고려하거나, 혹은 이혼과정에 있는 가족의 정서적 문제와 올바른 의사결정과 상황대처를 돕는다.

이혼 후 이혼 당사자들은 재혼 이전까지 한부모가족이 되기 때문에, 이에 대한 교육이 필요하다. 부부뿐만 아니라 미성년자녀는 이혼 후 경제, 사회관계, 역할 등에 변화를 경험하게 된다. 따라서 그에 대한 대책이 필요하며, 변화한 상황에 대한 적응을 지원하고 있다. 아래 〈표 9-4〉는 건강가정지원센터에서 운영하고 있는 이혼 전후 대인서비스의 예시이다.

표 9-4 이혼 전후 가족관계 회복 사업 프로그램 예시 (단위 : %)

이혼 전후 가족관계 회복사업 프로그램 내용	
대상	• 이혼을 신청하였거나 이혼 갈등 중인 부부와 미성년 자녀
내용	• 부부관계개선(부 · 모 집단 상담) • 자녀마음알기(자녀 집단 상담) • 협력적 부모 역할(부모교육)

출처 : 건강가정지원센터 홈페이지(2018).

2) 다문화가족

한국사회의 경우 다문화가족에 대해 통합적 이해보다는 다문화가족 구성원이 한국사회의 문화에 동화되기를 요구한다. 이러한 정책은 이주민으로 하여금 차별과 편견, 경제적 어려움, 자녀의 문제 등 다양한 어려움을 경험한다. 이에 『다문화가족지원법』(2008)을 통해 다문화가정지원센터 등을 통해 다문화가족의 안정적인 정착과 지원을 위해 다양한 대인서비스를 제공하고 있다. 아래 〈표 9-5〉는 다문화가정지원센터에서 제공하고 있는 대인서비스의 예시이다.

표 9-5 다문화가족지원센터에서 제공되는 다문화가족 대인서비스 예시 (단위 : %)

다문화가족지원센터에서 제공되는 프로그램	
대상	• 다문화가족 구성원(배우자 및 자녀, 가족 등)
내용	• 생활지원(개인상담, 의료지원, 임신 · 출산, 자녀교육 등) • 교육지원(한국어, 외국어(이중언어), 양육 및 학교생활 등) • 취업 · 채용지원(취업 및 직업훈련, 고용보험, 산업재해 보상보험, 외국인력지원 등) • 다문화 이해교육(한국 문화, 외국 문화 소개, 요리 교육 등)

출처 : 다문화가족지원포털 다누리 홈페이지(2018).

3) 한부모가족

한부모가족은 모자가족 또는 부자가족을 의미한다. 한부모가족은 부모 중 한 명이 부모의 역할을 모두 수행해야 하기 때문에 그렇지 않은 가족에 비해 다양한 어려움에 노출될 수밖에 없다. 특히, 부모의 역할을 모두 수행해야 한다는 점에서 시간의 부족으로 인한 돌봄 문제와 경제적 어려움을 동시에 겪는다. 건강지원센터에서는 아래 〈표 9-6〉의 예시와 같은 대인서비스를 한부모가족에게 제공한다.

표 9-6 건강가정지원센터에서 제공되는 한부모가족 대인서비스 예시 (단위 : %)

건강가정지원센터 제공되는 대인서비스	
대상	• 한부모가족 구성원(부, 모, 자녀)
내용	• 한부모가족을 위한 상담 • 부모·자녀 교육 • 취업·채용 지원 • 문화생활 지원 • 자조모임 지원

출처 : 건강가정지원센터 홈페이지(2018).

이상과 같이 현재 우리나라에서는 건강가정지원센터나 다문화가정지원센터 등에서 가족 관련 상담업무를 담당하고 각종 가족에 관한 심리적·정서적 대인서비스를 추진하고 있다. 그러나 지금까지 우리나라에서는 가족의 심리적·정서적 욕구에 대해서는 정부 차원의 관심은 적었고, 주로 정부의 지원하에 민간부문에서 해결책을 모색해 온 바가 크다. 따라서 이제는 국가사회적 차원에서 가족의 심리적·정서적 문제를 해결하기 위해 가족복지기능과 가족보호기능 그리고 가족생활에 대한 연구기능 등 종합적 기능을 두루 갖춘 센터의 필요성이 커지고 있다.

이 장의 요약

1. 아동양육 프로그램 및 서비스는 가족복지정책에서 가장 중요한 대상으로 인식되어왔다. 현재까지 아동양육의 책임은 여성에게 온전히 부과되어왔으나, 한국사회에서 여성의 경제활동 참가율이 늘어나면서 일·가정 양립의 필요성이 부각됨에 따라 다양한 아동양육 프로그램 및 서비스가 확장되기 시작하였다.
2. 한국사회는 2000년 고령화 사회에 진입하였으며 2017년에는 고령사회에 진입하였다. 그러나 기존에 노인의 보호를 전담하던 가족의 규모는 축소되었고, 여성들의 사회진출이 늘어나면서 노인부양 부담은 사적 노인부양체계로 감당하기에는 한계에 도달하였다. 이에 따라 재가노인복지사업이나 일상생활지원, 여가활동지원, 상담지원 등 예방적 복지 및 지역사회 연계, 교육, 사회안전망 구축 사업 등이 진행되고 있다.
3. 다양한 가치들이 우리의 삶과 문화를 지배하고 가치관의 차이가 심화되면서 심리적·정신적 문제에 대한 대인서비스의 필요성이 커지고 있다. 가족과 관련된 대인서비스는 건강가정지원센터나 다문화가정지원센터에서 다양한 프로그램이 제공되고 있으나, 향후 복지와 보호, 그리고 연구 기능을 종합하는 통합센터의 필요성이 커지고 있다.

주요 용어

- **맞춤형 보육** : 아이와 부모의 다양한 보육서비스 요구 상황에 맞게 지원을 다양화하고자 2016년 7월부터 시행하는 제도로, 가정 내 돌봄이 가능한 영아에게 적정시간의 보육서비스를 지원하여 영아시기의 건강한 성장발달을 지원하는 제도를 말한다.
- **아동 수당** : 아동의 건강한 성장 환경을 조성하여 아동의 기본적 권리와 복지 증진에 기여하기 위해 만 6세 미만 아동에게 월 10만원씩(2018. 09 기준) 지급하는 제도를 말한다.
- **재가복지서비스** : 가정에서 기거하면서 혼자서 자신의 일상생활을 이끌어 나가지 못하는 병약자나 국민기초생활보장 대상 노인, 장애인 등을 도와주는 사회적 서비스를 말하며, 주간보호(day-care)사업, 단기보호(short-stay)사업, 가정봉사원 파견사업이 포함된다.
- **기회비용**(opportunity cost) : 어떤 재화에 대해 서로 다른 두 종류의 용도가 있을 경우 다른 한편을 얻기 위해 어느 한 편을 포기해야 하는 상황이 발생할 수 있는데, 이때 만약 포기를 안 했다면 얻을 수 있는 이익을 평가한 금액이 기회비용이 된다.

추천하는 자료

1. 여성가족부 복권위원회, 「미혼모·부 한부모가족을 위한 복지서비스 안내」, 2018.
2. 최성은·신윤정·김미숙·임완섭, 『아동수당 도입방안 연구』, 한국보건사회연구원·보건복지부, 2009.
3. 박종서, "일·가정 양립 정책 추진 현황과 개선 방향", 『보건복지포럼』, 249(0), 18-33. 2017.
4. 최영, "세계 각국 아동수당제도의 성격 및 유형, 『국제사회보장리뷰』, 2(0), 5-15, 2017.

가족성장교육과 가족치료

제 10 장

이 장에서는 결혼과 가족을 위한 성장교육과 가족치료에 대해 공부한다.

1970년 이후 가족치료는 다양한 이론과 기법을 발전시키면서 심리치료와 상담 분야에 새로운 지평을 열어 주었다. 가족치료의 대상 범위는 부부간의 갈등과 문제부터 자녀문제, 청소년 문제, 개인의 신경·정신적인 증상까지 매우 포괄적이다. 특히, 가족 안에서 아동과 청소년의 문제, 부부문제들은 가족치료에 의한 효과가 개인치료보다 훨씬 더 높게 나타나고 있다.

따라서 가족치료의 개입과 사정에 대해 살펴보고, 가족구성원들이 가정과 사회생활에 적응할 수 있도록 도와주는 가족복지실천 과정에 대해 살펴보고자 한다. 그리고 가족의 역동성에 개입하기 위한 가족치료 기법에 대해 설명하고자 한다.

1. 가족성장교육

1) 성인지 교육

성인지 교육은 성 평등 정책의 실효성 확보 및 성평등적 인식을 함양하기 위한 프로그램이다. 이러한 성인지 교육이 필요한 이유는 일상생활에서 인식하지 못한 성 역할에 대한 편견들이 가족의 역동에 영향을 미칠 뿐만 아니라 여성과 아동에 대한 억압 및 학대의 원인이 되기 때문이다.

인간의 생존을 수렵 및 채집에 의존하던 시절, 남성은 생물학적 특성을 기반으로 사냥에 종사하였으며, 여성은 채집 및 육아를 담당하였다. 중세와 근세를 거치면서 대부분의 사회에서 남성과 여성의 고정된 성역할을 요구하였고, 이런 성역할 고정관념은 가부장적 사회를 형성하는 데 기여하였다. 이러한 경향은 근대화 이후 산업화사회에 접어들면서 여성의 사회적 지위를 하락시키는 결과를 가져왔다. 자본주의사회로 전환되면서 남성의 역할인 경제활동의 중요성을 부각시키는 계기가 되었다. 이는 가장(bread winner)의 권력을 더욱 강화시키게 되었고, 여성들은 가정에 충실해야 가정주부로 인식하게 되었다. 그러나 20세기 말에 사회구조 및 인구구조의 변화, 다양한 산업의 발달 등으로 여성의 사회 진출이 활발해지고, 여성의 인권과 평등권에 대한 인식이 확대되면서 새로운 성역할에 대한 논의가 확대되고 있다.

그러나 여성들의 사회진출이 더욱 활발해지고 있음에도 불구하고 여성들은 경제활동에서 '유리천장'과 독박 육아와 같은 이중부담, 그리고 육아를 위한 경력단절과 같은 성차별을 경험하고 있다. 또한, 2018년 미투운동은 그동안 여성이 얼마나 억압적인 사회구조 속에서 살고 있었는지, 그리고 여성은 남성에게 성적 대상으로서 어떻게 비인격적으로 대우받았는지 극명하게 보여주고 있다. 호주제가 폐지되었으나 아직도 호주제문화와 인식은 사회 전반에 걸쳐 남아있고, 사회적 변화가 급격하게 진행됨에 따라 성 역할과 다양한 가치의 수용은 아직도 사회변화를 따라가지 못하고 있다.

이러한 한국사회의 모순적인 환경 속에서 성인지 교육은 필수적이다. 성인지 교육은 남녀 서로 다른 성적 특성의 차이에 관한 교육, 남녀평등교육, 성폭력 예방교육을 의미한다. 현재 한국에서는 여성가족부에서 주관하는 청소년성문화센터에서 청소년을 대상으로 섹슈얼리티 및 젠더, 성문화 등에 대한 이해를 성인지적 관점에 기반하여 교육하고 있다. 또한 교육과학기술부에서는 매 학년당 6시간 내외의 교육과정으로 성인지 교육을 진행하고 있다. 또한 공공기관에서는 「양성평등기본법」, 그 외 사업장에서는 「남녀고용평등과 일 · 가정양립지원에 관한 법률」에서 연 1회 이상의 성희롱예방교육을 의무화하고 있다. 이러한 교육은 각기 진행되고 있지만, 통합적으로 진행되는 것이 효과적이다.

그러나 이러한 교육에서 출산이나 육아에 대한 남성의 역할에 대한 재고, 워라밸(일과 생활의 균형)시대의 인식 개선 등 통합적인 성인지 교육은 여전히 초보단계에 있다. 보다 다양한 집단을 위한 맞춤형 성인지 교육 프로그램이 개발, 운영되어야 할 것이다. 그리고 이러한 교육은 기업이나 교육현장 등이 아닌, 가장 기본적인 사회조직인 가정에서부터 시작되어야 한다.

2) 결혼준비교육

결혼준비교육이란 미혼자, 결혼을 앞둔 커플, 신혼기 부부를 대상으로 자신과 상대방에 대해 좀 더 이해하는 기회를 제공하고 결혼 초기 적응을 돕는 프로그램이다. 우리나라에서 시행되고 있는 결혼준비교육에 포함되는 내용은 주로 자기이해, 원가족에 대한 이해, 역할갈등, 의사소통, 성생활, 결혼생활에 대한 헌신과 배려 등으로 건강한 결혼과 가족 가치관을 확립하고 결혼생활에서 발생할 수 있는 문제에 대한 대처능력 향상에 목적이 있다(정황순 외, 2017).

최근 우리나라의 경우 첫 자녀가 출생하기 전인 부부만의 결혼기간이 짧아지고 있다. 결혼 초기인 이 시기에 부부는 자신의 원가족에서 습득한 방식대로 생활하려고 하고 서로의 차이를 인정하지 못한 채 자신만의 방식을 고집하면서, 갈등에 부딪히는 경우가 많다. 이러한 갈등에 효과적으로 대처하지 못하고 결혼 초기의 적응에 실패할 경우, 결국 이혼으로 이어질 수 있다(한국여성복지연구회, 2008).

따라서 결혼준비교육을 통해 예비부부들은 그들의 원가족에서 벗어나 새롭게 만들어 갈 가정의 주체로서 자신을 재인식함과 동시에 서로의 특성을 인정하고 수용하며, 더 나아가 자율적이고 성숙한 사람으로서 성장할 수 있도록 상호 간에 지지하고 후원해야 한다. 또한, 향후 결혼생활을 위협하는 요인들로부터 가족을 보호하며, 다양한 위기상황을 예측하고 이에 대처하는 부부의 적응능력을 강화하는 것이 필요하다(박미은 외, 2017).

결혼준비교육이 처음으로 공교육에서 다루어진 것은 1924년 미국 보스턴 대학에서 개설한 '결혼과 가정생활'이라는 교과목으로, 사적 영역으로만 생각되었던 가정생활이 공식적인 영역에서 다루어질 수 있다는 인식이 생겨났다. 이처럼 일찍이 공적 차원에서 결혼준비교육 프로그램에 관심을 둔 미국은 2002년 부시 대통령에 의해 건강한 결혼생활을 강화하기 위해 더욱 새로운 지원책을 정부 차원에서 시행하기 시작하였다(정황순 외, 2017).

미국 아동가족국(Administration for Children & Families)에서는 예비부부를 대상으로 건강한 결혼생활에 필요한 지식과 기술을 교육할 목적으로 '지역사회 건강결혼개혁운동'을 펼쳤다. 여기에는 루이스와 고세트(Lewis & Gossett, 1999)가 제시한 건강한 결혼생활의 여덟 가지 필수조건이 포함되어 있다.

① 배우자가 함께 부부관계에 대한 명확한 정의를 내리는 일에 참여한다.
② 강력한 부부결속력은 친밀감과 자립의 정도로 나타난다.
③ 상대방의 생각과 감정에 서로 관심을 기울인다.
④ 감정을 솔직하게 표현한다.
⑤ 피할 수 없는 갈등이 일어나더라도 확대하거나 절망적인 상황으로 몰고 가지 않는다.
⑥ 문제해결기술을 잘 발전시킬 수 있다.
⑦ 기본적인 가치관은 대부분 공유하고 있다.
⑧ 변화와 스트레스를 다루는 능력을 개발할 수 있다.

이와 같은 건강한 결혼생활의 조건을 충족시키기 위해서는 예비부부대상의 교육 프로그램이 필요하며, 그 중요성과 긍정적 효과가 알려지면서 점차 확대되는 추세이다.

한국의 경우에는 주로 건강가정지원센터 및 지역사회복지관에서 결혼준비교육을 실시하고 있다. 다음 〈표 10-1〉은 결혼 초기 적응을 돕기 위해 예비부부를 대상으로 '우리 결혼할까요?'라는 결혼준비교육 프로그램의 한 예이다(박미은 외, 2017).

표 10-1 예비부부교육 '우리 결혼할까요?'

회기	주제	내용
1	서로의 차이 이해하기	• DISK를 이용한 서로의 차이 이해하고 적용하기
2	행복한 커플 대화법	• 바람직한 의사소통 방법
3	결혼의 의미 및 결혼 체크리스트	• 결혼의 의미 • 행복한 결혼생활을 위한 의미 알기
4	우리결혼 설계하기	• 우리의 결혼 설계하기와 합리적 재무관리
지금 이 순간		미래를 설계하기 위한 다짐

출처 : 서울 성동구 건강가정지원센터(2018).

결혼준비교육은 부부문제를 예방하고 부부의 삶의 질과 가족관계의 질을 높일 수 있고, 결혼으로 말미암아 발생하는 여러 가지 전환기를 미리 인지하고 계획할 수 있다. 또한, 결혼을 기점으로 경제적, 정서적, 사회적으로 독립을 이루는 동시에 반려자와의 평등한 관계를 정립할 수 있도록 도와준다(박주희, 2006; 정현숙, 2007). 동시에 예비부부가 결혼준비교육에 참여함으로써 자아존중감, 평등한 역할, 의사소통 등에서 의미 있는 진전을 보여 결혼 전 커플의 관계향상, 결혼과 배우자에 대한 현실적 이해, 상호 간 역할기대의 합의, 효과적인 의사소통 및 갈등해결의 중요성 인식과 기술습득 등의 효과가 있는 것으로 나타났다(오윤자, 2001).

그러나 현재 예비부부를 위한 프로그램은 지극히 부족한 실정이며, 사실상 프로그램을 개설해도 참여율이 저조하다. 따라서 예비부부를 위한 결혼관 확립, 사회의 적극적인 관심과 역할, 후속 프로그램의 활성화, 프로그램의 전문가 양성, 적극적인 홍보 등 다양한 방향성이 제고될 필요가 있다(이영실 외, 2014).

3) 부모교육

현대사회의 가족들은 결혼기피와 이혼 증가로 인한 가족의 형성과 해체의 문제, 한부모가족 및 재혼가족의 증가에 따른 가족관계와 적응상의 문제, 맞벌이의 보편화로 야기되는 효과적인 자녀양육 역할 수행의 어려움, 주변의 협조와 보살핌의 감소에 따른 지원체계 및 유대감의 약화, 사회 내 지원체계 구축과 기능상의 미흡함과 같은 대내·외적으로 감당하기 어려운 변화들을 겪고 있다. 이러한 자녀 양육 환경과 성장환경이 점점 더 복잡해지고 힘들어지면서 자녀를 양육하는 부모의 역할도 그만큼 더 어려워지게 되었다(박영애 외, 2005).

현재 부모들은 대부분 자녀의 성장에 따라 부모 역할 수행이 쉽지 않다. 특히 부모들은 자녀의 양육과정에서 어려움이 생기거나 적절한 대처방법을 찾지 못할 때 큰 혼란에 빠지게 된다. 그로 인해 바람직하지 못한 방법으로 자녀를 훈육할 경우, 부모-자녀 간에 대화가 단절되거나 심지어 아동을 학대하는 상황에 이르기도 한다(육아정책연구소, 2015).

따라서 부모의 역할을 긍정적이고 효율적으로 수행하기 위해서는 먼저 바람직한 부모로서의 태도를 갖추고, 자신이 건강한 가족 분위기를 형성하는 주체임을 스스로 인식하도록 돕는 체계적인 지역사회의 접근이 필요하다(정황순 외, 2017).

부모교육에 대한 필요성을 정리하면 다음과 같다. 첫째, 부모 자신이 자녀 교육에 대한 신념과 안정감을 얻는다. 둘째, 아동의 성장·발육에 관한 원리를 학습하고, 아동의 특성과 요구를 파악하고 이해하는 기회를 가질 수 있다. 셋째, 자녀 교육에 필요한 지식과 방법을 충분히 습득할 수 있게 된다. 넷째, 부부간의 자녀 교육에 대한 지도 방향이 일치되어 일관성 있는 교육을 할 수 있게 된다. 다섯째, 부모교육을 통해 얻은 지식과 능력을 실제 유아 교육분야에 활용할 기회를 가질 수 있다. 여섯째, 실질적으로 가정생활의 질 향상에 도움이 된다. 일곱째, 가정과 유아교육기관 사이가 원만한 관계를 맺고 부모와 교사가 서로 힘을 합쳐서 자녀를 바람직하게 지도하는 데 도움이 된다(김진영 외, 2009).

대표적인 부모교육 프로그램을 소개하면 다음과 같다.

먼저, 임상심리학자 토마스 고든(Thomas Gordon, 2008)의 부모효율성 훈련(Parent Effectiveness Training : PET)이 있다. 고든은 자녀의 정신적·정서적 문제를 병리적인 정신의학적 문제로 취급할 것이 아니라, 부모-자녀 간의 인과관계에서 생긴 문제로 보아야 한다고 주장했다. 따라서 부모-자녀 관계 개선을 위한 방법으로 부모를 교육하기 위한 프로그램을 만들었는데 그것이 바로 부모효율성 훈련이다.

PET 프로그램은 심리학자 칼 로저스(Carl Rogers)의 이론에 입각한 부모교육 프로그램으로서 주로 의사소통기술 훈련에 집중되어 있다. PET 프로그램의 목적은 자녀와의 의사소통, 문제해결의 다양한 장면에서 갈등을 겪고 있는 부모가 자녀와의 긍정적인 의사소통기법을 익힘으로써 바람직한 부모 역할에 적극적으로 대처할 수 있도록 하는 것이다. 따라서 이론교육을 포함한 실제 역할연습과 피드백 주고받기, 강사를 모델링하고 문답하기 등의 형식으로 자유롭게 진행된다(이영실 외, 2014).

다음으로 "교사 프로젝트로서의 새 부모"(New Parents as Teachers Project : NPTP) 프로그램이 있다. NPTP는 미셸 화이트(Michael White) 등을 중심으로 한 하버드 대학 학교전 프로젝트(Harvard University Preschool Project, 1965~1978)와 교육학, 의학, 발달심리학에 이론적 근거를 두고 있다. 이들은 이론과 연구를 바탕으로 두 가지 가정(假定)을 세웠다. 첫째, 생의 초기 언어, 지능, 호기심, 사회적 기술, 정서발달이 중요하다. 둘째, 가능한 한 초기에 가정(家庭)과 같은 편안한 환경에서 부모와 유아에게 교육적 자극을 주는 것이 효과적이다. NPTP 프로그램의 대상은 모든 계층의 유아와 부모이며, 주로 임신기부터 36개월까지 지속적인 프로그램으로 다음과 같이 구성되어 있다(권희연, 2016).

① 부모에게 영유아가 태어나기 전의 정보와 안내를 미리 제공해서 부모 됨의 중요성을 심리적으로 준비할 수 있도록 한다.

② 부모는 영유아가 발달하고 성장하는 과정에 대해 정기적으로 교육받음으로써 영유아의 언어, 인지, 사회, 운동기술발달을 촉진하도록 돕는다.

③ 영유아의 교육, 청각·시각발달을 정기적으로 진단함으로써 문제나 장애를 미리 발견하도록 한다. 교육의 내용은 영유아의 나이에 따라 달라지며, 가정방문이나 집단모임을 통해 운영된다.

마지막으로 행동적 가족개입 모델(Behavioral Family Intervention : BFI)이 있다. 가장 대표적이고 광범위하게 사용되고 있는 BFI 모델은 아이버그(Eyberg, 1995)에 의해 개발된 부모-아동 상호작용 치료(Parent-Child interaction Therapy : PCIT)와 샌더스(Sanders, 1999)에 의해 개발된 긍정적 부모역할 프로그램(Positive Parenting Program : Triple P)이다. 두 접근은 모두 사회학습이론에 기반하여 가족의 기능을 강화하고 아동의 문제행동을 개선 및 예방하는 데 목적이 있으며, 효과가 잘 검증된 프로그램으로 인정받는다는 공통점이 있다(Thomas & Zimmer-Gembeck, 2007).

하지만 두 프로그램은 서비스 전달체계에 있어 차이를 보이는데, 부모-아동 상호작용 치료는 관계 강화 단계로 불리는 아동주도의 단계(CDI)로 시작하여 부모주도 단계(PDI)로 귀결된다. 먼저 CDI 단계에서 부모는 자녀에게 따뜻함, 반응성, 관심과 칭찬을 보임으로써 놀이상황에서 아동의 주도를 따르고 아동과 함께 놀이하는 방법을 배운다. 아동의 주도에 따르기 위해서는 아동에게 지시나 비판, 질문을 피해야 하며, 아동이 이끄는 놀이상황에서 칭찬할 기회를 많이 제공해야 한다. 이때 부모는 자녀의 바람직한 행동은 강화하고, 문제행동은 무시하는 차별강화의 중재를 사용한다. 또한, 부모-아동 간의 상호작용을 실시간으로 관찰하고 즉각적인 피드백을 제공하는 코칭방법을 사용하므로 임상가의 역할이 매우 중요하다고 할 수 있다(권희연, 2016).

한편, 긍정적 부모역할 프로그램은 부모-아동 상호작용 치료보다 매우 복잡한 서비스 전달체계를 지니고 있다. 자녀에 대한 부모의 긍정적인 역할 수행과 부모와 아동 사이의 긍정적 상호작용을 초점으로 다단계의 연속적인 서비스 전달체계를 가지고 있다. 부모들은 자녀의 문제행동의 정도와 가족이 처한 내·외적 요구에 따라 필요한 부모역할의 기술과 정보에서 차이가 있으므로 개별 가족의 요구에 맞는 중재 단계를 활용할 수 있다(권희연, 2016).

4) 부부관계향상교육

모든 인간관계와 마찬가지로 부부관계는 역동적이며 변화무쌍한 관계이다. 가족생활주기, 가족을 둘러싼 내·외적 사건 등을 포함하는 수많은 요소는 부부관계에 긍정적 또는 부정적인 영향을 미친다. 그러나 많은 부부가 문제해결의 중요성을 인식하지 못하거나 문제해결방법을 알지 못해 당면한 갈등을 건설적으로 해결하는 데 어려움을 겪으며, 그 결과 관계가 악화될 수 있다(장수복 외, 2017).

부부관계향상교육은 부부가 가진 잠재력과 가능성을 개발하여 부부 성장, 부부관계의 질 향상, 결혼생활의 만족감 증진을 위한 교육이다(송정아, 1997). 그러므로 부부에게 결혼생활에 대한 올바른 이해와 부부 성장에 필요한 지식 및 상호작용기술을 습득하는 교육적 기회를 제공하는 것은 매우 의미 있는 일이다(유영주 외, 2002).

이에 따라 건강가정지원센터, 지역사회복지관, 개인상담센터 등에서 부부관계 개선을 목적으로 하는 다양한 프로그램이 운영되고 있다. 가족사회복지사나 상담센터마다 다양한 이론적 기반을 근거하고 있으므로 가족치료의 이론들은 다음 장에서 자세히 소개하고자 한다. 여기서는 비교적 짧은 치료기간 동안 변화를 가져올 수 있는 행동주의적 개입을 소개한다.

행동적 부부치료(Behavioral Marriage Therapy)

모든 치료처럼 행동주의 부부치료 또한, 구조화된 평가과정에서 시작된다. 이 과정에는 일반적으로 임상적인 면담, 특정한 목표행동의 평가, 표준화된 결혼평가 설문조사가 포함된다. 가장 널리 사용되는 도구는 로크-웰러스 부부 적응 척도(Locke-Wallace Marital Adjustment Scale)(Locke & Wallace, 1959)로서 23가지 항목에 걸쳐 의사소통, 애정, 성, 사회활동, 가치관을 포함한 다양한 측면에서의 결혼 만족도를 측정하고 있다. 다음으로 야곱슨(Jacobson, 1981)이 개발한 치료 전 평가(Pretreatment Assessment)가 있는데, 부부관계의 강점과 기술, 당면한 문제, 성과 애정, 미래에 대한 전망, 사회적 환경의 사정, 각 배우자의 개인적 기능 등을 측정한다.

스튜어트(Stuart, 1975)는 문제를 겪고 있는 부부를 치료하는 행동주의 치료전략을 다음과 같이 소개하였다. 사회복지사는 각 단계에서 응용할 수 있는 다양한 행동주의적 접근에 기초하여 부부를 교육할 수 있다.

① 부부는 모호한 불평보다 자기 자신에 대해 분명하고 행동주의적인 묘사를 통한 표현 방식을 배운다.
② 부부는 혐오 통제 대신에 긍정적인 통제를 강조하는 새로운 행동교환 절차를 배운다.
③ 부부는 자신들의 의사소통을 개선할 수 있도록 도움을 받는다.
④ 부부는 힘을 공유하고 의사결정과정에서 분명하고 효과적인 수단을 수립할 수 있도록 도움을

받는다.

⑤ 부부는 치료를 통해 얻는 좋은 점을 유지하고 확장하며, 앞으로 일어날 문제를 잘 해결할 수 있는 전략에 대해 배우게 된다.

2. 가족치료의 경향

가족치료란 가족구성원이 보이는 문제행동을 그 개인의 문제로 보지 않고, 개인을 둘러싼 가족이라는 맥락 속에서 이해하려는 시도이다. 그러므로 가족사회복지사는 문제행동 자체보다는 문제행동을 둘러싼 가족의 상호작용에 더 관심을 가진다. 예를 들면, 가족이 몇 명이며, 누구와 사는가 등의 구조적인 내용보다는 가족의 전체적인 맥락 안에서 그들이 어떤 관계(relationship)를 형성하고 있는지, 현재 표출하고 있는 행동에 어떠한 영향을 주고 있는지 등이다(김유숙, 2014).

가족치료와 개인치료는 기본적으로 서로 다른 세계관을 바탕으로 발전하였다. 전통적으로 개인치료에서는 클라이언트를 수동적으로 반응하는 별개의 존재로 보고 인과관계를 직선적인 것으로 파악하여 문제에 대한 정확한 진단과 평가를 강조하였다. 반면, 가족치료는 클라이언트를 능동적이고 지각적인 존재로 간주하였으며, 클라이언트가 맺고 있는 관계와 맥락에 초점을 두면서 인과관계를 순환적인 것으로 보고, 진단의 정확성보다 클라이언트의 인식세계에 초점을 둔다는 차이가 있었다(정문자 외, 2018).

서구에서는 가족치료가 탄생하기까지 크게 두 가지 흐름이 뒷받침되었다. 오랫동안 심리치료와 병원 현장에서 주류를 이루고 있었던 정신분석치료(psychodynamic psychotherapy)[1]사들과 인간중심치료(person-centered therapy)[2]사들은 클라이언트와 사회복지사 간의 사적인 관계를 보호하기 위해 클라이언트의 가족원 참여를 억제해왔다. 그런데 1950

1) 프로이드(Freud, 1912)의 정신분석 이론을 바탕으로 발전해 온 심리 치료법이다.

2) 1940년대 초 칼 로저스(Carl Rogers, 2012)가 발전시킨 심리 치료법으로 인간은 긍정적인 변화를 위한 내면적 동기와 잠재력을 가진 존재이므로 치료자가 내담자를 받아들여 공감하고 존중하고 이해하면 내담자 스스로 변화를 모색하며 문제를 해결한다고 본다.

년대 이르러 여러 흐름이 모여 하나의 새로운 관점, 즉 유기체론적 세계관이 등장하였고 그로부터 체계이론이 확산되었다. 체계이론은 일반체계이론과 사이버네틱스로 발전하여 초기 가족치료 발전의 밑거름이 되었다. 한편 전통적인 심리치료 접근의 경계 밖에서는 소집단치료, 아동상담과정에 부모를 포함한 아동상담 운동, 그리고 생태적 관점에서 가족에 대한 접근과 같이 초기 사회복지사들의 헌신적 노력이 있었다. 이러한 움직임들은 개인치료 접근의 한계를 벗어나 문제를 해결하기 위한 시도였다는 공통점이 있다(정문자 외, 2018).

가족치료는 가족의 문제 유형, 이론의 발달, 시대적 특성 등에 영향을 받으면서 발전을 거듭했다(성정현 외, 2014). 1950년대에 클락 대학(Clark University)의 존 벨(John Bell), 메닝거 클리닉(Menninger Clinic)과 이후에는 NIMH의 메레이 보웬(Murray Bowen), 뉴욕(New York)의 나탄 아크만(Nathan Ackerman), 팔로 알토(Palo Alto)의 돈 제이슨(Don Jackson)과 제이 할리(Jay Haley)가 조현병(schizophrenia)[3] 환자 가족 연구의 일부로서 가족에 관심을 보이기 시작하면서 가족치료가 싹트게 되었다(Nichols, 2015).

가족치료의 발아기라고 할 수 있는 1960년대에는 보웬의 다세대 모델, 사티어(Satir)의 경험적 모델이 모습을 드러냈고, 팔로 알토가 개발한 MRI 의사소통 모델이 가족치료의 주도적인 접근법이 되었다. 1970년대에 가족치료가 개화하면서 구조적 모델, 전략적 모델 등 가족치료의 여러 모델이 대중의 인기와 신뢰를 얻기에 이르렀다.

1980년대 들어 포스트모더니즘의 영향으로 가족치료는 새로운 변화를 맞이했다. 소위 후기 모델로 분류되는 해결중심 모델, 이야기치료가 등장한 것이다. 그리하여 오늘날의 가족치료는 초기 모델과 후기 모델이 공존하면서 사회복지사의 선호나 클라이언트의 상황에 따라 특정 모델만을 선택적으로 차용하거나, 여러 모델을 통합하거나 절충하는 방식으로 접근하고 있다(Nichols, 2015).

가족치료가 소개되기 전 한국에서도 상담은 정신분석치료가 주를 이루었고 대학에서도 심리·상담이론의 일부로 다루는 정도였다. 1970년대 후반 우리나라에 가족치료가 처음 소개되면서 가족치료에 대한 이해와 인식이 생기기 시작했고, 1980년대 들어

3) 뇌에 질병이 발생하는 뇌질환 또는 뇌장애의 일종으로 볼 수 있으며 사고(思考), 감정, 지각(知覺), 행동 등 인격의 여러 측면에 걸쳐 광범위한 임상적 이상 증상을 일으키는 정신질환이다.

서 상담에 종사하는 학자들과 임상가들이 가족치료에 더 많은 관심을 보이면서 가족치료를 조직적이고 협동적으로 연구하고 실천하기 위해 '한국가족치료학회'를 창립했다. 1991년에는 가족치료에 매료된 정신과 의사와 상담 관련 교수들이 해결중심단기치료를 기반으로 한 '가족치료연구모임'을 결정하였고, 이들의 해결중심치료의 연구와 저술은 한국 가족치료의 발전에 기틀을 마련하였다. 1993년에는 '한국가족치료학회'가 학술지를 출간하면서 연구에 가속도가 붙기 시작하였고, 이러한 발전은 가족치료 전문가 자격제도를 공고화했으며, 가족치료전문가를 배출하기에 이르렀다. 2000년대부터 현재까지 특징적인 활동은 가족치료와 관련된 다양한 이론서와 번역서의 출판이 증가한 것이었다. 또한 포스트모더니즘 성향의 이야기치료 워크숍과 학회가 곳곳에서 개최되었으며, 가족치료의 자격증 취득과 가족치료에 대한 일반인의 관심이 높아짐에 따라 가족치료 관련 상담소와 기관들이 급증하게 되었다(정문자 외, 2018).

3. 가족치료의 기초개념

1) 가족체계

가족은 개인이 성장하고 발달하는 데 가장 친밀하고 영향력 있는 사회환경이다. 가족의 구성요소는 개인이지만 가족을 단위로 볼 때 개인의 결합보다는 그 사람을 둘러싸고 있는 환경과 관계 속에서 일어나는 문제에 더 관심을 둘 수 있다. 따라서 개인보다는 가족이라는 한 집단을 개입의 단위로 다루게 된다(한인영 외, 2016). 즉, 가족 내 한 구성원의 역기능은 개인의 문제가 아닌 가족 전체의 역기능으로 이해하며, 구성원은 단지 '가족의 문제를 지닌 사람(symptom bearer of the family)'으로 파악하는 것이다. 예컨대, 아동의 공격적인 행동은 아동 개인의 문제가 아니라 가족의 역기능적인 상호작용의 결과로 이해할 수 있다. 따라서 가족사회복지사는 가족의 초점을 '문제를 지닌 사람'에서 '가족 전체'로 옮겨 가족이 함께 변화에 참여할 수 있도록 유도하고, 문제를 유지하는 가족의 상호작용을 변화시키기 위한 활동에 주력할 수 있다(조흥식 외, 2017).

가족을 체계론적 관점에서 보면서 체계 안에 존재하는 상호작용의 유형에 중심을 두고 개인의 문제를 해결하며 이해하는 것을 돕는 이론들은 다수가 있으나, 1940년대 버틀란피(Bertalanffy)에 의해 생태체계 이론의 주요개념을 구성하는 일반체계 이론이 여러 이론의 특성을 잘 통합한다고 볼 수 있다.

첫째, 가족은 각 부분의 특성을 합한 것 이상의 특성을 가진 체계이다. 따라서 가족은 각 구성원의 특성을 합한 것으로 기술될 수 없다. 가족을 이해하기 위해 개별 구성원의 특성보다는 성원의 행동을 연결하는 상호작용 혹은 의사소통 패턴에 주의를 기울일 필요가 있다.

둘째, 가족체계의 움직임은 가족규칙(family rules)에 의해 지배되고 있다. 가족은 성원의 행동을 규제하거나 규정하는 명시적 혹은 암묵적 가족규칙에 따라 상호작용과 기능을 조직화한다. 예를 들어, 가족회의를 통해 가사분담을 명시적으로 정할 수도 있고 가족 누구도 언급하지 않았으나 가사분담이 암묵적인 방식으로 이루어질 수도 있다. 성원의 역할과 행동에 대한 기대를 나타내는 가족규칙은 반복 원칙(redundancy principle)에 따라 상대적으로 적은 수의 유형화되고 예측할 수 있는 규칙으로 이루어진다.

셋째, 모든 가족체계는 경계(boundary)를 가진다. 경계는 가족체계가 어떻게 기능하는가를 이해하는 데 중요하다. 가족의 하위체계 간에 허용되는 접촉의 양과 종류는 경계로 구분되며, 이러한 경계는 가족과 하위체계의 독립과 자율성을 보호한다. 하위체계 간의 상호 역동은 경계선이 명확한지, 밀착되어 있는지, 분리되어 있는지에 따라 다르다.

넷째, 가족체계의 한 부분의 변화는 전체의 변화를 초래할 수 있다. 가족 안에서 한 구성원이 변화를 시도할 때, 다른 구성원은 기존의 가족체계를 유지하기 위해 변화에 저항할 수 있다. 만일 그 가족원이 변화에 성공한다면, 가족체계 전체에 영향을 미치기 때문에 이전의 역기능적인 행동패턴으로 되돌아갈 수 없다.

다섯째, 가족체계 기능 중에는 체계 간의 피드백(feedback) 기능이 중요하다. 피드백은 체계가 어떤 과정이나 행동의 결과에 대한 정보를 그 근원에 전달하는 과정으로, 가족항상성의 필수적인 기제이다(Capra, 1998). 체계가 변화나 이탈을 거부하고 체계의 안정성을 유지하는 방향으로의 피드백을 부적(negative) 피드백이라고 한다. 반대로 체계의 안정적인 상태를 거부하고 변화시키려는 방향으로의 피드백을 정적(positive) 피드백이라고 한다. 가족의 건강한 생존을 위해서는 부적 피드백과 정적 피드백이 모두 필요하다(정문자 외, 2013).

여섯째, 가족은 변화와 동시에 항상성(family homeostasis)을 유지하려고 한다. 모든 체계는 생존을 위해 일관성, 안정성, 질서를 유지하려는 항상성을 띠고 있다. 가족의 항상성은 가족규칙을 통해 가족체계를 균형을 조절하고자 한다. 만일 가족구성원이 가족규칙을 지나치게 벗어날 경우, 부적(negative) 피드백을 통해 이를 저지한다. 예를 들어 자녀가 저녁 10시 이전에 귀가해야 하는 가족규칙을 어기면, 자녀는 부적 피드백 고리, 즉 부모에게 꾸중을 듣는 것으로 규칙을 준수하게끔 요구를 받는다. 자녀는 처음에는 부모가 정해 놓은 규칙을 잘 따르겠지만, 가끔 어길 경우에도 꾸중을 듣는 일이 반복되면서 자녀가 반감과 분노가 생기면 가족항상성은 무너지게 된다. 이때 부모가 적당히 넘어가 준다거나 귀가 시간을 조절하면, 자녀도 융통성 있게 반응할 수 있고, 그리하여 새로운 정적 피드백(positive)의 고리가 형성된다. 따라서 가족항상성이 존재하더라도 얼마든지 성장하거나 진화하는 것이 가능하며 여러 가지 방법으로 변화를 일으키거나 촉진할 수 있다(한인영 외, 2016).

일곱째, 가족 내의 개인의 행동은 순환적 인과관계로 본다. 직선적 인과관계는 어떤 결과에 선행하는 사건이 있고, 결과가 문제라면 선행사건(원인)을 찾아 교정하면 된다고 가정한다. 그러나 순환적인 인과관계는 특정 원인을 구별해 내는 것을 마침표(punctuation)라 한다. 마침표는 인과관계를 바라보는 관찰자에 따라 다르며, 마침표를 찍는 사람에 따라 원인을 식별해 내는 행위도 달라진다. 가령, 한 아이가 형이 놀아주지 않고 때려서, 맞고 우는 상황을 문제로 가정해 보자. 직선적 인과관계에서는 아이가 울지 않기 위해서는 형이 동생과 놀아 주면 된다고 결론을 내린다. 반면, 순환적 인과관계는 형의 행동 전에 또 어떤 원인, 가령 공부하고 있는데 동생이 와서 귀찮게 했고, 사실은 형이 놀아 주기로 약속했는데, 놀아 주지 못한 이유는 엄마가 제시간에 공부를 마치지 않으면 혼내겠다고 했기 때문이고, 엄마의 그런 지시는 남편의 비난(자녀 교육을 잘하지 못한다)을 피하기 위해서이며, 남편의 그런 비난은 직장생활의 스트레스에서 비롯되었다고 가정한다. 물론 그 이전의 원인까지도 계속 찾아갈 수 있을 것이다. 그러므로 체계의 결과보다 그 과정에 주목할 필요가 있다(정문자 외, 2013).

여덟째, 가족체계는 하위체계의 단위로 구성됨과 동시에 보다 큰 상위체계의 일부분에 속한다. 체계는 상호작용하는 관계에 있는 부분들의 집합으로서 여러 수준(levels)이 있다. 어떤 특정 체계보다 더 높은 수준은 그 체계의 상위체계이고 더 낮은 수준은 하위체계(sudsystem)이다. 가족 내의 하위체계는 개별 가족원일 수도 있고, 부부, 부모, 부모-자녀, 형제자매 하위체계 등으로 구분될 수 있다. 따라서 가족이라는 전체 체계를 이해하기 위해서는 가족과 상호작용하는 상위 및 하위체계의 특성을 이해해야 한다(정문자 외, 2013).

2) 가계도

가계도(genogram)는 보웬(1993)의 다세대 가족치료이론에 근거한 사정 도구로 3세대 이상에 걸친 가족구성원에 대한 정보와 그들 간의 관계를 도표로 기록하는 작성방법이다. 가족 내 역동을 이해하거나 가족이 여러 세대에 걸쳐 발전시켜 온 가족역할, 유형, 관계 등을 가족구성원과 함께 비위협적이고 상호적인 방법으로 살펴보기 위한 도구이다(박귀영 외, 2017).

사회복지사는 가계도를 통해 가족 사이의 친밀성 정도, 중요한 사건(출생, 결혼, 동거, 별거, 이혼, 질병, 사망), 신분(사회계층, 종교, 인종), 직업, 주거지 등을 그림으로 요약해서 파악할 수 있다. 또한, 가족원들은 개인의 심리·사회적 특성과 가족의 상호작용 특성을 이해하는 계기가 될 수 있다. 특히, 면접 초기에는 수차례의 면접을 통해 정보를 수집하는 것보다, 가계도를 그리고 해석하는 것이 가족의 장점뿐만 아니라 가족의 스트레스나 불안, 고통을 이해하는 데 더 도움이 될 수 있다(김혜경 외, 2017). 가계도를 작성하는데 사용되는 기호는 [그림 10-2]에 제시되어 있다.

일반적으로 가계도의 중요성을 강조하는 학자들은 3대에 걸친 원가족의 가족나무(family tree)를 작성할 때 더 많은 정보를 수집할 수 있다고 주장한다. 하지만 상황에 따라 현재의 가족원들만을 포함하여 가계도를 작성하더라도 가족문제에 영향을 주는 요인을 파악할 때 도움이 되는 정보를 얻을 수 있다. 일단 가계도를 작성한 후, 클라이언트와 관련되어 수집되는 추가 정보들을 가계도에 첨가하거나 사용자가 중요하다고 판단하는 정보들을, 예를 들어 누가 누구와 함께 방을 공유하는지 등을 정리할 때 가계도를 활용할 수 있다(박옥임, 2008).

가계도 작성방법

[그림 10-2]에서 표현한 도식을 활용하여 다음 순서에 의해 작성한다.

① **가족의 구조를 도식화한다. 각자의 가족구성원이 한 세대에서 다음 세대까지 생물학적·법적으로 어떻게 관련이 있는지를 도표로 그린다.**
② **가족구성원에 대한 정보를 서술한다. 기록은 가족구성원의 이력**(예 : 나이, 출생·사망 시기, 형제서열, 결혼상태, 학력, 직업, 종교 등)**을 기재하고, 중요한 생활상의 사건**(예 : 이사, 가정폭력, 질병, 알코올이나 흡연 문제 등)**에 대해서는 과도기, 인간관계의 변화, 상실 등을 표기한다.**
③ **가족관계의 유형**(예 : 친밀, 적대 등)**을 표시한다. 이때 유의할 점은 다른 가족원으로부터 얻은 정보보다는 일차적으로 클라이언트 본인의 기억을 우선시하고, 클라이언트가 회상하는 중요한 사건과 연루된 가족원의 범위, 대략적인 날짜를 쓴다.**

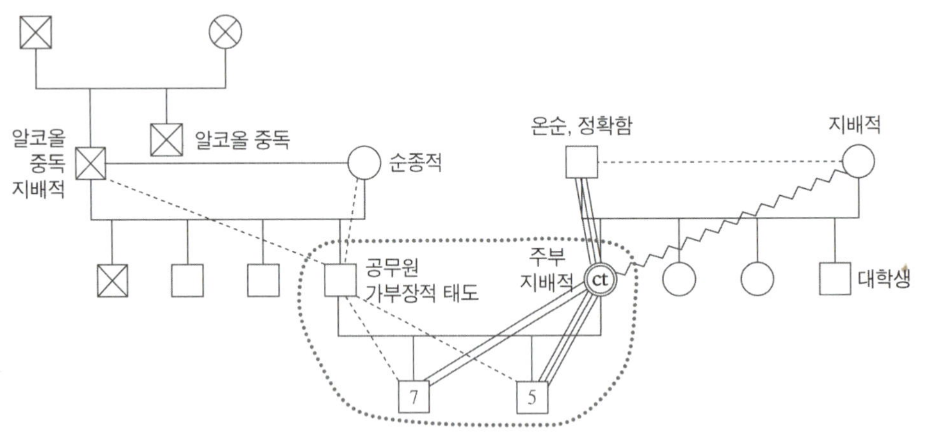

그림 10-1 가계도의 예

출처 : 이영분 외(2015).

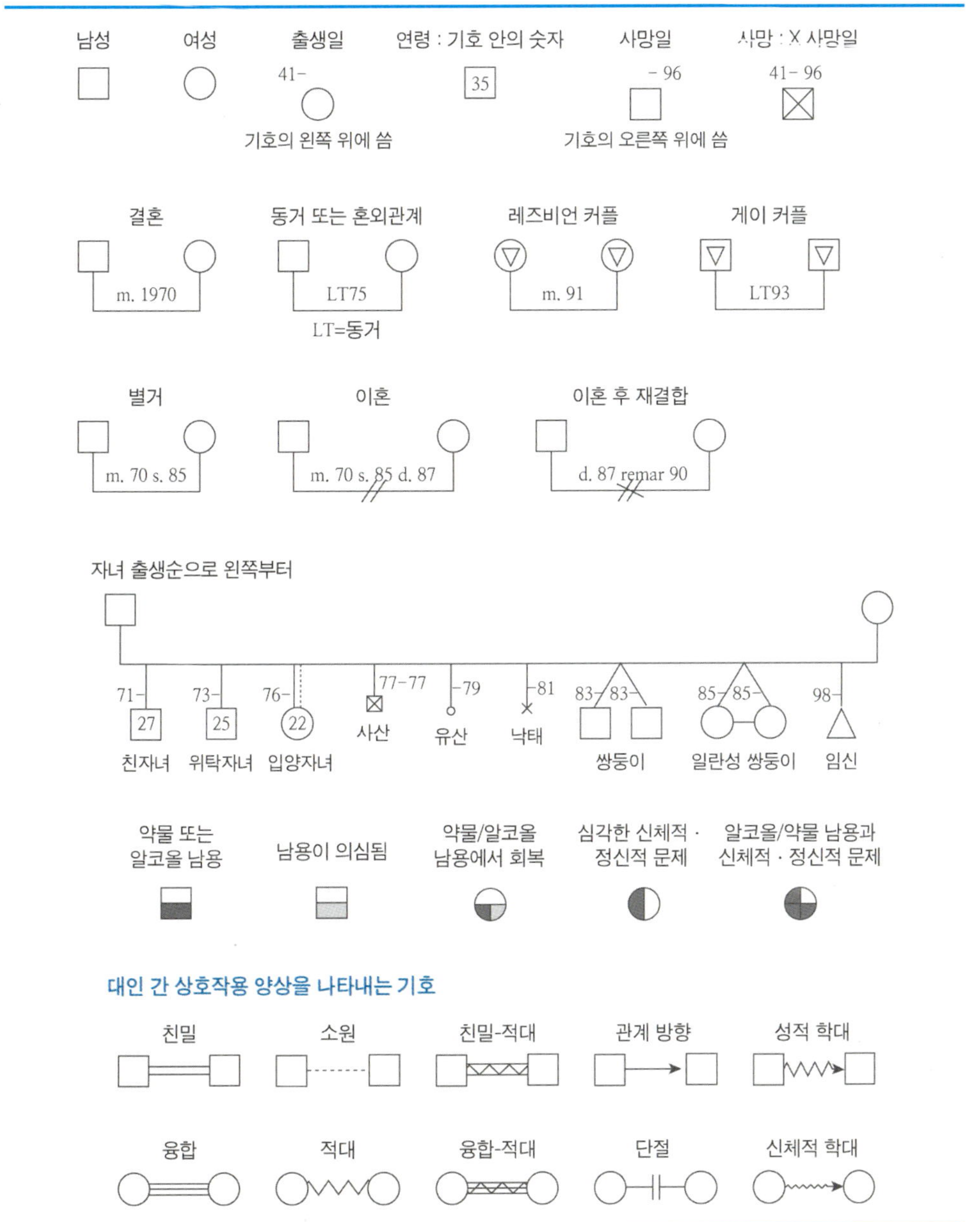

그림 10-2 가계도의 표준기호

출처 : McGoldrick, Gerson, & Shellenberger(2005), p. 249에서 발췌 수정.

3) 생태도

생태도(eco-map)는 앤 하트만(Ann Hartman)에 의해 1975년에 개발된 도구로 가족과 가족의 생활공간 안에 있는 사람과 기관의 연계를 그림으로 나타내는 것이다. 즉, 생태도는 그 가족의 주요 환경이라고 간주할 수 있는 체계를 그려서 가족체계의 요구와 자원 간의 균형을 보여주는 자료라고 할 수 있다(조홍식 외, 2017). 이러한 생태도는 환경에서 가족으로 자원의 흐름이 어떻게 이루어지는지, 가족에게 스트레스를 주는 것이 무엇인지, 가족과 환경 간의 관계가 어떻게 유지되고 있는지 유용한 정보를 제공한다(정문자 외, 2013). 따라서 사회복지사는 생태도를 통해 가족 외부로부터 가족의 기능을 지원할 수 있는 지지체계를 발견할 수 있고, 아직 활성화되지 않고 있는 지지체계와의 연결을 강화하도록 계획을 세울 수 있다(박옥임, 2008).

생태도 작성방법

① 종이의 가운데에 큰 원을 그린 다음, 원 안에 클라이언트의 가계도를 그려 넣는다.
② 현재 함께 살지 않는 가족은 원 밖에 배치한다.
③ 클라이언트 가족에 영향을 미치는 환경체계(예 : 학교, 직장, 학원, 복지관 등)를 원 밖의 주변에 배치한다.
④ 환경체계를 표시하는 원 안에 관련 사항을 간략하게 쓴다.
⑤ 클라이언트 가족체계와 모든 환경체계 간의 상호 교류를 기호로 표기한다(예 : 상호 교류의 성격에 따라 강한 관계, 약한 관계, 갈등 관계 등).

생태도를 작성한 후, 검토하는 과정에서 가족기능의 증진을 위해 필요한 자원을 어떻게 얻을 수 있을지 계획하고, 미래에 대비하여 도움을 얻을 기관을 예상해 보거나, 스트레스와 갈등의 근원 및 지지와 배려의 기저는 무엇인지 종합적으로 확인해볼 수 있다.

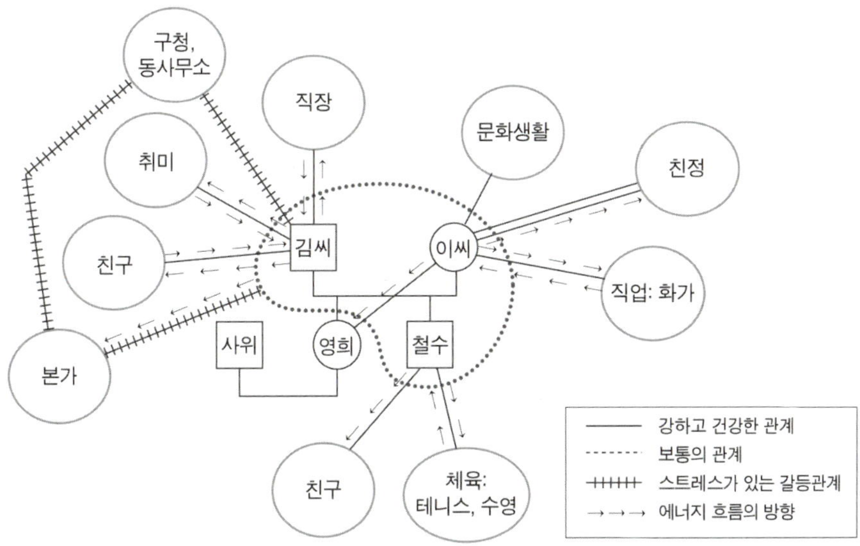

그림 10-3 생태도 사례

출처 : Hartman & Laird(1983).

4. 가족치료과정

가족치료는 이미 발생한 문제에 대한 사후·개입적 성격을 띠고 있으나 현재의 가족문제를 치료함으로써 가족의 부적응과 역기능, 일탈과 해체 등의 문제가 다음 세대의 가족에게 전수되지 않도록 하는 사전예방의 효과도 지니고 있다. 이 장에서는 가족치료의 과정을 초기 단계, 가족사정 단계, 개입 단계, 변화촉진 단계, 종결 단계로 나누어 설명한다.

1) 초기 단계

(1) 초기 면접

가족복지실천과정 중에서 초기면접은 가족에 대해 다차원적으로 사정하고 개입을 계획하는 준비단계에 속한다. 초기면접(접수상담)은 클라이언트의 방문동기, 문제와 욕구를 파악하고 보다 적절한 서비스를 제공하기 위해 실시하는 상담으로서 전화 또는 방문을 통해 상담일시를 예약한 후 각 서비스로 인계하게 되는 과정이자 사회복지사와 클라이언트의 첫 만남이 이루어지는 순간이기도 하다. 이러한 초기면접을 통해 클라이언트는 사회복지사와 기관에 대한 인간적, 전문적 신뢰성을 판단할 수 있고, 사회복지사는 클라이언트 문제의 성격을 파악하여 상담방향을 결정하는 기회가 된다(박귀영 외, 2017).

사회복지사가 가족에게 효율적으로 원조를 제공하기 위해서 가족과의 신뢰관계를 형성하고, 이를 기반으로 가족원 모두가 원조과정에 참여하도록 계약하는 것은 초기면접에서 반드시 달성해야 할 과업이다(박옥임 외, 2008).

새로운 클라이언트가 기관의 도움이 필요하여 방문하였을 때 낯설고 의심스러운 마음이 들 수 있다. 그러므로 전문가는 가족에게 신뢰감을 주고, 편안하고 안전하게 느낄 수 있도록 가구의 배치, 채광이나 조명, 실내장식 등을 고려하여 사무실의 분위기를 조성할 필요가 있다. 또한, 인간적이고 형식적이지 않은 대화로 가족의 긴장을 풀어 주며 상담을 통해 가족의 문제를 이야기하도록 격려한다(박귀영 외, 2017).

사회복지사는 첫 만남에서 클라이언트에게 가족구성원 참여의 중요성을 충분히 설득하여 다음 모임에 누가 참석할 것인지에 대한 계획을 세우는 것이 매우 중요하다. 가능한 모든 가족이 참여하기 위해서는 근무시간에 대해 조절하거나 가정을 방문하면 더 많은 자료를 얻을 수 있다. 하지만 가정방문을 허락하지 않거나 일부 가족원이 참여를 원치 않는 상황이 자연스럽게 생길 수 있다. 처음 정보를 수집하는 과정에서 가족의 참여가 많은 도움이 되지만, 필수적으로 이루어져야 하는 일은 아니다. 중요한 것은 모든 정보를 가족과 사회적 맥락에서의 문제파악이 초기 면접에서 제일 강조되어야 한다는 것이다(박옥임 외, 2008).

(2) 초기상담의 기술과 지침

가족이 겪는 고통의 원인으로 지목되어 온 가족원은 오랫동안 비난을 받아 왔거나 오히려 가족문제의 희생양일 수도 있다. 또한, 가족이라는 한 집단 내에서 상호 간의 복잡한 감정과 정서의 교차가 있고, 여러 가지 모습의 관계가 실타래처럼 복잡하게 얽혀있다. 사회복지사가 주의할 점은 가족원 모두의 입장을 동시에 이해하는 것과 가족원 중 특정인의 편을 드는 일은 피하는 것이 가족원 전체의 상호작용과 가족관계의 윤곽을 명확하게 그려 내는 데 도움이 된다는 것이다. 그러므로 가족이 상담실에서 한 표현을 신중하게 경청하고, 가족원 각각의 바람과 목표에 대한 언어적 · 비언어적 의사소통에 민감하게 대처할 필요가 있다. 아울러 사회복지사는 효과적인 문제해결을 방해하는 요인이 무엇인지 파악하고, 이를 개선하기 위한 기술과 지식, 환경여건을 고루 갖추도록 가족과 사회복지사 각각의 역할을 구체화 시킬 필요가 있다(박옥임 외, 2008).

2) 가족사정 단계

가족사정이란 가족을 하나의 '단위'로 보고 가족내부 및 외부요인 그리고 이들 양자 간의 상호작용 등을 파악하기 위해 자료를 수집, 분석하고 종합하여 그 가족에 대한 개입을 계획하는 일련의 과정을 말한다. 여기서 가족은 하나의 생태체계다. 가족을 하나의 생태체계로 본다는 것은 가족원의 문제를 그 가족의 기능이나 역동과 관련하여 이해하는 것뿐만 아니라, 가족에게 영향을 미치는 환경체계와 관련하여 그 상호작용 양상을 이해하려는 관점을 의미한다. 가령, 분리불안을 가진 아동의 행동을 부모의 이혼과 같은 최근에 경험한 생활위기의 결과로 이해한다던가, 모(母)의 우울이나 불안에 대한 아동의 반응으로 이해한다던가 하는 것이다(조흥식 외, 2017).

가족사정을 위해 '객관적 자료(objective data)' 뿐만 아니라 '주관적 자료(subjective data)'에 대한 파악이 필요하다. 여기서 객관적 자료란 가족구성원이나 가족역할, 가족의 물리적 환경, 가족규칙 등과 같은 가족의 객관적 상황에 관한 자료를 말하고, 주관적 자료란 사건이나 과정에 대한 클라이언트 개인의 반응과 의미, 그리고 사람과 사건에 대한 가족원의 느낌을 말한다(Holman, 1983). 다시 말해, 가족사정은 전문가가 가족을 관찰하고 사정하는 객관적 상황에 대한 사정뿐만 아니라, 그 객관적 상황을 클라이언트와 가족들은 어떻게 인지하고 받아들이고 있으며 또 어떻게 느끼고 있는지의 주관적 측면에 대한 사정이 함께 이루어져야 한다는 것이다(조흥식 외, 2017).

(1) 사정도구와 방법

일반적으로 가족사정을 위해서는 첫째, 가족의 구조적 측면으로서 생활공간을 공유하면서 발생하는 가족의 하위체계 간의 관계, 경계, 가족규칙, 가족신화(family myth)[4]로 인한 신념, 권력구조, 그리고 의사소통방식 등 가족 내부기능을 상담과정 속에서 관찰, 질문, 탐색을 통해 사정한다. 둘째, 가족의 역사적 측면을 이해하기 위해 가족의 생활주기와 가계도를 통해 세대 간 특성을 파악한다. 셋째, 가족의 생태체계적 환경으로 가족을 둘러싼 자원의 양과 교류의 특성과 지지 정도를 파악하는데 이때 생태도와 관계망 등을 활용한다.

이외에도 표준화된 척도를 활용하여 객관성과 과학성을 보완할 수 있는데, 가족환경 모델, 맥메스터(McMaster) 모델, 비버스(Beavers) 체계 모델, 그리고 순환모델 등이 있다. 우선 가족기능의 측정을 위해 최초로 개발된 가족환경모델(Family Environment Scale)(Moos & Moos, 1994)은 관계, 개인성장 그리고 체계유지를 측정하는 10개의 하위영역으로 구성된 척도이다.

맥메스터대학에 소속되었던 엡스타인(Epstein, N), 비숍(Bishop, D.S) 그리고 르빈(M. Levin, 1978)에 의해 개발된 맥메스터 모델은 가족의 문제해결, 의사소통, 역할, 정서적 반응성, 정서적 관여 그리고 행동통제를 포함한 6가지 영역을 측정하여 가족의 기능을 평가한다. 가족기능을 평가하고 진단하는데 우수한 준거들을 제공한다고 평가받는 모델이다(김유숙, 2014).

비버스 체계 모델(Beavers system model of family functioning)에서는 가족의 유능성과 유

4) 가족원이 공유하는 잘못된 기대와 신념으로 현실 왜곡 또는 현실 부정의 요소를 가지며 역기능적 가족이 가족의 상호작용을 합리화하려고 가족신화를 조직된 신념으로 활용한다.

형의 두 축을 이용하여 가족의 기능을 측정한다(Beavers & Voeller, 1983). 수평축을 이루는 가족의 유능성은 최적, 적절, 중간, 경계, 심각한 역기능 5개 단계로 구성되고, 수직축을 이루는 유형은 상호작용의 질을 원심적, 혼합, 구심적 3개 단계로 이루어져 있다.

올슨(Olson), 스프렌클(Sprenkle) 그리고 러셀(Russell)은 1979년 FACES(Family Cohesion and Adaptability Evaluation Scales)라는 측정도구를 소개한 후, 단점을 보완하여 2006년 현재 널리 쓰이는 FACES Ⅳ를 내놓았다. 흔히 순환모델로도 소개되는 이 도구는 가족의 기능과 관계의 역동을 이용하여 가족체계의 기능 정도를 측정한다. 응집성과 적응성의 정도에 따라 나타날 수 있는 16가지 가족유형에 대해 보여준다.

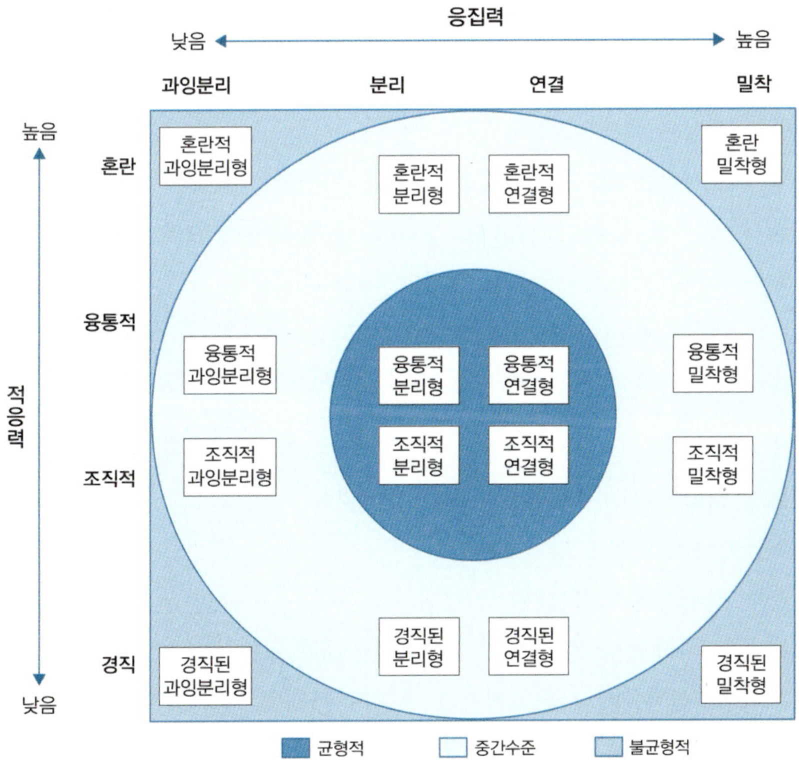

그림 10-4 순환 모델에 의한 가족체계유형 (1)

출처 : David H. Olson & Dean M. Gorall(2006), p. 5에서 발췌 후 수정.

(2) 가족사정 과정

가족사정은 특정 시기에 제한되는 것이 아니라 상담의 전 과정을 통해 이루어진다. 초기사정은 개입의 전 단계에서 개입을 위한 계획의 근거를 제공하기 위해 이루어진다. 치료의 개입과정에서는 새롭게 직면하는 문제들을 평가하고 개입계획을 수정하기도 한다. 종결 단계에서는 클라이언트 가족의 정서적 반응을 확인하고 변화된 가족관계 유형을 발견하며 재평가하는 작업이 이루어진다(조흥식 외, 2017).

① 초기 단계의 사정

- 가족이 제시하는 문제는 무엇인가?
- 어떻게 가족치료에 의뢰되었는가?
- 가족의 발달주기단계는 어떠하며 발달과업은 어떻게 수행되었는가?
- 가족은 문제해결을 위하여 어떤 시도를 하였는가?
- 가족의 강점은 무엇인가?
- 문제가 유지되는 데 각 가족원의 역할은 어떠했는가?
- 약물 및 알코올 중독, 가정폭력, 성학대, 혼외관계 등의 문제가 있는가?
- 가족의 성역할 및 가족구조는 어떠한가?
- 가족의 의사소통 유형은 어떠한가?
- 가족문제에 대한 사회복지사의 가설은 어떠한가?

② 중기 단계의 사정

- 문제에 대한 개인의 책임감이 인식되는가?
- 가족원의 상호이해가 촉진되는가?
- 치료가 정체되지 않았는가?
- 치료에서 '피하고 싶은' 어려운 관계나 개인이 있는가?
- 대화 주제 선택에서 사회복지사가 지나치게 개입하고 있지 않은가?
- 사회복지사가 특정 가족원의 역할(아내, 특정 자녀 등)을 맡고 있지 않은가?

③ 종결 단계의 사정

- 제시된 문제가 해결되었는가?
- 가족 상호작용 유형이 개선되었는가?
- 가족원 각자가 목적했던 바를 이루고 만족하는가?
- 미래에 비슷한 문제가 재발했을 때, 가족은 문제를 다루는 방법을 알고 있는가?
- 가족원이 가족 내외의 관계를 개선해 왔는가?

3) 개입 단계

(1) 개입계획

개입계획은 '클라이언트에 대한 사정을 토대로 개입의 목표와 전략을 구성하는 작업'을 의미한다. 즉, 클라이언트의 자원과 문제의 특성, 그리고 사회복지사의 전문성을 고려하여 개입의 방향 및 목표를 설정하고, 이를 성취하기 위한 변화대상, 수단, 시간, 공간, 절차 및 지침 등과 같은 개입전략을 수립하는 작업을 말한다(고기홍, 2014).

올슨 등(2014)에 의하면, 개입계획은 가족체계를 5가지 수준으로 나누어 가족이 필요로 하는 도움의 종류를 결정하는 것이다. 즉, 개인수준은 정신장애(DSM)증상, 부부체계는 부부 갈등, 부모-자녀체계는 부모와 자녀의 문제, 가족수준은 핵가족과 확대가족 사이의 문제, 지역사회수준은 지역사회의 요인 등에 변화를 가져올 구체적 협상과 중재적 원조활동 등으로 결정한다(박귀영 외, 2017).

일반적으로 잘 구성된 개입계획에는 전문성, 개별성, 역동성과 융통성, 실용성이 고려되어 있다. 첫째, 잘 구성된 개입계획은 전문적 지식을 토대로 수립되어 있다. 즉, 인간에 대한 광범위한 지식, 그리고 문제, 원인, 해결방법에 대한 전문적 지식, 상담과정의 역동에 대한 전문적 지식이 있어야 개입계획을 제대로 수립할 수 있다는 의미이다.

둘째, 잘 구성된 개입계획은 개별화되어 있다. 즉, 모든 클라이언트를 획일적으로 상담하는 것이 아니라 해당 클라이언트에게 적합하게 수립되어 있다.

셋째, 잘 구성된 개입계획은 역동성과 융통성이 고려되어 있다. 즉, 상황이 역동적으로 변화한다는 점을 고려하여 이에 따라 상담계획을 융통성 있게 점검하고 조정해 나갈 수 있다.

넷째, 잘 구성된 상담계획은 실용적이다. 즉, 개입계획을 수립하는 과정이 쉽고 간단하며, 수립된 개입계획을 실무에서 쉽게 활용할 수 있도록 구성되어 있다. 만일 계획절차가 어렵고 복잡할 경우, 비효율적이거나 활용성이 떨어질 수 있다(고기홍, 2014).

(2) 개입전략

개입계획의 두 번째 단계는 개입목표를 성취하는 방법, 즉 개입전략을 구성하는 것이다. 전략(戰略)은 군사적 용어로서 '전투에서 승리를 성취하기 위한 주요 방법이나 책략'을 의미한다. 개입전략에는 변화대상, 변화수단, 시간, 공간, 절차 및 지침 등을 포함한다(고기홍, 2014).

① 변화대상

전체의 변화 또는 목표성취를 위해 변화시키려는 부분을 가리켜 변화대상이라고 한다. 일반적으로 변화대상이 무엇이냐에 따라 전략은 전혀 달라질 수 있다. 예를 들면, 개인과 환경을 변화시키는 전략은 전혀 다를 수 있다. 또 신체와 심리를 변화시키는 전략, 더 세부적으로 감정, 사고, 행동을 변화시키는 전략은 각기 다를 수 있다.

이러한 변화대상을 선정하면 그에 적합한 변화수단을 선정하기가 쉬워진다. 가령, 우울증이 있는 클라이언트는 환경보다는 개인, 개인 중에서도 심리적 요인, 그 중에서도 인지적 요인, 인지적 요인 중에서도 '부정적 사고와 신념'을 변화대상으로 선정할 수 있다.

② 변화수단

변화대상을 바람직한 방향으로 변화시키기 위해 사회복지사가 사용하는 주된 방법을 변화수단이라고 하며, 이는 개입전략의 골격을 이룬다. 이러한 변화수단은 타당성과 구체성, 그리고 융통성을 고려해 선정해야 한다. 아울러 어떠한 치료모델을 기반으로 개입전략을 세우느냐에 따라 변화수단은 달라질 수 있다.

③ 시간 구성

개입전략을 구성할 때 고려해야 할 내용 중 하나가 시간이다. 그러므로 개입전략을 구성할 때는 단위시간, 빈도, 기간 등과 같은 시간에 대한 설계가 포함되어야 한다.

④ 공간구성

개입전략을 구성할 때 고려해야 할 또 다른 내용은 공간이다. 따라서 개입전략을 구성할 때는 상담 장소, 면접형태, 상담시설 및 도구 등과 같은 공간에 대한 설계가 포함되어야 한다.

⑤ 개입절차

개입전략을 수립할 때 고려해야 할 또 다른 내용은 개입절차나 지침이다. 다시 말해, 실제적인 상담의 진행순서나 지침을 구성하는 것이다. 여기서 개입절차란 사회복지사가 개입해 들어가는 순서를 말하고, 개입지침이란 상담개입을 해 나갈 때의 참조사항들을 말한다.

사회복지사는 클라이언트 문제의 특성, 사회복지사의 전문성, 개입 방향 및 목표, 개입전략, 그리고 상담과정에 대한 이해를 토대로 상담개입 절차나 지침을 구성한다.

(3) 개입기술

① 자기개방

자기개방은 클라이언트의 말에 대한 순간적인 반응으로 자발적이고 클라이언트에 초점이 맞춰져 있다. 자기개방은 개인 정체성과 관련된 정보와 사회복지사의 경험, 클라이언트에 대한 사회복지사의 정서적 반응들, 전문적인 경험과 사회복지사의 정체성과 같이 세 가지 유형으로 나눌 수 있다(Anderson & Anderson, 1989). 적절한 자기개방은 클라이언트의 걱정이 으레 있는 것이고, 인간 조건의 보편성을 보여주며, 긍정적인 변화의 역할 모델을 제공해줌으로써 치료에 긍정적인 영향을 미친다(Barrett & Berman, 2001).

② 직면시키기

직면은 너무 고통스럽지 않도록 하기 위한 기술적인 면이 포함되어야 하며 일단 클라이언트와 관계가 성립되면 가족의 맥락에서 안전하고 실제적인 개입들을 추가할 수 있다. 가령, 아내가 두통을 호소하는 남편에게 자신을 한 대 찰싹 때리고 나면 두통이 없어질 것이라고 즉각적으로 말해 줄 수 있다. 또는 자녀의 잔소리, 남편의 무관심으로 녹초가 된 아내에게 가족이 모인 자리에서 친정에 일주일 가 있을 테니 가족들이 스스로 집안일을 하라고 말해 줄 수 있다(송정해 · 정해은, 2010).

③ 재정의

재정의(reframing)는 가족구성원에게 문제를 다른 관점에서 보거나 이해할 수 있도록 돕는 방법으로, 이미 경험한 사실에 대한 관점, 감정 태도를 좀 더 구체화하고 긍정적으로 재구조화함으로써 사건과 관련된 감정, 의미, 가치판단을 변화시키는 것이다(송정해 · 정해은, 2010).

④ 역할연습

역할연습(role-play)은 가족문제를 역할극을 하듯이 재연해보거나 새로운 양식을 실행해 보도록 하는 것이다. 가족원은 자신이 가족 내에서 타인의 기대를 충족시키기 위해 어떻게 노력하는지, 자신이 어느 정도 인정받고 수용되기를 바라는지, 얼마나 호감을 얻기 원하는지, 어느 정도 인정을 얻고 있는지 등에 대해 인식을 키우게 할 수 있을 뿐만 아니라 사회복지사도 가족을 관찰하고 사정할 수 있다(Gerald Corey, 2014).

⑤ 문제의 외재화

가족에게서 그들의 문제와 분리해내는 과정이다. 문제가 클라이언트에게 고유하거나 내면에 존재한다기보다는 문제가 클라이언트에게 영향을 미치고 있다는 것을 강화해주기 위해 사회복지사는 외재화 언어를 사용한다(Payne, 2006). 예를 들어, 알코올 중독자가 있는 가족에게 알코올은 가족 공동의 '적'으로 외재화 시킬 수 있다.

⑥ 은유기법

은유(metaphor)기법은 사회복지사가 직접 지시하거나 평가하기보다 간접적이고 비유적인 표현을 사용한다는 것으로, 클라이언트의 자아존중감이나 체면을 손상하지 않기 때문에 덜 위협적이다. 은유를 통해 사회복지사 자신이 의미하는 것과 실제 대상과의 사이에 일정한 공간이 생기는데 그 공간은 클라이언트가 자기 나름대로 해석할 수 있는 여유를 제공한다고 보았다(Satir et al., 1991).

4) 변화촉진 단계

변화촉진 단계 가족원의 행동과 인식체계를 변화시키고 상담과정에서 나타나는 긍정적인 변화들을 유지 · 향상시키는 단계로서 가족상담의 핵심과정이다. 변화촉진 단계에 들어서면 가족원들은 면담 거부, 수치심, 사회복지사에 대한 불신 등의 의식적 저항과 침묵, 감정표현이 없거나 과다한 표현, 같은 대답의 반복, 퇴행 행동 등의 무의식적 저항이 나타난다(송정애 · 정해은, 2010). 이때 사회복지사는 안전하고 신뢰할 수 있는 분위기를 조성하고, 가족원들의 언어적 · 비언어적 저항에 대한 사회복지사의 느낌과 생각을 공유하는 경험을 통해 가족원들이 솔직하고 건설적인 상호작용을 체험할 수 있도록 도와야 한다(Corey et al., 2016).

또한, 가족은 변화촉진 단계에서 서로 간의 관계를 직시하게 되고, 가족의 핵심문제를 구체적으로 다룰 수 있게 된다. 이때 사회복지사는 변화를 촉진하는 역할을 담당하고, 클라이언트가 가족의 기능과 문제점을 자각하며, 자율적인 갈등해결능력을 습득하도록 돕는다(송정해 · 정해은, 2010). 변화촉진단계의 개입기법은 다음과 같다.

(1) 모델링

모델링(modeling)이란 사회복지사가 가족원의 모델 역할을 담당함으로써 모방할 수 있도록 하는 방법을 말한다(강진령, 2011). 가족원이 어떠한 방식으로 대화하는 것이 바람직한 방법인지, 다른 가족원의 행동에 어떻게 반응을 보이는 것이 건강한지 구체적인 행동과 상호작용의 기술을 보여준다. 이 과정에서 가족이 관찰하고 느낀 점을 나누도록 하고, 반복적으로 수행해 봄으로써 기술을 체화할 수 있도록 돕는다.

(2) 피드백

피드백(feedback)이란 다른 사람의 행동, 사고, 감정, 경험에 대한 반응으로, 이 반응과 관련된 자신의 솔직한 생각과 감정을 되돌려 주는 것을 말한다. 솔직하고 구체적인 피드백은 가족원의 행동이 다른 가족원에게 어떤 영향을 주었는지 알게 하고, 가족 내에서 어떤 변화가 필요한가를 깨닫게 한다. 사람들은 흔히 솔직한 생각과 감정을 표현하기보다 이차 사고를 통한 거짓된 반응을 보이는 것에 익숙하다. 그러므로 사회복지사는 가족이 안전한 분위기 속에서 우호적·비우호적 피드백을 교환해 보는 것은 자기이해의 폭을 넓히는 동시에 타인을 진정으로 수용하는 방법을 배울 수 있게 된다(강진령, 2011).

(3) 해석

해석(interpretaion)은 인간이해와 상담이론에 관한 깊은 지식과 임상경험을 기반으로 가족의 행동, 사고, 감정, 그리고 경험에 대해 이루어진다. 사회복지사는 촉진 작업의 흐름을 거스르지 않는 범위 내에서 직관(intuition) 또는 뇌리에 스치는 생각, 즉 직감(hunch)을 적극적으로 활용하여 부드럽게 해석해 준다. 변화촉진단계에서 이루어지는 시의적절한 해석의 예는 다음과 같다(강진령, 2011).

> "선영 씨가 원하는 바를 구체적으로 표현한다면 남편이 싫어할 거라는 생각은 선영 씨의 행동을 소극적으로 만들고, 소극적인 행동은 다시 불편한 감정과 부정적인 사고, 그리고 원치 않는 경험으로 이어져서 악순환이 되는 것 같습니다."

(4) 강화

강화(reinforcement)란 행동 변화를 촉진하기 위해 특정한 행동의 반응 빈도를 높이는 것을 말한다. 이때 제공되는 보상을 강화물이라고 하는데, 가족원의 긍정적인 행동을 증가시키기 위해서는 강화물을 제공 또는 유지하는 과정을 통해 변화를 촉진할 수 있다. 이때 강화물은 반드시 물질적일 필요는 없으며, 사회적 강화, 예를 들면 부모의 인정, 직장에서의 긍정적 평가, 친구로부터 받는 칭찬도 강력한 보상이 될 수 있다(Seligman & Reichenberg, 2014).

(5) 소거

소거(extinction)는 바람직하지 않은 행동을 줄이거나 제거하기 위해 그 행동에 이득을 주는 강화물을 철회하는 것이다. 예를 들어 짜증이 잦은 아이의 경우, 부모가 짜증에 주는 관심으로 짜증 행동을 무심코 강화할 수 있다. 그러므로 부모가 가능한 한 자녀의 긍정적인 행동에 주의를 기울이고, 나쁜 행동은 무시하는 것이 부정적인 행동을 줄이는 방법이다(Seligman & Reichenberg, 2014).

(6) 행동계약

흔히 유관계약(contingency contract)이라 불리기도 하는 행동계약(behavior contract)은 가족원의 어떤 행동이, 언제, 어떻게 변해야 하며, 그리고 변화된 행동에 대해 무엇을, 어떻게 보상할지를 가족원이 상호협상을 통해 결정하는 약속이다(Kazdin, 2012). 주로 아동, 청소년을 둔 가족에게 유용한 방법으로 가족의 언쟁이나 갈등을 협상의 형태로 바꾸고, 계약을 통해 바람직한 행동과 그에 상응하는 보상을 제공할 수 있다.

5) 종결 단계

가족복지실천의 마지막인 종결 단계에서는 사정과 개입과정에서 나타난 가족의 변화를 확인하고, 가족이 변화를 유지할 수 있도록 지원하며, 필요한 경우 사후면접을 계획한다. 일반적으로 가족의 문제가 해결되었을 때 종결이 이루어지는 것이 가장 이상적이다. 그러나 때로는 예기치 못한 상황으로 종결하게 될 수 있는데, 초기사정에서 계획한 실천목표와 과제를 모두 성취하지 못하게 될 수 있으므로, 예외적인 상황에 대한 지식과 민감성이 필요하다(김혜경 외, 2017).

(1) 종결계획

상담 초기에 가족과 계약하면서 종결 시점을 계획하는 것이 가장 바람직한 종결계획이다. 종결과제를 원만하게 처리하려면 대체로 전체 회기의 15~20% 정도의 시간이 필요하므로 이 수준에서 종결 회기를 구성하는 것이 바람직하다. 만일 10회기 상담을 진행했다면, 2회기 정도 남겨 둔 상황에서 종결을 예고한다.

가족은 종결을 앞두고 만족 및 성취감, 감사, 기대감 등의 긍정적 종결감정과 함께 상실감과 슬픔, 미진하고 아쉬움, 좌절과 실패감, 답답함과 구속감, 거부감, 배척감, 분노, 불안과 두려움 등의 부정적 종결감정을 경험할 수 있다. 또한, 종결 시점에 가족의 무의식적 종결갈등이 활성화되기도 한다. 가령, 증상이 악화되거나 생활문제가 재발한다. 의존성이 증가하면서 사회복지사에게 작은 일조차 묻고 답을 구하면서 대신 결정하거나 대리 수행해 달라고 요청하기도 한다. 더불어 사회복지사와 이별이나 상담관계 상실과 관련된 우울 반응이 나타나기도 하고, 과거의 외상적 이별이나 유기경험과 관련된 분리불안이나 유기불안, 그리고 예기불안이 나타나기도 한다(고기홍, 2014).

일반적으로 클라이언트의 종결반응들에 대한 기본적인 개입전략은 지지이다. 지지란 클라이언트가 쓰러지지 않게 받쳐준다는 의미이다. 즉, 사회복지사가 가족이 갖는 있는 그대로의 종결경험과 반응행동에 대해 정서적으로 지지를 제공하는 작업을 말한다(고기홍, 2014).

(2) 종결과정

종결과정은 도입 단계, 요약 단계, 평가 단계, 사후관리의 4단계로 나눌 수 있으며, 구체적인 내용은 〈표 10-2〉와 같다(권진숙 외, 2010).

표 10-2 종결의 4단계

종결단계		개입목표
1	도입	사회복지사가 왜 종결의 문제를 꺼냈는지를 설명한다.
2	요약	면담 중에 일어난 것을 정리함으로써 치료에 관계된 모든 사람들의 성취 변화와 가족현상을 되돌아 볼 기회를 준다.
3	평가	가족이 목표에 도달했는지를 어떻게 아는지에 대해 서로 이야기하고, 가족이 앞으로 직면할지 모르는 어려움을 예상해 본다.
4	사후관리	가족의 근황을 묻고, 상담 효과의 지속성을 확인한다.

출처 : 통계청. 경제활동인구조사(2017).

또한, 종결 단계에서는 가족문제에 대한 초기 목표가 어느 정도 이루어졌는지를 평가해야 한다. 전반적인 만족도를 알아보기 위해 가족들이 그동안 느낀 점이나 만족한 점, 혹은 기대에 미치지 못했던 점을 솔직하고 개방적으로 논의하는 것이 좋다. 아울러 객관적 평가를 위해 목표에 적합한 척도나 측정도구를 활용하는 것이 바람직하다. 만일 상담이 성공적이지 못했다면, 그 이유에 대해 사례회의를 통해 슈퍼비전을 받는 것이 필요하다. 이를 통해 사회복지사가 자신의 개입을 성찰하고 전문적인 수행능력과 책임감을 향상시킬 수 있으며, 가족에게는 다른 기관이나 전문가에게 의뢰하거나 사후관리와 관련된 미래를 계획하는 기회가 된다.

표 10-3 종결의 위한 체크리스트의 예

	예	아니오
• 제시된 문제가 해결되었다.	☐	☐
• 가족은 문제를 다룰 수 있거나 참을 수 있게 되었다.	☐	☐
• 달성된 변화를 효과적으로 측정할 수 있다.	☐	☐
• 심리 · 사회적 기능수행 면에서 긍정적 변화가 일어났다.	☐	☐
• 가족원이 더 효과적으로 의사소통하고 있다.	☐	☐
• 가족원이 학대로부터 안전하다.	☐	☐
• 공식적 지지망이 유용하고 가족은 그 이용방법을 알고 있다.	☐	☐
• 가족은 필요할 때 전화할 수 있는 적절한 비공식 망을 가지고 있다.	☐	☐
• 가족 혹은 개인구성원이 지역사회 내 전문서비스에 의뢰되었다.	☐	☐
• 가족이 전문서비스로 의뢰하는 데 동의한다.	☐	☐
• 가족은 매일의 일상생활에서 기능하는 기술을 배웠다.	☐	☐
• 모든 가족원의 기본적인 신체적 욕구가 충족되고 있다.	☐	☐
• 전문가와 가족은 가족의 현재까지의 진전을 평가해 오고 있다.	☐	☐
• 가족은 주어진 서비스에 만족한다.	☐	☐
• 모든 가족원은 개입의 결과로 한층 더 나아졌다.	☐	☐
• 가족은 그들이 이룬 변화를 재검토할 수 있다.	☐	☐
• 가족원은 변화를 이루는 데 자신이 기여한 역할을 알고 있다.	☐	☐

출처 : Robert T. Ammerman(2003), p.132

이 장의 요약

1. 가족치료는 가족의 문제행동을 그 개인의 문제로 보지 않고, 개인을 둘러싼 가족의 맥락에서 이해하고 개입하려는 시도이다.
2. 가족치료의 효과성을 높이기 위해서는 가족체계에 대한 이해와 가계도 및 생태도 분석을 적절히 활용함으로써 가족과 개인에 대한 정확한 사정이 이루어져야 한다.
3. 가족성장교육은 결혼준비교육, 부모교육, 부부관계향상교육 등의 프로그램이 시행되고 있으며, 교육 프로그램의 내용은 가족치료사 및 사회복지사의 숙지된 이론적 배경에 따라 다양하게 구성된다.
4. 가족치료는 가족문제에 대한 사후·개입적 요소를 지니고 있으나 현재 가족문제로 인한 향후 또는 다음 세대 가족의 역기능과 부적응, 해체와 일탈 등의 문제를 경험하지 않도록 하는 예방적 요소도 함께 지니고 있다.
5. 가족치료의 과정은 초기 단계, 가족사정 단계, 개입 단계, 변화촉진 단계, 종결 단계의 과정으로 진행된다.
6. 가족사정 단계는 가족을 둘러싼 사회환경뿐만 아니라 직접적으로 가족에게 갈등을 일으키는 가족 내의 이슈와 문제유형을 규정하는 단계이다. 가족사정은 초기 단계에만 국한된 것이 아니라 상담의 전 과정에서 이루어진다.
7. 일반적으로 개입계획을 세울 때는 전문성, 개별성, 역동성과 융통성, 실용성을 고려해야 하며 개입전략을 수립할 때에는 변화대상, 변화수단, 시간 및 공간의 구성, 개입절차를 포함해야 한다. 또한, 개입기술로는 사회복지사의 숙련도와 전문성을 바탕으로 자기개방, 직면시키기, 재정의, 역할연습, 문제의 외재화, 은유기법 등을 활용할 수 있다.
8. 변화촉진을 위한 개입기술로는 모델링, 피드백, 해석, 강화, 소거, 행동계약 등이 있다.
9. 종결 단계의 과정은 도입 단계, 요약 단계, 평가 단계, 사후관리로 나눌 수 있으며, 적합한 측정도구를 활용하여 가족문제에 대한 목표달성의 정도를 객관적으로 평가하고 슈퍼비전을 받는 것이 중요하다.

주요 용어

- **유기체론적 세계관(organismic world view)** : 우주는 상호 연결된 관계의 망으로 구성되어 있으며 본질적으로 역동적이며, 유기체는 맥락이나 상황에 따라 상대적으로 행동한다고 보는 세계관이다.
- **체계이론(system theory)** : 세계를 모든 현상의 상호연관성과 상호의존성으로 파악하는 이론으로서 일반체계이론과 사이버네틱스로 구체화된다.
- **일반체계이론(general system theory)** : 체계가 외부환경과 상호작용하면서 환경으로부터의 지속적인 입력과 출력을 통해 자신을 유지해 나간다고 보는 생물학적, 유기체론적 모델이다.
- **사이버네틱스(cybernetics)** : 살아 있는 생물체계와 사회체계에 있어서 순환적 인과관계와 피드백 기제를 통한 자기조절 과정에 관한 과학을 일컫는 말이다. 1차 사이버네틱스(simple cybernetics, first-order cybernetics)는 체계와 환경과의 상호작용에 초점을 두며, 일반체계이론과 동일한 시각으로 간주한다. 한편 2차 사이버네틱스(cybernetics of cybernetics, second-order cybernetics)는 체계가 환경과 상호작용할 뿐 아니라 가장 높은 수준의 피드백 과정에서 볼 때 모든 체계는 닫혀 있고 자기조직적인 특성을 가지고 있음을 기술하는 데 초점을 둔다.

추천하는 자료

1. 정문자 · 정혜정 · 이선혜 · 전영주, 『가족치료의 이해』, 서울 : 학지사, 2013.
2. 이영분 · 김유순 · 신영화 · 최선령 · 최현미, 『사례로 배우는 가족상담과 가족치료』, 서울 : 학지사, 2015.
3. Becvar D. S., & Becvar, J., 『가족치료 체계이론적 통합』(이형실 · 윤경자 · 정혜 공역), 서울 : 시그마프레스, 2016(원서출판 2006).
4. Nichols, M. P., 『가족치료 이론과 실제』(김영애 역), 서울 : 시그마프레스, 2015(원서출판 2001).
5. McGoldrick, M., Gerson, R., & Shellenberger, S., 『가계도 : 사정과 개입』(이영분 · 김유숙 · 정혜정 공역), 서울 : 학지사, 2011(원서출판 2008).

가족치료 모델

제 11 장

가족은 한 인간의 탄생부터 발달, 성장, 죽음에 이르기까지 가장 직접적인 자원을 제공해 주는 일차적 집단이자 지지체계이다. 가족구성원들은 가족을 통해 인간의 기본적 욕구충족, 대인관계의 기술습득 등과 같이 한 개인이 건강한 사회인으로 성장하는데 필요한 기초를 제공받는다(송성자, 2001). 그러나 반드시 가족이 지지와 자원의 제공처가 되는 곳만은 아니다. 때로는 갈등과 폭력, 빈곤과 해체 등의 어려움을 겪기도 하고, 이러한 경험은 개인의 성장과정에 역기능과 부적응을 초래하기도 한다.

가족치료는 가족 내 구성원들이 경험하는 기능적, 정서적 문제를 해결하기 위해 다양한 가족치료 모델을 적용하여 가족구성원 간의 상호작용 방식에 변화를 유도하여 상실되거나 약화된 가족기능을 회복하기 위한 개입이다(최규련, 2008; Nichols, 2011). 가족이 경험하는 문제는 한 세대에서 끝나지 않을 뿐만 아니라 가족 간의 역동성을 통해 다음 세대까지 큰 영향을 끼친다. 따라서 다양한 가족의 문제에 체계적으로 개입하여 원조하는 가족치료에 대한 사회적 관심이 매우 높아지고 있다(신혜종, 2015).

이 장에서 소개되는 가족치료 모델 외에도 많은 치료모델이 발전되어 왔으나 사회복지실천 영역에서 일반적으로 가장 많이 활용되는 모델들을 중심으로 살펴볼 것이다.

1. 보웬(Bowen)의 다세대 가족치료

1) 발달배경

머레이 보웬(1913~1990)

다세대 가족치료의 창시자인 머레이 보웬(Murray Bowen)은 1913년 미국 테네시에서 태어난 대가족의 장남으로, 의대에 진학하면서 조현병에 관심을 보이기 시작했다. 초기에 그는 정신분석을 기반으로 임상치료를 하였으나 환자가 병의 원인이라고 보는 정신분석모델이 적합하지 않다는 것을 깨달았다. 그는 1946년 메닝거 클리닉(The Menninger Clinic)에서 수련과정 중, 조현병 환자와 모의 상호작용을 관찰하면서 병리적 애착관계를 발견하였다. 이를 바탕으로 보웬은 '모자공생(Mother-child symbiosis)'의 개념을 정립하였는데, 모자공생이란 어머니와 조현병 환자인 자녀가 서로 간에 정서적 개입이 지나친 나머지 하나의 자아로 간주할 정도로 강력한 결속의 애착상태를 의미한다(Bowen, 1978).

그 후, 1954년부터 미국립정신보건연구소(National Institute of Mental Health : NIMH)에서 일하게 된 보웬은 조현병 가족치료에 아버지까지 포함하여 가족 내 삼각관계의 개념을 연구하기 시작하였고, 1959년에는 조지타운 대학교(Georgetown) 의과대학에서 재직한 이래로 31년간 가족을 단위로 하는 포괄적인 다세대 가족치료이론의 발달에 힘을 쏟았다(정문자 외, 2013).

보웬은 가족이란 일련의 상호적 체계와 하위체계로 이루어진 복합적인 총체로서 생물학적 본성에 근원을 두는 정서적 관계로 정리하였다(송성자, 2004). 따라서 원가족(family of origin)을 이해하기 위해서는 적어도 3대에 걸쳐 진행되어 온 일련의 정서적 과정을 이해할 필요가 있다고 보았다. 오늘날 보웬의 다세대 가족치료는 방법보다는 방향에, 기법보다는 이론에 치중하였기 때문에 가족체계이론 중에서 가장 체계적이고 영향력 있는 이론으로 꼽힌다(손병덕 외, 2014).

2) 주요개념

보웬 이론에서 기본가정은 만성불안(Chronic anxiety)이 우리의 삶에 항상 존재한다는 것이다. 만성불안은 개인의 자율성이 허용되지 않고 융합할수록 증가하며, 오직 분화를 통해서만 감소할 수 있다(정문자 외, 2013). 이러한 기본가정을 바탕으로 한 주요개념은 다음과 같다.

(1) 자기분화

자기분화(differentiation of self)는 보웬의 핵심 개념으로, 개인이 자신만의 방식에 따라 기능하는 것을 배우는 과정이자, 정신내적으로는 사고와 감정을 분리할 수 있는 능력을 의미하며, 대인관계적으로는 자신과 타인 사이의 분화를 의미한다. 이를 토대로 보웬(1978)은 개인의 기능 수준을 평가하기 위해 자기분화 척도를 제안하였는데, 분화수준이 높을수록 타인과의 정서적 융합이 적으며, 자아정체감이 분명하고 확실한 신념을 가진다.

표 11-1 이론적 자기분화 범위

분화 수준	특 징
만성증상 (chronic symtom) 0~25	• 사고와 감정을 구분하는 능력이 결핍, 대부분 감정의 지배를 받음 • 자아개념이 아주 약하고 자신의 욕구감정이 희박 • 타인의 말과 태도, 감정에 지나치게 반응 • 감정적 반사행동을 주로 함 • 높은 수준의 불안감 • 자신을 희생하면서 강한 융합관계를 가짐 • 스트레스 상황에 적응이 어려우며 심한 역기능적인 행동을 함
증상회복 늦음 (symtom recovery slow) 25~50	• 지적체계보다 감정체계의 영향을 많이 받음 • 융합은 심하지 않으나 자아 정체감이 약함 • 타인에게 인정받으려고 많은 에너지와 관심을 쏟음 • 타인의 반응에 민감하고 쉽게 유동적이며 좌절함 • 감정은 반사적이며 행동은 충동적임 • 타인과 정서적으로 강한 밀착관계를 형성 • 신체적, 정신적, 사회적 역기능의 문제를 초래할 수 있음 • 불안과 두려움의 탈피로 약물, 알코올, 마약에 의존하는 경향

약한 목표지향 활동 (low goal directed activity) 50~75	• 만성적 불안이 낮고 목표지향적 활동 • 감정체계와 지적체계의 상호작용이 가능 • 타인과 융합되지 않으면서 밀접한 관계를 유지 • 신체적, 정서적, 사회적 역기능 현상을 일으키나 쉽게 회복 가능 • 어떤 상황에서나 합리적으로 대처하며 신념, 확신, 원칙에 의해 타인과 관계함 • 분화 수준 65~75 정도에서는 심리적 역기능 현상은 쉽게 보이지 않음
강한 목표활동 (high goal directed activity) 75~100	• 감정체계와 지적체계 사이에 충분히 분화 • 자신에 대한 자신감, 믿음, 신념이 강함 • 타인의 신념, 가치를 그대로 존중하며 수용 가능 • 타인과 정서적으로 친밀감을 가지고 교류하며 자아 정체감이 확실함 • 타인과의 관계에서 현실적으로 사고하고 객관적으로 볼 수 있음 • 스트레스 상황에서 현명하게 실질적으로 대처함 • 불안감정을 다룰 수 있는 능력이 있음 • 행동이 자율적이며 책임을 짐

출처 : Bowen(1978).

삼각관계(triangles)는 가족 안에서 불안과 긴장을 해소하기 위해 만들어지는 삼인체계의 정서적 역동을 의미하는 것으로 불안이 삼각관계에 가장 중요한 영향을 미친다(Kerr & Bowen, 2005). 일반적으로 가족의 분화수준이 낮을수록 삼각관계의 형태는 더욱 강렬하게 작용하며, 일시적으로 불안과 긴장을 완화해 줄 수 있어도 근본적인 갈등해결에 도움을 주지는 못한다.

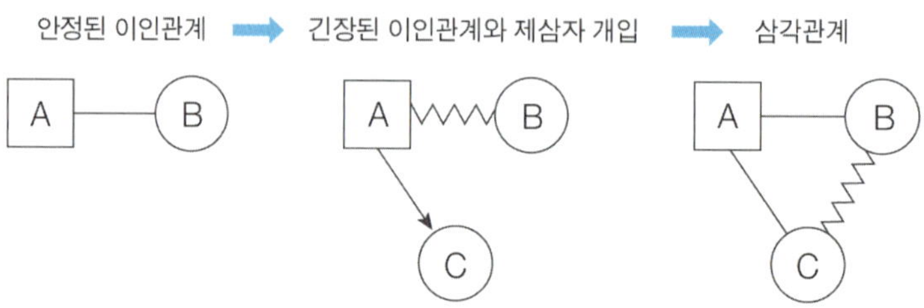

① A와 B의 관계가 안정적이므로 제3자를 끌어들이려고 하지 않는다.
② AB사이에서 갈등이 발생하여 A가 관계 불안을 느끼게 되므로 제3자(C)와의 관계에서 안정을 찾는다.
③ B의 감정이 C에게 투사되어 AB의 갈등 관계가 AC로 이동한다.
AB사이의 긴장은 잠재적 남아 있지만, 겉으로는 해소된 것처럼 보인다.

그림 11-1 삼각관계로의 이동과정

출처 : Kerr & Bowen(2005), p. 171.

(2) 핵가족 정서체계

보웬(1978)은 사람들이 자신의 원가족에서 겪은 경험을 서로 간에 '전이(transference)'[1] 함으로써 아주 잘 맞는 사람이라 느끼고, 무의식적으로 자신과 비슷한 수준의 분화 상대를 배우자로 선택한다고 하였다. 즉, 개인이 원가족으로부터 학습된 방식으로 타인과 관계를 맺게 되며, 결혼선택을 통해 가족의 정서적인 장을 다세대에 걸쳐 반복함을 의미한다. 따라서 현재 문제를 해소하는 방법은 개인의 원가족과의 상호작용을 변화시키는 방법뿐이다.

일반적인 핵가족 융합의 결과는 배우자의 신체적 또는 정서적 역기능, 만성적 결혼 갈등, 자녀의 역기능과 같이 세 가지 유형으로 나뉜다. 스트레스가 없는 상황에서 핵가족 정서체계는 크게 두드러지지 않지만, 내부 또는 외부 스트레스 상황이 발생하면 임상적 역기능을 발생시킨다. 일례로 부부싸움이 잦은 집안에서 자녀가 만성두통에

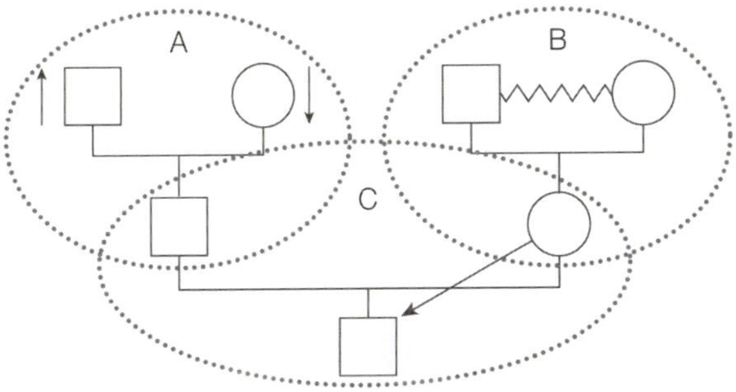

- 부부 각각의 원가족에서 일어난 융합의 결과로 각각 다른 유형이지만 세대 간 미분화 전수가 이뤄진다.
  - 남편의 원가족(A)불안 핵심 : 배우자 역기능(어머니 과소기능, 아버지 과대 기능)
  - 아내의 원가족(B)불안 핵심 : 부부 갈등
  - 남편과 아내의 핵가족(C) 불안 다루는 방식 : 자녀의 역기능(손상)

⇨ 각각의 가족 유형을 살펴볼 때 동일한 증상이 발생하지 않는다 하더라도 배우자의 역기능, 부부 갈등, 자녀의 역기능이라는 세 가지 가족 정서과정이 두 핵가족 세대에 걸쳐 나타나고 있다.

그림 11-2 융합의 사례

출처 : Kerr & Bowen(2005), p. 377.

1) 정신분석학 용어로, 프로이드(1912)에 의하면 환자가 아동기 동안에 부모 등 중요한 타인에게 경험했던 감정, 욕망, 기대 등을 현재 관계를 맺고 있는 사람에게 나타내는 현상을 말한다.

시달리는 경우는 자녀가 가족 내 불안을 모두 흡수한 것으로 볼 수 있다(정문자 외, 2013).

(3) 가족투사과정

가족투사과정(family projection process)은 미성숙한 부모가 가족체계 또는 부부체계를 안정시키기 위해 무의식적으로 가장 취약한 자녀를 선택하여 그들의 불안과 융화를 전수하는 것을 말한다. 이러한 가족투사과정은 아버지, 어머니, 자녀의 삼각관계 안에서 작동하며, 부모의 미성숙함에 많이 노출되는 자녀일수록 다른 자녀보다 분화수준이 낮은 상태로 성장하게 되고, 타인에게 의존적일 가능성이 높다(한인영 외, 2016).

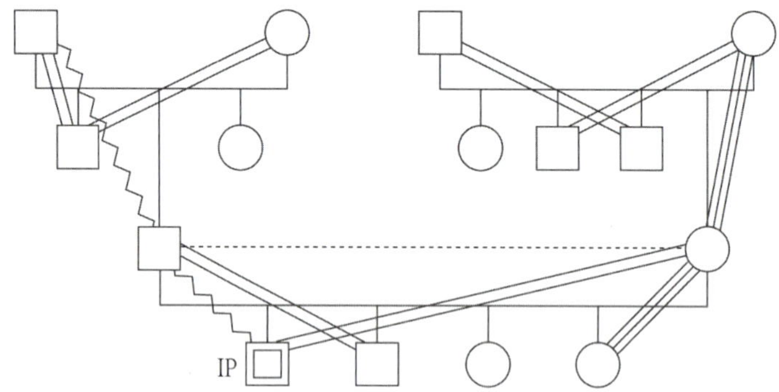

- IP의 부는 원가족 내에서 부가 조부와 해결하지 못한 정서문제를 큰아들(IP)에게 감정투사 할 수 있다.
- 따라서 IP의 부는 큰아들(IP)을 소외시키고 작은아들을 자신과 동일시하여 밀착된 관계 형성할 수 있다.
- IP의 모가 원가족에서 막내 위치에서 외조모와 밀착된 관계였던 것이 핵가족에서 부부관계 불안의 투사 대상으로 역시 막내 아이를 선택할 수 있다.

⇨ 이러한 미분화된 행동은 부부관계에서 소외된 불안을 유발하며, 이 불안을 큰아들(IP)을 향해 해소하고자 한다.

그림 11-3 가족투사과정의 사례

출처 : 이영분 외(2015), p. 147.

(4) 정서적 단절

정서적 단절(emotional cut-off)은 투사과정에 많이 개입된 자녀가 원가족과의 접촉에서 생기는 불안을 피하기 위해 대화단절, 부모가 중요시하는 가치를 부정, 또는 이사 등의 방법으로 부모와의 접촉을 끊는 행위를 말한다(Bowen, 1975). 이러한 정서적 단절을 해결하려면 원가족과의 분화를 촉진함으로써 미해결된 애착을 해소하는 것이다.

(5) 다세대 전수과정

다세대 전수과정(multigenerational transmission process)은 한 세대의 기본분화수준이 이전 세대의 기본분화수준에 영향을 받아 거의 동일하게 나타나기 때문에 개인과 핵가족의 적응력에 대한 손상이 반복되는 것을 의미한다(Kerr & Bowen, 2005). 따라서 자녀의 문제는 자녀나 부모의 문제라기보다 여러 세대에 걸쳐 일어나는 행동과 반응의 결과로 볼 수 있으며, 정서적 융합과 단절 역시 세대 간에 전수된다고 보았다(박희숙 외, 2014).

(6) 형제자매 위치

출생순위 또는 형제자매의 위치(sibling position)에 따라 가족의 정서체계 안에서 특정한 역할과 기능을 발달시키는 것으로, 배우자의 상호작용 역시 그들의 원가족 내에서 형제 위치와 관련이 있다고 보았다(Kerr & Bowen, 2005). 예컨대, 맏이는 다른 형제들보다 권력을 추구하고 책임감이 높으며, 부모와 강한 감정적 유대를 통해 삼각관계에 빠지기 쉽다. 그러나 형제자매 위치가 반드시 실제 출생순위와 일치하는 개념은 아니며, 막내의 역할을 하는 장녀와 같이 가족 내의 기능적 위치에 의존한다고 보는 것이 적절하다.

(7) 사회적 정서과정

사회적 정서과정(sociental emotional process)은 사회도 가족과 마찬가지로 연합성과 개별성의 반대인 힘의 균형에 영향을 받는다고 보았다. 사회가 전쟁, 인구증가, 성차별

등과 같은 만성적 스트레스 상황에 자주 노출될수록 사회 불안이 커지고, 결속에 대한 압력이 강해져 분화수준이 감소한다. 이렇게 감소한 분화수준은 역기능적 삼각관계와 서로 맞물려 사회 전체로 확장된다(정문자 외, 2013).

3) 치료목표 및 치료과정

(1) 치료목표

사고와 감정을 구별하는 능력을 발달시키고 이러한 능력을 통해 관계 문제를 해결하는 방법을 학습하는 것이다. 따라서 불안을 줄이고 자신에게 초점 맞추기(self-focus)를 증대시키는 것이 변화의 첫걸음이다(Nichols, 2015). 보웬의 이론에서 치료사는 코치의 역할을 맡게 된다.

(2) 치료과정

보웬의 다세대 가족치료과정은 다음과 같다.

첫째, 정확한 가계도를 작성하여 현재의 문제를 다세대 체계의 맥락에서 분석한다.

둘째, 주요 가족원과 연계하여 불안과 정서적 반응성의 수준을 감소시킴으로써 가족 내 불안을 낮춘다.

셋째, 맞물린 삼각관계에서 증상을 유발하는 핵심적인 삼각관계 변수를 정한다(Guerin, P. J., 1976).

4) 치료기법

(1) 가계도

가계도는 가족구성원과 그들의 관계를 열거한 도표이며, 구체적인 내용은 10장의 가족치료의 기초개념 p.246을 참고하시오.

(2) 과정질문

과정질문(process question)은 보웬 학파의 본질적인 기법으로, 클라이언트의 감정을 가라앉히고 정서적 반응의 결과로 유발된 불안을 낮추며 사고를 촉진하는 질문이다. 바꿔 말하면, 타인이 나에게 준 상처에 대해 생각하는 것이 아니라 그 사람과의 관계에서 내가 어떤 방식으로 반응했는지에 대해 생각해 보도록 만드는 것이다(Nichols, 2015). 예를 들면, 알코올 중독 남편의 아내에게 다음과 같은 질문을 통해 부부관계를 탐색하도록 한다(정문자 외, 2013).

치료사 : 남편이 술을 마시면 부인께서는 어떤 생각을 하세요?(인지에 초점)
아　내 : 화가 나죠.
치료사 : 남편이 술을 마시는데 부인이 한 역할은 무엇인지 아십니까?
아　내 : 모르겠는데요.
치료사 : 남편이 당신에게 속마음을 털어놓을 수 있었습니까?
아　내 : …….

치료사는 부부가 상호작용과정에서 일어나는 일에 대해 자각하게 하고 상황을 개선하려면 본인이 어떤 역할을 해야 하는지 과정질문을 통해 통찰하도록 격려할 수 있다.

(3) 코칭

코칭(coaching)은 치료사가 클라이언트의 삼각관계에 끌려가지 않으면서 가족 스스로 가족의 정서과정을 이해하고 개인의 역할을 이해할 수 있도록 돕는 것이다(정문자 외, 2013). 그러므로 치료사는 중립적이고 객관적인 조언을 통해 가족원의 분화를 촉진하여 가족원의 자기 이해와 건강한 애착 형성에 그 목적을 둔다.

(4) 'I-position' 기법

'I-position' 기법은 상대의 행동을 비난, 지적하기보다 자신의 감정에 초점을 맞추어 표현하는 방법이다(정문자 외, 2013). 치료사가 가족과의 관계에서 특정 구성원의 편을 들지 않고 I-position 기법을 사용하면, 가족은 점차 상대방을 공격하거나 과민 반응을 보이지 않고 자신의 감정을 진술하는 법을 배우게 된다.

2. 경험적 가족치료

1) 발달배경

경험적 가족치료는 1960년대 인본주의 심리학(humanistic psychology)[2]에 뿌리를 두고 '지금-여기'에서의 경험을 중요하게 여겼다. 특히 게슈탈트 치료(Gestalt therapy)[3]와 참만남 집단(encounter group)[4]의 역할놀이(role playing)[5]와 정서적 직면 기법을 많이 차용했으며, 조각하기나 가족 그리기 같은 표현적 기법은 예술과 심리극(psychodrama)[6]에서 영향을 받았다(Nichols, 2015).

칼 휘스테이커(1912~1995)

경험적 가족치료의 대표적 인물로 칼 휘스테이커(Carl Whistaker)와 버지니아 사티어(Virginia Satir)가 있다. 이들은 치료과정에서 클라이언트의 경험을 중요시하고 치료사의 가족에 대한 사적인 관여가 치료적 변화를 증진한다는 점에서는 의견을 같이하였으나 방법에서는 차이가 있었다. 휘스테이커는 자신을 활용한 가족과의 자발적이고 창의적인 만남을 중시했고, 치료사가 온전한 인격을 갖춘 모델로서 특별한

---

2) 인간의 자유 의지와 자기실현에 초점을 두고, 인간을 각자의 실존적인 경험과 주관적인 감정을 통해 세상을 지각하는 자유롭고 능동적인 존재로 규정하는 심리학이다.
3) 경험주의 치료의 한 유형으로서 게슈탈트 심리학의 원리에 기초하고 있으며, '지금-여기'에서의 경험을 지각, 사고, 감정, 욕구, 신체감각, 행동 등의 영역으로 확장시키는 치료법이다.
4) 의견과 감정 나누기를 통해 개인의 내적 성장을 도모하는 집단상담의 일종이다.
5) 어떤 가상적인 역할의 수행을 통해 태도나 행동을 변화시키려는 놀이활동이다.
6) 루마니아 태생인 정신과 의사 모레노(J. L. Moreno, 1946)가 창시하였으며, 치료과정에서 환자들이 어려움이나 갈등에 대해 직접 말하는 대신 자신의 어려움을 유발한 다양한 대인관계 상황을 언어와 행위를 통해 재창출하고 재경험하도록 하는 집단역동 기법을 말한다.

기법을 사용하지 않고 가족의 잠재력을 이끌어 낼 수 있다고 보는 반면에, 사티어는 치료란 무엇보다 가족이 성숙한 인간으로 성장할 수 있도록 연습하는 과정임을 강조했으며, 구조화된 계획과 기법을 사용하였다(정문자, 2007).

2) 주요개념

(1) 자아존중감

자아존중감(self-esteem)이란 자신의 존재에 대한 긍정적 또는 부정적 정서적 견해이며, 자기, 타인, 상황으로 구성되어 있다. 자기는 애착, 사랑, 신뢰, 존중을 통해 갖는 자신에 대한 가치와 자신의 유일성을 말하며, 타인은 타인과의 동질성, 이질성 및 상호작용을 포함한다. 마지막으로 상황은 주어진 여건과 맥락을 뜻하는데, 주로 원가족 삼인군에서의 경험이 매우 중요하다. 사티어는 이 3대 요소 중 어떤 것이라도 온전하지 못하면 역기능적이라고 보고, 모두 순기능을 하여 일치되도록 돕고자 하였다(김영애, 2011).

버지니아 사티어
(1916~1988)

(2) 의사소통유형

의사소통은 사람들의 자아존중감이 낮고 불균형 상태에 있을 때 긴장을 처리하는 방식으로서 생존유형의 일종이라고 보았다(정문자 외, 2013). 역기능적 대처방식은 자신의 내적 감정과 생각을 무시하고 타인의 비위에 맞추려는 성향인 회유형, 타인을 무시하는 성향인 비난형, 자신과 타인을 모두 무시하고 상황만 중시하는 초이성형, 자신, 타인, 상황을 모두 무시하는 산만형으로 나뉜다. 마지막으로 기능적 대처방식은 일치형으로 분류하며 세부적 내용은 〈표 11-2〉와 같다.

표 11-2 사티어(Satir)의 의사소통 유형에 따른 특징

유형	언어	행동	자기개념	신체 증상	심리 증상	자원
회유형	다 내 잘못이야, 니가 원하는 게 뭐야?	타인 의견에 무조건 동조, 비굴한 자세, 사죄와 변명	자기 가치감 부족, 자신감 부족	위장 장애, 편두통	감정억제, 짜증, 걱정/불안, 우울, 자살 충동	돌봄, 양육, 민감성
비난형	다 니 탓이야	공격적, 통제력 부족	소외감, 외로운 실패자	편집증, 고혈압과 같은 혈액순환 장애	분노, 짜증, 반항, 적대감, 폭력, 반사회적 특징	주장성, 도력, 에너지
초 이성형	생각 잘 해라, 넌 너무 감정적이야	규칙과 옳은 것만 절대시하는 극단적 객관성, 매우 완고하고 냉담한 자세, 독재적 행동	쉽게 상처받음. 소외감/자신감 부족, 감정표현 못함	암, 심장마비	공감능력 부족, 우울증, 정신병, 집착증, 강박증, 사회적 철회	지성, 세부사항에 주의 집중, 문제해결 능력
산만형	주제나 상황에 맞지 않는 말, 농담과 의미 없는 이야기	산만한 행동	진짜 감정을 표현 못함, 자신감 부족, 낮은 자기 가치감	신경성 장애, 위장장애, 편두통	혼란, 부적절감, 낮은 충동 통제, 우울, 공감능력 결핍 등	유머, 자발성, 창조성
일치형	의사소통이 매우 진실함, 자기감정을 잘 알아차리고 적절히 표현	매우 생동적, 창조적, 유능한 행동 양식	높은 자기 가치감	건강	건강	높은 자아존중감

(3) 가족규칙

가족규칙은 일종의 명령(injunction)으로, 클라이언트가 원가족 삼인군에서의 경험을 내면화한 것이다. 규칙에는 합리적이고 융통성이 있어 개인의 성장에 도움이 되는 규칙이 있기도 하지만, 도움이 되지 않는 규칙도 있다. 이러한 가족규칙은 행동이나 반응으로 나타나며 대처방식의 일부이다(정문자 외, 2013).

3) 치료목표 및 치료과정

(1) 치료목표

경험적 가족치료의 궁극적인 목적은 각 개인이 자기 가치에 대한 안정된 감정을 발전시킴으로써 성장하는 것이다. 가족치료를 통해 구성원은 개인의 통합을 증진하고, 가족의 화합을 위한 진실한 상호작용을 도우며, 성장을 위한 구성원의 창의력 향상과 그 가족이 갖는 특별한 문제해결 능력 개발에 초점을 둔다(권진숙 외, 2010).

(2) 치료과정

사티어(Satir)는 수용과 관심이야말로 가족이 서로를 향해 마음을 열게 하고 서로를 진실하게 경험하는 열쇠라고 했는데(Nichols, 2015) 이 과정을 일곱 단계로 설명하고 있다(Banmen, 2001).

첫째, 정체상태이며, 고통, 증상 등을 통해 변화의 필요성이 제기된다.

둘째, 외부요인의 도입단계이며, 문제를 탐색하고 긍정적인 목적을 설정한다.

셋째, 혼돈 단계이며, 진실한 의사소통이 시작되고, 이전 행동이 맞지 않음과 동시에 새로운 행동은 아직 개발되지 않은 상황 사이에서 혼란을 겪는다.

넷째, 변형 단계이며, 긍정적으로 설정된 목적을 향해 변화하기 시작하는데, 치료에서 대부분의 시간이 소요된다.

다섯째, 통합 단계이며, 변화가 자신과 조화를 이루고, 새로운 자신의 일부로서 자리를 잡는다.

여섯째, 실습 단계이며, 변화를 실습하여 존재에 대해 새로운 감각을 느낀다.

마지막으로는 새로운 상태의 단계이며, 평등, 조화, 일체감, 균형, 익숙함보다는 편안함을 갖게 된다.

4) 치료기법

(1) 빙산치료

빙산치료(personal iceberg)란 사람들의 경험은 다양한 수준에서 이루어지는데, 빙산의 윗부분에 속하는 사람의 행동뿐만 아니라 수면 아래에 잠재된 감정, 지각, 기대, 열망과 같은 개인의 내적 과정까지 다루어야 한다는 것이다(Banmen, 2001). 이 치료에서 클라이언트는 자신의 내면 감정을 느끼고 표현하며, 소용없는 기대들을 버리는 과정을 거치게 된다. 이 과정을 통해 클라이언트가 힘을 얻고 스스로 선택하여 성취하고 책임을 질 수 있게 된다(손병덕 외, 2014).

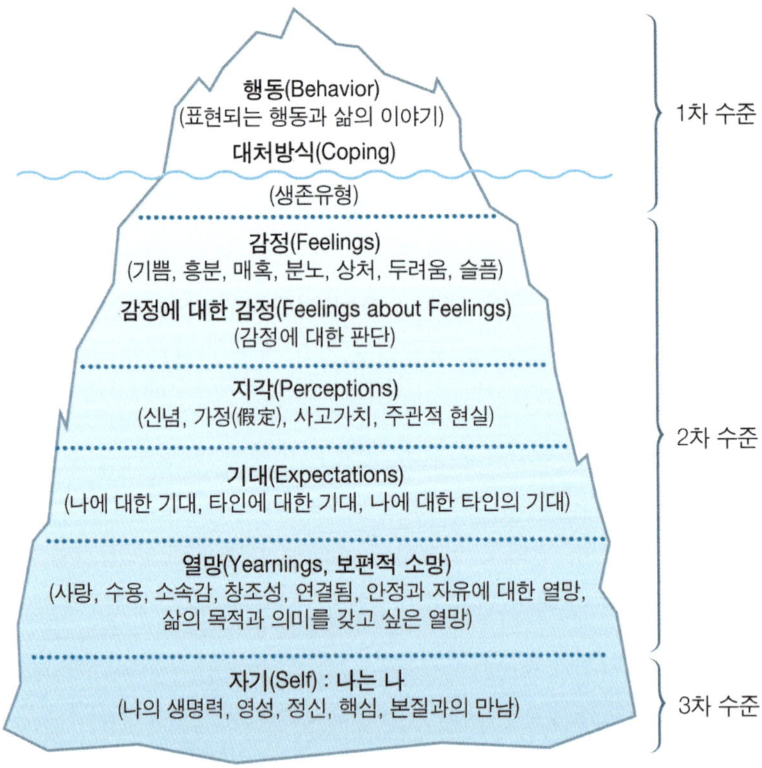

그림 11-4 빙산에 비유한 인간의 심리내적 경험

출처 : Banmen(2001).

(2) 원가족 삼인군 치료

원가족 삼인군 치료(primary triad therapy)는 클라이언트가 역기능적인 원가족 삼인군(어머니, 아버지, 아동)관계에서 유래된 쟁점을 현재 상황에서 이해하게 하고, 기능적인 면을 부각하여 원가족 삼인군을 치유하는 것이다(정문자 외, 2013). 이 기법은 특정한 사건이나 문제의 내용보다 과정과 경험의 영향을 다루고 있다(송성자, 2004). 그러므로 치료사는 가족의 부정적인 의사소통을 변화시키기 위해 적극적인 질문, 유머와 비유, 은유적 표현을 사용하여 대화 내용의 저변에 있는 역동성과 잠재력을 끌어내야 한다(서혜석 외, 2015).

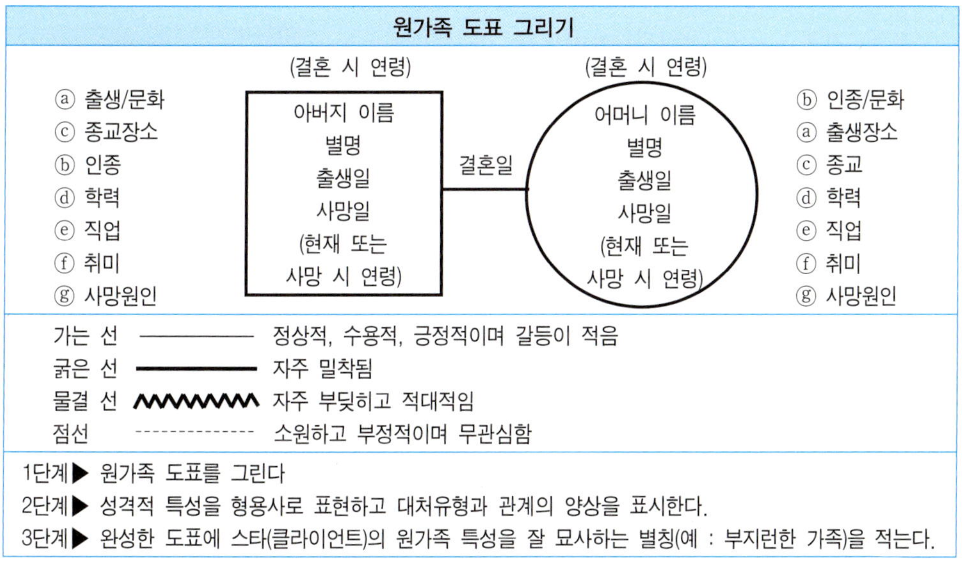

그림 11-5 원가족 도표 그리기

출처 : 정문자 외(2013),. p. 188.

(3) 가족조각

가족조각(Family sculpture)이란 어느 시점을 선택하여 그 시점에서의 가족관계, 가족에 대한 느낌과 감정을 동작과 공간을 사용하여 표현하는 비언어적 기법을 말한다(정문자 외, 2013). 이 기법은 과도한 말, 방어적인 태도와 비난을 통한 투사 등을 막을 수 있는 장점이 있으므로(권진숙 외, 2010) 언어능력이 제한되어 있는 가족, 어린 아동이 있는 가족, 말이 너무 많거나 없는 가족, 초이성형의 가족, 관계가 매우 고립되거나 밀착되어있는 가족에게 유용하다(정문자 외, 2013).

3. 구조적 가족치료

1) 발달배경

살바도르 미누친(1921~2017)

구조적 가족치료의 창시자 살바도르 미누친(Salvador Minuchin)은 1921년에 아르헨티나에서 태어나 의과대학을 졸업하고 이스라엘군에서 군의관으로 복무하였다. 이후 미국으로 건너가 뉴욕에서 소아 정신분석 훈련을 받는 동안 가족에 관심을 두기 시작했고, 1952년에 다시 이스라엘로 돌아가 난민 아동을 위해 일하면서 가족치료의 중요성을 깨닫게 되었다. 1954년에 다시 뉴욕으로 돌아와 정신과 의사가 된 미누친은 1962년에 전략적 가족치료사인 헤일리(Haley)와 관계를 맺으면서 전문성을 쌓았다. 마침내 그는 1965년에 동료들을 모아 '필라델피아 아동과 가족치료 훈련센터(Philadelphia Child and Family Therapy Training Center)'를 설립하였으며, 이곳은 아동, 청소년, 부부, 가족을 위한 구조적 가족치료의 자문, 훈련, 슈퍼비전을 제공하는 중심기관으로 자리 잡게 되었다(정문자 외, 2013).

구조적 가족치료는 문제를 가족조직의 큰 틀 내에서 가족 특유의 상호작용을 파악하여 역기능적 가족구조를 변화시키기 위한 접근방법이다. 구조적 가족치료의 주요 관심사는 개인을 둘러싼 구조에 있다. 따라서 치료사는 가족을 재구조화시킴으로써 체계 내 구성원들의 위치가 바뀌어 경험이 변화되므로 결국에는 개인의 변화를 초래한다고 가정한다(강문희 외, 2011).

구조적 가족치료는 타 이론에 비해 가족원 간의 상호작용 유형과 관계를 도식화함으로써 보다 실제적이고 명확한 지침을 제시하였다. 더불어 이 모델은 비행청소년 가족, 알코올중독 가족, 부부위기 가족 등의 치료에 특히 효과적인 것으로 입증되었다(Becvar & Becvar, 2016; Goldenberg & Goldenberg, 2003).

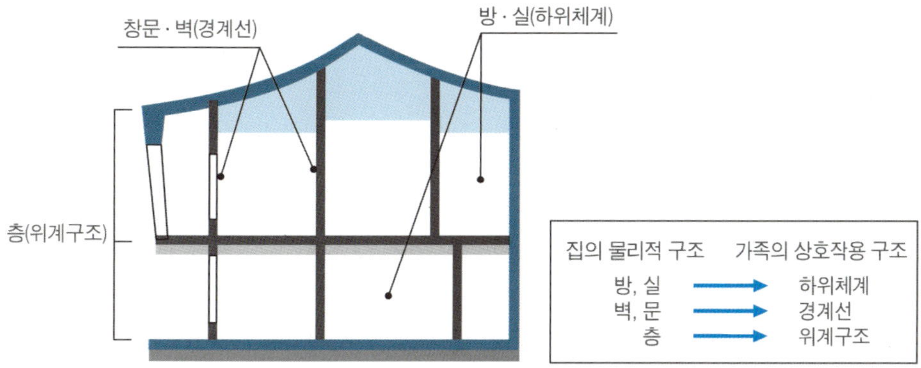

그림 11-6 집의 구조와 가족의 구조 비교

출처 : 정문자 외(2013), p. 214.

2) 주요개념

구조적 가족치료의 핵심 개념은 가족구조이다. 미누친은 가족구조를 집으로 비유했는데, 층은 위계구조, 방은 하위체계, 벽은 경계선이라고 보면, 눈에 보이지 않는 가족구조를 보다 이해하기 쉬워진다(정문자 외, 2013).

(1) 가족구조

가족구조(family structure)란 가족구성원이 상호작용하는 방식을 조직화하는 일종의 보이지 않는 기능적 양식(Salvaclor Minuchin, 1988)으로 반복적이고 체계화되어 있어서 예측할 수 있다. 이러한 가족구조를 이해하려면 가족 내의 관계 규칙을 파악해야 하는데, 누가, 누구와, 언제, 얼마나 자주 관계를 맺으면 친밀하게 지내는지 혹은 소원한지를 관찰을 통해 알아낼 수 있다(손병덕 외, 2014).

(2) 하위체계

가족은 다양한 기능을 수행하는 하위체계로 구성되어 있다. 부부, 부모, 부모-자녀, 형제자매 등 이인관계와 세대, 성별, 흥미, 기능에 따라서도 다양하게 형성된다. 가족은 유기체와 같아서 건강한 가족일수록 각각 하위체계의 구성원이 고유의 역할과 기능을 충실히 수행하지만, 그렇지 않으면 역기능적 가족이 되어 증상이 발생한다 (Minuchin, 1988).

(3) 경계선

가족 간의 건강한 정도는 경계를 통해서 구별할 수 있다. 경계선을 통해 개인 혹은 하위체계 간 친밀함의 정도, 정보 교환 정도, 문제해결을 위한 상호교류 정도를 파악할 수 있기 때문이다. 경계선은 분리와 밀착을 양 끝으로 하는 연속선 상의 위치로 설명할 수 있으며, 경직된(나는 나, 너는 너), 명확한(기능적), 밀착된/모호한(너도 나, 나도 너) 경계선으로 나뉜다(정문자 외, 2013).

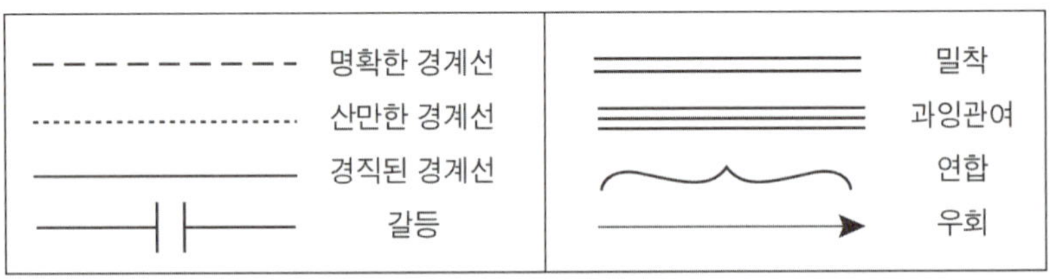

그림 11-7 구조적 지도의 기호

출처 : Nichols(2015), p. 216.

(4) 위계구조

가족이 적절히 기능하기 위해 권력에 기반한 효율적인 위계구조 확립을 통해 구성원이 각자 적합한 위치에 있어야 한다. 다시 말해, 기능적인 가족이 되려면 부모와 자녀가 분화된 권위를 가지고 자녀의 성장과 발달에 책임을 지는 부모 하위체계가 자녀 하위체계보다 위계구조의 위에 위치해야 한다(김유숙, 2014).

3) 치료목표 및 치료과정

(1) 치료목표

구조적 가족치료의 관점에서 가족의 문제나 증상은 역기능적 가족구조에서 비롯된다고 본다. 역기능적 가족은 경계선이 명확하지 않고 경직되거나 밀착된 가족, 각 하위체계가 제 기능을 발휘하지 못하는 가족, 그리고 가족의 위계구조가 적절히 확립되지 못한 가족으로 요약할 수 있다. 따라서 구조적 가족치료의 목적은 역기능적인 가족의 재구조화이며, 이 과정을 통해 증상이나 문제가 자연스럽게 제거된다(정문자 외, 2013).

상자글 11-1 역기능적 가족의 사례

이혼 후, 12살 아들을 혼자 양육하는 엄마가 최근 아들이 2주나 학교에 결석한 것을 알게 되면서 면담을 의뢰했다. 치료사는 엄마가 어떻게 그런 오랜 시간 동안 아이가 학교에 빠진 것을 몰랐는지 궁금해 했다.

구조적 가족치료의 관점에서는 두 가지를 중요하게 본다. 첫째, 엄마와 학교 관계자들의 관계가 모자간의 유리된 관계만큼 명백하게 심각한 수준이라는 것과 둘째, 가족구조 분석을 통해 엄마로 하여금 아들의 삶에서 무슨 일이 일어나고 있는지 몰랐던 상황에 대한 비난을 피하도록 도울 수 있다는 것이다. 만약 엄마가 아들로부터 유리되어 있다면, 그녀는 그 밖에 다른 무엇에 관심을 쏟고 있었을까? 아마도 한부모가정에서 주양육자로서 감당해야 할 경제적 부담에 압도되어 있을지도 모른다. 이와 같이 가족구조 확인 시 유의해야 할 점은 만약 누군가가 어떤 관계로부터 유리되어 있다면, 그 가족원은 다른 무언가에 몰입하고 있을 가능성이 높다는 것이다.

출처 : Nichols(2015)

(2) 치료과정

구조적 가족치료의 과정은 다음의 순서로 진행된다.

① 합류

가족의 성공적인 재구조화는 합류에서 시작된다. 합류(joining)란 치료사가 가족구성원을 있는 그대로 수용하고 그들의 행동방식을 존중함으로써 가족체계와 관계를 맺는 활동이다. 즉, 치료사가 가족의 정서체계에 적응하는 것이다. 치료사가 가족에 합류하여 가족의 역기능적 측면뿐만 아니라 기능적 측면도 부각할 때, 가족은 안전함을 느끼며 변화과정에 참여하고자 할 가능성이 크다(정문자 외, 2013).

② 가족구조 확인

치료사가 가족구조에 대해 미리 가정하지 않고 치료실에서 앉는 위치, 가족의 상호교류를 관찰하고 가족의 상호작용을 치료실에서 가족이 직접 행동으로 보이는 '실연(enactment)'을 통해 가족의 유형과 구조를 파악하는 것이다(김유숙, 2014).

상자글 11-2 실연의 사례

아내는 "우리는 의사소통에 문제가 있어요. 남편은 나와 말을 하지 않을 거예요. 그이는 한 번도 자신의 감정을 표현한 적이 없어요."라고 불평했다. 이때 치료사는 실제로 어떤 일이 일어났는지 보기 위해서 실연을 시작한다. "부인이 당신의 의사소통에 문제가 있다고 이야기하는군요. 부인에게 어떻게 반응하시겠습니까? 부인에게 말씀해 보시겠어요?"라고 말하자, 부부가 대화를 시작했다. 대화가 진행될수록 아내는 점점 거만하고 비판적으로 변하는 반면에 남편은 점점 침묵하게 되는 상황을 보면서, 치료사는 무엇이 문제인지 발견하게 된다. 남편이 말하지 않는 것을 문제라고 본다면 이것은 A가 B의 원인이라는 단순한 설명이 된다. 아내가 잔소리하는 것이 문제라는 것도 역시 같은 설명이다. 문제는 아내가 잔소리할수록 남편이 의기소침해지고, 남편이 의기소침해질수록 아내는 더욱 잔소리한다는 것이다.

출처 : Nichols(2015)

③ 가족의 재구조화

가족이 내적·외적 스트레스에 적응할 수 있도록 경계선을 조정하고, 하위체계가 제 기능을 발휘할 수 있도록 도우며, 적절한 위계구조를 확립하도록 개입하는 것이다(한인영 외, 2016).

상자글 11-3 가족구조 확인의 사례

우울증을 호소하는 40대 여성이 가족과 함께 상담실에 방문했다. 이 여성은 4명의 자녀를 키우느라 너무 많은 일을 하고 있었고, 남편으로부터 지지나 도움을 제대로 받지 못한 것으로 드러났다.

치료사는 먼저, 모와 자녀 사이의 경계선을 강화하고 부부가 서로 친밀해지는 것에 목표를 세웠다. 이 계획은 여러 단계에 걸쳐 이루어졌는데, 우선 16살 된 맏딸과의 상담을 통해 맏딸이 모의 잠재적 도우미로서 능력이 있음을 지지해 주었다. 이 작업이 이루어지자 맏딸은 상담실에서뿐만 아니라 집에서도 어린 동생들에 대해 책임감을 느끼고 돌보기 시작했다.

어느 정도 자녀들의 시달림으로부터 벗어난 부부는 대화할 시간이 늘어났다. 하지만 그들은 그다지 할 말이 없었다. 그 이면에 숨겨진 갈등이 있는 것이 아니라 단지 두 사람 모두 말수가 적은 사람들이었기 때문이다. 몇 회기에 걸쳐 상담하는 동안 치료사는 그들 부부가 대화할 수 있도록 노력했지만 별다른 진전이 없었다. 그 와중에 중요한 사실을 깨닫게 되었는데, 대화가 즐거운 사람이 있는 반면 그렇지 않은 사람도 있을 수 있다는 것이었다.

따라서 치료사는 부부간의 유대관계를 다지기 위해 둘이 함께 특별한 여행을 떠날 것을 제안했다. 부부는 가까운 강가를 산책하고 자전거를 타면서 시간을 보내기로 했다.

다음 상담 회기에 부부는 밝은 미소를 띠고 있었다. 그들은 자녀들과 떨어져 모처럼 만의 여유를 즐기며 아주 멋진 시간을 보냈다고 말했다. 그 후 그들은 매주 조금씩이라도 집 밖에서 둘만의 시간을 갖기로 하였다.

출처 : Nichols(2015)

4) 치료기법

(1) 합류를 위한 기법 : 유지, 추적, 모방 기법

유지 (maintenance)	치료사가 가족구조를 지각하고 분석할 때, 가족구조를 의도적으로 지지해 주는 기법이다. 유지는 가족의 전체 구조뿐 아니라 가족의 하위체계에 대한 적극적인 승인과 지지를 포함한다.
추적 (tracking)	치료사가 가족의 의사소통과 행동의 내용을 따라가고 그것이 계속되도록 격려하며 가족에 합류하는 기법
모방 (mimesis)	치료사가 가족의 생활방식과 정서상태에 적응하기 위해 가족이 사용하는 언어, 몸짓, 대화방식 등을 그대로 따라 하는 기법

(2) 구조적 지도

구조적 지도(structural map)는 가족의 상호작용 구조를 그림으로 나타내는 것이다. 가족의 변화과정을 평가하거나 치료목표 설정에 사용하며, 구조적 지도의 사례는 [그림 11-8]과 같다.

<table>
<tr><td>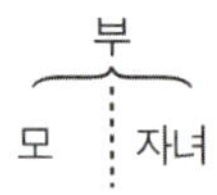
</td><td>부부간의 갈등이 장기화되면서, 아내가 자녀와 연합하여 모호한 경계선을 형성하고 남편은 나머지 가족원과 경직된 경계선을 형성한 가족</td><td>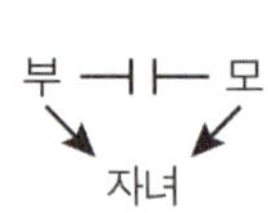
</td><td>부부간의 갈등을 자녀에게 우회하여 자녀를 희생양으로 만든 가족</td></tr>
<tr><td>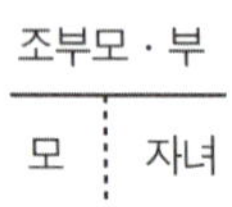
</td><td>남편이 아내보다 부모와 밀착된 관계를 형성하고 부모와 동일한 권력을 가지며, 아내는 자녀와 같은 위치에 있는 가족</td><td>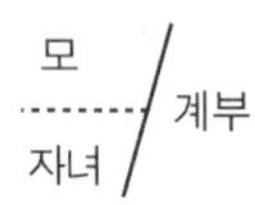
</td><td>모의 재혼 후 계부와 모가 동등한 입장에서 양육기능을 하도록 허용하지 못하고 모와 자녀가 익숙한 관계 패턴을 유지하여 계부를 받아들이는 데 실패한 가족</td></tr>
</table>

그림 11-8 구조적 지도의 사례

출처 : 정문자 외(2013), p. 239.

(3) 가족 재구조화 기법

① 긴장고조 기법

치료사가 가족의 평소 의사소통 방식을 방해하거나 갈등에 대해 공개적으로 토론하게 하는 등 가족 내의 스트레스를 증가시키는 방법이다(한인영 외, 2016).

② 증상활용 기법

증상에 초점 맞추기	치료사가 증상에 초점을 둔 과제를 부여하거나 증상과 관련된 상호작용을 실연하게 하거나 증상을 계속 유지하도록 할 때, 가족은 이 증상을 둘러싼 상호작용을 새로운 각도에서 바라볼 수 있다.
증상을 과장하기	증상을 과장하여 표현하도록 하는 전략으로 '증상처방'이라고도 부른다.
증상에 무관심하고 새로운 증상으로 이동하기	증상에 의도적으로 무관심하고 증상을 둘러싼 가족의 숨겨진 갈등이나 다른 증상에 초점을 이동한다.
증상을 재명명하기	증상이 역기능적 가족구조를 표현하거나 연관이 있다고 재정의해서 말해 주는 것이다.

③ 과제 부여

이 기법은 치료사가 가족의 재구조화 진행과정에서 미흡한 부분을 가족구성원이 활성화하도록 과제를 주는 것이다. 과제는 언제, 어디서, 누구와 어떻게 상호작용해야 하는가를 구체적으로 분명하게 제시해야 한다(정황순 외, 2017). 가령 치료 중에 '남편께서 부인 옆에 앉아서 부인이 속상해할 때마다 부인의 손을 잡아주세요'라는 과제를 통해 부부간의 경계가 밀착되도록 강화할 수 있다(정문자 외, 2013).

4. 전략적 가족치료

1) 발달배경

전략적 가족치료는 증상 제거에 초점을 두고 구체적인 치료전략을 세워 역설적 방법으로 접근하는 에릭슨(M. Erickson)의 영향을 받은 접근 모델을 통칭한다(Madanes, 1998). 이 접근은 가족의 반복적인 역기능적인 행동에 직접 개입하여 변화를 유도하는 접근으로 간결한 기법과 단기적이며 효율적인 개입이 특징이다. 따라서 치료사의 역할은 조력자이기보다 '전략가'라고 볼 수 있다.

에릭슨(1901~1980)

전략적 모델은 미국 서부 팔로 알토에 위치한 정신건강연구소(Mental Research Institute : MRI)의 가족의사소통 연구 프로젝트에서 비롯되어, 이후 동부 워싱턴(Washington D. C.)의 헤일리(Haley)의 전략적 구조주의 모델과 이탈리아 밀란(Milan)의 체계적 모델에 영향을 주었다. 이들은 모두 조지 베이트슨(Gregory Bateson)의 순환적 인식론[7])에 영향을 받아 가족의 상호

헤일리(1923~2007)

작용에 치료적 초점을 둔다는 점에서 공통되나, 핵심 개념과 개입방식에서 다소 차이가 있다(정문자 외, 2013).

표 11-3 주요 전략적 모델의 비교

구분	정신건강연구소(MRI)의 상호작용 모델	헤일리의 전략적 구조주의 모델	밀란의 체계적 모델
근거이론	의사소통이론, 전략적 이론	의사소통이론, 구조적 치료 이론	체계이론
주요개념	의사소통, 이중구속, 피드백고리, 가족항상성, 가족규칙	권력, 통제, 역설적 지시, 위계구조	가족게임, 순환적 질문, 가설설정, 중립성
일차적 주제	의사소통 유형, 잘못 시도된 해결책	연쇄과정 및 위계구조, 가족원 간의 통제와 보호	역기능적 가족게임, 가족원 간의 통제와 보호
행동의 지속성	단기적, 현재 연쇄적 상호작용	단기연쇄, 장기적인 구조적 문제	과거와 현재의 장기적 연속행동
치료단위	2인 또는 3인	3인 이상 가족 또는 사회관계망 전체	3인

출처 : Goldenberg & Goldenberg(2003)에서 발췌 수정.

2) 주요개념

(1) 정신건강연구소(MRI)의 상호작용 모델 : 의사소통, 이중구속, 피드백 고리, 가족규칙, 가족항상성

① 의사소통

의사소통은 MRI 상호작용 모델의 핵심 개념으로 다음의 다섯 가지 기본전제를 가진다(정문자 외, 2013).

첫째, 의사소통하지 않는 것은 불가능하다.

둘째, 모든 의사소통은 내용(단순 정보 제공)과 관계(관계에 대한 진술)의 측면을 포함한다.

셋째, 의사소통이 이루어지는 관계는 대칭적(평등한)이거나 보완적(경쟁적인) 관계다.

7) 모든 삶과 현상, 조직, 행동패턴들이 서로 의존하며 상호 연결되어 있다는 관점이다.

넷째, 마침표는 의사소통의 중요한 측면이다.

다섯째, 의사소통에 대한 의사소통(상위규칙; meta-role)[8]이 중요하다.

② 이중구속

이중구속(double-blind)이란 발신자(특히 권력을 가진 자)가 의사전달을 할 때 의사소통의 수준이 일치되지 않는 모순된 메시지를 보내는 역기능적 의사소통 형태를 뜻한다. 대체로 중요한 관계를 맺은 사람들에 의해 발생하며, 수신자는 둘 이상의 상반된 메시지를 받고 혼란에 빠지게 된다(김유숙, 2014).

③ 피드백 고리

사이버네틱스(cybernetics)의 피드백 고리(feedback loop) 개념은 자극과 반응의 반복적인 의사소통 형태로 변화에 저항하여 가족이 원래의 평형상태로 돌아오는 부적 피드백 고리와 현재 상태를 벗어나 변화를 시도하는 정적 피드백 고리가 있으며, 이러한 상호작용은 가족규칙에 의해 규제된다(정문자 외, 2013).

④ 가족규칙

가족구성원들 사이에 주고받는 명령의 메시지가 반복되면서 패턴화되고 결국 규칙으로 자리 잡는데, 이를 가족규칙(family rules)이라 부른다(Quid & Jackson, 1965). 실제로 가족규칙을 정하는 사람도 없고 가족원들 역시 이러한 규칙을 자각하지 못하는 경우가 대부분이지만, 가족항상성을 지속하는 데 결정적인 기능을 한다.

⑤ 가족항상성

가족항상성(family homeostasis)이란 가족체계가 끊임없이 변화하는 가족 내외의 환경에 적응하면서 일관성을 유지하고자 하는 기능으로 병리적인 가족일수록 변화보다 가족체제의 안정을 위해 더 많은 에너지를 쏟는다(Fisch, 1965).

---

8) 가족 행동을 규제하는 일반적인 규칙 위에 작동하는 '규칙을 총괄하는 규칙'을 의미하며, 가족원이 가족규칙을 어떻게 유지하고 변화시킬 것인가에 대한 규칙을 의미한다.

(2) 헤일리의 전략적 구조주의 모델 : 권력과 위계

헤일리(Haley)는 가족원이 자신의 위치에 맞는 권력과 통제를 가질 때 위계질서가 유지되며 힘의 균형이 깨지면 위계질서에 문제가 발생한다고 보았다. 그러므로 역기능적 가족에서 나타나는 클라이언트의 증상 이면에는 모든 대인관계를 규정하고 통제하려는 권력추구 전략이 있으며, 이를 통해 가족의 항상성이 유지되는 특징이 있다고 하였다(Haley, 1976).

(3) 밀란(Milan)의 체계적 모델 : 가족게임

가족게임(family game)은 일종의 역기능적인 상호작용 패턴으로 가족의 문제(증상)를 의미한다. 대체로 부부관계에서 발생하며, 세력 다툼, 갈등, 상반된 태도 등으로 인해 서로 미워하고 갈등하는 두 사람이 연합하여 제3자인 자녀를 혼란에 빠뜨림으로써 증상의 발달과 유지에 기여한다(Jackson & Weakland, 1961).

3) 치료목표 및 치료과정

전략적 모델의 핵심목표는 제시된 문제의 해결이지만, 가족체계의 변화라는 궁극적인 목표달성을 위해 단계적으로 접근한다. 주요 모델의 치료목표와 치료과정을 비교하면 〈표 11-4〉와 같다(정문자 외, 2013).

표 11-4 전략적 모델의 치료목표 및 치료과정 비교

구분	정신건강연구소(MRI)의 상호작용 모델	헤일리의 전략적 구조주의 모델	밀란의 체계적 모델
치료목표	증상 제거, 현재 행동의 변화, 가족체계 변화		• 가족게임의 중단, • 가족의 인식 변화, 가족체계의 변화
치료과정	• 상담과정 소개 • 문제의 조사와 정의 • 문제를 유지하는 행동 평가 • 상담목표 설정 • 개입 선택과 실행 • 과제 부여	• 사회적 단계(친화 단계) • 문제 정의 • 상호작용과 가족구조 진단 • 목표설정 • 개입 선택과 과제 지시	• 면접 전 정보 수집 • 면접 동안 문제와 상호작용 평가 • 휴지기(가설 및 상담목표 설정) • 개입 선택과 실행, 과제 부여 • 치료 후 논의

4) 치료기법

전략적 치료의 핵심 기법은 역설적 개입이지만, 밀란(Milan)의 체계적 모델의 경우 순환질문, 긍정적 의미부여, 의식, 불변의 처방 등 여타 전략적 모델과 차별화되는 독특한 기법을 발전시켰다.

역설적 개입을 계획하기 위해서는 재정의, 처방, 제지 등 세 단계를 거치게 된다. 먼저, 재정의란 문제에 대한 가족의 생각을 변화시키려고 증상을 긍정적 의미로 재명명하는 것이다. 두 번째로 처방은 '부모에게 반항해라', '우울하게 행동하라'와 같이 간단하지만 수용하기 어려운 증상을 처방하는 방법이다. 마지막으로 제지란 클라이언트가 변화에 저항할 것을 미리 예견하고 시작된 변화를 견고하게 하도록 '천천히 변하라'는 메시지를 클라이언트에게 주는 것이다(정문자 외, 2013).

(1) 정신건강연구소(MRI)의 상호작용모델

① 증상 처방

역설적 개입의 일종으로 클라이언트에게 증상 행동을 자발적으로 계속하도록 격려하는 지시나 과제를 주는 기법을 말한다. 그 결과 클라이언트가 치료사의 지시를 거부하고 증상을 버리거나 지시대로 순종해서 증상이 본인의 통제 안에 있음을 인정하거나 둘 중에서 선택하게 하는 것이다.

상자글 11-4 증상처방의 사례

자신들에게 경제적인 모든 부분을 해주려고 하면서 어린애 취급하는 부모 때문에 힘들어하는 젊은 부부가 있었다. 이 부부의 수입이 넉넉함에도 불구하고 부모는 아들 부부에게 계속 생활비를 보내고 비싼 선물을 했으며 함께 외식할 때의 식사비조차 부담하지 못하게 하였다. 전략적 치료 팀은 증상처방의 일환으로 이 부부에게 '부모의 도움을 거절하지 말고 더욱 의지할 것'을 처방하였다. 다시 말해 부모에게 도움이 필요하지 않다고 설득하는 대신, 스스로 진저리치며 물러서게 만들어서 이들의 어려움을 해결하도록 도운 것이다.

출처 : Watzlawick, Weakland, & Fisch(2011)

(2) 헤일리의 전략적 구조주의모델

① 시련치료

시련치료(ordeal technique)는 증상이 나타날 때마다 클라이언트가 괴로워하는 일을 수행하도록 직접 지시(처방)하는 개입이다. 이 기법의 원리는 클라이언트가 증상을 유지하는 것이 더 고통스럽다는 것을 깨닫고 증상을 포기할 수 있다는 전제를 가진다. 가장 흔히 사용하는 시련치료의 하나는 클라이언트가 그날 낮 동안에 증상이 있었다면 그때마다 한밤중에 일어나 격렬하게 운동을 하도록 지시하는 것이다(Haley, 1984).

② 위장기법

위장기법(pretend technique)은 클라이언트가 증상을 가진 '척하고', 부모는 도와주는 '척하는' 연극적인 기법으로 치료에 대한 클라이언트의 저항을 극복하는 데 도움이 된다. 예컨대, 분노발작의 증상을 가진 아이에게 시간을 정해 엄마 앞에서 '헐크놀이'를 하도록 지시하고(분노발작을 일으키는 '척'하도록 지시하고), 아이가 성공적으로 헐크 흉내를 내면 엄마는 아이를 도와주는 '척'하도록 지시한다. 그러면 아이의 분노발작도 위장이고 부모의 걱정도 위장이므로 긴장되고 심각했던 싸움에서 쾌활한 가상 게임으로 변형된다(Madanes, 1998).

(3) 밀란의 체계적 모델

① 순환질문

순환질문(circular questioning)은 클라이언트로 하여금 관계적 맥락 안에서 자신을 보게 하고, 다른 가족구성원들의 관점으로 맥락을 볼 수 있도록 함으로써 클라이언트가 자기중심적인 관점에서 벗어날 수 있도록 만든 기법이다(Nichols, 2015). 순환질문의 사례는 다음과 같다(이영실 외, 2014).

- 차이질문 "네가 실패했을 때 누가 제일 실망하니?"
- 가설질문 "만약 엄마가 걱정을 그만두시면 아빠는 무엇을 하실까?"
- 행동효과 질문 "아빠가 너를 야단치면 그 다음에 어떤 일이 일어나지?"
- 3인군 질문 "네가 엄마랑 논쟁할 때 아빠는 무엇을 하시니?"

② 긍정적 의미부여

긍정적 의미부여(positive connotation)는 문제를 지속시키는 가족의 행동을 재구성하는 방법으로 주로 부정적 증상행동을 긍정적인 동기로 설명해준다. 일례로, 민수는 부부 갈등을 겪고 있는 부모의 시선을 돌리기 위해 계속 우울해질 필요가 있었다. 이때 치료사는 클라이언트에게 자녀의 우울증이 가족을 보호하는 기능을 가진다고 설명하여 가족이 가족게임에 대한 인식을 증가시키고 증상이 자발적인 것임을 알게 한다 (Nichols, 2015).

③ 의식

의식(ritual)은 가족의 경직된 가족 규칙과 신화를 거꾸로 행하거나 더 과장해서 행하도록 만드는 개입으로 가족이 가족게임의 역기능에 대해 명확하게 깨닫도록 돕는다 (Madanes, 1998). 예를 들어, 치료사는 거식증 문제를 가진 딸과 과보호하는 어머니, 어머니를 비난하는 아버지에게 특별히 일주일 중 하루는 온 가족이 모여 딸은 거식증을 유지할 수 있도록 도와주는 부모에게 감사드리고, 어머니는 딸을 더 감싸고 보호하는 행동을 하며, 아버지는 더 강하게 어머니를 비난하는 행동을 하는 시간을 갖도록 처방할 수 있다. 이같이 가족 모두 의식에 참여하는 것은 자신들이 얼마나 어리석은 게임을 지속하고 있는지 느끼고 게임을 중단하도록 유도한다(정문자 외, 2013).

④ 불변의 처방

불변의 처방(invariant prescription)이란 경직되고 파괴적인 가족게임을 깨뜨려서 가족원이 더 융통성 있는 생활방식을 함께 개발하도록 하는 기법이다. 이 기법은 가족으로 하여금 가족게임에 대한 대항방식을 형성하여 게임을 중단하는 데 초점을 두고 있다(Nichols, 2015). 일반적으로 이 과정에서 부부의 동맹을 강화하고 다른 가족연합을 해체함으로써 경직되고 파괴적인 상호작용에서 벗어나도록 유도한다.

5. 해결중심 가족치료

1) 발달배경

가족치료는 1980년대에 접어들면서 포스트모더니즘(Postmodernism)[9]의 영향을 받아 치료사마다 혁신적인 기법을 개발하기에 이르렀는데, 이러한 후기 가족치료모델 중에서 단연 대표적인 것은 바로 해결중심 가족치료라고 볼 수 있다. 해결중심 가족치료는 1979년 밀워키에 설립된 단기가족치료센터(Brief Family Therapy Center : BFTC)의 스티브 드 쉐이저(Steve de Shazer)와 인수 킴 버그(Insoo Kim Berg)와 동료들에 의해 발전되었다.

스티브 드 쉐이저(1940~2005)와 인수 킴 버그(1934~2007)

이 모델은 여러 접근법에서 영향을 받으며 성장하였는데 MRI 모델에 그 뿌리를 두고 있다. 두 모델은 클라이언트의 개인력보다 현재 증상에 초점을 맞추어 문제해결을 도모한다는 점에서 공통점을 지닌다(Nichols, 2015). 그러나 MRI 모델은 문제해결에 효과적이지 않았던 행동을 발견하고 교정하는 데 초점을 두는 반면, 해결중심 접근에서는 에릭슨의 영향으로 클라이언트의 강점과 자원을 인정하고 변화시킬 수 없는 과거보다 현재와 미래에서 해답을 찾는 긍정적 관점의 치료모델이라는 차이가 있다(Kim, 2008).

아울러 해결중심 가족치료는 사회구성주의(social constructionism)[10]의 영향을 받아 클

9) 1960년대부터 문학, 예술, 문화 전반에 나타난 시대정신과 세계관으로 모더니즘에서 강조하던 객관적 지식과 절대적 진실에 도전하여 개성, 자율성, 다양성, 대중성을 중시한 한 이념이다.

라이언트의 언어는 클라이언트의 현실을 구성하기 위해 사용된다는 철학을 바탕으로 클라이언트가 자기 문제의 전문가라고 믿는다. 따라서 해결중심 가족치료사는 클라이언트와 함께 목표를 세우고 협력하여 문제를 해결하고자 한다(Berg & De Jong, 1996).

2) 기본원리

해결중심 가족치료에서는 감정을 말하거나 과거를 되돌아보는 일은 불필요하다. 단지 과거를 이해하는 것만으로 미래를 바꿀 수 없다고 보기 때문에 클라이언트의 삶에서 무언가를 행동하는 것이 삶을 변화시킨다고 여긴다(성정현 외, 2014). 이러한 해결중심 가족치료의 기본원리는 다음과 같다(정문자 외, 2013).

첫째, 병리적인 것 대신 건강한 것에 초점을 둔다.

둘째, 클라이언트의 강점과 자원은 물론 증상까지 치료에 활용한다.

셋째, 탈이론적이고 비규범적이며, 클라이언트의 견해를 존중한다.

넷째, 간단하고 단순한 방법을 일차적으로 사용한다.

다섯째, 변화는 불가피하다.

여섯째, 현재에 초점을 맞추며 미래 지향적이다.

일곱째, 클라이언트와의 협력관계를 중요시한다.

3) 치료목표 및 치료과정

드 쉐이저(1988)는 클라이언트와 긍정적인 관계 형성을 위해 클라이언트의 변화 동기에 따라 방문형, 불평형, 고객형으로 구분하였다. 이러한 클라이언트의 유형은 고정된 성격 특성이 아니라 치료적 관계에 의한 것이므로 유동적이다. 따라서 클라이언트는 치료과정을 통해 고객형으로 바뀔 수 있으며, 치료사-클라이언트 관계유형에 따른 구체적인 특징과 개입전략은 다음과 같다.

---

10) 우리의 현실은 객관적 진실이 아니라 다른 사람과의 대화를 포함한 사회적 상호작용을 통해 생성된 사회적 산물이라고 보는 포스트모던 이론이다(정문자 외, 2013).

표 11-5 해결중심 가족치료의 치료사-클라이언트 관계유형

관계 유형	의뢰 상황	특징	개입 전략
방문형	주로 법원, 보호관찰소, 학교, 가족 등에 의해 온 비자발적인 경우	자신의 문제를 인정하지 않고, 치료받을 문제가 아예 없다거나 타인에게 문제가 있다고 생각함	클라이언트의 의사를 존중하고, 난처한 입장과 상황을 이해하며, 긍정적 측면을 부각하여 인정해주고 칭찬할 필요가 있음
불평형	자신보다 가족원에 대한 문제 또는 불만 때문에 의뢰된 경우	문제중심적으로 말하고 다른 가족원을 비난하며, 자신이 아니라 해당 가족원이 변해야 문제가 해결된다고 생각함	클라이언트에게 이해와 공감을 표시하고, 클라이언트가 잘하는 점에 대해 칭찬하며, 과거와 다른 방법으로 가족원에 대해 생각해 보고 관찰할 것을 과제로 제시함
고객형	분명한 불만거리를 갖고 있지만 변화할 준비 또한 되어 있는 경우	자신의 문제를 시인하고 문제해결을 위해 무엇인가 할 의지를 보임	가정하여 행동하기, 예외 행동을 계속 더 많이 하기와 같은 실행과제를 줌

(1) 치료목표

해결중심 가족치료의 목표는 클라이언트가 이미 가진 자원을 스스로 활용하여 해결방안을 구축하도록 돕는 것이다(서혜석 외, 2015). 치료사는 모든 사람은 이미 자신의 문제를 해결할 능력이 있다고 믿는다. 그러나 반복되는 문제상황 속에서 가족이 잘 기능할 수 있는 능력을 일시적으로 상실하게 된다. 이때, 치료사는 클라이언트가 상실한 능력을 재발견하여 더 효과적으로 사용할 수 있도록 돕는 역할을 한다. 다시 말해, 과거에 이미 성공했던 해결방안을 이야기함으로써 문제중심적인 견해 대신 긍정적인 관점으로 대체하는 것이다(권진숙, 2010).

해결중심 모델에서 치료목표 설정을 위한 질문

- 구체적으로 이것을 어떻게 하실 건가요?
- 두 분께서는 문제가 해결된 것을 언제 아시게 될까요? 사정이 어떻게 달라져 있을까요?
- 구체적으로 무엇을 보면 당신의 문제가 해결(또는 목표에 다다름)된 것을 알 수 있을까요?
- 당신이 올바른 방향으로 가고 있다는 것을 말해줄 첫 번째 사인(혹은 가장 작은 변화)은 무엇이 될까요? 그 밖에 다른 것은요?

출처 : De Jong & Berg(2012)

(2) 치료과정

해결중심 가족치료는 평균 3~5회기로 단기적이며 치료과정이 구조화되어 있다. 전체 면담시간은 약 50분을 할애하며 처음 30분은 클라이언트와 치료사의 면담, 그리고 10분 정도 휴식시간에 치료사는 일방경 뒤에서 관찰하는 다른 치료사와 함께 메시지를 작성하고 치료에 대한 피드백을 나눈다. 그 후 치료사가 가족에게 10분 동안 작성한 메시지와 과제를 제안하고 치료를 종결한다(De Jong & Berg, 2012).

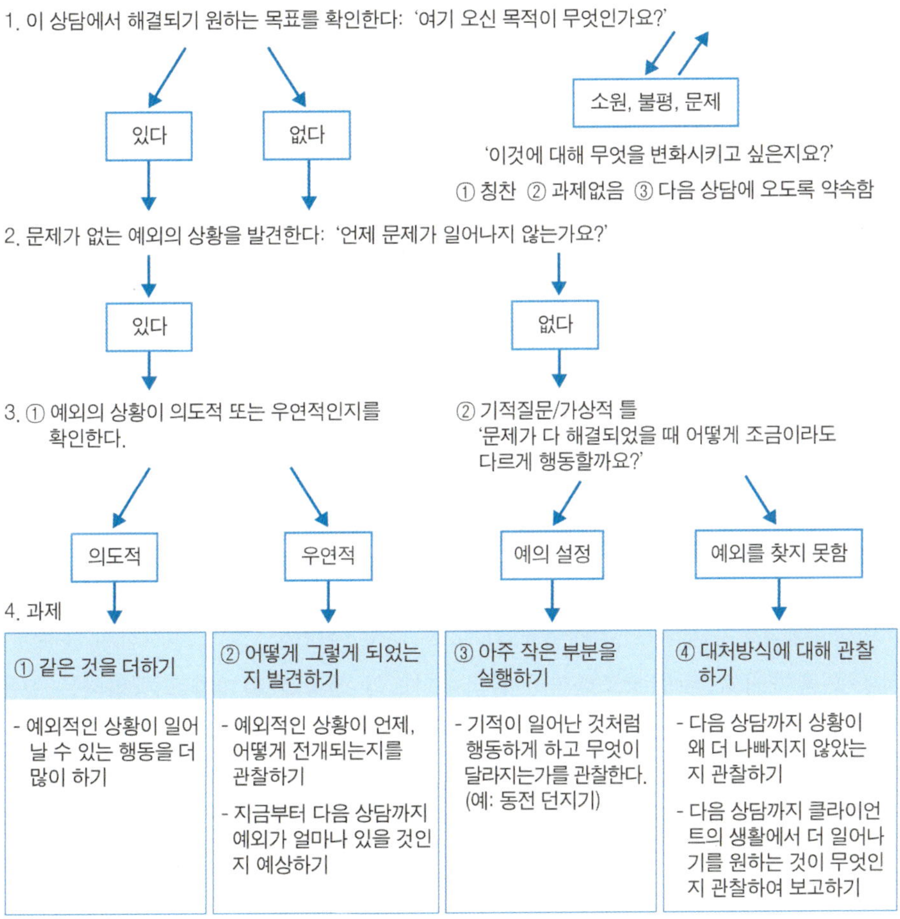

그림 11-9 첫 회 상담과정의 도식화

출처 : 정문자 외(2015).

해결중심 가족치료는 첫 회 상담과 2회 이후의 상담과정이 약간 다르다. 첫 회 상담에서는 클라이언트와의 관계 형성 및 목표설정이 우선시된다. [그림 11-9]는 첫 회 상담과정을 도식화한 것이며, 2회 상담부터는 첫 상담 이후에 조금이라도 나아지거나 변화된 것에 초점을 두는 EASR로 요약된다. 구체적으로 무엇이 나아졌는지 끌어내고(Elicit : E), 나아진 것을 확장하며(Amplify : A), 이를 강화하면서(Reinforce : R), 또 나아진 다른 것이 있는지 묻는다(Start again : S). 만일 클라이언트가 아무 변화가 없다고 하면 작은 변화라도 찾도록 함으로써 변화의 파급 효과(domino effect)[11]를 기대한다(정문자 외, 2015).

4) 치료기법

(1) 상담 전 변화에 관한 질문

클라이언트가 면담을 약속한 후 방문 전까지 경험한 변화가 있는지 묻는 과정을 통해 문제해결에 매우 중요한 단서를 발견할 수 있다. 만일 면담 전 변화가 있는 경우, 클라이언트가 이미 보여준 해결능력을 인정하고 칭찬하여 이를 확대할 수 있도록 격려한다(정문자 외, 2013).

(2) 예외질문

예외란 클라이언트가 문제로 생각하고 있는 행동이 일어나지 않는 상황이나 행동을 의미한다. 예외질문(exception-finding question)을 통해 클라이언트가 인지하지 못했던 예외상황을 찾아내고 계속 강조하면서 클라이언트의 성공을 확대하고 강화하는 질문이다(송성자, 2004).

11) 단번에 변화가 일어나기보다 작지만 의미 있는 변화부터 시작하여 단계적인 과정에 의해 변화가 일어나는 것을 의미한다.

- 최근 문제가 일어나지 않은 때는 언제였나요?
- 문제가 해결된다면 어떻게 알 수 있을까요?
- 문제가 일어나는 때와 그렇지 않을 때의 차이점은 무엇인가요?
- 문제가 조금이라도 나아진 때에 대해 말씀해 주세요.

(3) 기적질문

기적질문(miracle question)은 문제 자체가 제거되거나 감소하지 않고 문제와 떨어져서 해결책을 상상하게 하는 것이다. 이 질문을 통해 치료사는 클라이언트가 바꾸고 싶어 하는 것을 스스로 설명하게 하여 문제에 대한 집착에서 벗어나 해결중심 영역으로 전환하게 한다(정문자, 2013).

- 어느 날 밤, 당신이 잠들어 있는 동안 기적이 일어나서 문제가 해결되었다고 가정해 봅시다. 그러면 기적이 일어난 것을 어떻게 알 수 있을까요? 무엇이 달라져 있을까요?
- 당신에게 변화가 일어난 것을 다른 가족들은 무엇을 보고 알 수 있겠습니까? 그런 행동이 최근에 언제 있었습니까?
- 기적이 이미 일어나고 있는 것을 알 수 있는 아주 작은 신호가 무엇일까요?

(4) 척도질문

척도질문(scaling question)은 숫자를 사용하여 클라이언트에게 문제해결, 관계, 자아존중감, 동기 등의 수준을 확인하고 다음 단계로 발전하기 위해 무엇을 해야 할지 구체적으로 탐색하기 위한 질문이다(권진숙 외, 2010).

- 1부터 10까지의 척도에서 1은 문제가 가장 심각할 때이고 10은 문제가 다 해결된 상태라고 하면, 지금은 몇 점입니까?
- 4점에서 5점으로 바뀐다면 무엇이 달라질까요?

(5) 대처질문

대처질문(coping question)은 자신의 미래를 매우 절망적으로 보아 아무런 희망이 없다고 하는 클라이언트에게 주로 사용한다. 이 질문을 통해 클라이언트의 무력감에 대항하는 동시에 스스로 대처방안을 이미 갖고 있음을 깨닫게 한다(정문자 외, 2013).

- 어머님은 그 어려운 상황 속에서 어떻게 지금까지 견딜 수 있었지요?
- 어떻게 해서 상황이 더 나빠지지 않을 수 있었나요?
- 계속 술을 마시는 것이 어떻게 도움이 되었습니까?

(6) 관계성 질문

관계성 질문(relationship question)은 클라이언트와 중요한 관계에 있는 사람들이 가진 생각, 의견 등을 묻는 질문이다. 클라이언트는 자신의 입장에서만 보다가 중요한 타인의 눈으로 보게 되면, 이전에는 없었던 가능성을 만들어 낼 수 있다(정문자 외, 2013).

- 지금 이 자리에 아내가 있다면, 아내는 결혼생활을 지속하고 싶은 정도를 몇 점이라고 할까요?
- 부인께서 보시기에 남편은 자신에게 가장 도움이 되는 것은 무엇이라고 말할 것 같으세요?
- 선생님이 제게 말씀하신 고민을 하늘나라에 계신 어머님이 들으신다면 뭐라고 말씀하실까요?

(7) 간접적인 칭찬 : '어떻게 그렇게 할 수 있었습니까?'

간접적인 칭찬은 클라이언트의 긍정적 측면을 암시하는 질문이다. 칭찬이 효과적이려면 하지 말아야 할 행동이 아니라, 더 해야 할 행동에 초점을 맞춰야 한다. 대부분 클라이언트는 무엇이 잘못인지는 알고 있지만, 그것을 피하는 방식은 생각하지 못한다. 이때, 칭찬은 성공적인 전략을 강조하여 클라이언트가 현재 사용하고 있는 효과적인 행동으로 관심을 옮기는 데 도움이 된다(Nichols, 2015).

- 어머님은 자녀 모두를 특별하게 대하는 것이 중요하다는 것을 어떻게 아셨습니까?
- 그렇게 하는 것이 선생님께 좋다는 것을 어떻게 알게 되셨나요?

6. 이야기치료

1) 발달배경

이야기치료(Narrative Therapy)는 1990년대 이후 널리 알려진 치료적 접근 가운데 하나로 초기 가족치료의 영향 이외에도 초기 구조주의(structuralism),[12] 사회구성주의(social constructionism),[13] 페미니즘(feminism)[14] 등 광범위한 인문사회학 분야의 이론을 임상적으로 해석하고 적용한 접근 방법이다(정문자 외, 2013). 대표적인 인물로 이야기치료의 창시자인 미셸 화이트(Michael White)와 데이비드 엡스톤(David Epston)을 비롯하여 몽크(G. Monk), 프리드만(J. Freedman), 콤즈(G. Comds) 등이 있다.

미셸 화이트(1948~2008)

이야기치료는 인간 삶에 대한 우리의 이해가 역사와 사회의 맥락 속에 한정되어 있으므로(Foucault, 1980) 개인의 행동은 내적 역동에 의한 것이 아니라 역사적, 문화적 산물로 이해하는 것이 더 적절하다고 생각했다(Berger & Luckmann, 1991). 사람들에게 문제가 발생하는 이유는 자신을 협소하고 패배적으로 인식하도록 세뇌되었기 때문이라고 보았는데(Nichols, 2015), 가족이 제시하는 이러한 문제이야기를 가리켜 삶을 짓누르는 '지배적 이야기(dominant story, problem story)'라고 불렀

데이비드 엡스톤(1944~)

12) 1900년에서 1930년 사이에 언어학에서 처음 발전된 분석 양식으로 사회현상의 표면적 모습보다 심층적이고 체계적이며 관계적인 특성을 강조하는 학문이다.

13) 우리의 현실은 객관적 진실이 아니라 다른 사람과의 대화를 포함한 사회적 상호작용을 통해 생성된 사회적 산물이라고 보는 포스트모던 이론이다.

14) '개인적인 것은 정치적인 것이다'라는 신념을 바탕으로 개인의 경험은 사적인 것에 불과한 것이 아니라 성차별주의와 가부장제에 근거한 정치, 사회, 문화적 제도에서 비롯된 것이라는 신념체계이며 이러한 착취와 억압을 끝내고자 하는 운동이다.

다. 이야기치료사의 역할은 클라이언트의 지배적 이야기에 대한 해체(deconstruction)[15] 작업을 통해 가족이 겪고 있는 억압적 영향력을 약화하는 것이다. 또한 개인의 문제를 강화하는 신념에 대해서는 해체 질문을 사용하여 가족이 가부장제(patriarchy)[16]의 신념을 내면화하는 과정을 중단시키고 그런 담론을 사회문화적 차원의 문제로 이해하도록 도울 수 있다(Russell & Cohn, 2012).

2) 기본전제

이야기치료는 클라이언트의 문제와 해결에 대해 다음과 같은 기본 전제를 갖는다(정문자 외, 2013).

첫째, 인간은 자신의 경험을 만들어 내고 해석하는 능동적인 존재이다.

둘째, 이야기는 개인의 삶을 반영하는 도구이자 개인의 삶 자체를 만들어 내고 나아가 개인의 정체성을 이룬다.

셋째, 개인이 자신의 경험과 정체성에 부여하는 의미는 특정한 사회·문화·정치적 맥락(성, 장애, 종교, 인종, 사회적 지위, 사회적 계층 등)의 영향을 받는다.

넷째, 삶은 다양한 목적을 가진 복합적 이야기이다. 즉, 인생은 여러 겹으로 구성된 이야기이므로 클라이언트가 간과해온 긍정적 이야기를 발전시켜 나가는 것이 이야기치료의 목적이다.

다섯째, 개인과 문제는 별개다. 따라서 문제가 되는 것은 문제를 가진 개인이 아니라 문제 그 자체다.

여섯째, 개인이 자신의 삶에서 지향하는 바는 그 개인의 의도, 목적, 희망, 가치, 꿈, 헌신의 대상을 살펴봄으로써 알 수 있다.

---

15) 철학자 데리다(Derrida, 2016)에서 유래한 개념으로 인간의 현실에서 당연시하는 지식이나 관습에 근본적 의문을 제기하는 행위를 말한다.

16) 가족조직에서 부가 가족들의 삶과 죽음에 대한 권한을 갖는 것이며, 좀 더 유연한 해석은 부가 자신에게 가족들의 복종을 요구하고 불복종에 대한 처벌할 수 있는 권리를 말한다.

3) 치료목표 및 치료과정

(1) 치료목표

단기적으로는 가족의 호소 문제를 감소시키는 데 중점을 두지만 궁극적으로 가족 스스로가 선호하는 방향으로 자기 가족의 이야기를 써 나갈 수 있도록 돕는다.

화이트(White, 1995)가 제시한 이야기치료의 목표
• 클라이언트가 자기 자신에 대한 부정적 사실을 다시 구성하도록 돕는다. • 클라이언트가 자신의 삶과 정체성에 대해 갖는 허술하고 빈약한 결론을 벗어나 자신만의 예외적이고 풍성한 이야기를 하도록 돕는다. • 클라이언트의 삶에서 오는 풍성한 이야기를 클라이언트 자신이 말하도록 지지한다. • 클라이언트가 과거에 누구였는지 보다 다른 사람이 되어 이야기하도록 선택권을 준다. • 클라이언트와 타인을 연결하는 데 도움이 되는 방법을 강조한 새로운 이야기를 공동저작한다.

출처 : White(1995)

(2) 치료과정

이야기치료의 과정은 문제의 해체, 독특한 결과의 해체, 대안적 이야기 구축, 대안적 정체성 구축의 순서로 진행되는 나선적 구조로 볼 수 있다. 이야기치료의 회기는 유동적이며, 1~2회에 종결되거나 여러 차례 이어지기도 한다. 단독 회기는 대략 50~60분 정도 걸리지만, 외부증인집단(outsider witnessing group)을 활용하는 경우에는 2시간을 초과하기도 한다(정문자 외, 2013).

4) 치료사의 역할 및 치료기법

(1) 치료사의 역할

이야기치료에서 치료사는 '알지 못함의 자세'를 가지고 질문을 중요한 도구로 사용하며 '탈중심적이고 영향력 있는(decentered and influential)' 위치를 고수해야 한다(White,

2010). 탈중심적이란 치료사의 전문적 이론과 지식보다 가족이 제시하는 이야기나 삶의 지식과 기술을 우선한다는 의미이며, 영향력을 행사한다는 의미는 치료사가 개입을 주도하는 것이 아니라 질문과 반영을 통해 가족이 대안적 이야기를 더 풍부하게 이야기하고, 간과된 영역을 탐색하며, 현재의 문제를 다루는 데 적절한 기술에 친숙해지도록 돕는 것이다.

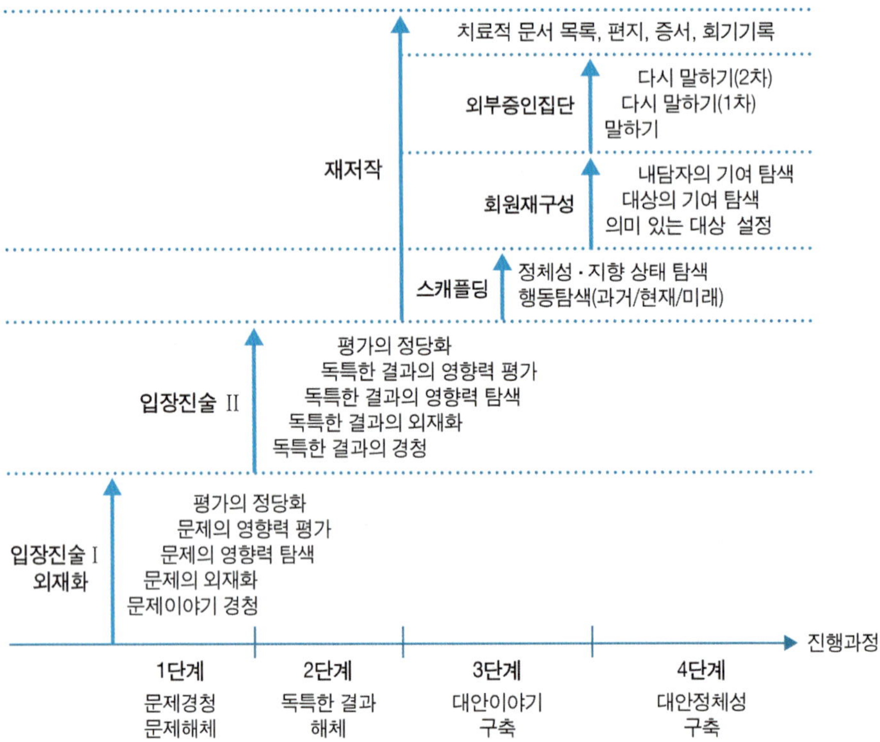

그림 11-10 이야기 치료의 과정

출처 : 정문자(2013), p. 366.

(2) 치료기법

① 문제의 외재화

외재화(externalization)란 치료사가 클라이언트와 문제를 분리하고 객관화시키기 위해 클라이언트와 함께 문제에 이름을 붙이고 의인화하는 작업을 말한다. 문제의 이름은 클라이언트의 경험과 일치해야 하므로 클라이언트 자신의 일상 경험에 기초한 표현을 사용하도록 한다(정문자 외, 2013).

문제의 내재화		문제의 외재화
우울증이 있어서 어디에 가고 싶지 않아요	⇨	우울이 당신을 어디에도 가고 싶지 않게 하는군요
우리 아들이 난폭해서 걱정이에요	⇨	난폭이란 놈이 아들을 휘어잡고 있어서 걱정이군요

② 독특한 결과찾기

문제로 가득 찬 지배적 이야기와 상반되는 일화를 가리켜 독특한 결과(unique outcomes)라고 부른다(White & Epston, 1990). 이야기치료사는 가족을 과거 이야기와 분리하기 위해 독특한 결과를 외재화하여 가족의 삶 전반에 어떤 영향을 미쳤는지 탐색한다. 이를 통해 가족은 자신들의 경험에 대해 더욱 폭넓은 시각을 갖게 되고, 더 풍부한 이야기를 쓰게 되며, 자신들이 바라는 변화의 근거를 발전시킬 수 있다(정문자 외, 2013).

③ 대안적 이야기의 구축 : 재저작과 스캐폴딩

재저작(reauthoring)은 확고해진 문제이야기에 대항하여 긍정적 변화를 가져오기 위해 클라이언트의 이야기를 다시 쓰는 작업이다. 치료사는 클라이언트의 독특한 결과와 관련된 과거 사건을 찾아내고, 그 사건들을 순서대로 배열하여 시간의 흐름 속에서 특정한 주제와 구성을 포함한 이야기로 발전시키도록 돕는다.

그래서 치료사는 독특한 결과와 관련하여 행동과 정체성의 두 가지 영역에서 무슨 일이 일어났고, 그것이 어떻게 일어났으며, 무슨 의미를 갖고 있는지 대화를 나누는데, 이 과정이 마치 거푸집짓기와 유사하다 하여 스캐폴딩(scaffolding)이라고 부른다(정문자 외, 2013).

행동 영역의 질문
• (독특한 결과)를 한 것이 이번이 처음인가요, 아니면 전에도 이런 일이 있었나요? 늘 하는 일인가요, 아니면 아주 특이한 일인가요? • 어떻게 된 일인지 설명해주시겠어요? 제일 먼저 어떤 일이 있었지요? 그 뒤에는 어떤 일이 있었나요? • 잠깐 그때로 돌아가서, 그때 어떻게 그렇게 대비할 수 있었는지 말씀해 주시겠어요? 무엇을 하려고 했었는지, 실제로 무얼 했었는지 기억이 나세요?

정체성 영역의 질문
• 그때 어떤 생각을 하고 있었죠? 그런 일(독특한 결과)을 좀 더 쉽게 하는 데 도움이 되었던 생각이 있었나요? • 어떤 기대나 바람을 갖고 그런 일(독특한 결과)을 했죠? • (독특한 결과)에 비추어 보았을 때, 당신은 삶에서 어떤 것(가치)을 중요시한다고 할 수 있을까요?

④ 대안적 정체성의 구축 : 회원 재구성

이야기치료에서 인생은 회원으로 된 클럽이며 개인의 정체성은 타인과의 관계를 통해 형성된다고 보았다. 따라서 회원재구성(Re-membering)이란 클라이언트의 인생에서 의미 있는 정체성이나 인물과 의도적으로 만나거나 특정 회원을 우대, 자격 해지, 등급 올리거나 내리기, 특정 의견을 존중하거나 무시하는 일 등 인생클럽의 회원을 정비하는 기회를 갖는 것이다(White, 2010).

⑤ 대안적 정체성의 구축 : 정의예식

이야기치료는 정체성이 사회적으로 정의된다는 입장을 갖고 있기 때문에, 치료과정에서 정예의식(Definitional Ceremony)을 도입하여 클라이언트가 자신이 선호하는 삶의 이야기를 청중 앞에서 사회적으로 인정받는 경험을 갖도록 한다(White, 2010).

⑥ 치료적 문서

치료사는 여러 가지 형태의 문서, 글쓰기를 치료에 활용한다. 치료적 문서의 형식은 편지, 메모, 진술서, 목록, 수필, 계약서, 증서 등 매우 다양하며 특별한 제약이 없다. 클라이언트는 이러한 문서를 향후 참고하기 위해 보관하거나 다른 어떤 방식으로 활용할지 결정할 수 있다(정문자 외, 2013).

이 장의 요약

1. 다세대 가족치료는 특정 증상에 초점을 두기보다 개인 또는 핵가족 증상의 맥락을 여러 세대에 걸친 가족 정서과정을 통해 전수된 결과라고 보았다. 즉, 원가족으로부터 생겨난 정신내적 갈등이 부모와의 상호작용을 통해 무의식적으로 받아들여져서 현재의 중요한 타자와의 관계에서 반복되고 있으므로, 현재의 문제를 치료하기 위해서는 개인의 분화수준을 높이는데 초점을 두었다. 이를 위해 최소 3대에 걸친 가족의 가계도를 다룬다는 점에서 탐색범위가 넓으나 실제 치료단위는 개인이나 부부에 한정되어 있었다.
2. 경험적 가족치료는 클라이언트의 마음속 깊이 갖는 정서, 특히 부정적 정서와 욕구를 표현하게 하고 지금-여기에서 작업하면서 이해받고 수용되는 경험을 통해 클라이언트의 자아존중감을 높이고 일치형 의사소통으로 바꾸도록 돕는 모델이다. 자아존중감의 결여, 경직되고 비합리적인 가족규칙, 역기능적 의사소통 및 대처유형을 인간 문제의 근원으로 보고, 이를 치료하기 위해 빙산치료, 원가족 삼인군치료, 가족조각 등의 기법을 활용한다.
3. 구조적 가족치료의 목적은 증상 제거나 문제해결이 아니라 가족의 상호작용 구조를 기능적 방향으로 재구조화하는 것이며, 이 과정에서 증상이나 문제가 사라진다고 보았다. 또한 주요개념으로 하위체계, 경계선, 위계구조 등을 발전시킴으로써 어떤 가족이라도 기능적 혹은 역기능적 상호작용 구조를 지니고 있는지 명확한 지도를 제공하였다. 치료의 성공 여부는 치료자의 성공적인 합류와 사정, 그리고 가족 재구조화를 위한 적절한 기법의 사용 여부에 달려 있었다.
4. 전략적 가족치료는 문제의 원인에 대한 통찰이나 이해에는 관심이 적으며 치료적 이중구속상황을 만들어 증상을 유지하는 가족 내 역기능적 연쇄과정을 끊는 것이 집중하였다. 따라서 클라이언트의 감정이나 의도를 파헤치기보다 가족 간 상호작용에 대해 다양한 지시적 개입을 활용함으로써 단기간의 문제해결에 목적을 두었다.
5. 해결중심 가족치료는 클라이언트의 자원을 최대한 활용하여 문제의 원인을 파악하기보다 문제를 해결할 수 있는 현재나 미래 상황에 초점을 둔다. 이 모델은 클라이언트에 대한 무조건적인 수용과 존중을 바탕으로 클라이언트가 원하는 것에 초점을 맞추어 목표를 설정하고 작업하므로 상담이 단기로 진행되는 특징이 있다.
6. 이야기 가족치료는 인간 삶의 문제를 언어, 의미, 맥락의 차원에서 새롭게 조명하고 그에 따른 해결방안을 모색하는 데 관심을 가진다. 치료과정은 내담자의 이야기 해체, 독특한 결과의 발견과 확장, 이야기 재저작을 통한 클라이언트 삶의 방향 모색과 정체성 재구성으로 이루어진다. 이를 위한 기법으로 문제의 외재화, 치료적 문서 등을 활용할 수 있다.

주요 용어

- **만성불안(Chronic anxiety)** : 실제적인 위협이 없음에도 불구하고 만성적으로 거부나 유기의 불안을 느껴 개인의 적응능력을 위축시키는 불안의 유형으로서 Bowen은 만성불안이 다세대 정서과정을 통해 전수된다고 보았다.
- **정서적 과정(emotional process)** : 생활 사건에 대한 심리·정서적 반응은 단일하고 일시적인 것이 아니라 일련의 과정으로 이해될 수 있음을 내포하는 말이다.
- **재구조화(restricturing)** : 구조적 가족치료의 목적으로 역기능적 가족의 경계선, 하위체계, 위계구조를 재조정함으로써 기능적인 가족구조로 변형시키는 것을 의미한다.
- **가족의사소통** : 가족구성원 간의 대화, 감정적 교류, 정서체계를 구성하는 언어적·비언어적 메시지의 교환을 말한다. 가족의사소통의 방식은 가족구성원 사이의 에너지의 순환형태와 질, 관계의 내용과 질을 이해하는 데 중요한 기초가 된다. 많은 가족 치료사들은 가족 내의 의사소통유형을 좀 더 개방적이고 수평적이며 자유롭고 역동적으로 변화하면 가족문제를 해결할 수 있다고 본다.
- **외부증인집단(outsider witnessing group)** : 이야기치료의 정의예식이나 회원재구성 대화에서 내담자의 이야기를 반영하기 위해 구성된 집단으로 전문가나 비전문가, 가족이나 주위의 지지적 인물 등 참여자격에는 제한이 없다.
- **거푸집 짓기(scaffoldoing)** : 비계(飛階) 설정이라고도 부르며, 개인의 문제이야기를 대안적 이야기로 대체하고 발전시키기 위해 독특한 결과의 구체적 사실과 거기에 깃들어 있는 개인의 목적의식을 조명하는 질문과정을 가리킨다.

추천하는 자료

1. Kerr, M. E., & Bowen, M., 보웬의 가족치료이론(남순현 · 전영주 · 황영훈 공역), 학지사, 2005(원저 1988년 출간).
2. 김영애, 『통합적 사티어 변형 체계치료』, 김영애가족치료연구소, 2011.
3. 박태영, 『가족치료 이론의 적용과 실천』, 학지사, 2001.
4. Madanes, C., 『전략적 가족치료 이론과 사례』(오창순 역), 아시아미디어리서치, 1998(원저 1981년 출간).
5. 정문자 · 송성자 · 이영분 · 김유순 · 김은영 · 어주경, 『해결중심 가족치료 사례집』, 학지사, 2015.
6. White, M., 『이야기치료의 지도』(이선혜 · 정슬기 · 허남순 공역), 학지사, 2010(원저 2007년 출간).

제 4 부

가족복지의 과제와 전망

다양한 가족에 따른 가족복지정책의 대응과제

제 12 장

우리나라에서는 지금까지 국가나 사회가 중심이 되어 가족의 문제를 해결하고 예방하기 위해 적극적으로 노력을 기울인 적은 없었다. 가족문제는 사적 차원에서 해결되어야 할 사안이라는 사회적 통념 때문에 가족의 생활에 대해서는 공적 개입이 금기시되는 것으로 인식되어 왔기 때문이다. 그런 배경에 따라 가족복지정책은 취약계층의 가족을 대상으로 하는 복지서비스 중심으로 협소하게 시행되어 왔다. 따라서 우리 사회에서 진정한 의미에서의 가족복지정책은 아직 마련되어 있지 못하다고 볼 수 있다. 하지만 사회환경이 변화하고 가치의 다원화가 확산되면서 가족구조가 급속히 변화하고, 이 과정에서 가족의 생활을 위협하는 사회적 위험요소들은 날로 증가되고 있어 이에 대해 근본적으로 성찰해 보고 가족에 대한 지원책을 적극적으로 마련하는 것이 필요한 시점에 이르렀다.

가족은 사회환경과 문화의 변화에 민감하게 반응하나, 제도의 특성상 변화에 대한 적응력은 뒤떨어지는 특성이 있다. 그렇기 때문에 오늘날처럼 급속도로 발전하는 사회 속에서 가족의 복지에 대한 욕구와 가족이 외부 사회의 지원을 필요로 하는 정도는 갈수록 커지고 있다. 이러한 가족의 욕구에 부응하고 사회의 발전을 원활하게 이끌어 가기 위해서는 빈곤가족을 주 대상으로 규정하고 있는 현재 우리나라의 가족복지정책은 앞으로는 가족의 다양성을 반영하여 대상영역을 확대하고 내용상으로 다양한 대안을 개발해야 하는 과제를 안고 있다.

이 장에서는 지금까지 다루어 온 가족문제와 정책적 현실에 근거하여 앞으로 개선되어야 할 가족복지정책적 과제에 관해 살펴보기로 한다.

1. 다양한 가족의 현실과 가족복지정책의 방향

지금까지 살펴본 바와 같이 가족은 형태 면에서 핵가족의 외양을 유지하고 있는 경우에도 내적으로는 가족에 대한 가치와 기대수준에 상당한 인식 변화가 나타나고 있다. 그리고 가족은 실제로 형태 면에서도 다채로운 모습을 보이고 있으며 빈곤, 폭력, 질병, 고령 등 다양한 문제와 직면하고 있다.

가족문제는 한편으로는 사회변화 속에서 가족의 정체성이 새로이 정립되지 못하고, 그 가운데 가족구성원 중 특히 여성과 아동의 욕구가 충족되지 못하면서 표면으로 분출된 현상이라고 할 수 있다. 즉, 오늘날의 아동은 성인과 다름없이 동등한 인격체로 인정되고 의사표현의 자율성을 보장받고자 하는 욕구가 크며, 성역할에 대한 여성들의 인식이 변화하고 있으나 사회문화적 관념은 이런 변화를 거부함으로써 여성들은 '정상적'이라 일컬어지는 가족생활에 적응하기가 어려워지는 것이다.

다른 한편으로 가족문제는 사회 내 제반 환경의 변화와 개인의 의식구조가 변화하는 속도에 대해 정책적으로 제대로 대응하지 못하고 지체(lag) 현상이 발생하기 때문에 더욱 심화되고 있다. 즉, 사회와 국가의 가족에 대한 무관심과 방치가 가족문제의 확산을 더욱 부추기는 결과를 낳고 있는 것이다. 이제 가족문제를 해결하고 가족의 복지를 향상하기 위해 정책적으로 접근할 때에는 두 가지 측면에서 고려되어야 할 것이다.

정책은 경직성을 가지고 있어 한번 결정되면 변화하기 어렵다. 또한, 가족은 사회의 가장 기본적인 단위이면서도 그만큼 복잡하며, 개인에게도 다양한 영향을 미친다. 따라서, 앞으로 지향해야 하는 모습을 예측하는 것은 중요하다. 그러나 사회는 빠르게 변화하고 있으며, 앞으로 더욱 빠르게 변할 가능성이 높다는 점에서 단일한 정책보다는 유연하고 다양한 영역을 포함할 수 있어야 한다. 또한, 앞으로의 어떻게 변화할 것인지를 살펴보기 위해서는 현재 가족복지가 어떤 모습인지를 평가하는 것이 중요하다. 즉, 현재 어떤 문제점을 가지고 있으며, 어떤 방식으로 개선할 것인가를 논의함으로써 좀 더 현실적인 지향점을 찾을 수 있을 것이다.

그러나 아직 우리나라에는 기초적 생활보장의 여건마저 갖추고 있지 못하고 사회적 보호를 필요로 하는 취약한 가족이 상당히 많이 있다. 현대사회의 구조적 특성으로 인해 취약한 가족의 발생 가능성은 갈수록 높아지고 빈곤과 고용불안정, 재해와 질병, 그리고 이로 인해 파생되는 제반 문제들은 가족의 불안정성을 부추기는 가장 주요한 원인들이 되고 있다. 따라서 이러한 문제와 직면한 가족의 생활을 안정시키기 위해서는 국가사회적 차원에서 보다 강력한 정책적 보장체계를 마련해야 할 것이다.

다른 한편으로는 개인주의와 자유주의적 사고의 확산으로 가족에 대한 가치가 변하고, 가족의 구조와 형태로 다양화되면서 이제 가족구성원들의 욕구는 다양해지고 있다는 점을 정책적으로 고려해야 할 것이다. 근대 시기부터 확산된 산업화는 국민의 생활수준을 전반적으로 향상시켰고, 그 과정 속에서 개인의 자유로운 선택을 중요시하는 문화가 확산되면서 가족의 복지에 대한 욕구도 날로 다양하게 분출되고 있다. 따라서 가족복지정책은 이러한 욕구들을 포괄적으로 반영할 수 있도록 광범위하고 유연하게 구상되어야 한다. 특히 가족의 다양성을 수용하고 가족유형별 특성에 따라 다양하게 나타나는 개별적 복지욕구를 정책이 수용함으로써 미래지향적 가족복지정책의 모습으로 발전될 수 있을 것이다.

앞으로 가족복지정책은 첫째, 가족에 대한 이해의 범위를 넓힘으로써 혈연 중심의 전통적 가족주의에서 벗어나 다양한 형태의 가족을 상정하여 가족의 형태에 따른 욕구를 차별없이 반영할 수 있어야 한다. 현재 우리나라의 가족복지정책은 부부 중심의 혈연으로 구성된 핵가족제도를 전제하고 있다. 그러나 한부모가족, 재혼가족, 독거(노인)가족, 비혈연 공동체가족 등 다양한 가족의 형태가 늘어가고 있으며, 외국의 경우, 육아 등 가족의 기능과 역할을 공유하는 동거가족 등을 위시하여 다양한 형태의 가족이 나타나고 있다. 이에 따라 사회는 여러 가족 형태를 수용하는 방향으로 나가야 할 것이며, 다양한 욕구 역시 수용할 수 있어야 한다. 그러므로 이를 위해서는 가부장적 사회인식을 타파하고 성평등적 관점에서 조명하여야 할 것이다.

둘째, 가족복지정책은 단순히 가족을 지원하는 정책이 아니라 가족을 판단하는 기준이나 관점이 전제되어야 한다. 따라서 성인지적 관점에 기반한 가족관을 통해 가족의 형태와 가족구성원이 성과 연령 등의 경계를 뛰어넘을 수 있도록 만들어져야 한다.

한국사회의 가부장적 문화는 가족구성원 간의 성고정 역할을 전제한다. 가족복지정책은 성평등에 대한 인식에 기반하여 수립되어야 한다. 가족생활에 대한 교육 프로그램을 통해 이러한 인식을 제고하거나 학교 교과과정에 젠더 교육을 편성함으로써 성역할에 대한 성인지적 관점을 심어줄 수 있어야 한다. 교육을 통해 부부, 부모-자녀, 형제자매 등 가족 상호 간에 평등한 관계를 형성하고 의사소통을 원활하게 할 수 있도록 지원함으로써, 가족원이 다양한 형태로 상호 협력하고 정서적으로도 삶의 질을 높일 수 있도록 해야 한다.

셋째, 가족 내에서 발생 가능한 문제를 미리 예방하고 문제 발생 후에는 신속한 지원방안을 확립하기 위해서는 국가의 책임도 강화해야 한다. 우리나라는 가족에게만 부양의무와 책임을 강조한다. 그러나 최근 노인인구의 증가 및 여성의 사회 진출 등으로 사회가 변화하면서 노약자들의 부양문제가 심각한 사회문제로 나타나고 있다. 따라서 부양 의무의 사회화는 현실적으로 가족복지정책이 지향해야 할 과제로 보인다. 현재 노인의 부양을 위한 기초노령연금이 있으나 지나치게 액수가 적다는 비판이 존재하며, 장애인활동보조 제도의 비현실성, 공공 어린이집의 부족 등이 문제가 되고 있다. 따라서 양육 및 부양 의무에 대한 사회적 책임을 확대할 필요성이 있으며, 가족의 요구에 빠르게 대처할 수 있는 전달체계를 구축하여야 한다. 문제를 가진 가족일수록 경제적·사회적 원인으로 인하여 접근성이 떨어질 수 있다는 점에서 가족복지센터 등 서비스의 접근성을 높일 수 있는 네트워크를 구축해야 한다.

이상과 같은 정책방향이 설정되면 가족복지정책의 목표는 다음과 같이 설정되어야 할 것이다. 첫째, 성(性)과 세대를 초월하여 민주적이고 평등한 의사소통이 가능한 가족관계의 확립, 둘째, 가족의 다양한 복지욕구에 대응하는 복지 프로그램과 서비스의 확충, 셋째, 계층 간과 세대 간에 나타나는 소득격차의 완화와 사회통합 등이다. 이상의 세 가지 목표는 가족에 대한 가치관이 변화하고, 삶에 대한 질적 기대수준이 높아지고 있는 현실에 비추어 볼 때 가족이 사회변화에 유연하게 적응할 수 있는 환경을 마련하는 데 필수적으로 요구되는 내용이라 볼 수 있다.

2. 가족복지정책의 실천적 개선과제

1) 다양한 가족에 대한 제도적 수용

아래의 [그림 12-1] 과 〈표 12-1〉에서 보는 바와 같이 오늘날 이혼인구가 증가하면서 이혼가족, 재혼가족이 늘어나고 있으며, 국제결혼 역시 꾸준히 유지되고 있다. 따라서, 전통적인 가족형태와 다른 다양한 가족 형태의 비중이 높아지고 있다. 이는 지금까지 가족의 주요 기능으로 출산 및 육아와 같은 재생산 기능, 경제적 기능, 교육의 기능으로 보았으나, 현대사회에 들어서는 경제적 기능과 교육의 기능에 대해서 사회의 책임이 강조되고, 출산 및 육아에 대한 시각도 점차 사회적으로 공유해야 하는 문제로 변화하고 있기 때문으로 보인다.

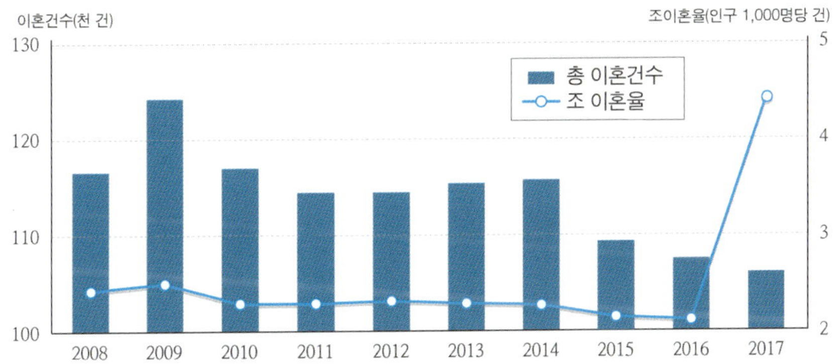

그림 12-1 총 이혼건수 및 조인혼율 추이

출처 : 통계청. 이혼통계(2017).

표 12-1 연도별 혼인건수 및 이혼건수 (단위 : 천건)

	2010	2011	2012	2013	2014	2015	2016	2017
혼인건수	326.1	329.1	327.1	322.8	305.5	302.8	281.6	264.5
이혼건수	116.9	114.3	114.3	115.3	115.5	109.2	107.3	106.0
국제결혼건수	34.2	29.7	28.3	25.9	23.3	21.2	20.5	20.8

출처 : 통계청(2018).

그럼에도 불구하고 기존의 가족복지정책에서는 가족의 형태를 전통적 핵가족으로 전제함으로써 핵가족 이외의 가족은 비정상적인 가족으로 인식되어 왔으며, 그들이 가지는 다양한 욕구에 대해서는 외면하여 왔다. 따라서, 가족 내에서 여성, 아동 또는 노약자 등과 같이 소수자들에 대한 차별과 폭력의 문제는 사적 문제로 가족에게 방치되어 왔다.

이러한 맥락에서 가족에 대한 이해의 폭을 넓히는 일이 가장 시급하다. 가족 내 구성원 간의 관계는 평등하고 민주주의적 관계로 전환되어야 한다. 가족 내의 가부장적인 권력구조는 상대적으로 권력에 취약한 여성, 아동 또는 노인 등에 대한 차별로 이어질 수 있기 때문에, 가족구성원들의 평등한 관계는 모든 가족복지정책의 전제가 된다. 따라서, 구체적인 정책적 지원방안은 어떠한 형태의 가족이든 상관없이 가족구성원 간에 평등한 권력관계와 연대의식을 높일 수 있도록 구상되어야 할 것이다. 또한 가족의 복지욕구, 가족의 기능에 대한 인식 변화 등을 반영하여 가족복지정책의 발전계획을 수립해야 한다. 이는 사회경제적 변화를 고려한 정책비전이 없다면 가족의 복지욕구에 탄력적으로 대응할 수 있는 지원체계를 구축하기가 쉽지 않기 때문이다. 아래의 〈상자글 12-1〉에서 보는 바와 같이 스웨덴의 경우, 육아보육에 있어서 유연한 제도를 구축함으로써 각자의 삶의 주기를 맞출 수 있도록 배려하고 있으며, 질병과 같은 긴급상황에서 혈연뿐만 아니라 이웃, 친구 등 가까운 지인을 통해 상황에 대처할 수 있도록 배려하고 있다.

상자글 12-1 스웨덴의 출산 후 1년 동안 육아보육 지원

출산 후 최대 480일 동안 육아와 건강회복에 전념할 수 있도록 부모수당을 지급한다. 부모수당은 출산모뿐 아니라 입양을 하는 부모에게도 주어진다. 이 480일은 부모의 선택에 따라 사용할 수 있는 것이 특징이다. 예를 들어 출산 후 연속으로 480일을 전부 소진할 수도 있고, 개인의 사정에 따라 일찍 직장에 복귀하더라도 480일의 잔여기간을 수시로 활용할 수도 있다. 부부의 협의하에 출산휴가기간을 한 사람에게 몰아 줄 수 있도록 하고 있다. 잔여기간은 아동이 만 8살이 될 때까지 모두 소진해야 한다.

… 480일의 법정 유급 육아휴가를 다 소진했다고 하더라도 자녀가 질병으로 탁아소나, 학교에

가지 못할 경우 병상을 지키며 간호를 해야 할 경우가 있다. 이때 자녀 1명당 120일을 자녀가 15세가 될 때까지 자녀병상휴가로 사용할 수 있도록 해 자녀의 병원 방문이나 집에서 간호 등을 할 수 있도록 해 주고 있다. 이때도 봉급의 80%를 유급휴가를 사용할 수 있도록 하고 있다. 자녀가 아프지만 이혼 혹은 별거로 혼자 자녀를 키우면서 자신도 질병으로 자녀의 병간호를 할 수 없을 때, 가족 일원 혹은 가까운 친구, 이웃이 대신 자녀의 병간호를 위한 유급휴가를 양도할 수 있게 해 준다. 이때 대신 병간호를 해준 당사자 봉급의 80%를 국가보험청이 직접 지급한다.

출처 : 정기혜 외(2012)

2) 가족 관련법제와 가족복지정책 전달체계의 정비

우리나라에서 국가가 가족에 대해 지원하는 근거가 되는 것은 헌법이다. 현재 헌법 제36조 제1항에는 “혼인과 가족생활은 개인의 존엄과 양성의 평등을 기초로 성립되고 유지되어야 하며, 국가는 이를 보장한다”는 조항이 명문화되어 있어 가족을 지원할 책임이 국가에 있음을 천명하고 있으며, 제2항에는 “국가는 모성의 보호를 위해 노력해야 한다”는 규정이 있어 모성기능을 보호함으로써 가족과 사회의 존속에 국가가 노력을 기울여야 한다는 점이 명시되어 있다. 하지만 헌법 이외의 관련법에는 가족을 지원할 수 있는 근거조항이 많지 않다. 실질적으로 가족생활을 강화하기 위한 정책을 개발하고 집행하는 데에는 한계가 따른다. 따라서 가족생활을 강화하고 가족과 관련된 정책과 실천업무를 통합적으로 조정하기 위해서는 우선 가족에 대한 토대법인 「건강가정기본법」을 개선하여 가족 관련법을 총괄할 수 있는 기능을 부여하여야 할 것이다.

그 밖에 가족 관련법을 살펴보면, 가부장적 이념에 기초하여 구성된 원리들이 그대로 존재하고 있어서 다양한 가족의 실태를 정책에 반영하고 구성원이 세대와 성 간의 차이를 초월하여 평등하고 민주적인 가족관계를 형성하는 데 걸림돌이 되고 있다. 예를 들어 가족법상의 호주제 폐지에 따른 사회적 인식의 변화가 동반되지 못하는 점, 「영유아보육법」상의 불합리한 양육책임 규정, 그리고 모성보호 관련법의 미비 등 법에 있어 여성 차별의 문제는 심각하다. 예를 들어, 「남녀고용평등과 일·가정 양립 지원에 관한 법률」과 「고용보험법」에서는 출산 및 육아에 대한 휴직 및 휴직급여를 보장함으로써 여성의 모성을 보호하고 있다. 그러나 이는 남성의 육아책임을 배제함으로써 여성에게 육아책임을 전가하고 있다고 볼 수도 있다. 이에 반해 아래의 〈표 12-2〉에서 보는 바와 같이 스웨덴, 노르웨이, 덴마크 등 북유럽 국가에서는 부모할당제를 통해 부모 모두가 육아에 대한 책임이 있음을 법적으로 규정하고, 아버지의 육아휴직 사용을 강조함으로써 대략 90%의 남성이 육아휴직을 사용하고 있다. 이에 반해 한국 남성의 육아휴직 사용률은 12.4%로 매우 낮은 상태이다(송지원, 2018).

표 12-2 **스웨덴, 노르웨이, 덴마크의 유급육아휴직 개요**

	스웨덴	노르웨이	덴마크
기간	480일, 부모할당제(90일)	46주 혹은 56주, 부모할당제(10주)	32주
급여	부모 주어진 240일 중, 195일(대체율 77.6%), 45일(일 180크로나	46주(대체율 100%), 56주(대체율 80%) 최대 수령 금액은 월 92,576노르웨이 크로나	가족당 32주 (대체율 100%)
수급권	가족당 32주 (대체율 100%)	혼합(개인, 가족)	개인
자격요건	출산 전 240일간 일 250크로나 이상의 급여 수령 기록	출산 전 10개월 중 6개월 이상 채용, 같은 기간 기본보험급여의 절반 정도 의 급여를 수령한 기록	출산 전 최소 13주간 120시간 근무
유급육아휴직 수당재원	고용주세(사회보장기여금)	일반조세	일반조세 (단, 첫 8주는 지자체에서 수당의 절반을 부담)

출처 : 송지원(2018), p. 68.

이는 부부간도 의무와 책임이 올바르게 배분되지 못하도록 하는 원인이 되며, 사회 내에서도 여성의 차별을 유발하는 주요 동기로 작용한다. 따라서 가족의 다양성을 정책에 수용하기 위해서는 가족 관련법제를 성인지적 시각에서 재조정해야 할 것이다.

즉, 가족 내 약자에 대해 억압하고 일상적 형태의 가족이 아닐 경우에는 차별하는 현재의 가부장적 시각에서 벗어나 모든 가족구성원이 평등한 관계를 유지하며 다양한 가족에게 가족으로서의 권리를 동등하게 인정할 수 있는 관점이 법의 기초가 되어야 할 것이다.

성인지적 관점을 내포한 법제가 실생활에서 효력을 발휘하기 위해서는 이를 집행하는 가족복지정책 전달체계의 정비가 뒤따라야 한다. 이는 가족업무의 특성상 가족과 관련된 정책이 여러 행정부서에서 분산되어 수행되고 있어 종합적이고 일관성 있는 정책이 실행되지 못하고 있다. 현재에는 가족을 위한 정책이 종합적으로 마련되어 있지는 않으며 아동, 여성, 그리고 노인 등 대상별로 정책의 분야가 나뉘어 있고 이들 개별 대상집단을 위한 정책만이 시행되고 있어 실질적으로 우리나라에서 가족복지정책은 존재하지 않는다고 보아도 과언이 아니다. 따라서 거시적 계획과 미시적 접근방법을 통해 가족복지정책을 포괄적으로 재정비하고 이를 기능별로 추진할 수 있는 전달체계를 정비하는 것이 필요하다(조흥식, 2001 : 131).

우리나라에는 2002년까지 가족복지정책을 전담하는 주무 행정부서가 존재하지 않았다. 그러다가 보건복지부에서는 2002년 5월에 직제개편을 통해 가정복지심의관 내에 가정·아동복지과를 설치하여 가족복지업무를 전담토록 하였다. 이는 한편으로 외형적으로는 정부가 가족의 복지에 대해 관심을 가지기 시작했다는 면에서 매우 고무적이라고 평가되었다. 그러나 다른 한편으로는 내용적인 면에서 실질적 가족정책의 틀이 마련되지 않아 사회환경과 여성 삶의 변화를 반영하는 가족정책을 추진하기 위해서는 가족정책 집행부서의 역할이 좀 더 개선될 필요성이 있다.

그런 결과, 가족정책은 보건복지부에서 여성부로 업무가 이관되었고, 2005년부터 여성부에서는 여성가족부로 부서가 확대(신설)되어 본격적으로 가족업무를 담당하게 되었다. 그러나 가족업무는 2008년에 다시 보건복지부로 이관되어 보건복지가족부 내에서는 가족업무가 그다지 중요성을 차지하는 업무로 인식되지 못하고 오히려 정책의 퇴행성을 보이고 있다.

이후 2010년부터 보건복지부의 가족 업무와 청소년 업무는 여성가족부로 이관되었으며, 2012년에는 다문화가족지원과가 포함되어 여성가족부가 개편된 바 있다. 하지만 이렇게 잦은 부서 이관으로 인하여 정책수행에 지속적으로 혼선이 나타나고 있으며, 다양한 문제점이 지적되고 있다. 우선 여성가족부의 경우 부서 명에서 보이듯이 '여성'과 '가족'에 대한 정책수립을 해나가야 하는데, 이 '여성'과 '가족'이라는 업무 범주가 다른 정부부처들과 겹칠 수밖에 없고 독자적인 정책의 수립이 어렵다. 예를 들어, '여성' 업무 경우 거의 모든 정책과 연결되어야 하며, '가족' 업무 중 청소년의 경우 문화체육관광부나 교육부와 연결된다. 앞으로 여성가족부의 과제는 중앙정부 내에서의 가족 관련 사안은 물론이고, 지방정부 내의 관련 부서들과 연계하여 다각적 측면에서 가족업무에 대한 통합적인 조정과 집행능력을 발휘해야 하는 과제가 남겨져 있다.

3) 가족복지정책의 대상 및 범위 확대

전통적으로 가족은 사적 영역으로 구분됨으로써 가족생활에 대한 공적 개입이 금기시되어왔고, 국가와 사회의 복지서비스는 소위 요보호대상에 속하는 일부 특정한 가족에게만 제공되어 왔다. 그러나 대상 가족의 욕구를 만족시키기에도 정책의 효과는 높지 않았다. 사회적 위험이 날로 커지고 있는 현대산업사회에서는 어느 형태의 가족이든 생활에 위협을 경험할 가능성이 커지고 있다. 그리고 가족의 생활안정과 건강의료서비스 그리고 삶의 질 향상에 대한 관심이 높아지면서 이에 대해 요구가 커지고 있다. 따라서 이제는 가족복지의 패러다임이 전환되어야 하고 모든 가족을 대상으로 하는 가족복지정책이 마련되어야 한다.

가족복지정책의 전통이 유구한 서유럽의 경우에는 가족복지정책이 대부분 가족을 포괄하는 보편주의적 경향을 보이고 있다. 이는 가족과 인구구조의 변화로 인해 갈수록 더욱 강화되고 있는 추세이다. 또한 이들 국가에서는 가족복지정책의 영역도 소득보장과 보건의료서비스에 치중되지 않고 경제와 사회, 노동시장 분야를 비롯해 각 영역에 걸쳐서 가족의 복지가 증진될 수 있도록 관심범위를 확대하고 있다. 따라서, 한국사회에서는 다음 〈상자글 12-2〉와 〈상자글 12-3〉과 같이 서유럽국가 중 스웨덴의 유연한 가족정책을 참고할 필요가 있다.

상자글 12-2 **스웨덴 가족관련 정책**

1. 가족수당

- 기본수당 : 16세까지 아동에게 월 950크로나(약 120유로) 지급
- 연장수당 : 16세 이상 고등학생에게 월 950크로나 지급
- 자녀 3명 이상 가정에 추가수당 : 셋째 월 254크로나, 넷째 760크로나, 다섯째 및 그 이상 950크로나 지급
- 학생보조금 (고등학생) : 월 950크로나, 연간 10개월 지원
- 조건을 충족하는 모든 가구에 지급되는 보편적 혜택

2. 보육시설

- 보육시설의 유형 : 어린이집, 자유유치원, 파트타임 유치원, 가정 탁아, 열린 유치원 등
- 어린이집 : 출산휴가(480일) 이후 0.5세부터 이용 가능. 이용시간은 부모의 직업 여건에 따라 유연하게 적용, 비용은 부모의 소득수준과 이용시간에 따라 차등 부과
- 유치원 : 자유 유치원은 어린이집 자리를 확보하기 어렵거나 돌봄 이외의 교육적 양육이 필요한 경우 선택 가능, 파트타임 유치원은 놀이학교라고도 하며, 5~6세 아이들이 3시간 정도 머무를 수 있음
- 열린 유치원 : 부모 가운데 한 사람이 직장을 갖지 않아 쉬는 경우 아이를 맡기는 곳, 시간의 제한없이 자유롭게 드나들 수 있고, 부모는 유치원이 제공하는 교육 프로그램에 참여할 수 있으며, 이용료는 무료이다.
- 비용지원 : 유아학교의 15시간 서비스를 제외하고 부모는 보육시설 비용을 일부 부담한다. 보육료는 첫째 아이의 경우 총 가구소득의 3%, 둘째 아이는 2%, 셋째 아이는 1%로 상한이 지정되어 있다.

출처 : 정기혜 외(2012)

오늘날 복지에 대한 욕구가 갈수록 증대되고 있고, 현대사회의 각 영역은 서로 긴밀하게 연관되어 있기 때문에 어느 한 분야에 대해서만 가족의 생활을 지원하는 것은 효과가 크게 나타날 수 없다. 이제 우리나라에서도 가족복지정책의 대상이나 영역에 대해 특정 대상, 특정 분야로 국한하지 말고 가족의 생활과 관련된 모든 분야로 관심을 확대해 나가야 할 것이다.

상자글 12-3 스웨덴 가족정책의 기본 철학과 특징

스웨덴의 가족정책은 '스칸디나비아 방식'으로 국가와 지역공동체가 주민의 복지를 책임지는 기본원칙에 따라 부모의 결혼여부에 관계없이 아동의 복지를 사회가 책임지는 방식이다.

가족정책은 출산 및 육아로 인한 고용상의 성차별을 완화하고 가정 내 성평등을 실현하는 것이 목표이며, 부모 모두가 직장에 근무하여 그 소득으로 자녀를 양육할 수 있도록 설계되어 있어 고용정책과 밀접한 관련성을 가지고 추진하고 있다.

출산관련 가족정책은 산전휴가기간의 연장과 소득보전 강화, 부모의 평등한 양육책임을 핵심으로 운영하고, 출산으로 인한 경력의 단절을 막기 위해서 비교적 단기인 출산전후휴가, 육아 휴직제도와 휴가기간 동안 높은 소득대체율이 특징이다.

출처 : 주 오이시디 대표부(2005)

4) 가정과 직장의 양립 지원

현대사회에서 직업노동은 개인이 경제적 생활수준을 확보하기 위해 필요한 단순한 도구적 의미를 넘어 개인에게 성취감을 주는 중요한 활동으로 인식된다. 직업은 개인이 자아를 실현하고 내면의 욕구를 분출할 수 있는 긍정적 기회를 의미하며 직업을 통해 사회구성원과 적극적으로 의사소통을 할 수 있는 하나의 매개물이 된다. 이는 남성뿐만 아니라 여성에게도 동일하게 적용되는 것으로, 사회변화 속에서 성 역할이 변화하고 개인의 능력개발과 경제적 생활수준에 대한 기대치가 높아지면서 여성의 취업은 이제 여성의 생애주기 중 중요한 부분으로 자리잡고 있다.

노동시장의 변화와 더불어 가족구조, 인구구조의 변화로 가족 내 돌봄에 대한 관심이 사회적으로 증대되고 있다. 앞서 살펴본 바와 같이 전통적인 대가족뿐만 아니라 전형적인 핵가족도 감소하고, 부모와 자녀, 형제, 친척이 각자 다른 지역에 거주하는 경우가 증가하고 있다. 또한, 출산율 저하와 노인인구 비율 증가로 가족에게 주어지는 부양부담도 증가하고 있다. 이 때문에 한 가족 내에서 자녀양육이나 노부모의 돌봄은 많은 비중을 차지하고 있다.

현실에서 기혼여성이 취업과 가족생활을 병행한다는 것은 사회의 이중 부담으로 작용하고 있다. 전통적으로 사회적 고정관념은 여성을 자녀양육과 가사노동, 그리고 노약자에 대한 돌봄노동의 담당자로 규정하고 있어 설령 여성이 취업 중이라 하더라도 두 부분에 대한 책임은 여성에게 부과되어 취업여성은 남성과 달리 직장과 가정 양쪽에서 이중 부담을 안게 된다. 그러므로 이는 결국 출산율 저하와 가족 내 갈등증가라는 결과를 가져오게 된다. 따라서 돌봄노동의 사회화를 주요 내용으로 하는 모성보호제도의 의미가 커지고 있으며, 「남녀고용평등과 일 · 가정 양립 지원에 관한 법률」를 통해 다양한 보호방안을 규정하고 있다.

그러나 현 정책의 수준은 아직 초기 단계라서 더욱 강화되어야 할 필요가 있다. 현재 「남녀고용평등과 일 · 가정 양립 지원에 관한 법률」에서는 육아 휴직 외에도 직장어린이집 설치 및 지원, 근로자의 가족 돌봄휴직 등을 보장함으로써 일 · 가정 양립을 지원하고 있으나, 현실적으로는 잘 이루어지지 못하고 있다. 또한 법적으로 육아휴직을 이유로 불이익을 주거나 해고하는 것을 금지하고 있으나, 2017년 보건복지부의 한 산하 기관에서 남성 직원이 육아휴직을 신청하자 비정규직으로 전환시킨 일이 있었다[1]. 본 사례 외에도 2건이 더 있었으면, 국정감사에서 지적을 받아 복귀시키고 하였다. 돌봄 노동은 체력을 요구하며, 가족에 대한 지속적인 관심을 요구하고, 특히 노동시간이 길고 추가 근무가 많은 한국사회에서[2] 이러한 현상은 다른 선진국에 비해 더욱 열악한 상황이다.

2018년 7월 정부에서는 대통령 직속 저출산고령사회위원회를 구성하여 저출산과 고령화 관련 정책 과제를 보다 넓은 관점에서 바라보고, 정책 아젠다를 전환하고자 노력하고 있다. 다음 〈표 12-3〉에서 볼 수 있듯이 출산에 대하여 고용보험 미적용자

---

1) 출처 : 2017년 9월 8일자 SBS 뉴스, 아빠도 육아휴직 하라면서..신청했더니 "비정규직 전환" (http://v.media.daum.net/v/20170908205509622)

2) 2018년 7월부터 문재인 정부는 300인 이상 기업을 대상으로 주 최대 근로시간을 월 68시간에서 52시간으로 조정하였다. 또한, 법정 근로시간의 예외로 인정 받던 특례업종 역시 기존 26개 업종에서 5개 업종으로 단축하여, 실제적으로 모든 업종에 주 최대 근로시간을 52시간으로 단축하였다. 이 정책은 기업 규모별로 순차적으로 적용될 예정이다(청와대 정책 브리핑(www.korea.kr) 참조). 그러나 폴 크루그먼은 28일 한국 전경련 초청 특별대담 '양극화, 빈곤의 덫 해법을 찾아서'에서 주 52시간 노동 시간에 대해서도 지나치게 길다고 발언하였다(한겨레 2018. 06. 28 기사).

출산지원금 지급, 임산부 의료비 경감 및 1세 아동 의료비 경감, 가정에 건강관리사를 파견하여 산후조리·신생아 양육서비스를 제공하고, 일·가정 양립을 위해 남성의 출산 및 육아 휴직 지원 확대, 육아기 근로시간 단축, 휴직자에 대한 대체 인력고용에 대한 지원금 인상 등이 있다. 이번 저출산대책에서는 현재까지 정책의 모성보호제도는 여성만을 대상으로 한다는 인식을 전환하고 남성의 육아휴직과 출산휴가 지원을 확대하고 있다는 점에서 의미가 있다.

표 12-3 "일하며 아이키우기 행복한 나라"를 위한 핵심과제

성평등한 일·생활 균형	1. 배우자 유급출산 휴가 확대, 정부지원 신설 ▷유급 10일, 중소기업 5일분 정부지원 2. 임금삭감없는 육아기 근로시간 일 1시간 단축 추진 ▷육아휴직 포함 최대 2년, 1시간 단축시 임금 100% 지원 3. 아빠 육아휴직 보너스제 급여 상한액 인상 ▷현행 월200만원에서 월250만원으로 인상
출산과 돌봄 부담 최소화	1. 1세 아동 의료비 제로화 ▷본인부담액 5.6만원, 국민행복카드 지원 확대(지원액 10만원 인상, 사용기간 확대) 2. 아이돌보미 지원대상 확대 및 정부지원 강화 ▷중위소득 150% 이하(기존 120% 이하), 최대 90% 지원
차별과 사각지대 해소	1. 특고직, 자영자 등 고용보험 미적용자 5만명, 출산휴가급여 사각지대 해소 ▷90일 간 월 50만원 지원 2. 한부모 양육비 지원액 인상, 지원 자녀연령도 확대 ▷(기존)지원액 13만원, 자녀연령 14세 미만 → 지원액 17만원, 자녀연령 18세 미만

출처 : 저출산고령사회위원회 홈페이지(2018).

그러나 여전히 저출산 대책은 직접적인 개입보다는 간접적으로 개입하기 때문에 그 실효성에 대해서는 의문이 제기되고 있으며, 모성보호를 남녀 근로자 모두가 해당되는 '사회적 모성보호'로 확대하여 자녀양육과 돌봄노동의 책임이 특정한 성에만 있는 것이 아니라 양성이 함께 해결해야 할 과제로 인식을 전환하기에는 미약하다는 비판이 존재한다. 저출산·고령화 문제를 해결하기 위해서는 돌봄노동의 사회화를 통해 가족의 부담을 경감시킬 뿐만 아니라, 직장과 가정의 균형을 통해 삶의 질을 재고할 수 있어야 할 것이다.

5) 가족을 위한 복지 프로그램과 서비스의 확충

현재 우리나라에서는 가족복지서비스의 대상이 저소득층으로 한정되어 있으며 그 내용이나 범위가 매우 한정적이다. 즉, 가족복지서비스가 저소득 빈곤가족의 경제적 안정이나 보건의료서비스 등 기초생활을 보장하기 위한 제도 및 프로그램 중심으로 협소한 범위 내에서 운영되기 때문에 앞으로는 일반 가족의 욕구도 반영하여 각 생활영역에 걸쳐 다양한 프로그램을 마련하고 서비스의 수준도 단계적으로 높여야 할 것이다.

이를 위해서는 한편으로 가족의 입장에서 기존 제도들을 검토하고, 가족의 생활과 직접적으로 연관되어 있는 관련 분야에 대해서는 다양한 정책적 과제와 프로그램을 발굴해야 한다. 그런 맥락에서 우선적으로 시급한 것은 이제 안정의 단계로 접어든 4대 사회보험과 공공부조서비스가 가족의 생활에 얼마나 긍정적인 효과를 가져왔는지 분석하여 이 제도들이 가족의 생활을 강화하고 구성원 간의 지지체계를 튼튼히 할 수 있도록 개선하는 작업이다. 그리고 가족을 위한 상담이나 치료서비스 그리고 여가지원 서비스를 강화하여 가족 또는 민간부문에만 맡기지 말고 국가의 주도하에 서비스를 확대해 가야 할 것이다. 다른 한편으로는 사회변화와 미래의 환경변화에 대비하여 필요한 새로운 제도에 대해 검토해 보고 시급히 요구되는 제도들은 바로 도입해야 할 것이다.

이상과 같이 가족을 위한 복지 프로그램과 서비스를 확충하고, 또한 효율적으로 운영하기 위해서는 복지행정 수행에 민간의 참여를 유도하는 것이 필요하다. 민간과 공공부문 간에 적정한 역할분담을 통해 정책방안의 효율성을 높여 다양한 가족의 욕구에 대한 만족도를 높여 나가야 할 것이다.

이 장의 요약

1. 가족은 사회환경과 문화의 변화에 민감하게 반응하나, 제도의 특성상 변화에 대한 적응력은 뒤떨어지는 특성이 있기 때문에 오늘날처럼 급속도로 발전하는 사회 속에서 가족의 복지에 대한 욕구는 커지면서 공공시스템에 대한 의존도는 갈수록 높아지고 있다.
2. 앞으로 가족복지정책은 혈연 중심의 전통적 가족주의에서 벗어나 다양한 가족형태를 인정하고, 가족구성원은 성과 연령의 경계를 뛰어넘어 상호 간에 평등한 관계를 형성하고 자유로이 의사소통을 할 수 있도록 지원하며, 가족 내에 발생 가능한 문제를 예방하고 문제가 발생한 후에는 그에 신속하게 대응하는 지원방안을 확립하기 위해 국가의 책임을 강화하는 방향으로 발전해야 한다.
3. 가족생활을 강화하고 가족과 관련된 정책과 업무를 통합적으로 조정하기 위해서는 우선 여성가족부의 역할을 확실히 할 필요성이 있으며, 가족에 대한 상위법을 만들어 가족 관련법을 총괄할 수 있는 기능을 부여하여야 할 것이다. 이와 더불어 여성의 사회참여를 근원적으로 불리하게 조건 짓는 사회보장 관련법과 모성보호 관련법 등이 성 평등적으로 개선되어야 할 것이다.
4. 성인지적 관점이란 가족 내 약자에 대해 억압하고 특정한 형태의 가족이 아닐 경우에는 차별하는 현재의 가부장적 시각에서 벗어나 모든 가족구성원이 평등한 관계를 유지하며 다양한 가족에게 가족으로서의 권리를 동등하게 인정할 수 있는 관점을 의미한다.
5. 성인지적 관점을 내포한 법제가 실생활에서 효력을 발휘하도록 하기 위해서는 이를 집행하는 가족복지정책의 전달체계가 정비되어야 한다. 중앙정부와 지방자치단체에서 가족업무를 전담하는 부서들이 체계적으로 정비되고 부서가 아직 부재한 지역에는 전달체계가 신속하게 마련되도록 노력해야 한다. 그리고 중앙과 지방에서의 연계가 원활히 이루어져야 올바른 가족복지정책이 집행될 수 있다.
6. 오늘날 복지에 대한 욕구가 갈수록 증대되고 있고, 현대사회의 여러 하위체계들은 모두 긴밀하게 연관되어 있기 때문에 이제는 가족의 생활 중 어느 한 분야에 대해서만 지원하는 것은 효과가 크게 나타날 수 없다. 이제 우리나라에서 대상이나 영역 면에서 특정 대상, 특정 분야로 국한하지 말고 가족의 생활과 관련된 모든 분야로 정책적 관심을 확대해 가야 할 것이다.
7. 전통적으로 사회적 고정관념은 여성을 자녀양육과 가사노동, 그리고 돌봄노동의 담당자로 인식하고 있어, 기혼 취업여성은 남성과 달리 직장과 가족의 틈바구니에서 이중 부담을 안게 되어 가족 내 갈등요소로 작용하고 있다. 따라서 자녀양육에 대한 사회적 책임분담뿐만 아니라 노인보호에 대한 사회적 책임 강화를 통해 가족의 부담을 경감시키는 것이 가장 시급한 당면과제라 할 수 있다.
8. 현재 우리나라의 가족복지서비스는 저소득층을 대상으로 하는 프로그램이 주를 이루고 있어 그 내용이나 범위가 매우 한정적이다. 즉, 저소득 빈곤가족의 경제적 안정이나 보건의료서비스 등 기초생활을 조방하기

위한 제도 및 프로그램 중심으로 협소한 범위 내에서 운영되기 때문에 앞으로는 다양한 가족의 욕구를 반영하여 다양한 프로그램이 개발되어야 할 것이고, 서비스의 질적 수준도 높여 삶의 질을 높이고 평등한 가정을 구현해야 할 것이다.

주요 용어

- **돌봄노동**(caring-work) : 아동이나 병약자, 노인을 보호하고 수발하는 행위를 의미하며, 가부장제 사회에서 돌봄노동은 여성의 책임으로 규정되는 게 일반적이어서 여성의 사회참여에 부정적 요소로 작용하는 경우가 많다.
- **호주제** : 가족법에서는 호주를 중심으로 가족이란 집단을 규정하며, 가족구성원에게 출생이나 혼인 그리고 사망 등 신분상의 변동이 생기면 호주를 중심으로 해서 변동사항을 기록하는 데 이를 호주제도라 한다.
- **전달체계** : 전달체계란 서비스의 공급주체와 소비대상을 연결 짓는 조직적 연계고리로 정의된다. 전달체계는 크게 공공부문과 민간부문의 전달체계로 구분된다.

추천하는 자료

1. 심영희, 『모성의 담론과 현실』, 서울 : 나남, 1999.
2. 조성한 · 정용남, 『사회복지행정서비스 전달체계 연구』, 한국행정연구원, 1998.
3. 이진숙 · 김태원, 독일의 저출산문제와 최근 대응의 변화, 『국제지역연구』, 18(1) : 3-26, 서울 : 한국외국어대학교, 2013.
4. 이상협 외, 『저출산 대책의 효과성 평가』, 한국보건사회연구원, 2016.

가족복지의 전망

제 13 장

지금까지 이 책에서는 현대산업사회의 구조적 변화와 사회문화적 인식의 전환으로 인해 나타나는 가족의 형태와 구조상의 변화를 살펴보고, 우리사회에서 주요 사회문제 중의 하나로 인식되고 있는 가족문제에 대해 생각해 보며 이와 관련된 정책현황을 살펴보았다.

1990년대 이후부터 가족의 복지에 대한 사회적 관심이 높아지면서 각 분야에서 이에 대한 정책적 관심도 꾸준히 상승되어 왔다. 인구의 고령화와 출산율 감소, 그리고 여성의 취업증가 등에 기인하는 사회복지의 수급 불균형 현상은 앞으로 가족복지정책에 대한 요구를 더욱 증대시킬 것이다. 그러나 이러한 요구가 적절히 해결되기 위해서는 가족복지와 관련된 정책구상에 있어 근본적 변화가 우선되어야 한다. 이를 위해서는 가장 먼저 기존의 정책 현실을 엄밀히 진단하여 향후 가족생활의 변화를 고려한 진취적 방향을 모색해 보아야 할 것이다. 그런 후에는 지금까지 가족복지의 논의대상에서 배제되어 왔던 가족유형에 대해 공적 담론을 형성하고 지원방안을 고민해 보아야 한다. 현실과 정책 간의 괴리로 인해 제도 밖에서 맴돌고 있는 가족유형을 배제한 채 가족복지에 대해 논의한다는 것은 시대착오적이고 비현실적인 것이 되기 때문이다.

이제 이 장에서는 미래지향적인 가족복지정책에 대해 전망해 보고자 한다.

1. 제도권 밖의 가족에 대한 접근

미래지향적 가족복지정책이란 정책 패러다임이 사회경제적 변화에 탄력적으로 대응하며 개별가족의 욕구에 최대한으로 부합할 수 있는 정책이라고 할 수 있다. 현재의 정책이 미래지향적으로 발전하기 위해서는 우선 정책의 대상이나 범위가 보편주의적으로 확대되고 질적 수준이 향상되어야 한다. 그러나 이와 더불어 정책의 발전에 필요한 것은 사회 규범상 지금까지 의도적으로 논의가 금기시되어 왔던 가족유형의 복지에 대해 어떻게 접근해야 할 것인가 하는 문제에 대한 고민이다.

지금까지 이 책에서는 다양한 가족의 유형 속에 우리나라에서 이미 논의가 진행되고 있는 한부모가족, 이혼가족, 재혼가족, 미혼모가족, 그리고 독신가족뿐만 아니라 자발적 무자녀가족, 집단가족 등을 포함시키고 이에 대한 분석을 해 왔다. 하지만 우리의 현실세계에는 공적 논의의 대상에 포함되지 못한 가족도 상당히 많이 존재하고 있다. 이미 현실 속에서는 확산되고 있음에도 불구하고 공적 차원에서는 이슈화되고 있지 않은 가족유형은 논의의 대상에서 암묵적으로 배제되고 있어 이에 대한 담론조차 형성되지 못하고 있다. 이런 맥락에서 대표적으로 언급될 수 있는 가족유형은 동거가족과 동성가족이라고 할 수 있다.

1) 동거가족

동거가족은 남녀가 결혼을 하지 않고 함께 사는 것을 말한다. 우리사회에서 과거에는 대체로 동거를 사회적으로 수용하기 어려운 생활형태로 보는 의식이 지배적이고, "하고 싶지만 감추고 싶다"는 모순적 태도를 보이는 사람들도 다수였다. 그러므로 동거에 대해서는 아직 사회적 수용태도가 폐쇄적임을 알 수 있다. 이러한 이유로 인해 동거에 대한 통계는 거의 찾아보기 어렵고, 동거가족에 대한 정확한 실태조차 파악할 수 없다. 하지만 〈상자글 13-1〉에서 볼 수 있듯이 현실은 빠르게 변하고 있다.

서구의 경우 동거가 젊은 연령층을 중심으로 보편적으로 확산되어 있고 동거가족의 복지에 대해서 제도권 내에서 다루기 시작한 지도 이미 오래이다. 서구의 경우에는 성과 결혼을 동일선상에 놓고 동거를 도덕적으로 판단할 대상으로 보기보다는 상호 간의 애정을 확인하는 결혼의 전 단계로 인식함이 일반적이다. 이는 결혼에 대한 가치 기대가 그만큼 높아졌다는 반증으로 풀이되고, 결혼의 조건으로 가족환경과 혈통보다 사랑과 애정을 중요시하는 개인주의적 문화의 발로로 이해할 수 있다. 우리나라에서도 젊은 층에서 동거형태가 점차적으로 증가하고 있음을 볼 때 이를 가족의 한 형태로 수용하는 것에 대한 진지한 논의가 필요한 단계에 도달했다고 볼 수 있다. 동거가족에 대한 정부지원은 서구에서도 각 나라마다 그 사회의 문화적 개방 정도에 따라 차이가 있으나 자녀가 있는 동거가족에 대해서는 제도가족과 별 차등 없이 동일하게 정책적으로 지원하는 것이 일반적이다.

상자글 13-1 혼전동거에 대한 태도

혼전동거에 대한 태도가 상당히 많이 변화하고 있음을 알 수 있는 보고서가 발간되었다. 한국보건사회연구원은 2013년 7월~8월 전국 20~65세 남녀 1,000명을 대상으로 '가족 가치관 인식 및 태도 조사'를 실시한 결과 46.1%가 '결혼을 하지 않아도 남녀가 함께 살 수 있다'고 응답했다.

전체적으로는 동거에 반대하는 비율(53.6%)이 다소 높았지만, 20대와 30대에서는 동거 찬성률이 각각 53.1%, 59.2%로 절반을 넘었다. 반면 50대와 60대에서는 각각 63.1%, 69.1%가 동거에 부정적인 입장을 보였다. 젊은 층일수록 결혼=동거라는 등식에 찬성하지 않는 이들이 많다는 이야기다.

출처 : 초이스경제(2014. 2. 3.)

우리나라의 경우에는 주로 공장 주변 또는 저소득층 밀집지대나 대학가 주변에서 부모와 떨어져 거주하고 있는 젊은 연령층을 중심으로 동거형태가 차츰 늘고 있는 추세이다. 이들이 동거를 하는 이유에는 경제적 이유나 결혼제도에 대한 불신, 그리고 결혼 전 단계로서 약혼의 의미를 띠는 경우 등 다양한 동기가 혼재되어 있는 것으로 추정된다.

2) 동성가족

동성가족에 대해서는 우리나라는 물론이고 아직 서구에서도 이들을 제도권으로 흡수하는 문제에 대해서는 많은 논란이 있다. 동성가족을 가족의 형태로 인정하는 것은 한편으로 개인의 성적 정체성을 다양하게 인정할 것인가 하는 문제와, 다른 한편으로는 동성가족이 수행하는 가족의 복지기능에 대해서 사회적 차원에서는 어떻게 보아야 할 것인가, 라는 두 가지 문제로 나누어 보아야 한다. 우리나라의 경우에는 생물학적 성에 얽매이는 사회적 고정관념 때문에 현실 속에서 대부분의 동성애자들은 자신의 성 정체성을 숨기고 살 수밖에 없다. 하지만 사회가 대중매체 속에 등장하는 동성애자나 성전환자에 대해서는 경우에 따라 관대하게 수용하는 이중적 태도를 나타내기도 한다.

상자글 13-2 미국의 동성결혼 합법 주 증가

미국 버지니아 주 알링턴에 사는 두 여성 에리카 터너(26)와 제니퍼 멜솝(26)은 내년 8월 워싱턴 시에서 결혼식을 올릴 계획이었다. 포토맥강을 사이에 두고 워싱턴 시는 동성결혼을 허용하는 반면 버지니아 주는 금하고 있기 때문이다. 하지만 이들은 6일 오전 페이스북에서 연방대법원의 동성결혼 관련 판결 소식을 보고 그 길로 알링턴카운티 청사로 달려가 혼인신고를 했다. 혼인신고서에는 '신랑/신부'가 '배우자/배우자'로 고쳐져 있었다.

뉴욕타임스가 전한 이 레즈비언 커플과 같은 사례는 이날 하루 미국 곳곳에서 속출했다. 미 연방대법원이 이날 오전 10시 버지니아, 유타, 오클라호마, 위스콘신, 인디애나 등 5개 주 정부가 동성결혼 금지 법률 위헌 판결에 불복해서 낸 상고를 각하했기 때문이다.

대법원이 지난해 6월 뉴욕의 한 동성애자가 낸 소송에서 결혼을 이성 간의 결합으로 규정한 결혼보호법이 평등의 원칙에 위배된다고 판단했다. 하지만 미국은 각 주가 자체적으로 법을 정하기 때문에 주 정부가 동성혼을 허용하지 않으면 동성 부부는 세금, 주택, 의료, 사회보장 등에서 차별을 받는다.

이날 대법원 판단은 사실상 동성결혼 합법화 쪽의 손을 들어준 것이다. 대법원의 이러한 판단은 주정부가 상고하지 않은 콜로라도, 캔자스 등 6개 주에도 적용된다. 이로써 이미 동성혼이 합법화된 19개 주와 워싱턴 시까지 하면 모두 30개 주와 수도 워싱턴에서 동성혼이 합법화되게 됐다. 미국 동성커플의 3분의 2가 원하는 곳에서 부부 지위를 인정받고 살 수 있게 됐다고 UCLA 로스쿨의 윌리엄스연구소가 추정했다.

하지만 대법원은 동성혼 자체의 합헌 여부를 판단하지는 않았기 때문에 나머지 20개 주는 여전히 동성혼 불허 정책을 유지하게 된다. 이들 주 대부분은 공화당 성향이다. 대법원이 동성혼 합헌 여부를 이번에도 심리하지 않은 데는 보수 성향의 대법관 4명의 의사가 작용한 것으로 보인다.

출처 : 경향신문(2014. 10. 7.)

동성가족은 일반적으로 이성애 가족과 다름없이 서로를 경제적으로 부양하고 정서적으로 지지하며 한 사람이 병약할 경우에는 보호기능을 제공하는데 이들에게 가족 또는 부부로서의 사회복지적 권리는 전혀 인정되지 않고 있다. 한 예로 동성가족 중의 한 사람이 간병을 위한 휴가나 사회보험 혜택을 필요로 할 때 다른 한 파트너가 배우자의 법정 권리로서 이를 요구할 수 없으며, 자녀를 입양하려고 해도 이들에게는 입양부모로서의 자격이 인정되지 않는다.

프랑스나 독일을 비롯한 유럽 일부 국가는 이제 이들을 가족의 한 형태로 당당히 인정하기 시작함으로써 이들에게 사회적 권리들을 부여하고 있어서 이들의 복지를 위해 전혀 관심을 기울이지 않고 있는 우리에게도 시사하는 바가 크다.

현재 우리나라에서 동거가족이나 동성가족이 늘고 있는 추세이지만 이들의 복지에 대해 공적 담론이 형성되지 못하는 것은 우리사회에 성에 대한 이중 잣대가 보편화되어 있고, 유교적 고정관념으로 인해 가족의 형태에 대한 시각이 경직되어 있다는 점에서 그 이유를 찾아볼 수 있을 것이다. 즉, 성과 연관된 문제에 대해 공개적으로 논의하기를 꺼리는 사회 분위기와 남성 중심적 가족문화의 이중성으로 인해 이러한 유형들에 대한 논의가 공적 차원에서 이루어지지 못하고 있는 것이다. 그리고 여성에게는 순결과 정절을 강요하지만, 남성에게는 성적 자유를 묵인하는 이중적 성 문화는 동거라는 현상을 암묵적으로는 수용하면서도 공적으로는 인정하지 않는 부조리한 현상과 대중매체에 등장하는 동성애자에 대해서는 쾌락의 대상으로 보면서 이들에게 생활인으로서의 복지권은 보장하지 않는 모순을 만들어 내고 있다.[1)]

1) 미혼모가족의 출현도 이와 같은 맥락에서 이해될 수 있다. 즉, 사회의 이중적 성 고정관념으로 인해 미혼모가족은 존재하지만 미혼부는 용어조차 일반화되지 않는 모순상황이 발생하고 있는 것이다. 미혼모가족은 사회 내에서 일탈적 가족형태로 낙인찍혀 경제적 어려움과 사회의 부정적 편견으로 인해 고통받기 십상이고, 그로 인해 미혼모는 본

성에 대한 편중된 시각은 동거가족과 더불어 동성가족에게도 해당한다. 성에 대한 지향성이 다수의 사람과 다르다는 것이 동성가족에게는 사회에서 일탈자로 낙인되는 차별적 요소로 작용하여 이들은 비정상적으로 간주되고 가족에게 보장되는 일반적 권리를 제공받지 못하고 있다. 동성가족 또한 이성애를 바탕으로 구성된 가족과 똑같이 사회적으로 요구되는 가족의 기능을 수행한다면 이들을 정책대상에서 제외하고 이들에게 아동입양이나 재산권과 사회복지권 등의 권리를 행사할 수 없게 하는 것은 부당한 일이다. 성 문화가 개방되고 개인의 개성 발현이 장려될수록 동성가족의 실태 또한 사회 표면으로 드러나는 서구의 사례를 감안할 때 이제 우리나라에서도 이러한 생활유형을 어떻게 가족으로 간주하고 이들에게 사회적 기여도에 합당한 권리를 보장할 것인지에 대한 진지한 논의를 해야 할 때가 되었다고 본다.

3) 동반자 가족

한국사회에서 가족은 결혼을 통해 결합한 이성부모와 그 자녀로 구성된 가족을 말하며, 이러한 가족을 "정상가족"이라고 한다. "가족"을 표준국어대사전에서 찾아보면 "부부를 중심으로 한, 혼인, 혈연, 입양 등으로 이루어진 친족관계에 있는 사람들의 집단 또는 그 구성원"으로 되어 있으며, 이를 소위 '정상가족'이라고 한다. 그러나 가족은 한 가지의 형태만으로 구성된 가족(family)가 아니라, 다양한 형태의 가족(families)들이 존재하고 있다. 예를 들어, 한부모가족, 동성가족, 다문화가족, 1인 가족 등은 소위 말하는 "정상가족"의 범위를 넘어선 가족의 형태들이다. 그리고 혼인, 혈연, 입양 외에 다른 관계로 만나 구성된 다양한 형태의 가족들은 '비정상가족'인가. 그렇다면 "정상"이란 무엇일까?

동반자 가족은 혈연이나 결혼으로 연결되지 않은 사람들이 가족처럼 함께 살고 있

인의 자녀를 직접 양육하는 데에는 상당히 많은 어려움을 겪을 수밖에 없다. 그로 인해 입양과 낙태라는 또 다른 문제를 수반하는 경우가 일반적이어서 미혼모나 그의 자녀 모두의 행복에 중대한 장애를 유발한다. 외국의 경우에는 미혼모가족에게도 일반 가족과 동등한 권리를 보장하여 이들이 행복하게 살 수 있는 여건을 조성하고자 노력하고 있음을 볼 때, 아동과 미혼모의 복지를 위해 이들에게도 정책적 지원을 하는 것이 바람직하다. 이들 역시 사회에서 중요하게 평가되는 가족의 기능을 다른 가족형태와 동일하게 수행하고 있기 때문에 이들에 대한 지원은 하나의 당연한 사회적 의무이다.

는 구성원들을 말하며, 이들에게 기존의 가족관계와 마찬가지로 법률적 보호를 받을 수 있도록 하는 법안을 생활동반자법이라고 한다.

상자글 13-3 **생활동반자법**

[갑자기 나타난 그의 조카에게 모든 상속권 뺏기고 자살한 비극 생활동반자법 발의 계기, 새 가족제도 논의 본격화할 듯]

고교 동창생인 허아무개(62)씨와 김아무개(62)씨는 40년간 부산에서 함께 살았다. 허씨는 2013년 8월 골수암에 걸려 병원에 입원했다. 허씨는 얼마 살지 못할 운명이었다. 함께 살던 아파트는 김씨와 함께 돈을 모아 마련한 재산이었지만 허씨의 명의로 되어 있었다. 김씨는 뒤늦게 아파트 명의를 자신으로 이전하려 했다.

그런데 수년간 얼굴을 비치지 않던 허씨의 조카가 나타났다. 아파트 출입문 열쇠를 김씨 몰래 바꾸어버렸다. 김씨는 하루아침에 아파트에서 쫓겨났고 허씨 조카는 재산권을 행사했다. 사망보험금도 허씨 조카가 차지했다. 허씨와 김씨는 법적으로는 가족이 아니었기에 허씨 재산의 상속인은 김씨가 아닌 조카였다. 김씨는 신변을 비관하여 그해 10월 30일 새벽 20층 아파트 꼭대기에 올라가 투신자살했다.

2014년 당시 진선미 새정치민주연합 의원이 동거가족의 법적 권리를 재정비하는 생활동반자법의 제정을 서둘러야겠다고 판단한 데에는 이 사건의 영향이 컸다. 생활동반자법(생활동반자 관계에 관한 법률안)은 그 초안이 마련된 상태이고 곧 국회 여성가족위원회에 상정될 예정이다. 법안이 상정되면 새로운 가족제도의 도입에 대한 사회적 논의가 본격화할 것으로 보인다.

법안의 주요 내용은 혈연 및 혼인 관계에 얽혀 있지 않은 동거가족 구성원들이 기존의 가족관계와 마찬가지로 법률적 보호를 받을 수 있도록 하는 것이다. 법적 보호를 받는 '생활동반자 관계'는 당사자의 주소지 등을 관할하는 가정법원에 당사자 쌍방이 연서한 서면으로 신고하면 효력이 발생한다. 가족으로서의 권리를 부여하면서 동시에 부양의 의무, 가사로 인한 채무의 연대 책임 등도 생긴다.

출처 : 한겨레신문(2014. 9. 12.)

우리사회에도 결혼을 하지 않는 사람들이 증가하고 있다. 이것은 결혼제도 자체의 문제라기보다는 사회의 변화과정에서 나타나는 현상이다. "생활동반자법"의 입법 취지는 누구나 '삶을 함께 살아갈 특별한 한 사람'을 가질 권리를 보장하는 것이며, 헌법이 보장하는 "행복추구권"에 해당한다고 볼 수 있다. 이미 다양한 방식의 가족 구성이 보편화하고 있는 만큼 결혼제도보다 더 유연한 제도를 도입함으로써 사람들이 서로 의지하고 사랑하며 살 수 있게 하는 제도가 필요하다고 생각하는 것이다. 따라서 "생활동반자법"은 결혼제도의 대체가 아닌 상호보완적인 역할을 할 것이라고 입법제안자들은 보고 있다.[2)] 이 법은 원래 프랑스에서 1999년 생활동반자법(PACS)이 모델이 된 것이다. 이 법이 시행되면 결혼제도가 사라질 것이라는 우려와는 달리 결혼의 독점적 지위는 사라지지 않았다. 국가에 등록 절차를 밟지 않고 동거하던 기존의 커플들이 생활동반자법을 이용하고 있을 뿐, 결혼 수도 크게 감소하지 않았다. 사회복지, 주거, 의료, 세제, 상속 등에서 결혼 가정과 동일한 혜택을 주면서 동거가족들의 삶의 질을 높이고 사회를 안정시키고 있다고 판단한다. 프랑스에서는 이 법의 시행으로 출산율이 높아진 원인으로 주목하고 있고, 혼외출산의 사회편견이 낮아진 탓으로 본다. 생활동반자법 이용을 결혼의 전 단계로 인식해가는 추세에 있다.

2. 성인지적 가족복지에 대한 전망

농경사회가 정착되면서 지속적으로 유지되어 온 가부장적 가족제도는 국가가 한 가족을 대표하는 인물인 아버지에게 가부장권을 부여하고 가족의 통치라는 국가의 의무를 아버지에게 위임시킴으로써 형성된 제도이다. 그러므로 가부장적 가족제도 속에는 필연적으로 국가권력이 내재되어 있다. 국가는 가부장제적 구조 속에서 가족을 국가존립을 위한 기반으로 보고 가족을 신성시하지만 실제로는 국가가 수행해야 할 책임을 가족에게 전가시키는 모순을 야기해 왔다(이득재, 2001). 그 결과 가부장적 가족은 사

2) 이 법안은 2004년 당시 새정치민주연합 진선미 의원에 의해 이 법이 발의되었고 여야 모두 좋은 법안이라는 평가를 받았다. 보이지 않던 돌봄의 관계를 보장하고, 새로운 가족제도의 도입으로서의 의미를 가지고 있어 이에 대한 사회적 논의도 활발하였으나 아직까지 한국사회에서는 법제정이 이루어지지 못하고 있다.

랑과 애정에 기반을 둔 집단이라기보다는 권력구조로 이루어진 비민주적 위계집단에 다름 아니었다. 그래서 가정은 가부장인 아버지에게는 안식과 휴양처가 되지만 그의 아내와 자녀에게 있어서는 사회의 불평등한 권력구조가 재현되는 비민주적 공간으로 전락해 왔다. 그렇기 때문에 가부장적 가정은 불평등과 폭력, 그리고 방임과 유기가 자행되는 공간이지만 국가는 이를 사적 영역으로 규정하며 그에 대한 책임을 가족에게 떠넘겨 왔다.

현대사회의 변화 속에서 가족은 구조적 변화를 맞이하였고 이제 가족은 그 구조상 전통적 기능과 역할을 담당하기에는 역부족이다. 또한 가족에 대한 가치와 성 역할이 변화하고 개인의 인권이 신장되면서 현대 가족은 근대적 가족과는 다른 양상으로 변모하고 있다. 오늘날의 가족은 개인으로서의 가족구성원의 자율성과 가족형태의 다양성을 동시적으로 경험하면서 이 두 가지의 두드러지는 특징을 가족이란 개념 속에서도 수용해야 하는 과제를 안게 되었다. 그리고 이러한 상황 속에서 가족과 국가는 상호 간의 역할관계를 이제 새로이 정립해야 할 시점에 도달하였다.

이러한 맥락에서 우리는 가족에 대한 개념을 새로이 정립하고 적극적으로 가족지원 정책에 대해 모색해 보아야 한다. 그런 맥락에서 이제는 혈연에 기초한 가족만을 '합법적 정상 가족'으로 인정하는 사회문화적 관행을 재고해 보아야 한다. 정형적 형태에서 벗어난 가족에 대해서는 문제가족으로 낙인찍는 편협한 시각에서 벗어나, 형태에 상관없이 구성원 간에 애정과 평등을 기반으로 하여 가족의 기능을 수행하는 다양한 가족에 대해서는 열린 마음을 가지고 사회적으로 통합하려는 자세가 필요하다. 또한 가족에 대해 평가할 때 평가의 기준으로는 가족의 형태에 초점을 두기보다 그 가족의 기능이 얼마나 '건강하게' 수행되는지에 초점을 두어야 할 것이다. 그리고 그에 따른 폭넓은 지원정책을 마련하는 것이 곧 가족의 복지뿐만 아니라 사회의 발전을 위해서 바람직한 것이 아닌가 생각된다. 이러한 맥락에서 가족복지에 대해서는 특히 성인지적 젠더관점으로 접근해야 한다.

가족은 여러 구성원이 하나로 모여 이루어진 전체적 단위이기 때문에 가족이 행복하다는 것은 한 사람만이 행복감을 느낌으로써 가능한 것이 아니라 모두가 똑같이 행복을 나눌 수 있어야 가능해진다. 특정인의 희생, 특정인에 대한 폭력과 억압에 기초한 가족이라면 이는 진정한 의미에서는 가족이라 볼 수 없다. 그리고 특정한 형태만을 가족으로 보고 국가가 그와 다른 유형의 가족을 차별한다면 이는 사회적 차원에서 부당한 처사이며, 형평성과 사회통합의 원칙에서도 어긋난다고 볼 수 있다. 그러므로 미래지향적 가족복지는 구성원의 평등과 자유를 보장할 수 있는 민주적이고 성인지적인 젠더시각에 기반을 두어야 할 것이다.

우리나라 가족정책은 다양한 계층적 특성과 다양한 가족구성원들의 욕구를 포괄적으로 반영하면서, 가족과 관련되는 모든 사회 영역과 횡단적인 접점을 가진 종합적 사회정책으로 접근하지 못하고 있다. 오히려 선별적 복지의 대상으로서의 저소득가족과 일·가족 양립과 보육서비스의 수요자로서의 젊은 중산층가족을 주 대상으로 하는 배타적인 한계를 드러내고 있다. 또한 우리나라에서는 영유아보육서비스는 활성화되어 있지 못한데, 그 이유로서 첫째 양질의 영유아보육시설의 부족이라는 하나의 문제와 남성중심적 조직문화로 인해 돌봄 부담이 집중되어 있는 어머니들의 노동환경 자체가 일과 가족생활을 양립하기에는 매우 취약하기 때문이다. 따라서 우리나라의 보육서비스가 영유아를 대상으로 한 보육서비스로 초점이 이동되어야 할 필요가 있고, 더불어 직장문화가 가족친화적으로 변화되는 것이 필요하다. 두 번째로는 우리나라에서는 아버지들의 육아휴직 이용이 매우 저조한 상황인데, 아버지들의 양육참여가 없다면 돌봄부담을 전담해야 하는 여성들은 출산을 선택하기가 어려울 수밖에 없다. 따라서 아버지들을 위한 독립적인 돌봄휴직제도를 운영하는 것이 필요할 것으로 보인다.

이 장의 요약

1. 서구에서 동거는 도덕적 가치판단의 대상이 되는 형태라기보다는 파트너 간의 애정을 확인하는 결혼의 전 단계로 인식함이 일반적이다. 이는 결혼에 대한 가치기대가 그만큼 높아졌다는 반증으로 풀이된다. 우리나라에서도 젊은 층에서 동거형태가 점차적으로 증가하고 있음을 볼 때 이를 가족의 한 형태로 수용하는 것에 대한 진지한 논의가 필요한 단계에 도달했다고 보인다.
2. 성에 대한 지향성이 다수의 사람과 다르다는 것이 동성가족에게는 사회에서 일탈자로 낙인되는 차별요소로 작용하여 이들은 비정상적으로 간주하고 가족에게 보장되는 권리가 제공되지 않는다.
3. 이제는 혈연에 기초한 가족만을 정상 가족으로 인정하는 사회문화적 관행과 정형적 형태에서 벗어난 가족에 대해서는 낙인을 찍는 편협한 시각에서 벗어나, 형태에 상관없이 구성원 간에 애정과 평등을 기반으로 하여 가족의 기능을 수행하는 다양한 가족에 대해서는 제도적으로 통합하려는 자세를 취해야 한다.

주요 용어

- **가부장제** : 가족 내에서 남성 가장이 우세한 권한을 가지고 가족구성원에 대하여 권력을 행사하는 가족제도를 의미한다.
- **동거가족** : 결혼하지 않고 남녀가 함께 사는 것을 뜻한다.
- **동성가족** : 일반적으로 가족은 이성 부부를 중심으로 구성되나 동성 간에 부부생활을 영위하며 가족의 형태를 유지하는 경우도 존재하며 이를 이 책에서는 동성가족이라 칭한다.
- **동반자 가족** : 혈연이나 결혼으로 연결되지 않은 사람들이 가족처럼 함께 살고 있는 구성원
- **생활동반자법** : 혈연이나 결혼과 관계없이 함께 가족처럼 살고 있는 사람들에게 법률적 보호를 받을 수 있도록 하는 법안

추천하는 자료

1. 게르드 브란튼베르그, 『이갈리아의 딸들』, 서울 : 황금가지, 1998.
2. 글로리아 스타이넘, 『일상의 반란』, 서울 : 현실문화연구, 2002.
3. 다이애너 기틴스, 『가족은 없다』, 서울 : 일신사, 1998.
4. 실비아 월비, 『가부장제 이론』, 이화여자대학교 출판부, 1996.
5. 앤소니 기든스, 『현대사회의 성, 사랑, 에로티시즘』, 서울 : 새물결, 2001.
6. 여성을 위한 모임, 『제3의 성』, 서울 : 현암사, 1999.
7. 이득재, 『가족주의는 야만이다』, 서울 : 소나무, 2001.

참고문헌

강문희, 박경, 강혜련, 김혜련(2011). 『가족상담 및 심리치료』. 신정.

강진령(2011). 『집단상담의 실제』. 학지사.

강혜석(1990). “결혼준비 성인교육 프로그램 개발연구”. 이화여자대학교 대학원 박사학위논문.

고기홍(2014). 『통합적 자기관리 모형을 통한 개인상담』. 서울 : 학지사.

공세권 외(1995). “가족결손의 유형별 특징과 가족정책의 접근방안”. 한국보건사회연구원.

공세권, 조애저, 허미영(1995). “가족결손의 유형별 특징과 가족정책의 접근방안”. 한국보건사회연구원.

과학기술정보통신부(2017). 『2017년 스마트폰 과의존 실태조사』.

곽배희(2002). “한국사회의 이혼실태 및 원인에 대한 연구”. 이화여자대학교 대학원 박사학위논문.

국회여성특별위원회(1999). “모성보호정책 – 근로여성의 모성보호 관련법 중심으로”. 『국회여성특위 정책자료집』, 1.

국민연금공단(2013). 『국민연금 통계연보』.

권복순(1999). “가정폭력 예방을 위한 실태와 태도에 관한 연구”. 『한국가족복지』.

김경희(1995). “폭력가정 청소년의 가족폭력 경험에 관한 연구”. 중앙대학교 대학원 박사학위논문.

김규수(1999). 『의료사회사업실천론』. 서울 : 형설출판사.

김성천(2000). “한국 가족복지정책의 재조명 : 문제점과 개혁방향의 모색”. 『한국가족복지학』, 5, 73-76.

김성천, 윤혜미(2000). 『가족복지 증진을 위한 정책대안 연구』. 보건복지부.

김영모(1990). 『한국가족정책연구』. 한국복지정책연구소 출판부.

김영애(2011). 『통합적 사티어 변형 체계치료』. 김영애가족치료연구소.

김영화, 권신영, 최영진(2016). 『현대사회와 여성복지』. 양성원.

김영화, 이진숙, 이옥희(2016). 『성인지적 가족복지론』. 양성원.

김유숙(2014). 『가족치료 이론과 실제』. 학지사.

김재엽(1998). “스트레스 및 알코올이 아내구타에 미치는 영향에 관한 연구 – 도시빈곤가구를 중심으로 –”. 대한가정학회지, 36(10). 103-105.

김진영, 김정원, 전선옥(2009). 『영유아를 위한 부모교육』. 창지사.

김혜경(1991). "여성과 가족". 한국여성연구회. 『여성학 강의』. 서울 : 동녘.
김혜경, 도미향, 문혜숙, 박충선, 손홍숙, 오정옥, 홍달아기(2017). 『가족복지론』. 공동체.
동아일보, 2006. 2. 17.
문화관광부(2006). 『국민생활체육활동 참여실태조사』.
문화관광부(2013). 『국민생활체육활동 참여실태조사』.
미국아동학대예방센터(NCCAN)(1995). *Child maltreatment 1993 : Reports from the states to the National Center on Child Abuse and Neglect.* Washington, DC : U.S. Government Printing Office.
박귀영, 오현숙, 이우언, 전미숙, 최병태(2017). 『가족복지론』. 양서원.
박미은, 신희정, 이혜경, 이미림(2017). 『가족복지론』. 공동체.
박숙자 외 편역(1995). 『가족과 성의 사회학』. 서울 : 사회비평사.
박옥임, 서선희, 김경신, 옥경희, 박준섭, 최은정(2008). 『가족복지학』. 청목출판사.
박영애, 최목화, 양명숙, 나종혜, 김민정(2005). 『현대인의 자녀양육』. 학지사.
박주희(2006). 『현대가족을 위한 가족생활교육의 실제』. 구상.
박희숙, 강월숙, 고선영(2014). 『가족복지론』. 공동체.
변화순, 송다영, 김영란(2002). 『가족유형에 따른 생활실태와 복지욕구에 관한 연구』. 한국여성개발원.
변화순 외(2000). 『최근 가족해체 실태 및 복지대책』. 보건복지부 · 여성개발원.
보건복지가족부(2009). 『2009년도 국민기초생활보장사업 안내』.
보건복지가족부(2009). 『2009년도 보육료 지원대상 선정기준』.
보건복지부 가정보건복지심의관실(2001). 『지역사회 시니어클럽(노인자활후견기관) 추진계획』.
보건복지부(2000). 『보건복지백서』.
보건복지부(2000). 『아동복지사업지침』.
보건복지부(2001). 『노인보건복지 국고보조사업안내』.
보건복지부(2005). 『2005 노인보건복지사업안내』.
보건복지부(2009). 『2008 보건복지백서』.
보건복지부(2013). 『2013년도 국민기초생활보장사업 안내』.
보건복지부(2017). 「2016년도 정신질환실태 역학조사」.
보건복지부(2018). 『2017년 장애인실태조사 결과』.
사행산업통합감독위원회(2016). 『2016 사행산업 이용실태 조사』.
서울신문, 2007. 4. 13.
서울신문, 2009. 9. 18.

서혜석, 강희숙, 이미영, 이성희, 채인석(2015). 『가족복지론』. 공동체.
성정현, 여지영, 우국희, 최승희, 임세희(2014). 『가족복지론』. 양서원.
손병덕, 황혜원, 전미애(2014). 『가족복지론』, 학지사.
송성자(2001). "한국가족문화와 가족치료접근". 『한국가족치료학회지』, 9(1). 1-20.
송성자(2004). 『가족과 치료』. 법문사.
송정아, 최규련(1997). 『가족치료의 이해와 기법』. 夏雨.
송정해, 정해은(2010). 『가족복지론』. 양서원.
송지원(2018). "덴마크의 육아휴직 제도 및 사용실태". 『국제노동 브리프』. 한국노동연구원.
신혜종(2015). "가족 상담 및 치료의 현황과 과제: 일 학회 발표 사례를 중심으로". 『가족과 가족치료』, 24(4). 781-800.
알란 캠프, 이화여대 사회사업연구회 역(2001). 『가족학대 · 가족폭력』. 서울 : 나남출판.
여성가족부(2005). 『미혼모 현황 및 욕구 조사』.
여성가족부(2006). 『제1차 중장기 보육계획』.
여성가족부(이인선 외 6명)(2016). 『2016년 가정폭력 실태조사 연구』.
연합신문, 2007. 2. 1.
오윤자(2001). "교육학적 관점을 기초로 한 결혼준비교육 프로그램 개발 및 효과검증". 『한국가족관계학회』, 6(1). 109-135.
유영주, 김순옥, 김경신(2002). 『가족관계학』. 교문사 .
육아정책연구소 이미화 외(2015). 『부모교육 제도화를 위한 시스템 구축 및 표준교육과정 개발』. 경제 · 인문사회연구회.
이근무(1995). "정보통신혁명의 사회학적 함의", 『한국사회학』, 30, 봄. 1-30.
이득재(2001). 『가족주의는 야만이다』. 서울 : 소나무.
이성희, 권중돈(1993). 『치매노인과 가족의 생활실태 및 복지욕구』. 서울북구노인종합복지관.
이신영, 박선영(2015). 『가족복지론』. 공동체.
이영숙, 박경란, 전귀연(2000). 『가족문제론』. 서울 : 학지사.
이영분, 김유순, 신영화, 최선령, 최현미(2015). 『사례로 배우는 가족상담과 가족치료』. 학지사.
이영실, 김재경, 김봉순, 박용권, 조명희, 홍성희(2014). 『가족복지론』. 양서원
이영자 외(1983). 『성 평등의 사회학』. 서울 : 한울아카데미.
이진숙(2001). "가족 내 간병과 간병보험의 복지정책적 함의". 『한국인구학』, 24(1). 183-202.
이진숙(1997). "포스트모던 사회로의 이행과 핵가족-독일의 결혼과 가족제도 변화를 중심으로". 『가족과 문화』, 2, 여름호. 한국가족문화학회.
이혜경(1996). "한국 가족정책 대안의 선택과 정부, 민간의 연계". 박병호 외. 『한국 가족정책의

이해』. 서울 : 학지사.
이효재 편(1988). 『가족연구의 관점과 쟁점』. 서울 : 도서출판 까치.
장수복, 이태희, 유영준, 정희정, 오봉욱, 최세영(2017). 『가족복지론』. 정민사.
전광석(1996). “가족의 사회보장기능과 사회보장법의 가족보호기능”. 박병호 외. 『한국 가족정책의 이해』. 서울 : 학지사.
정기혜 외(2012). 『주요국의 사회보장 제도 :스웨덴』. 한국보건사회연구원.
정경희 외(2017). 『2017년도 노인실태조사』. 한국보건사회연구원.
정문자(2007). 『사티어 경험적 가족치료』. 학지사.
정문자, 송성자, 이영분, 김유순, 김은영, 어주경(2015). 『해결중심 가족치료 사례집』. 학지사.
정문자, 정혜정, 이선혜, 전영주(2013). 『가족치료의 이해』. 학지사.
정황순, 박주현, 김준환(2017). 『가족복지론』. 창지사.
정현숙(2007). 『가족생활교육』. 신정.
조남태(2005). “행동계약을 통한 토큰강화가 ADHD 아동의 문제행동 개선에 미치는 효과”. 진주대학교 석사학위논문.
조정문 · 장상희(2001). 가족사회학, 현대에서 가족은 무엇인가. 『대우학술총서』, 523. 서울 : 아카넷.
조흥식(1996). “가족정책 관련 공공행정”. 박병호 외. 『한국 가족정책의 이해』. 서울 : 학지사.
조흥식(2001). “성인지적 시각을 토대로 한 포괄적 가족정책 master plan 수립이 시급하다”. 『여성과 가족정책 세미나 : 가족정책의 새로운 전망』. 여성부 주최.
조흥식, 김인숙, 김혜란, 김혜련, 신은주(2017). 『가족복지학』. 학지사.
주오이시디 대표부(2005). 『스웨덴의 복지제도』.
중앙노인보호전문기관(2017). 2016년 노인학대현황보고.
중앙아동보호전문기관 속보치(2018).
최규련(1995). “맞벌이가족의 실증연구”. 한국가족학연구회 편. 『맞벌이가정의 가족문제』. 서울 : 하우출판사.
최규련(2008). 『가족상담 및 치료』. 공동체.
최성재(1994). “사회정책과 가족”. 한국가족학회 편. 『현대가족과 사회』. 서울 : 교육과학사.
통계청(1996). 『장래인구추계』.
통계청(1999). 『국민생활시간조사』.
통계청(2005). 『인구주택총조사보고서』.
통계청(2007). 『2007년 사회통계조사결과(가족, 복지, 노동부문)』.
통계청(2007). 『인구동태조사』.
통계청(2007). 『인구동태통계연보』.

통계청(2008). 『인구동태통계연보』.
통계청(2008). 『경제활동인구연보』.
통계청(2008). 『사회통계조사결과(가족, 복지, 노동부문)』.
통계청(2009). 『2008년 혼인 · 이혼통계결과』.
통계청(2009). 『경제활동인구조사』.
통계청(2009). 『사회통계조사결과(가족, 복지, 노동부문)』.
통계청(2013). 『2013년 혼인 · 이혼통계결과』.
통계청(2013). 『사회통계조사결과(가족, 복지, 노동부문)』.
통계청. 『사회조사보고서』. 각 연도.
한겨레(2002). 『한겨레 21』, 제401호.
한국도박문제관리센터(2016). 『도박문제관리백서 2016』.
한국보건사회연구원(2005). 『2005 장애인 실태조사』.
한국성폭력상담소(2009). 『한국성폭력상담소 전체 상담 현황』.
한인영, 강향숙, 구승신, 김경희, 김선민, 김유정, 김주현, 김지혜, 박형원, 백형의, 우재희, 이영선, 이예승, 이인정, 이혜경, 김정원, 장수미, 정선영, 최정숙(2016). 『가족복지론』. 학지사.
한국여성복지연구회(2008). 『가족복지론』. 청록출판사.
한국여성정책연구원 연구보고서(이인선 외 3명)(2017). 『가정폭력 실태와 과제 : 부부폭력과 아동학대를 중심으로』.
David J. Mathews, 허남순 외 옮김(2000). 『가정폭력 가해자 집단 프로그램』. 서울 : 나눔의 집.

기든스, 박영신 · 한상진 옮김(1980). 『비판사회학』. 현상과 인식.
Adele M. Holman, 옥경희 옮김(1995). 『가족상담』. 서울 : 학지사.
Andersen, B., & Anderson, W. (1989). Counselors' reports of their use of self disclosure with clients. *Journal of Clinical Psychology, 45*(2), 302-308.
Anderson, H., & Goolishian, H. (1992). The client is the expert: A not-knowing approach to therapy. *Therapy as social construction*, 25-39.
Ann Foreman (1977). *Feminity as Alienation : Woman and the Family in Marxism and Psychoanalysis.* London.
Banmen, J. (2001). *Satir model workshop*, unpublished manuscript. Seoul, Korea.
Barrett, M. S., & Berman, J. S. (2001). Is psychotherapy more effective when therapists disclose information about themselves?. *Journal of consulting and clinical psychology, 69*(4), 597.

Beavers, W. R., & Voeller, M. N. (1983). Family models: Comparing and contrasting the Olson circumplex model with the Beavers systems model. *Family Process*, 22(1), 85-97.

Beck, Ulrich (1987). *Risikogesellschaft : Auf dem Weg in eine andere Moderne.* Frankfurt a.M.

Collins, Jordan, & Coleman (2001). 이화여대 사회복지연구회 역. 『가족복지실천론』. 서울 : 나눔의 집,

Becvar D. S., & Becvar, J. 이형실 외 옮김(2016). 『가족치료 체계이론적 통합』. 시그마프레스. (원저 2006년 출간)

Berg, I. K., & De Jong, P. (1996). Solution-building conversations: Co-constructing a sense of competence with clients. *Families in Society: The Journal of Contemporary Social Services, 77*(6), 376-391.

Berger, P. L., & Luckmann, T. (1991). *The social construction of reality: A treatise in the sociology of knowledge* (No. 10). Penguin Uk.

Bowen, M. (1975). Family therapy after twenty years. *American handbook of psychiatry, 5*, 367-391.

Bowen, M. (1978). *Family treatment in clinical practice.* New York: Jason Aronson.

Bowen, M. (1993). *Family therapy in clinical practice.* Jason Aronson.

Capra, F. 김용정 외 옮김(1998).『생명의 그물: 살아있는 시스템들에 대한 새로운 과학적 이해』. 범양사출판사. (원저 1995년 출간)

De Jong, P., & Berg, I. K. (2012). *Interviewing for solutions.* Nelson Education.

Derrida, J. (2016). *Of grammatology.* JHU Press.

De Shazer, S. (1988). *Clues: Investigating solutions in brief therapy.* W. W. Norton & Co.

Eli Zaretsky, 김정희 옮김(1986). 『자본주의와 가족제도』. 서울 : 한마당.

Epstein, N. B., Bishop, D. S., & Levin, S. (1978). The McMaster model of family functioning. *Journal of Marital and Family therapy, 4*(4), 19-31.

Familial, and Societal Implications, Springer Publishing Company, New York, 2008.

Foucault, M. (1980). *Power/knowledge: Selected interviews and other writings,* 1972-1977. Pantheon.

Fisch, R. (1965). *Resistance to change in the psychiatric community: alternatives. Archives of general psychiatry, 13*(4), 359-366.

Freud, S. (1912). *The dynamics of transference.* Classics in psychoanalytic techniques.

Gelles, R. J., 이동원, 김지선 역(1998). 『가정폭력의 허상과 실상』. 서울 : 길안사.

Gerald Corey, 조현춘 외 옮김(2014). 『심리상담과 치료의 이론과 실제』. Cengage Learning. (원저 2013년 출간)

Goldenberg, I., & Goldenberg, H. 김득성 옮김(2003). 『가족치료』. 시그마프레스. (원저 2000년 출간)

Gordon, T. (2008). *Parent effectiveness training: The proven program for raising responsible children.* Harmony.

Guerin, P. J. (1976). Family therapy: The first twenty-five years. *Family therapy: Theory and practice*, 2-22.

Haley, J. (1976). *Problem-solving therapy: New strategies for effective family therapy.*

Haley, J. (1984). *Ordeal therapy.* San Francisco: Jossey-Bass.

Hartman, A., & Laird, J. (1983). *Family-centered social work practice.* Free Press.

Harding, Lorraine F. (1996). *Family and State and Social Policy*, Macmillan.

Holman, A. (1983). *Family assessment: Tools for understanding and intervention (Vol. 33).* Sage.

Hull, G. H., & Mather, J. H. (2006). *Understanding generalist practice with families.* Brooks/Cole Publishing Company.

Jacobson, N. S. (1981). Behavioral marital therapy. *In Handbook of Family Therapy.* A. S. Gurman and D. P. Kniskern, eds. pp.565-566, New York: Brunner/Mazel

Kamerman, S. B. & Kahn, A. J. (1978). *Family Policy : Government and Families in Fourteen Countries.* Columbia University Press.

Kamerman, S. B. & Kahn, A. J. (1980). *Social Service in International Perspective.* Transaction Books.

Kazdin, A. E. (2012). *Behavior modification in applied settings.* Waveland Press.

Kerr, M. E., & Bowen, M. 남순현 외 옮김(2005). 『보웬의 가족치료이론』. 학지사. (원저 1988년 출간)

Kim, J. S. (2008). Examining the effectiveness of solution-focused brief therapy: A meta-analysis. *Research on Social Work Practice, 18*(2), 107-116.

Lewis, J., & Gossett, J. T. (1999). *Disarming the past: How an intimate relationship can heal old wounds.* Zeig Tucker & Theisen Publishers.

Linda Seligman & Lourie W. Reichenberg (2014). 『상담 및 심리치료의 이론』. 시그마프레스.

Locke, H. J., & Wallace, K. M. (1959). Short marital-adjustment and prediction tests: Their reliability and validity. *Marriage and family living, 21*(3), 251-255.

Macklin, Eleanor D. (1987). Nontraditional Family Forms, In M. B. Sussman and S. K. Steinmetz(Eds.), *Handbook of Marriage and the Family.* N.Y. : Plenum Press.

Madanes, C. 오창순 옮김(1998). 『전략적 가족치료 이론과 사례』. 아시아미디어리서치. (원저 1981년 출간)

Marianne Schneider Corey, Gerald Corey, Cindy Corey(2016). 『집단상담의 과정과 실제』. Cengage Learning.

Maximiliane E. Szinovacz and Adam Davey (eds), *Caregiving Contexts: Cultural.*

McGoldrick, M., Gerson, R., & Shellenberger, S. (2005). 『가계도: 사정과 개입』. 학지사.

Moos, R. H., & Moos, B. S. (1994). *Family environment scale manual.* Consulting Psychologists Press.

Moreno, J. L. (1946). *Psychodrama,* first volume.

Nichols, M. P. (2015). 『가족치료 이론과 실제』. 시그마프레스.

Nichols, M. (2011). *The Essentials of Family Therapy* (5th ed.), Boston: Allyn & Bacon.

Olson, D. H., Russell, C. S., & Sprenkle, D. H. (1983). Circumplex model of marital and family systems: Vl. Theoretical update. *Family process, 22*(1), 69-83.

Olson, D., Sprenkle, D. H., & Russell, C. S. (2014). *Circumplex model: Systemic assessment and treatment of families.* Routledge.

Parsons, Bales(1955). *Family, Socialization and Interaction Process.* Glencoe, Illinois : The Free Press.

Payne, M. (2006). *Narrative therapy.* Sage.

Quid, M., & Jackson, D. D. (1965). Family rules: Marital quid pro quo. *Archives of General Psychiatry, 12*(6), 589-594.

Robert T. Ammerman (2003). 『가족과 폭력 (사정과 실제)』. 양서원.

Rogers, C. (2012). *Client Centred Therapy (New Ed).* Hachette UK.

Russell, J., & Cohn, R. (2012). *Narrative therapy.* Lennex Corporation.

Sanders, M. R. (1999). Triple P-Positive Parenting Program: Towards an empirically validated multilevel parenting and family support strategy for the prevention of behavior and emotional problems in children. *Clinical child and family psychology review, 2*(2), 71-90.

Satir, V., Banmen, J., Gerber, J., & Gomori, M. (1991). T*he Satir model: Family therapy* *and beyond.* Palo Alto, CA: Science and Behavior Books.

Sharon K. Ouseknecht (1987). "Voluntary Childlessness", In M. B. Sussman and S. K. Steinmetz (Eds.), *Handbook of Marriage and the Family*, pp. 77-378, N.Y. : Plenum Press.

Shorter, Edward (1977). *Die Geburt der modernen Familie*, Hamburg.

Stuart, R. B. (1975). *Behavioral remedies for marital ills: A guide to the use of operant-interpersonal techniques. Couples in conflict.* New York: Jason Aronson.

Watzlawick, P., Weakland, J. H., & Fisch, R. (2011). *Change: Principles of problem formation and problem resolution.* WW Norton & Company.

White, M. (1995). *Re-authoring lives: Interviews & essays.* Dulwich Centre Publications.

White, M. 이선혜 외 옮김(2010). 『이야기치료의 지도』. 학지사. (원저 2007년 출간)

White, M., White, M. K., Wijaya, M., & Epston, D. (1990). *Narrative means to therapeutic ends.* WW Norton & Company.

Wingen, Max (1994). *Zur Theorie und Praxis der Familienpolitik, Kohlhammer.* Stuttgart/Berlin/ Koeln.

http://100.empas.com/entry.html/?i=2150&Ad=kfc(EnCyber)

http://www.lawhome.or.kr(한국가정법률상담소)

http://www.mohw.go.kr(보건복지부)

| 찾아보기 |

ㄴ

ㄷ

ㄹ

ㅁ

ㅈ

기타

저/자/소/개

■ 김영화

이화여자대학교 사회학과 학사(1977), 석사(1979)

독일 보훔(Bochum)대학교 사회과학박사(Dr.rer.soz.), 사회정책전공

미국 하버드 대학교, 버클리대학교 객원교수

UNESCO, APCEIU(Asia Pacific Centre of Education for International Understanding : 아시아 태평양 국제이해교육원) 연구교수

현, 경북대학교 사회복지학부 교수

〈대표논문〉 "녹색사회복지에 대한 성찰과 탐구"(2018)

"Productive welfare : Korea's Third Way?"(International Journal of Social Welfare, 12(1), 2003)

〈대표 저서〉 현장에서 본 사회문제(공저 2013)

■ 남영옥

경북대학교 사회복지학과 학사(1990), 석사(1992)

대구대학교 사회복지학 박사(1998), 사회복지방법전공

현, 대구가톨릭대학교 사회복지학과 교수

석사학위논문: "비행청소년을 위한 가족치료에 있어서 구조적 접근의 유용성에 관한 연구"

박사학위논문: "가족의 심리역동적 환경이 청소년의 생존전략적 가출에 미치는 영향"

〈대표 논문〉 "학교 규범 비준수가 청소년의 학업중단의도에 미치는 영향"(2015)

■ 유태한

경북대학교 사회복지학과 학사(2012), 석사(2017)

전, 사회복지법인 함께하는마음재단 산하 햇빛노인복지센터 사회복지사

현, 경북대학교 사회복지학부 사회복지정책 및 행정전공 박사과정

석사학위논문: "사회정의론적 관점에서 본 한국 사회의 불평등 문제"

〈학문적 관심사〉 사회복지정책, 사회정의, 사회철학(자유주의), Ralws, 복지국가.

젠더 관점에서 본 가족복지론

1판 1쇄 인쇄 — 2019년 1월 7일
1판 1쇄 발행 — 2019년 1월 10일

저 자 - 김영화 남영옥 유태한
발 행 인 - 강철원
발 행 처 - 양성원
주 소 - 경기도 파주시 검산로 173번길 29-20
전 화 - 031-946-3861(代)
팩 스 - 031-946-3864
이 메 일 - tnwpub@naver.com
홈페이지 - tnwpub.co.kr
출판등록 - 2015년 8월 31일 제 2015-000211 호

ISBN 979-11-6126-154-6

정가 20,000원